# 累进辩论法及其在语言测试效度验证中的应用研究

Progressive Argument and its Use
in Language Test Validation

邓 杰 著

## 图书在版编目 (CIP) 数据

累进辩论法及其在语言测试效度验证中的应用研究 / 邓杰著. —北京：北京大学出版社，2020.12
国家社科基金后期资助项目
ISBN 978-7-301-31925-3

Ⅰ.①累… Ⅱ.①邓… Ⅲ.①辩论—研究 Ⅳ.①H019

中国版本图书馆CIP数据核字(2020)第270629号

| | |
|---|---|
| 书　　　名 | 累进辩论法及其在语言测试效度验证中的应用研究<br>LEIJIN BIANLUNFA JI QI ZAI YUYAN CESHI XIAODU YANZHENGZHONG DE YINGYONG YANJIU |
| 著作责任者 | 邓　杰　著 |
| 责任编辑 | 郝妮娜 |
| 标准书号 | ISBN 978-7-301-31925-3 |
| 出版发行 | 北京大学出版社 |
| 地　　　址 | 北京市海淀区成府路205号　100871 |
| 网　　　址 | http://www.pup.cn　新浪微博:@北京大学出版社 |
| 电子信箱 | bdhnn2011@126.com |
| 电　　　话 | 邮购部 010-62752015　发行部 010-62750672　编辑部 010-62759634 |
| 印刷者 | 北京溢漾印刷有限公司 |
| 经销者 | 新华书店<br>720毫米×1020毫米　16开本　22.25印张　408千字<br>2020年12月第1版　2020年12月第1次印刷 |
| 定　　　价 | 89.00元 |

未经许可，不得以任何方式复制或抄袭本书之部分或全部内容。
**版权所有，侵权必究**
举报电话：010-62752024　电子信箱: fd@pup.pku.edu.cn
图书如有印装质量问题，请与出版部联系，电话：010-62756370

## 国家社科基金后期资助项目
## 出版说明

后期资助项目是国家社科基金设立的一类重要项目，旨在鼓励广大社科研究者潜心治学，支持基础研究多出优秀成果。它是经过严格评审，从接近完成的科研成果中遴选立项的。为扩大后期资助项目的影响，更好地推动学术发展，促进成果转化，全国哲学社会科学工作办公室按照"统一设计、统一标识、统一版式、形成系列"的总体要求，组织出版国家社科基金后期资助项目成果。

全国哲学社会科学工作办公室

# 序

　　自20世纪七八十年代以来，随着整体效度观的逐步形成和发展，测试效度验证越来越重视基于辩论的验证方法。《累进辩论法及其在语言测试效度验证中的应用研究》一书在批判继承前人研究成果的基础上，针对测试辩论法研究中存在的逻辑问题、测试效度理论研究的局限性和语言测试目标构念研究的不足，分别提出累进辩论模型、累进效度观和信息能力观。同时，还进一步结合我国高考这一大规模、高风险测试进行实证研究，一方面详细介绍累进辩论法的使用方法，另一方面应用研究成果解决真实测试中的实际问题。很欣喜能看到国内测试界有如此研究成果，故欣然应允为之作序。

　　在测试辩论法研究方面，作者先分析了当前几个广为关注的测试辩论模型的逻辑问题及其产生的根源，后提出了一个将科学研究与理性辩论相结合的辩论模型，称为"累进辩论"。根据作者的研究，当今主要测试辩论法研究都称其辩论模型的逻辑结构为图尔明模型的辩论结构，但又都对图尔明模型进行了修改。修改后的模型中，反驳的概念不再是图尔明所指的不足为虑且不可追究的"特殊例外"，而是必须论证的"最大异议""反面解释""对立假设"；反驳的功能不再是限定声明，而是检验声明，即声明是否成立完全取决于反驳是否成立。但由于反驳也有自己的反驳，如果抓住反驳不放，论证过程将无限循环且自相矛盾，除非在论证反驳时强行作出声明，否则永远无法得出结论。作者进一步指出，反驳概念和功能的改变，又是图尔明模型所体现的辩论双方为各自声明进行辩护的逻辑推理过程被误解为声明的支持者和反对方的争辩过程所致。

　　针对测试辩论的复杂性，作者提出累进辩论法，强调通过逻辑推理的循环和递归，来解决多维相关和多层嵌套的复杂问题。"累进辩论"是在图尔明模型中增加了一个条件判断结构和一个统计分析过程构成的，不仅具备"有理有据、兼顾反驳"的理性逻辑机制，同时还具有解决复杂问题所必需的循环与递归机制。作者一方面强调，测试问题往往是多维相关且层级嵌套的复杂问题，测试辩论只有在逐步、逐级解决所有前提条件问题之后才能作出最终声明，是为累进辩论。另一方面指出，统计分析归根到底属于理性辩论，而不是与理性辩论决然对立的研究方法，纳入统计分析并不会改变辩论模型的本质特征,相反会使辩论结果更具说服力。作者还以假设检验为例,详细分析了假设检验原理(小概率原理)的理性逻辑本质及其结果解读的理性逻辑推理过程。

在测试效度理论研究方面,作者先从分类说和整体观两个阶段对测试效度概念的演变历程进行了综述,重点分析了整体观对效度理论研究发展的贡献及其自身的局限性;后在批判继承整体观并结合累进辩论法研究的基础上,提出累进效度的概念。整体观将效度定义为证据支持测试使用所需的分数解释的程度,强调分数解释与使用的合理性,并倡导基于辩论的验证方法。作者认为,从构念体现的充分性、测试使用的裨益性、验证方法的辩证观等方面而言,整体观提高了人们对效度的概念内涵和验证过程的认识,促进了效度理论的发展和验证方法的变革。但是,整体观否认测前环节具有效度,否认测试效度为测试本身的固有属性,否认有效测试和无效测试之说,作者对此一一进行了反驳。首先,每个环节的数据都应该充分体现测试的目标构念,数据使用都应该具有理想的裨益性,否则最终分数的解释和使用没有意义,因此,每个环节都具有效度,都应该进行效度验证;其次,如果测试效度不属于测试而属于分数的解释和使用,那么测试效度就不是测试效度而是分数的解释和使用效度,这显然不符合逻辑;再次,尽管效度是一个程度问题,而不是绝对的"有"或"无"的问题,但只要效度达到了可以接受的程度,测试就是有效的,否则即为无效测试。效度验证的结论中,首先必须对测试是否有效明确表态而不能含糊其词,然后再对其有效性程度进行合理限定。

作者提出从"数据解释与使用"而不是"分数解释与使用"的角度来认识和界定测试效度,认为效度是相对于测试环节而言的,指当前及所有前任环节数据在多大程度上体现了或有利于体现测试的目标构念。一个测试通常包括设计、开发、施测、评分、使用等几个主要环节,并且每个环节均可与某个外部测试的对应环节互为参照。当前环节以前任环节为基础,并对所有后续环节产生影响,但后续环节无法反过来影响前任环节。一个环节的效度是所有前任环节效度层级累进的结果,是为累进效度。效度只能通过理性的逻辑推理进行主观评判,而不可能使用数学公式进行精确计算,因此不存在所谓的效度系数;一个环节的效度不可接受,所有后续环节都没有效度可言,因此效度并不等于各环节效度之和,而是最大不大于最薄弱环节的效度。

在语言测试的目标构念研究方面,作者首先对当前影响较大的两种语言能力观——交际语言能力和认知活动能力——进行了分析,并认为两种语言能力观都是在宏观层面分别对语言能力的构成成分或认知活动的心理过程进行描述,但都没有深入到微观层面语境意义的生成和理解。作者认为,语言测试的命题、答题和评分归根到底都离不开具体话语中的语义；语言表达能力主要通过考生生成语义的质量和数量来体现，语言理解能力主要通过考生理解语义的速度和准确率来衡量。基于这一认识，作者通过借鉴系统论、信息论和控制论这"信息三论"的主要观点，并结合计算机面向对象技术的原理和方法，提出话语信息的认知处理能力，相应的构念观简称为信息能力观。

作者首先以系统论为指导建构了话语信息认知处理系统框架和话语信息认知处理能力模型；其次，借鉴信息论中有关信息和信息量的基本观点，明确未知内容的信息价值及其对信息量的贡献、已知内容的非信息本质及其在信息处理中的作用；再次，基于控制论的信息处理过程及自动化调控原理，探讨话语信息的输入、加工和输出等认知操作和目标管理、过程监控、情感调节等元认知操作，以及相应的认知与元认知策略能力；最后，通过借鉴哲学世界观和计算机认识世界事物的方法，提出语义的分类范畴及其认知量化的结构形式和计算单位，然后在此基础上进一步提出信息最大化命题方法，强调通过最大化计算、抽样加权、归类整理、题目编写等几个命题环节的质量控制，来确保测试的开发效度，提高命题的质量和效率。

《累进辩论法及其在语言测试效度验证中的应用研究》一书，研究内容全面深刻，不仅全面覆盖了设计、开发、施测、评分、使用、参照等各个测试环节，更深入到了辩论方法、效度概念和构念本质等测试学基础理论；研究方法注重理论与实践相结合，理论研究横跨多学科领域且能追溯到问题的根源，实践研究突出成果的实用性和推广价值；结果发人深省，既有对前人研究成果的继承和发扬，更不乏理性批判和独到见解。读后不难发现，作者不仅具有深厚的理论功底和坚实的专业基础，其研究成果的取得更得益于作者追求真知和勇于创新的研究精神。期待该书的出版能进一步丰富和促进语言测试的理论和实践研究。

是为序。

邹申
上海外国语大学教授、博士生导师；
教育部高等学校外语专业教学指导委员会委员、
英语专业教学指导分委员会副主任委员
2018年8月
于上海

# 前　言

本研究起源于高考自主命题的质量控制研究,具体因测试辩论法研究中的逻辑谬误而起,后逐步深入到理性辩论方法、测试效度概念和语言能力构念等方面的理论与实践研究。

首先,本研究结合形式逻辑和理性逻辑的推理机制,分析了当前测试辩论法研究中普遍存在的逻辑错误及其产生的根源。

形式逻辑由大前提、小前提和结论三个要素构成,也称三段论。三个要素都是一个断定或否定一个类别的全部或部分成员包含在另一个类别之中的陈述句(称为直言命题),其中的主项(主语部分)和谓项(谓语部分)都可以形式化为符号。用符号表示的逻辑推理类似于代数演算,完全依赖于符号的形式而与意义无关,这种逻辑因而称为形式逻辑。形式逻辑是逻辑学的理论基础,可根据推理规则演变出多种推理形式,在日常生活和科学研究中都具有广泛的应用价值。不过,形式逻辑的命题都是非是即否、容不得例外的绝对断言,即具有绝对性,而推理出来的结果无法区分到底是假定还是事实,即具有歧义性。绝对性使得其应用范畴仅限于不存在例外的情况;歧义性则是导致哲学上的世纪争端——"存在性之谜"的根源。

为了克服形式逻辑理论上的缺陷和应用上的局限性,Toulmin(1958)提出一个由数据、理由、支撑、反驳、限定词和声明六个要素构成的逻辑推理结构,称为图尔明模型。图尔明模型是通过将三段论大前提分解为假定性理由和事实性支撑,同时在三段论结论中增加一个反映例外情况(称为反驳)的限定词而构成的。通过区分假定和事实并将推理过程建立在假定之上,就可以确保声明也是假定而不是事实,从而避免了三段论的歧义性;由于兼顾例外限定了声明,得出的结论不再是绝对断言而是理性结论,这又克服了形式逻辑的绝对性。按照图尔明模型进行推理,既要"有理有据",还应"兼顾例外",这是逻辑推理的理性之所在,这种逻辑因而被称为理性逻辑。而图尔明模型之所以被视为辩论模型,是因为模型充分体现了理性辩论的思想,即双方证实各自的声明时都应该做到"有理有据、兼顾例外"。

当今测试效度研究强调分数解释与使用的合理性,呼吁采取理性辩论的方式进行测试效度验证,先后产生了三个具有代表性的测试辩论模型:Kane

(1990,1992)针对分数解释提出解释辩论(Interpretive Argument—IA);Mislevy et al. (2003)针对测试开发提出以证据为中心的设计(Evidence-Centered Design—ECD);Bachman(2005)和 Bachman & Palmer (2010)针对测试使用提出测试使用辩论(Assessment Use Argument—AUA)。三个模型的逻辑结构并不相同,但都被贴上了"图尔明逻辑结构"的标签,导致测试辩论法研究中出现了三个不同版本的"图尔明模型"。对比分析可以发现,三个研究实际上都按各自的意图修改了图尔明模型的逻辑结构。但修改之后,原模型中"有理有据、兼顾例外"的理性逻辑荡然无存,取而代之的是"先声明后论证"的矛盾思想和"抓住例外不放"的非理性逻辑。三个研究都是先根据证据和理由作出声明,随后又强调必须先论证最大异议(IA中)、对立假设(ECD中)、反声明(AUA中)等反驳情况(因而都试图在模型中增加一个反驳的证据要素),然后再决定到底是接受还是拒绝之前作出的声明。如此先声明后论证,不但自相矛盾,而且模型中所有要素的概念都变得名不副实、是非不分:证据不足为证,理由形同虚设,声明实为假设,反驳反倒成了决定声明是否成立的前提条件。偷换了图尔明反驳的概念之后再强调论证反驳,实质上就是抓住例外不放(图尔明模型中的反驳原本就是指例外),这也就是日常生活中常说的"钻牛角尖"。但反驳也有自己的反驳,而且一个声明的反驳的反驳正是声明自身。既然强调作出声明之前必须先论证反驳,那么同理,论证反驳之时也必须先论证反驳的反驳。如此抓住反驳不放,推理过程必将陷入无限循环而且自相矛盾,除非最终放弃论证反驳并强行作出声明,否则永远无法得出结论。

　　进一步分析发现,之所以产生逻辑错误,除了误解和误用了图尔明反驳以外,三个研究还曲解了图尔明模型的辩论思想,都将模型中声明者证实自己声明的理性推理过程曲解为辩论双方针锋相对的争辩过程,因而都试图在模型中增加一个证据要素来对反驳进行论证。其实,辩论过程中双方的观点相左,声明相反,双方互为反驳方,同时又都是声明者,反驳对方是通过证实自己的声明来实现的,所以,反驳实际上是任何一方作为反驳方时的声明,而所谓的反驳证据就是反驳方证实其声明的数据。在理性的辩论过程中,双方都不会因为有可能遭到反驳而放弃声明,也不可能一一排除反驳之后再作出声明,更不会主动去证实反驳来否定自己,所以,在声明者证实自己的声明的逻辑推理过程之中嵌入对反驳的论证过程,必然会导致逻辑错误。所谓的反驳证据原本就不应该存在,无论如何定义、怎么命名,都将逻辑不通。三个模型的分歧也正是出现在这个地方,甚至出现"将支持反驳和拒绝反驳的都称为反驳支撑"这种是非不分的命名方式。

其次，本研究结合统计分析的概率原理和理性逻辑的推理机制，提出一个将科学研究方法有机融入理性辩论模型的逻辑结构——累进辩论（Progressive Argument），不但修正了前述三个测试辩论模型中的逻辑错误，还可以克服理性逻辑难以应对复杂数据的不足。

累进辩论由基础部分的逻辑推理和扩展部分的统计分析两部分组成。前者用于数据足以为证（理由充分、反驳不足为虑）时，直接使用图尔明模型进行"有理有据、兼顾例外"的理性逻辑推理；后者用于数据复杂、难以凭主观评判得出结论时，先进行统计分析甚至假设检验来获取足以为证据的新数据，然后再回到基础部分按图尔明模型进行推理。联系两个部分的是一个新增要素——条件判断，用于评判数据是否足以为证并决定推理过程的走向。累进辩论是在图尔明模型的基础上扩展而来的，虽然新增了条件判断、统计分析（含假设检验）两个要素，但并未改变图尔明模型的理性逻辑机制，所以仍然是理性辩论模型。

条件判断位于数据和理由之间，用于判断数据是否足以为证，或者说，数据是否为包含了充分理由的证据数据。图尔明模型并没有对此条件进行判断，因为数据足以为证是使用图尔明模型进行逻辑推理的前提条件，换句话说，图尔明模型仅适用于数据足以为证的情况。辩论过程中，出现数据不足为证的情况时，按照图尔明模型的辩论思想，就不能强行推理而只能放弃声明。不过，放弃声明虽是理性选择，却也反映出回避问题的消极态度，这无论是在科学研究还是日常辩论中都是不可取的。纳入条件判断要素，要求在复杂数据面前不应简单放弃声明而应通过统计分析进一步求证，这不仅体现了解决问题的积极态度，更主要的是还为模型增加了处理复杂数据的逻辑机制，因而更具实用价值。

统计分析以概率原理为基础，相较于日常辩论的逻辑推理，尽管更为复杂并涉及相关学科知识的应用，但从根本上而言，仍然是理性的逻辑推理过程。首先，统计分析方法的选择依赖于主观的逻辑评判；其次，使用统计分析方法的过程中，研究者需要不断地运用专业知识和经验以逻辑推理的方式进行评估和调整；最后，研究结果无论多么复杂、深奥，逻辑上必须讲得通，结果解读也完全是"有理有据、兼顾例外"的理性逻辑推理过程。其实，统计分析虽然在不懂统计的人看来深奥难懂，但对于掌握了统计方法的人而言却是常识，完全依赖主观评判。所以，纳入统计分析并没有改变模型的性质，从根本上来说，累进辩论仍然是理性辩论模型。

之所以称为累进辩论，是因为模型具有循环与递归的累进机制。所谓循环，指的是模型的重复使用——每解决一个问题都需要单独使用一次模型，独立地进行一次理性辩论。所谓递归，指的是模型的嵌套使用——在解决一个问题的辩论过程当中，启动子辩论解决更深一个层次的问题，之后再回到当前辩论中子辩论的起始点，辩论过程继续向前推进。累进辩论将辩论过程分为设计和实施两个阶段。设计阶段，以问题为导向，由果及因逆向推理，详细规划循环和递归需要解决的问题。实施阶段，以证据为依据，由因及果正向推理，一一解决所有规划的问题。累进以前任环节的结果为基础，并对所有后续环节的结果产生影响，最终问题的结论是所有前任环节结论层级累进的结果。

再次，针对当今测试效度观和语言能力理论的不足，本研究基于累进辩论的思想提出"以目标构念为中心、以环节效度为基础"的累进效度（Progressive Validity）的概念，并借鉴"信息三论"的主要观点和计算机面向对象技术的原理提出话语信息认知处理能力（Cognitive Processing Ability of Discourse Information）和信息最大化命题法（Information-Maximization Item Development）。

累进效度是在批判继承了整体效度观的基础上提出来的，继承了整体观对效度内涵的诠释方式，但批判了整体观狭隘的现实主义思想。整体观提出用构念效度一统所有其他效度类别，强调广泛收集效度证据从正反两个方面对分数解释与使用的合理性进行辩论。这种观点提出从目标构念的体现程度和测试使用的裨益后果的角度来看待效度问题，并呼吁效度辩论而不是效度研究，不仅促进了人们对测试效度的认识，更有利于克服机会主义和证实主义偏差。就此而言，测试效度整体观可谓测试发展史上的里程碑。不过，整体观将效度的概念内涵和验证过程局限于分数的解释与使用，这就意味着分数产生以前的测试环节既不属于效度的概念范畴，也被排除在效度的验证过程之外。事实上，测前环节是测后环节的前提和基础，如果测前环节的数据不能充分体现构念、数据使用不具理想的裨益后果，测后的分数解释与使用都将失去意义。

为了克服整体效度观只顾测后的分数解释与使用而忽视测前环节基础作用的不足，本研究提出从"数据解释与使用"而不仅仅是"分数解释与使用"的角度来界定测试效度。由于每个测试环节都会产生相应的结果数据，因此每个环节都具有效度，并且是所有前任环节效度层级累进的结果。累进以前任环节为基础，并对所有后续环节产生影响，一个环节出现效度问题，后续环节只能受其影响而无法反过来进行弥补，因此累进效度最大不大于最薄弱环节的效度。强调效度的累进，既是为了倡导测前采取伪证态度排除质疑、控制风险，也是为了防止测后采取机会主义和证实主义态度回避问题甚至掩盖问题。为了能为测试实践提供具体指导，本研究进一步提出将测试过程分解为设计、开发、实施、评分、使用和参照等六个主要环节，并在综述相关研究成果的基础上明确了各个环节效度验证应该关注的焦点问题和主要证据来源。

每个环节的结果数据都应该充分体现测试的目标构念，效度验证正是针对这一问题进行检验，这又要求首先必须明确测试的目标构念到底是什么。语言测试的目标构念无疑是语言能力，语言测试设计之初就应该对语言能力有明确、清晰的界定。当今语言能力理论框架虽然能在宏观层面为测试实践进行方向性指导，但对必须根据具体语篇中的微观语义来编写试题的命题工作而言并没有实际性的指导意义。为了能从具体语篇、微观语义的层面为命题工作提供切实指导，本研究首先以系统论、信息论和控制论"信息三论"为指导，提出话语信息认知处理能力观，并建构了话语信息认知处理系统框架和话语信息认知处理能力模型；然后以计算机科学领域面向对象技术的原理为指导，借鉴计算机认识世界事物的方法提出语义的结构形式和计算单位，实现话语信息的认知量化与计算；最后在话语信息认知量化的基础上，进一步提出信息最大化命题方法，通过强化最大化计算、抽样加权、归类整理、题目编写等命题环节来提高语言测试的命题质量和开发效度。

最后，本研究通过一个命题示例和两个研究实例，分别介绍信息最大化命题方法的使用和累进辩论法在真实语言测试研究中的应用。命题示例所用语篇仅有150个词，但编出了4道多项选择题和16个选项。所有选项均与语篇密切相关，总体上全面、均匀覆盖了所有重要内容，并且相互之间不交叉、不包含、不对立、不暗示，充分体现了测试的开发效度和信息最大化命题方法的优点。第一个研究实例主要针对命题期间的选项可猜性评判与控制问题进行讨论，同时兼顾调查我国高考命题对选项可猜性的控制情况。第二个研究实例以2014年湖南省高考考生水平评价与教学建议研究为例，介绍如何应用累进辩论法在测后环节开展累进辩论。不过，由于研究人员未能介入测试的设计、开发、实施和评分工作，效度证据只能从测前各个环节的结果数据中重新采集，这正是整体效度观的效度验证方法。测后环节虽然也可以以累进辩论的方式反过来从测前环节收集证据，但如果测前环节存在问题，测后只能证明问题的存在而无法进行弥补。这个实例确实也证明有关考试的设计环节和开发环节都存在问题，而如果运用本研究所提出的累进辩论法，在设计和开发期间及时进行效度验证，两个环节出现的问题都是可以避免的。所以，这项研究也以实例证明基于测后分数解释与使用的效度观的不足及其危害性。

  由于涉及面广,本研究未能针对各个测试环节的效度辩论分别展开讨论,信息能力构念研究和信息最大化命题方法研究的相关成果也有待于测试实践的进一步检验。

邓杰<br>
2018 年 9 月<br>
于长沙

# 目 录

第1章 绪论 ································································ 1
1.1 辩论的理性逻辑机制 ················································ 1
1.2 测试辩论研究中的谬论 ·············································· 2
1.3 整体效度观的局限性 ················································ 4
1.4 语言能力研究的不足 ················································ 6

第2章 辩论逻辑 ························································ 8
2.1 三段论形式逻辑 ······················································ 8
   2.1.1 逻辑结构 ···················································· 8
   2.1.2 形式逻辑 ···················································· 9
   2.1.3 推理规则 ···················································· 10
   2.1.4 不足之处 ···················································· 12
2.2 图尔明理性逻辑 ······················································ 13
   2.2.1 逻辑结构 ···················································· 14
   2.2.2 理性逻辑 ···················································· 16
   2.2.3 辩论思想 ···················································· 18
   2.2.4 不足之处 ···················································· 19
2.3 测试辩论法研究中的谬误 ·········································· 20
   2.3.1 分数解释辩论 ·············································· 21
   2.3.2 测试设计辩论 ·············································· 27
   2.3.3 测试使用辩论 ·············································· 33
   2.3.4 真假图尔明模型 ··········································· 42
   2.3.5 一脉相承的谬误 ··········································· 46
2.4 测试辩论法研究的启示 ············································· 50
   2.4.1 对立假设的排除 ··········································· 51
   2.4.2 测试辩论的焦点 ··········································· 52

第3章 累进辩论法 ···················································· 54
3.1 基本概念 ······························································ 54

| | | |
|---|---|---|
| 3.2 | 辩论结构 | 57 |
| 3.3 | 累进机制 | 60 |
| 3.4 | 统计基础 | 62 |
| | 3.4.1 计量尺度 | 62 |
| | 3.4.2 频数分布 | 63 |
| | 3.4.3 数据分布特点 | 67 |
| | 3.4.4 正态分布 | 72 |
| 3.5 | 假设检验 | 78 |
| | 3.5.1 小概率原理 | 79 |
| | 3.5.2 显著性水平 | 81 |
| | 3.5.3 两类错误 | 83 |
| | 3.5.4 检验步骤 | 84 |
| | 3.5.5 常用检验示例 | 95 |

## 第4章 测试效度 · 114

- 4.1 效度概念的演变 · 114
  - 4.1.1 效度分类说 · 114
  - 4.1.2 整体效度观 · 119
- 4.2 累进效度 · 129
  - 4.2.1 总体框架 · 129
  - 4.2.2 环节效度 · 132

## 第5章 语言能力 · 208

- 5.1 语言能力研究综述 · 208
  - 5.1.1 交际语言能力 · 208
  - 5.1.2 认知活动能力 · 213
  - 5.1.3 信息处理能力 · 217
- 5.2 话语信息认知处理能力 · 226
  - 5.2.1 话语信息认知处理系统 · 227
  - 5.2.2 话语信息的认知处理能力 · 230
  - 5.2.3 话语信息的认知量化计算 · 241
  - 5.2.4 信息最大化命题方法 · 248

## 第6章 测前辩论例析：选项可猜性评判与控制 · 258

- 6.1 研究背景 · 258

- 6.2 辩论规划 ·········································· 259
  - 6.2.1 评判量表 ································ 259
  - 6.2.2 累进框架 ································ 260
  - 6.2.3 具体问题 ································ 260
- 6.3 辩论实施 ·········································· 262
  - 6.3.1 层级 I——可猜因素辩论 ············ 262
  - 6.3.2 层级 II——量表质量辩论 ············ 263
  - 6.3.3 层级 III——评判一致性辩论 ········ 270
  - 6.3.4 层级 IV——选项可猜性辩论 ········ 272
- 6.4 辩论声明 ·········································· 276

### 第7章 测后辩论例析：考生水平评价及教学建议 ········ 277
- 7.1 研究背景 ·········································· 277
- 7.2 辩论规划 ·········································· 278
  - 7.2.1 累进框架 ································ 278
  - 7.2.2 具体问题 ································ 279
- 7.3 辩论实施 ·········································· 280
  - 7.3.1 层级 I——设计效度辩论 ············ 281
  - 7.3.2 层级 II——开发效度辩论 ············ 284
  - 7.3.3 层级 III——考生水平分析 ············ 292
  - 7.3.4 层级 IV——日常教学建议 ············ 304
- 7.4 辩论声明 ·········································· 308

### 第8章 结语 ··············································· 309
- 8.1 本研究的"破"与"立" ························ 309
- 8.2 创新之处及研究价值 ··························· 311
- 8.3 不足及未来研究方向 ··························· 313

参考文献 ·················································· 314
附录 A ····················································· 325
附录 B ····················································· 327
附录 C ····················································· 328
附录 D ····················································· 335

# 第1章 绪论

本著旨在通过揭示测试辩论研究中的逻辑谬论,探究理性推理与科学研究相结合的辩论方法,同时结合语言测试效度辩论讨论测试效度的概念内涵和语言测试的目标构念——语言能力。

## 1.1 辩论的理性逻辑机制

辩论之法,在于理性的逻辑推理。所谓理性,指的是逻辑推理要"有理有据、兼顾例外",确保推理的结果具有合理性,作出的声明具有说服力。辩论过程中,双方的观点相左,声明互反,双方互为反驳方,同时又都是声明者,因此双方都应该进行"有理有据、兼顾例外"的理性逻辑推理。

"有理有据"意味着不能先声明后论证。证据和理由是声明的前提条件,只有证据充足、理由充分,才有可能推理出合理的结论,声明的说服力才有保障。即使是先摆出声明,然后再提供证据和理由,那也是在摆出声明之前事先已经掌握了充足的证据和充分的理由。没有证据和理由,就不可能有结论,也就不应该作出声明。明知证据不足、理由不充分,也要强行作出声明,那就是不讲道理,其推理逻辑即所谓"强盗逻辑",推理没有理性可言。"兼顾例外"指在证据充足、理由充分的情况下,仍不忽视例外的存在,而是根据例外发生的可能性合理限定声明。例外属于特殊情况,一般情况下不会发生,但只要有例外存在,就不能置之于不顾。明知例外有可能发生而作出容不得例外的声明,推理同样不具理性。

不顾例外的声明都是绝对断言,不仅语气强硬,容易招致质疑,而且非真即假,易于遭到反驳,因为证实任何例外都会使得声明不成立。例如,"广州今年不会下雪"就是一个不顾例外的绝对断言,完全没有考虑特殊天气也有可能下雪的情况。考虑到例外的存在,作出声明时应使用一个恰当的限定词,对声明的语气强度或成立条件进行合理限定,使声明不至于成为绝对断言,而是一个理性结论。例如,"广州今年很可能不会下雪"就是一个兼顾了例外的理性结论。"很可能"一词限定了声明成立的条件,即:一般情况下应该如此。这不仅使得声明语气缓和,令人易于接受,而且还可预防对方利用例外来反驳,因为声明并没有完全排除特殊情况下也会下雪的可能性。

"兼顾例外",目的是为了恰当限定声明,使声明更具合理性,而不是为了通过论证例外来检验声明——例外成立,则声明不成立,否则声明成立。首先,声明是否成立,取决于证据和理由,只要证据充足、理由充分,就可以作出声明。例外毕竟是例外,发生的可能性不大,即使存在也不足以威胁声明的整体合理性,否则本质上就不是例外,因此例外无须论证,完全可以忽略不计。再者,辩论过程中,无论是自我辩护还是反驳对方,双方都不会因为例外而放弃自己的声明,也不可能一一排除所有例外之后再作出声明,更不会去实证例外来否定自己。更何况,例外也有自己的例外,若强调论证例外,那么,例外的例外也应论证,如此"抓住例外不放",论证过程将无限循环且自相矛盾;而若放弃论证例外的例外,这又与强调论证例外自相矛盾。

辩论的妙处在于反驳,成功的反驳是最好的辩护。如果证据不足,则理由不可能充分,这会导致声明直接遭到反驳。如果声明者不顾例外的存在而作出绝对断言,那么实证任何一个例外都可以反驳其声明。如果声明者将不可忽略的情况故意作为例外予以忽略,证明其例外不可忽略也会对其声明构成有力反驳。从概率的角度来看,例外属于小概率事件,相当于假设检验中的显著性水平($\alpha$);而理由可视为例外的对立事件,相当于假设检验中的置信度($1-\alpha$)。理由成立的可能性越大,例外发生的可能性越小;反之,如果例外发生的可能性达到一定程度,那么所谓的例外本质上就不再是例外,而所谓的理由也不足以成为理由。推理过程中,若能判定存在足以否决声明的情况,那么这些情况都可以作为声明的反面证据。反面证据一旦证明属实,则反声明成立,声明因而不成立,即间接遭到反驳。

## 1.2 测试辩论研究中的谬论

测试效度的验证方法历来以实证研究为主,基于逻辑推理的辩论法效度研究的兴起,与测试效度概念的演变密不可分。自 20 世纪七八十年代以来,效度整体观逐步形成,并取代了效度分类说。整体观认为效度是一个整体概念,不再存在类别之分,指对分数解释及其使用的综合评价(参见 Cronbach 1971,1980,1988,1989;Messick 1975,1980,1988,1995)。根据这种观点,效度不再是测试本身固有的属性,而是分数解释及其使用的合理性,合理程度即为效度。解释过程是由因及果的逻辑推理过程,需要提供理由充分的证据(因),才能得出符合逻辑的结论(果)。因此,效度验证过程也就被界定为多方面收集证据对分数解释与使用的合理性进行辩论的过程。一个合理的解释，不仅需要有充足的证据和充分的理由，也要经得起持反面意见的人的反驳。经过辩论得出的结论往往更具合理性和说服力，所以自整体观提出以来，效度验证越来越重视基于辩论的方法。

20世纪90年代初，Kane(1990，1992)提出辩论法效度研究史上的第一个辩论模型——解释辩论(Interpretive Argument，IA)，用于对分数的解释和使用进行辩论。21世纪初，Mislevy(2003)和Mislevy et al.(2003)通过引入哲学领域的逻辑辩论模型——图尔明模型(The Toulmin Model)，提出了一个测试设计辩论模型——以证据为中心的设计(Evidence-Centered Design，ECD)，用于指导测试的设计与开发。Bachman(2005)综合前两个模型，提出测试使用辩论(Assessment Use Argument，AUA)框架，并声称AUA不仅可用于分数的解释与使用，同时还可为测试的设计与开发提供理论指导。近年来，Bachman极力推介测试使用辩论法，并于2010年对AUA框架进行了修正(Bachman & Palmer 2010)。这三种辩论法对测试研究都具有深远影响，可谓是辩论法效度验证研究的典型代表。

上述三种辩论法研究都声称其辩论模型的逻辑结构为图尔明模型。虽然Kane最初提出IA时(Kane 1990，1992；Kane et al. 1999)，并未对其模型与图尔明模型之间的关系进行说明，但自ECD提出以后，Kane(2004：148)也对图尔明模型作了详细的阐述，并参照图尔明模型解释IA的推理结构。该模型的扩展模型，如Chapelle et al.(2008，2010a)的效度辩论模型、Xi(2010)的测试公正性辩论模型，也都明确表示其辩论结构为图尔明模型。ECD(Mislevy et al. 2003：11)和AUA(Bachman 2005：9；Bachman & Palmer 2010：98)则都是直接将其基准辩论的结构图标为"图尔明辩论结构图(Toulmin diagram of the structure of arguments)"。

图尔明模型是图尔明为了攻击亚里士多德的三段论(Syllogism)而提出来的一个哲学辩论结构。在三段论式辩论中，大前提(Major Premise)和小前提(Minor Premise)都是"非是即否"的绝对命题(Absolute Proposition)，得出的结论(Conclusion)也是非真即假、非对即错。Toulmin(2003)认为，三段论式"大前提—小前提—结论"逻辑结构适于基于形式逻辑(Formal Logic)的机械推理，但并不适用于现实生活中的实用辩论(Practical Argument)。实用辩论以理性逻辑(Rational Logic)为基础，推理过程中应该考虑有可能导致结论不成立的例外情况——图尔明称之为反驳(Rebuttal)，推理的结果通常不能以绝对的"真/假"、"对/错"或"是/非"而论，而是一个合理性程度问题，所以在得出结论——图尔明称之为声明(Claim)时，应该用一个适当的限定词(Qualifier)对结论的语气强度加以限定。这种观点与20世纪七八十年代逐步形成的整体效度观(Unified Concept of Validity)不谋而合。整体观认为测试效度既不是取决于某个单一指标,也不是简单的有效或无效的问题,而是基于各种情况的整体考虑,并且是一个有效性程度问题。

但是,前面提到的三个辩论法研究在应用图尔明模型建构辩论框架时都对其基本结构做了修改。所做修改不仅改变了图尔明模型作为实用辩论模型的根本性质,而且导致了严重的逻辑错误。首先,修改版模型都删除了语气限定词。其次,又在模型中增加了一个要素,用来对反驳进行论证。前者使得图尔明声明又沦为 Toulmin(2003)所批判的三段论式结论,后者则是逻辑错误产生的根源:反驳情况多种多样,并且许多反驳情况是不可预计或想象不到的,那么,究竟该论证哪些反驳?有可能一一排除所有反驳吗?此外,反驳也有自己的反驳,并且一个声明的反驳的反驳正是声明自身。如果坚持论证反驳的原则,那么在论证反驳时也必须论证反驳的反驳,即原声明。如此一来,论证过程将无限循环且自相矛盾。

既然强调论证反驳,那么在反驳得到证实或证伪以前,所谓的"声明"就不是声明而实为假设。没有声明,就无所谓辩论,一方还未提出观点,另一方如何与之争辩?所以,没有声明的模型,本质上就不是辩论模型。上述几个模型虽然名称上称为"辩论模型",但并不能用于解决实际的辩论问题。如果将模型中的"声明"还原为假设,模型也不足以成为假设检验模型,因为模型中并没有接受或拒绝假设的条件判断机制,到底该接受还是拒绝假设仍然不得而知。再者,测试数据往往比较复杂,一般情况下难以凭借逻辑推理直接得出结论,而应该先进行数据分析,得出有说服力的证据之后再进行逻辑推理。但是,前述几个测试辩论模型均不具备数据分析机制,而无不是直接使用图尔明模型进行逻辑推理的。可见,在复杂的测试数据面前,上述几个辩论模型都不具实用价值。

## 1.3 整体效度观的局限性

测试效度(Test Validity)是测试研究和实践中最基本、最核心的概念。测试效度的界定和效度验证(Validation)的方法,一直以来都是推动测试理论发展的内在原因和动力源泉。一方面,测试效度的内涵丰富,用"有效性"来概括,字面理解不难,但要深入、透彻理解,却并不容易;另一方面,效度验证的方法复杂,用"科学性"来描述,很能体现特色,但方法的使用是否恰当、结果的解释是否合理,却不易把握。正因为如此,Kane(1990:9)感叹道:"效度是一个令人难以捉摸的概念,想到效度即已令人发怵,再想做点什么就更加令人抓狂了。"

自20世纪七八十年代,测试效度的概念开始由"分类说"向"整体观"演变。在Cronbach(1971,1980,1988,1989)和Messick(1980,1988,1989a,1989b)等人的率领下,心理测验专家和测试专家不断强调测试效度是一个整体概念,而不应区分不同的类别。整体观主张以构念效度(Construct Validity)一统其他各类效度,着重关注考试分数到底意味着什么,在多大程度上体现了测试所要考查的目标构念(Target Construct),简单地说,就是对分数作出解释。受这种观点的影响,1985年版美国《教育与心理测验标准》(AERA et al. 1985:9)将效度定义为"分数解释的恰当性、意义和有用性"。1999年版《教育与心理测验标准》进一步从分数解释的合理性和测试使用的针对性两个方面进行强调,将效度的概念修改为"证据和理论支持符合测试使用需要的分数解释的程度"(AERA et al. 1999:9)。根据这一定义,测试效度不在测试本身,也不在分数,而在于对分数的解释和使用(Angoff 1988; Wainer & Braun 1988),或者说,"基于分数的推理和决策"(Goodwin & Leech 2003:182),而效度验证也就是"为了为所作分数解释提供坚实、科学基础而收集证据的过程"(AERA et al. 1999:9)。因此,这种效度观可称为基于分数解释与使用的效度观。

显然,这种整体观是一种主张"试了才知道"的后验效度观。以这种观念为指导,分数产生以前的环节,如构念界定、大纲及规范制定、试卷命制等测前环节,就被排除在效度的概念范畴之外,也没有被纳入效度的验证过程,因为没有分数就无所谓分数的解释与使用。从现实的角度考虑,测试未经实施,"实际效度"还没有产生,确实是"不试不知道",但从逻辑上来讲,测前是测后的基础和前提,要保证测后能有理想的效度,首先测前不能有问题,这是"不试也知道"的。测前问题必然会影响到测后,并且即使在测后发现了问题也于事无补,已经造成的损失事后不可能弥补,这在高风险测试中甚至还有可能导致测前问题被刻意回避或隐瞒的现象。可见,测试效度远不是测后分数的解释与使用问题,而是一个涉及测前和测后各个环节、关乎测试全局的问题。换句话说,每个环节的结果数据,而不仅仅是测后的分数,都需要得到合理的解释和恰当的使用,因此,每个环节都具有效度,都需要进行效度验证。

由此看来,基于分数解释与使用的效度观,虽然提出效度是一个整体概念,但作为一种整体观,其"整体性"并不完整,而是一种狭义的整体观。其置测前环节于不顾的观念和做法,既不利于排除损害测试效度的因素,也不利于控制测试使用的风险。因此,有必要从广义的角度,探讨一个集设计、开发、施测、评分、使用和效标参照于一体的全局效度观,以反映测试效度的真实内涵,并为各个测试环节的效度验证提供指导。

## 1.4 语言能力研究的不足

要进行语言测试,首先必须对测试的目标构念,即语言能力,有明确的认识,因为无论是测前的测试设计与开发,还是测后的分数解释和使用,都是围绕语言能力这一目标构念来进行的,任何一个测试环节都不能偏离语言能力这个中心,否则测试就会失去意义。

在当今语言测试学界,影响较大的语言能力研究主要有 Bachman(1990)提出的交际语言能力(Communicative Language Ability,CLA)框架和 Weir(2005)提出的社会—认知活动模型(Socio-cognitive Process Models)。交际语言能力框架以层级分类的方式,自上而下从抽象到具体逐级列出语言能力的构成要素。社会—认知活动模型研究根据语言输入和输出的不同特点,分别建构读、听、说、写过程的认知活动模型,并自下而上从微观到宏观逐级列出模型涉及的认知活动。两个研究从不同视角对语言能力进行探究,提升了人们对语言能力的认识,促进了语言能力理论的发展,也能在宏观层面为语言测试实践提供理论上的方向性指导。

但是,对于命题和评卷而言,仅有宏观层面的、抽象的框架或模型是不够的,而必须具体到语篇,深入到语义,因为无论是语言的理解还是表达都离不开具体语篇中的语境意义。语篇中有哪些关乎全局的显性和隐性概括要义?有哪些着眼于局部的显性和隐性支撑细节?应该针对哪些内容设计测试任务?应该设计多少个测试任务?这些都是命题期间必须考虑的关键问题。而考生到底说了或写了什么;遣词造句是否准确、得体、地道,复杂程度如何;组句成篇的手法是否运用恰当且灵活、多样;语言表达的错误多不多、严不严重;这些都是评判口语和写作能力的重要指标。显然,要回答上述问题,抽象的框架或模型并不具实际指导意义,而必须根据考生在具体语篇中处理语义的情况才能给出答案。

CLA 框架将语言能力分为组织能力和语用能力,前者又包括 4 种语法能力和 2 种语篇能力,后者包括 4 种以言行事的能力(也就是语言的四大功能)和 4 种社会语言能力(Bachman 1990:87)。这种分类虽然具有较好的全面性和系统性,但过于宏观和抽象不涉及具体的语篇,因而不可能深入到语境意义,所以对命题和评分没有实质性的指导意义。此外,语言测试一般都是针对组织能力进行考查,很少涉及语用方面的能力,尤其是外语测试。例如,对方言/变体的敏感性和对语域的敏感性这两种社会语言能力,在外语测试中基本上不会涉及;而语言功能方面的四种以言行事能力则更难分别设题进行测试。这也进一步说明 CLA 框架并不适合用作命题和评分的语言能力框架。

社会—认知活动模型包括听、读、说、写 4 个模型,这些模型反映出的语言能力结构实际上也是一种层级框架:先将语言能力分为理解能力和表达能力,再将理解能力分为听和读的能力,将表达能力分为说和写的能力。这种分类比 CLA 框架更符合人们对语言能力的分类习惯,并且,社会—认知活动模型并没有停留在语言能力的宏观分类上,而是分 4 个模型对语言交际中的认知活动进行从微观到宏观、由具体到抽象的细致描述。不过,由于涉及的认知活动错综复杂,且无法直接进行观察和测量,所以日常语言测试一般不会针对认知过程进行设计和开发,测试的结果也很少会用来解读认知过程,所以社会—认知活动模型对于日常测试工作同样缺乏实际指导意义。

其实,所谓语言表达和语言理解,表达和理解的并不是抽象的语言,而是具体的话语,并且话语中传递的信息才是表达和理解的关键所在。因此,语言能力实际上就是通过话语交换信息的能力。从信息交换的角度来看,语言能力的组织结构和语言交际的认知过程都不是语言测试所要关注的焦点,语言测试真正关注的应该是信息交换的最终结果。在考试时间内,考生生成话语的质量越高、数量越多,理解话语的准确率越高、速度越快,语言能力就越强;反之,语言能力越弱。从这个角度来界定语言能力比建构宏观、空洞的框架或模型更切实际,也更具指导价值和实践意义。

# 第 2 章 辩论逻辑

辩论重在以理服人。辩论双方都要讲道理，双方的声明都要符合逻辑。明知证据不足、理由不充分也要强行作出声明，就是不讲道理，其推理逻辑即所谓"强盗逻辑"；相反，无论什么证据和理由都拒不接受也是不讲道理，正所谓"秀才遇到兵，有理说不清"；另外还有一种不讲道理的形式——一味抓住例外不放，这也就是常说的"钻牛角尖"。在辩论过程中，一方不讲道理，就永远也争辩不出结果。

辩论的目的在于说服对方或达成妥协。人是理性动物，一般都不会不讲道理，至少不会认为自己不讲理。但由于看待问题的角度不同或对事物认识的局限性，观点不一甚至完全相左的现象在所难免。通过辩论，双方都有可能进一步了解事实的真相，最终达成一致意见，这正是辩论的意义所在。但如果双方缺乏共识又都不愿妥协，都是"公说公有理，婆说婆有理"，辩论也终将是徒劳。

## 2.1 三段论形式逻辑

三段论（Syllogism）是由古希腊哲学家亚里士多德在其关于演绎推理的著作《分析前篇》（*Prior Analytics*）中提出来的（参见 Smith 1989）。"syllogism"即希腊语中的"sullogismos"，意为"演绎"，即从"一般"到"特殊"的逻辑推理。

### 2.1.1 逻辑结构

三段论由三个部分组成：大前提、小前提和结论。大前提是一个关于所有同类现象的一般性陈述，小前提是一个关于大前提中特定现象的个性化陈述，结论是一个经过从一般到特殊的演绎推理得出来的结果，是一个关于特定现象拥有同类现象的共性的陈述（参见 Russell 2008）。

例如，下面示例是三段论的经典示例（参见 Copleston 1974：277）。

大前提：所有人都会死。
小前提：苏格拉底是人。
结　论：苏格拉底会死。

在逻辑学中，三段论中的大、小前提和结论都是直言命题（Categorical Proposition）。直言命题亦称性质命题，为"一个断定或否定一个类别的全部或部分成员包含在另一个类别之中的陈述"（Churchill 2006：143），其中的主语部分称为主项，谓语部分称为谓项。

就逻辑推理而言，三段论的三个组成部分缺一不可，但在具体的语言表述中，通常可以省去某个部分不说。省去不说的部分或是大前提，或是小前提，或是结论。例如：

① 你是经济学院的学生，应当学好经济理论。其中，省略了大前提"凡是经济学院的学生都应该学好经济理论"。

② 企业都应该提高经济效益，国有企业也不例外。其中，省略了小前提"国有企业也是企业"。

③ 所有的人都免不了犯错误，你也是人嘛。其中，省略了结论"你也免不了犯错误"。

### 2.1.2　形式逻辑

三段论各命题的主项和谓项都可以形式化为符号，用符号表示的推理过程类似于代数演算。推理结果是否正确，完全可以根据项词（主项或谓项）的形式进行判断，而无须考虑项词的内容，所以，三段论逻辑称为形式逻辑。三段论形式逻辑是数理逻辑的基础，可用于公式化推理，并根据推理规则演变出多种推理形式。

一个正确的三段论有且仅有三个词项，并且三个命题两两之间共享一个词项。由大前提和小前提共享的词项叫中项；同时出现在大前提和结论中的词项叫大项；同时出现在小前提和结论中的词项叫小项。习惯上，中项、大项和小项分别用"M"，"P"和"S"表示。

亚里士多德等古希腊哲学家根据命题的"质"（肯定或否定）与"量"（全部或部分，逻辑学中称为"全称"或"特称"），提出四类基本命题形式（见表2-1）。

表 2-1　命题的基本形式

| 类型 | 逻辑形式 | 简式 | 代码 | 示例 |
| --- | --- | --- | --- | --- |
| 全称肯定 | 所有 S 是 P | SaP | A | 所有人都是必死的。 |
| 全称否定 | 所有 S 不是 P | SeP | E | 所有人都不是完美的。 |
| 特称肯定 | 有的 S 是 P | SiP | I | 有的人是健康的。 |
| 特称否定 | 有的 S 不是 P | SoP | O | 有的人不是聪明人。 |

根据中项(M)在前提中的位置,三段论分为以下四"格"(figure)。

表 2-2　三段论的格

|  | 第一格 | 第二格 | 第三格 | 第四格 |
| --- | --- | --- | --- | --- |
| 大前提 | M—P | P—M | M—P | P—M |
| 小前提 | S—M | S—M | M—S | M—S |
| 结　论 | S—P | S—P | S—P | S—P |

从表 2-2 可以看出,每格结论中主项和谓项的位置都是固定的,各格的区别在于中项在大前提和小前提中的位置不同。

表 2-2 的每格有 3 个命题,每个命题存在 4 种(A,E,I,O)形式,因此每格都有 64 种(4×4×4)组合,这种组合称为三段论的式,因此三段论共有 256 个式(64×4)。式用其中命题的代码字母加上格的序号进行形式化表示。例如,AAA－1 表示第 1 格中大小前提和结论都是全称肯定命题的情况。如果考虑大前提和小前提先后位置的不同(但逻辑上没有区别),可得到 512 个式(256×2)。

传统逻辑中,三段论的 256 个式中只有如下 24 式是有效式,其他都无效。

第一格:AAA,EAE,AII,EIO,AAI,EAO。
第二格:AEE,EAE,AOO,EIO,AEO,EAO。
第三格:AII,IAI,OAO,EIO,AAI,EAO。
第四格:AEE,IAI,EIO,AEO,EAO,AAI。

### 2.1.3　推理规则

判定三段论推理是否有效的规则共有 7 条,其中前 4 条是基本规则,后 3 条是导出规则。在这 7 条规则中,前 3 条是关于词项的规则,后 4 条是关于前提与结论的规则。

4 条基本规则如下:

1. 一个正确的三段论,有且只有三个不同的项。

例如:

> 运动是永恒的,足球运动是运动,所以足球运动是永恒的。

此例为无效三段论,因为大、小前提中的"运动"为两个不同的概念。前者为哲学意义上的概念,指物质的根本属性之一,后者指体育运动。

2. 三段论的中项至少要周延一次。

在一个直言命题中,如果断定了主项或谓项的全部外延,则主项或谓项是周延的;反之则不周延。"主项周延,其必须为全称命题;谓项周延,其必须是否定命题。"(Damer 1980:82)中项是联系大小前提的媒介。如果中项在前提中一次也没有周延,那么,中项在大小前提中将会出现部分外延与大项相联系,并且部分外延与小项相联系,这样大小项的关系就无法确定。

例如:

> ① 知识分子是劳动者,李教授是知识分子,所以李教授是劳动者。
> ② 凡作案者都有作案动机,某人没有作案动机,所以某人不是作案者。

例①中,中项"知识分子"在大前提中是周延的;例②中,中项"作案动机"在小前提中是周延的,所以这两个三段论都有效。

再如:

> 某系同学都是共青团员,某班同学都是共青团员,所以,某班同学都是某系的学生。

此例中,中项"共青团员"在大小前提中都不周延,所以结论无效,因为某班同学可能是某系的学生,也可能不是。

3. 在前提中不周延的词项,在结论中不得周延。

前提中不周延的大项或小项,若在结论中变为周延的,就会犯"大项不当扩大"或"小项不当扩大"的逻辑错误。

例如:

> ① 金属都是导电体,橡胶不是金属,所以橡胶不是导电体。
> ② 某人是教授,某人是北京大学的,所以,北京大学的都是教授。

例①中,大项"导电体"不周延,在结论中是周延的;例②中,小项"北京大学的"不周延,在结论中则为周延的,所以这两个三段论都是错误的。

4.两个否定前提不能推出结论。

两个前提都是否定的,意味着中项同大小项发生排斥。这样,中项无法起到联结大小前提的作用,小项同大项的关系也就无法确定,因而推不出结论。

例如：

① 铜(M)都不是绝缘体(P),铁(S)不是铜(M),所以铁(S)不是绝缘体(P)。
② 羊(M)不是肉食动物(P),虎(S)不是羊(M),所以虎(S)不是肉食动物(P)。

两例的前提都为真,但由于形式无效,推出的结论有或然性。

以下3条规则均为导出规则。

5.前提有一个是否定的,其结论必是否定的;若结论是否定的,则前提必有一个是否定的。

6.两个特称前提推不出结论。

7.前提中有一个是特称的,结论必须也是特称的。

## 2.1.4 不足之处

三段论推理可以形式化,并具有必然性,因此适用于逻辑运算,在科学研究具有广泛的应用价值。但 Toulmin(2003)批判"两个前提加一个结论"的三段论式推理,形式上过于简单,既不能区分事实和假定,也不能容纳例外。事实与假定不分,意味着三段论结论存在歧义,无法区分结论到底是推理出来的结果还是对大前提事实的简单重复,或图尔明所指的实质性辩论(Substantial Argument)——推理结果或分析性辩论(Analytic Argument)——简单重复(详见 Toulmin 2003：114-118)。哲学上的世纪争端——"存在性之谜",正是因为三段论的歧义性引起的(详见 Toulmin 2003：106)。容不得例外,意味着三段论结论都是不顾例外的绝对断言。四类三段论命题(A—"所有 A 都是 B"、E—"所有 A 都不是 B"、I—"有的 A 是 B"和 O—"有的 A 不是 B"),尽管在"量"上有全称和特称之别,但在"质"上都是"非是即否""非对即错""非真即假"的绝对断言。但在日常辩论和科学研究中,通常都需要考虑例外,结论并不都是绝对的,所以三段论在应用中存在很大的局限性。

表 2-3　三段论的歧义性和绝对性

| 要素 | 示例 | |
|---|---|---|
| | 例一 | 例二(p.115) |
| 大前提 | 所有人都会死。 | 杰克所有姐妹的头发都是红色的。 |
| 小前提 | 苏格拉底是人。 | 安妮是杰克的姐妹之一。 |
| 结论 | 所以，苏格拉底会死。 | 所以，安妮的头发是红色的。 |

三段论的歧义性和绝对性可以通过表 2-3 中两个典型的三段论例子来理解。首先，三段论命题都是绝对的，即使是两类特称命题(I 和 O)，其本质上都是"非是即否"的绝对断言，无法体现例外情况。其次，两个例子虽然形式上没有差异，但本质上并不相同。例一中，大前提"所有人都会死"为假定，即一般情况下大家都会接受的假设。结论"苏格拉底会死"是基于假定推理出来的结果，也是假定。假定由于还没有发生，事实上并不知道真假，这才有可能引起争辩。相反，对事实性结论，争辩没有必要，如有质疑，只需直接与事实进行对照即可得知真假。如例二中，结论"安妮的头发是红色的"只不过是对大前提"杰克所有姐妹的头发都是红色的"中事实性内容的简单重复，也是事实而非推理出来的假定。如不相信"安妮的头发是红色的"这个事实性结论，根本没有必要争辩，只要把安妮叫到跟前即可知其头发的颜色。可见，例二并不是真正意义上的辩论，但三段论对此无法区分。

此外，亚里士多德在其《分析前篇》第一卷(第 8～22 章)讨论过模态三段论(Modal Syllogism)，即至少有一个模态化前提的三段论。所谓模态化，就是指在命题中包含一个体现必然性、可能性或偶然性的语气词，分别为"必然地""可能"或"偶然地"。但相关讨论存在概念模糊、分类不清的情况，有些甚至与其《解释篇》互相矛盾，因此难以称其为"模态三段论"理论(参见 Hughes & Cresswell 1996；Smith 1989 等)。其后，模态逻辑(Modal Logic)作为形式逻辑的一个分支得到了不断发展。例如，传统的真势模态逻辑(Alethic Logic)将真相分为"可能性""必然性"和"不可能性"三种模态。其他模态包括时间模态、义务模态、认知模态、信念模态等(详见 Bobzien 1993；Hinntikka 1962；Hughes & Cresswell 1996；Prior 1962，1967；Rescher 1968；Rescher & Urquhart 1971 等)。模态逻辑研究在一定程度上淡化了三段论的绝对性，但仍然难以应对不同程度的差异，特别是事实性和假定性命题仍然无法区分。

## 2.2　图尔明理性逻辑

史蒂芬·图尔明(Stephen Toulmin，1922－2009)是一位出生在英国但成名于美国的哲学家、作家和教育家。据 Toulmin（2003：viii）自己介绍，图尔明模型是《辩论的用处》(*The Uses of Argument*)一书一个意外的"副产品"。图尔明写此书的目的完全是出于哲学上的考虑，主要是为了攻击亚里士多德的三段论——"如果攻击演绎推理不成，那么全书所剩只不过是他人逻辑观的大杂烩而已"(*ibid.*：viii)。没想到，模型后来在语言交际、辩弈论、人工智能、软件工程等社会科学和自然科学领域都得到了广泛应用（参见 Bex *et al.* 2003；Fox & Das 1996；Hitchcock 2003；Reed & Rowe 2005 等）。图尔明模型的名称也不是图尔明自己起的，但由于应用广泛"不接受反倒显得不谦了"(Toulmin 2003：viii)。

### 2.2.1 逻辑结构

为了克服三段论的歧义性和绝对性，Toulmin(1958)提出了一个由声明(C—Claim)、数据(D—Data)、理由(W—Warrant)、支撑(B—Backing)、反驳(R—Rebuttal)和限定词(Q—Qualifier)六个要素构成的辩论结构，后被称为图尔明辩论结构或图尔明模型。数据和声明分别对应三段论的小前提和结论，表示可根据数据推理出声明。理由和支撑分别相当于假定性大前提和事实性大前提，推理以理由为保障，理由遭到质疑时可提供事实作为支撑。反驳和限定词分别用来代表例外情况和对声明的约束，表示应根据例外情况合理限定声明的成立条件或语气强度。

理由为假定而不是事实，建立在假定基础上的结论必然也是假定，并且是推理出来的结果，而不是事实的简单重复。只有假定才可争可辩，只有结论为假定的模型才是用于解决争端的模型，才是真正意义上的辩论模型。事实无须争辩，摆出事实即可消除质疑。三段论中的结论既可以是假定，也可能是事实，所以并不是真正意义上的辩论模型。图尔明模型中的结论是基于假定性理由推理出来的结果，因此也是假定而不是事实，所以模型是辩论模型。特别是，由于考虑了例外，声明中都含有限定声明成立条件或语气强度的限定词，因此都是兼顾了例外的理性结论而不再是不顾例外的绝对断言。也正因为如此，图尔明模型的推理逻辑也称理性逻辑。因为推理具有理性，三段论的歧义性和绝对性都得到了克服。

Toulmin(1958,2003)没有针对各要素直接下定义，但根据 Toulmin (2003)的有关解释，各要素的定义可总结如下：

声明为"一个关乎是非曲直的结论"(p.90)，相当于假定性三段论结论。声明表达了声明者的观点、态度或立场，是引起辩论的根源。

数据指"声明赖以成立的信息"(p.90)，也就是声明的证据。数据是声明得以产生或能够成立的前提条件,相当于三段论中的小前提。没有数据,声明无法立足,因为原本就不应该作出声明。

理由指"起着桥梁作用并能为推理结论的合理性提供保障的一般性假定"(p.91)。推理过程中,理由无须明说,但声明受到质疑时,可提供理由为其辩护。理由是声明的另一个前提条件,相当于假定性三段论大前提。

支撑指"直截了当的事实"(p.98)。支撑为推理提供进一步保障,相当于事实性三段论大前提。假定理由受到质疑,再提供其他假定理由没有意义,而应用事实来消除对手的疑虑。缺乏事实的支撑,理由自身难以成立。

反驳指"有可能否决或反驳推理结果的例外情况"(p.94)。反驳虽可否决声明,但本质上属于特殊例外,发生的可能性不大,不足以威胁声明的整体合理性。考虑反驳是为了根据例外情况合理限定声明,使之不至于成为绝对断言而是一个理性结论。

限定词则为一个体现"数据和理由支持声明的力度"(p.93)的语气词。基于不同数据,理由的可信程度和例外的可能性也会不同,声明的语气强度应该与之相适应。如果结论毋庸置疑,限定词可为"自然""必然"(图尔明反对"绝对"但并不排弃"绝对",因为"绝对不可能"本身就是一个绝对断言,这正是图尔明所反对的);如果结论不是绝对的,限定词可为"很可能""可能"等。

图尔明模型的构成要素及其相互关系可在图 2-1 所示实例的推理过程中得到解释,即:因为数据(D)——"Harry 出生在百慕大",所以可以作出声明(C)——"Harry 很可能是英国公民"。之所以如此推理,是因为有一般性假定理由(W)——"百慕大出生的人一般都是英国公民",并且理由以法律法规为支撑(B)——"依据以下法律条文或其他法规……"。当然,

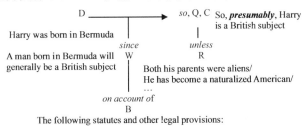

图 2-1　图尔明模型示例一

(Toulmin 2003:97)

也有可能存在例外性质的反驳(R)——如"他的父母都不是英国公民""他已经成为美国公民"等,所以应该使用限定词(Q)——"很可能"来限定声明的

语气强度。

前述三段论例二若改为图 2-2 所示图尔明模型,也可构成实质辩论。结论"因此,Anne 的头发很可能是红色的"中存在限定词"很可能",因而不再是绝对断言而是理性结论,意味着存在"Anne 的头发染过了/变白了/脱掉了"等例外情况。例外一旦证明属实即可反驳结论,因此结论可争可辩。理由"Jack 姐妹的头发应该都是红色的"为假定而非事实,不过由于有事实"据以前所见他所有姐妹的头发都是红色的"的支撑,所以成立的可能性很大,足以确保推理具有合理性。同时,这也意味着例外不足为虑,只要适当限定,结论应该可信。

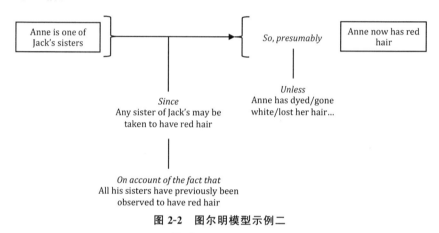

图 2-2　图尔明模型示例二

(Toulmin 2003:117)

### 2.2.2　理性逻辑

三段论(包括模态三段论)逻辑推理完全依赖于命题的语言(符号)形式,而与意义无关,这种形式逻辑仅适用于可以进行形式化表示的情况,虽然客观性强,但理性不足。日常辩论和基于经验的统计分析,往往需要根据各种例外情况的可能性适当限定结论的语气强度或成立条件,尽可能作出合理结论。图尔明模型中的限定词正是为达此目的而提出来的。有了限定词的约束,结论往往不是绝对的"对"与"错"的问题,更多的是一个合理性程度问题。用于推理这种具有合理性程度的理性结论的逻辑即为理性逻辑。

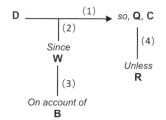

**图 2-3　图尔明模型的理性逻辑推理机制**
（基于 Toulmin 2003：97）

　　图尔明模型的理性逻辑推理机制可用图 2-3 来描述。六个要素中,只有声明是需要通过逻辑推理来证实的,其他要素都是为证实声明服务的。这就意味着数据、理由、支撑和反驳自身都不需要证明,要么是不争的事实或已事先证明、要么不证自明、要么可以忽略不计,否则,就不能用来证明声明。所以,图中的连线只有(1)为箭头,表示逻辑推理过程,连线(2)(3)和(4)都是直线,表示无需通过推理来论证。当然,如果反驳方对此不认同,就可以通过证伪任何一个要素来进行反驳,如:声明不成立,证据不足为证,理由没有说服力,支撑不翔实,或者反驳不可忽略。作为声明者,如果明知证据不足,理由不充分,支撑不翔实,例外不可忽略,也要强行作出声明,那就是不讲道理;作为反驳对方,如果无论什么证据和理由都拒不接受,而是一味抓住例外不放,那就是不可理喻。辩论过程中,出现上述任何一种情况,辩论都不可能正常进行,因为两种情况都是非理性的。

　　理性逻辑具有主观性,但其逻辑基础实为概率论(Probability)①,推理原理则是大概率原理(Large Probability Principle),即:之所以根据数据能够得出声明,是因为理由成立的可能性非常大,足以确保声明的合理性,因此完全可以进行"根据当前和过去的数据推出关于未来的结论"(Toulmin 2003：93)的推理。根据前述 Toulmin 对理由的定义,理由为一般性假定,即一般情况下都应该能够成立的假定,否则就不能成其为理由。这类假定虽然本质上仍属于未证实的假设,但通常不会受到质疑,即使受到质疑也可随时拿出支撑来证明。支撑指"直接明了的事实"(Toulmin 2003：98),如不证自明的公理、定律、常识,强制遵守的法律、法规、制度,广为接受的理论、思想、观点等。支撑对理由的支持应该是辩论双方共同认可而无须论证的,否则,就意味着辩论缺乏共同基础,就会出现"秀才遇到兵,有理说不清"的情况。

　　反驳最容易被误解和误用。从后文的分析可知,测试辩论研究都将图尔

---

①　在讨论辩论结构以前,Toulmin 用了一整章讨论辩论中的"可能性"(probability)和"不可能性"(improbability)。

明模型中的反驳误解为反驳方对声明者的反驳,从而都试图通过证实这个反驳要素来达到否决声明的目的。图尔明反驳实际上指的是"那些在特殊情况下有可能否决推论的例外情况"(Toulmin 2003:99),相当于假设检验中允许范围内的抽样误差。作为特殊例外,反驳不仅可以而且必须从整体上予以忽略。首先,例外发生的可能性小,整体而言不足为虑,完全可以忽略不计;其次,例外情况不可穷尽,甚至不可预计,不可一一排除;再者,由于例外也有自己的例外,如果抓住例外不放,则会导致永无止境且自相矛盾的循环论证。这样,别说一一论证所有例外,哪怕论证一个所谓的最大异议也不可能。在理性的辩论过程中,声明者不会因为例外而放弃声明,也不可能一一证伪所有例外之后再作声明,更不会去证实例外来反驳自己。相反,会在综合考虑理由和例外情况之后,适当限定声明并作出理性结论。

当然,图尔明模型强调理性并不等于完全否认绝对命题的存在,因为"不存在绝对命题"本身就是一个绝对断言,这种断言正是图尔明所反对的。为了处理绝对命题,图尔明模型保留了两种简化形式:"D—W—C"和"D—B—C",分别表示以假定性理由和事实性支撑为大前提的两种三段论形式。当大前提为假定理由时,意味着假定不存在争议,辩论双方都会接受;而如果大前提为事实,则争辩没有意义,摆出事实即可证明结论的真伪。两种情况下,反驳和限定词都可以省略,表示例外不存在,声明都是绝对命题。显然,两种形式都是典型的三段论结构,同样具有三段论的功能,但又消除了三段论大前提的歧义。可见,图尔明模型不仅克服了三段论不能处理例外的不足,又具有三段论可用于形式化逻辑推理的优势且不存在歧义,因此无论是在形式上还是在功能上都比三段论更具优越性。

### 2.2.3 辩论思想

图尔明模型并不表示对立双方的争辩过程,而是一个辩论双方都应该遵循的逻辑推理过程。之所以称为辩论模型,是因为模型的逻辑机制充分体现了辩论思想的精华,即:证实自己的观点,不仅要有理有据,还要能巧妙规避对手的反驳;反驳对方的声明,则要能切中要害,并且也要言之有理、理性反驳。要达此目的,辩论双方都应按图尔明模型进行"有理有据、兼顾例外"的理性推理。双方的辩论过程可描述为图 2-4 所示两个基于图尔明模型的推理过程。

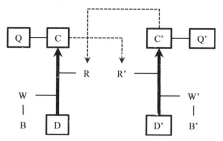

图 2-4　图尔明模型在辩论中的应用

如图所示,辩论过程中一方根据数据(D)→依据理由(W)→基于支撑(B)→兼顾反驳(R)→选择限定词(Q)→作出声明(C);另一方也按同样的逻辑进行推理,根据数据(D')→依据理由(W')→基于支撑(B')→兼顾反驳(R')→选择限定词(Q')→作出声明(C')。双方的声明都针对对方的反驳,即 C 针对 R',C'针对 R。证实 C 即可通过 R'否决 C',证实 C'则可通过 R 否决 C。可见,反驳对方是通过证实自己的声明,也就是对方的反驳来实现的。

图中两个过程还表明:所谓辩论,实际上就是辩论双方互相抓住对方的反驳进行论证的过程。辩论的妙处在于,声明时要能巧妙规避反驳,反驳时则要能切中要害。规避反驳最好的办法就是主动考虑例外、合理限定声明,事先将有可能招致反驳的不利因素排除在声明之外,让对手无以为驳。而要切中要害,就是要能够找出对方的最大弱点或痛处,进行精准有效打击。图尔明反驳泛指各种有可能推翻声明的情况,包括数据不全面、理由不充分、支撑不详细、限定词不恰当和声明不成立等。哪种情况最容易证实,哪种情况就是对方最大的弱点。当然,无论是规避反驳还是切中要害,前提条件都是要有理有据,必须证据充足、理由充分,否则自己的声明同样没有说服力。

### 2.2.4　不足之处

图尔明模型既具有三段论的功能,又克服了三段论的不足,不仅在自然科学和社会科学研究中具有广泛的应用价值,也同样适用于日常辩论。但是,图尔明模型仅适于凭主观评判即可得出结论的情况,如果主观评判无法进行,按照图尔明模型的辩论思想就不应强行得出结论而只能放弃声明。不过,放弃声明虽然是理性的选择,但同时也意味着消极回避的态度,这无论是在科学研究还是日常辩论中都是不可取的。

相对于有了证据之后如何得出结论,证据不足时该如何寻找证据应该更值得关注。前者相对简单,后者往往错综复杂。复杂问题必须简单化,要简化到可以通过主观评判作出结论,即使是非常专业的问题也应简化到专业人士可以通过主观评判作出结论。因此,寻找证据的过程实际上是简化复杂问题的过程,并且这一过程自始至终都离不开人的主观评判,归根到底仍然依赖于逻辑推理。图尔明模型提供了处理简单问题的推理逻辑,但并不具备简化复杂问题的逻辑机制,不能直接用于处理复杂的日常辩论,更难以直接应用于科学研究。

为了简化复杂问题,人们不得不进行更深入的逻辑推理机制探索。例如,Reed & Rowe(2005)在研究人工智能的推理模型时,不得不进一步讨论如何处理多种理由和反驳同时存在的情况。Fox & Das(1996),Bench-Capon(1998,2003)和 Bench-Capon *et al.*(1991)则深入讨论了如何让图尔明模型具有递归机制,以用于解决具有层级嵌套结构的复杂问题。测试研究中的问题同样复杂。近四十年来的测试研究由于误解和误用了图尔明模型,产生了多个存在逻辑谬误的辩论结构。尽管图尔明模型自身不存在逻辑谬误,但模型的逻辑结构过于简单,缺乏简化复杂问题的逻辑机制,导致模型在应用上存在较大局限性。

此外,图尔明模型中的数据和反驳这两个要素也存在歧义。首先,模型中的数据应该是蕴含了充分理由的数据,或者说,足以为证的数据,也即证据(Evidence),而不是所有数据。其次,反驳实际上指例外(Exception),而不是指对手的反驳行为。这种歧义正是引起测试辩论研究对其产生误解的主要原因。

## 2.3 测试辩论法研究中的谬误

长期以来,尤其是自构念效度的概念提出以来,测试效度验证一般都要求进行实证研究,无论是大规模、高风险测试研究还是实验测试分析,都需要对分数或其他形式的数据进行统计分析(Angoff 1988)。实证研究具有客观性和科学性,得出的结论说服力强,但如果缺乏全局观念和辩证思想,则容易导致机会主义和证实主义态度,即:只收集容易得到的数据而不考虑数据的全面性;只注重证实自己的观点而忽视反面意见。如此验证,测试效度就有可能被夸大,检验结果就会出现偏差(Cronbach 1988;Kane 2001;McNamara & Roever 2006)。

为了克服机会主义和证实主义态度,自 20 世纪七八十年代以来,随着整体效度观的形成和发展,测试研究越来越重视基于辩论的效度验证方法(Argument-based Validation,简称为效度辩论法)。效度辩论法研究主张辩证地看待测试问题,强调多渠道广泛收集证据从正、反两方面对分数解释与使用的合理性进行论证,尤其强调证伪反面解释和对立假设的重要性。例如,Cronbach(1988:3-4)曾明确提出"效度验证的任务并不是支持测试,而是抓住有利和不利证据来澄清测试的真实含义和每个解释的局限性",并呼吁进行"'效度辩论'而不是'效验研究'"(ibid.:3-4),尤其强调应采取证伪主义态度,主动论证对立假设,积极预防非友好人士的反驳。Messick(1975,1980,1988,1994,1995)也一再强调应将证实提出的推论和证伪对立假设相结合,并指出"如果能够系统地排除各种可能的对立假设,那么解释就会更具合理性"(Messick 1975:959)。

为了更好地开展测试辩论,效度辩论法研究提出了一系列测试辩论模型。Kane(1990,1992)和 Kane et al.(1999)针对分数的解释和使用,提出了第一个测试辩论模型——"分数解释辩论"(Interpretive Argument, IA)。在测试的设计和开发方面,Mislevy et al.(2002,2003)也提出了测试辩论的观点,并建构了"以证据为中心的设计"(Evidence-Centered Design, ECD)这一针对测试开发的辩论模型。Bachman(2005)和 Bachman & Palmer(2010)则在综合 ECD 和 IA 的基础上,从测试使用的角度架构了一个辩论框架——"测试使用辩论"(Assessment Use Argument, AUA)。Chapelle et al.(2008,2010b)和 Xi(2010)通过扩展 IA 模型,分别提出"效度辩论"(Validity Argument)和"测试公正性辩论"(Test Fairness Argument),并基于模型对真实 TOEFL 考试的效度和公正性问题进行研究。由于后两个模型的逻辑推理机制沿袭 IA 模型,所以到目前为止测试辩论模型主要为前面三个,即 IA、ECD 和 AUA。令人奇怪的是,图尔明模型并没有不同版本,三个模型的逻辑结构各不相同,但却都被称为图尔明模型。

### 2.3.1　分数解释辩论

Kane(1990)在其 ACT 研究报告中首次提出 IA 后于 1992 年正式发文详述(Kane 1992),再后来 Kane et al.(1999)又对 IA 的推理环节进行了扩展。Kane 早期一再强调 IA 中的推理逻辑为实用逻辑或非形式逻辑(参见 Cronbach 1980,1988;Perelman & Olbrechts-Tyteca 1969;Toulmin et al. 1979 等)。Kane(2004)第一次结合图尔明模型详细介绍了 IA 中的推理的逻辑机制,此后则一再强调图尔明模型是 IA 推理的逻辑基础(Kane 2006,2010,2012)。

#### 2.3.1.1　推理链

Kane 始终没有提出 IA 的逻辑结构图,分数解释的逻辑推理过程并不明朗。测试辩论研究在介绍 IA 时,都仅介绍分数解释过程涉及的主要环节。

由于理解不同或出于不同目的，不同研究者对分数解释环节的描述也不尽相同。图 2-5 和图 2-6 分别是 Bachman(2005) 和 McNamara & Roever(2006) 对 IA 各环节的图解。前图包括 4 个环节，后图则有 5 个环节，并且两图中的推理方向一个为单向，另一个为双向。相同之处是，两图均包括通过对观测 (Observation) 进行评分 (Scoring) 得到观测分 (Observed Score)、通过概化 (Generalization) 观测分得出全域分 (Universe Score)、通过泛化 (Extrapolation) 全域分得到目标分 (Target Score) 和对目标分进行解读 (Interpretation) 等几个推理过程。Kane(1990：13) 将 IA 描述为"一个由众多推理构成的推理链或推理网络"，但没有提出 IA 的推理模型，两图中均没有展现推理到底是如何进行的。

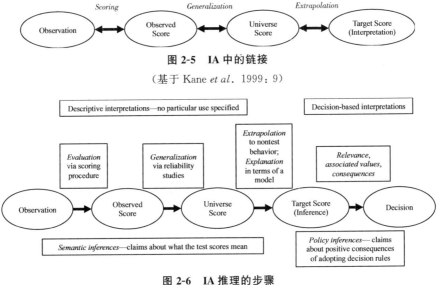

图 2-5　IA 中的链接

（基于 Kane et al. 1999：9）

图 2-6　IA 推理的步骤

（转引自 McNamara & Roever 2006：25）

不过，根据 Kane(1990，1992，2004，2006，2010，2012) 的文字描述，可虚拟建构图 2-7 所示 IA 推理的结构图。模型包括两个部分：推理链和基准辩论。推理链包括四个按箭头方向由"因"及"果"的推理环节。每两个相邻环节之间，前一环节为"因"，后一环节为"果"，四个环节环环相扣，形成一个单向推理链。基准辩论是所有推理共同的逻辑基础，意味着 IA 中的所有推理都按基准辩论所示的逻辑结构进行，其中的前提 (Premise) 和结论 (Conclusion) 分别代表推理链中各推理的"因"和"果"。

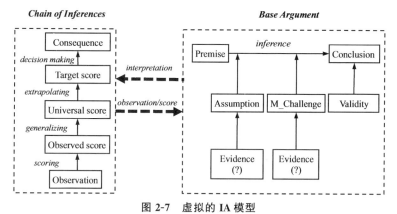

图 2-7 虚拟的 IA 模型

(基于 Kane 1990，1992，2004，2006，2010，2012)

推理链始于观测,经过评分、概化、泛化和决策(Decision Making)四个推理,止于分数使用后果(Consequence)。其中,评分是基于观察结果的推理,得到观测分数;概化是对观测分数的推理,得到全域分数(Universal Score);泛化是对全域分数的推理,得到目标分数;决策为基于目标分数的测试使用,产生使用后果。

(1) 观察结果的评判与辩论

IA 的第一个辩论环节是从观测结果到观测分数的推理。为达到测试目的,首先必须对考生在测试环境下的行为进行观察,如让考生参与口头交际活动、写短文、选择答案等,然后通过对观测结果进行评分得到观测分数。这个环节主要针对观测分数在何种程度上真实反映了测试环境下的考生行为进行辩论,关注的焦点问题主要包括评分是否公证无偏,观察分数在多大程度上真实、可信等。可用于辩论的主要证据有评分细则、评分员的背景及评分培训情况、评分过程管理、评分质量分析等。

(2) 观测分数的概化与辩论

Kane 借用概化理论(Generalizability Theory)(Brennan 2001b)中有关全域(Universe Domain)和全域分数的概念和方法,提出对观测分数进行从特殊到一般的推理,即概化。这个环节主要针对观测分数在多大程度上体现了全域分数进行辩论,实现根据特殊测试条件下观察到的考生行为推断类似测试条件下可能的考生行为。焦点问题主要包括观测侧面及概化分析的设计、观测目标和观测侧面的方差分量、观测结果的绝对误差和相对误差等。相关证据包括概化分析(Generalizability-Study,简称 G-Study)的结果数据,如概化系数、可靠性指数、绝对信噪比、相对信噪比等,以及决策分析(Decision-Study,简称 D-Study)中观测侧面样本量的优化配置数据等(详见"4.2.2.4 评分效度"一节对概化理论的介绍)。

(3) 全域分数的泛化与辩论

泛化指基于全域分数进一步推理,将测试条件下的概化分数推广到非测试环境也有可能得到的分数,即测试所期望的目标分数。这个环节的推理也就是通常所说的构念效度验证,主要针对目标分数能在多大程度上体现测试所要测量的目标构念(Target Construct)进行辩论。焦点问题也就是构念效度问题。相关证据包括相关分析、因子分析、回归分析、模型拟合优度分析等分析的结果数据。

(4) 目标分数的使用后果及其辩论

此环节主要对测试的使用后果进行辩论,包括对期望的和不期望的、潜在的和实际的使用后果进行预测和调查。主要证据有决策分数线、正面与负面后效、裨益性或不良后果等。关注的焦点问题为相关证据在多大程度上可以证明测试使用达到了预期目的。

IA 关注测后分数的解释和使用,因此无法顾及分数产生以前的测试环节。为了弥补这种不足,Chapelle *et al.* (2008, 2010b)和 Xi(2010)对 IA 的推理链进行了扩展,提出在观测环节前增加一个环节,详细描述考试内容的范畴。同时,两个扩展模型还借鉴图尔明模型对 IA 推理的逻辑结构进行了阐述。不过,两者都没有将图尔明模型嵌入 IA 的推理链,特别是,同样都没有解决最可疑假定的论证问题。

2.3.1.2 辩论结构

如图 2-7 中的基准辩论所示,推理(Inference)指从前提到结论的逻辑推导过程。推理的逻辑结构包括前提、假定(Assumption)、最大异议(M_Challenge, the most serious challenges)、效度辩论(Validity Argument)、证据和结论六个要素。不过,Kane 并没有对模型的构成要素进行定义,而是将各要素的定义隐含在描述之中。

(1) 前提和结论

Kane(1990: 13)在对 IA 进行定义时提出,"考试分数的解释是一场辩论,是一个推理的链条或网络。推理以考试分数为前提……包含在解释之中的声明、预测、决策等则是结论"。相对于其他要素而言,这两个要素的定义最为明确。

(2) 假定和最大异议

Kane 所指的假定相当于图尔明模型中的理由。在提出 IA 之初,Kane(1990: 13-14)即强调"解释辩论既包括从分数到声明的各种推理,也包括这些推理赖以为基础的假定"。后来,在结合图尔明模型对推理进行说明时,

Kane(2001：180)再次提到，"辩论中的每一个推理都应建立在推理能够得以顺利进行的推理规则或理由（Toulmin 2003）之上"。显然，此处的"推理规则"（Rule of Inference）或"理由"（Warrant）也就是前一论述中所指的推理的基础，即假定。

Kane(1990：9)提出测试辩论应对最可疑假定或最大异议进行论证，并强调"分数解释辩论为辨别分数解释的最大异议奠定了基础"。Kane(1990：8)指出"任何一个解释的异议都有可能是无限集合，效度验证可只针对那些最响亮、最持久的异议进行检验"。最响亮、最持久的异议也就是Kane所指的"最大异议"（Kane 1990：9）或"最可疑假定（the most problematic assumptions）"（Kane 1990：25）。

（3）效度辩论

效度辩论指对各种支持和拒绝分数解释的辩论进行综合评价。如基准辩论的逻辑结构所示，推理同时受假定和最大异议的影响。假定从正面促成结论，最大异议则从反面否决结论。效度辩论既是 IA 的构成要素，同时自身也是一个辩论，Kane(1990：10)称之为"元辩论"（Meta-argument），即用来构建其他辩论的辩论。

（4）证据

Kane 提出 IA 的目的是为了为测试效度的辩论实践提供指导。辩论的说服力取决于证据，因此 Kane(1992：528)强调"基于辩论的效度验证应将 IA 作为收集和呈现效度证据的理论框架，并力求提供有说服力的证据来支持推理和假定，尤其是最可疑假定"。推理的证据为假定，相当于图尔明模型中的理由，Kane(2010：180)对此有明确论述，但假定和最可疑假定的证据到底是什么？又该如何命名？Kane 并没有作出回答。因此，在图 2-7 中假定和最可疑假定的证据都用"Evidence(?)"表示。

即使参照图尔明模型将支撑（Backing）作为假定的证据，但最可疑假定及其证据则无从参照，因为图尔明模型中并不存在也不可能会有最可疑假定的证据。根据图尔明推理逻辑，如果逻辑推理过程中存在最可疑假定，即意味着推理难以为继，结论无法形成。这种情况下，根本就不应该作出声明，否则就是不讲道理，其推理逻辑也就是常说的"强盗逻辑"。

图尔明模型中存在一个有可能否决声明的要素——反驳，但反驳在概念和功能上与最可疑假定均有本质差别。概念上，图尔明反驳仅限于特殊情况下才有可能否决声明的例外现象。作为特殊例外，反驳不仅可以忽略，而且不应论证，否则就会导致逻辑错误；最可疑假定则相反，不仅不可忽略，而且必须论证，否则就无法得出结论。功能方面，Toulmin(1958，2003)考虑反驳是为了限定声明,即:选择一个恰当的限定词对声明的语气强度或成立条件加以约束,使声明不至于成为绝对断言而是一个理性结论;但 Kane 强调论证最可疑假定的目的并不是为了限定声明,而是为了检验声明是否可以接受,即:最可疑假定一旦被证实则应否决声明,只有在最可疑假定得不到证实的情况下才接受声明。可见,如果将最可疑假定等同于图尔明反驳,显然是偷换概念。

### 2.3.1.3 逻辑错误

Kane(1990,1992)提出在对分数进行解释的推理过程中,应提供有说服力的证据来支持推理、假定,尤其是最可疑假定。但如前所述,图尔明模型中并不存在最可疑假定,更不会有最可疑假定的证据。如果用最可疑假定替换图尔明反驳,并新增一个证据要素,则必然导致逻辑错误。

首先,既然已经作出声明,即分数解释,则说明证据充足、理由充分、例外不足为虑,怎么还会有最可疑假定?相反,既然最可疑假定还未论证,那就意味着还没有结论,声明何来之有?这显然自相矛盾。其实,为最可疑假定提供有说服力的证据之说,原本就自相矛盾。既然可疑,说明没有证据,又怎能提供有说服力的证据?相反,既然掌握了有说服力的证据,则假定要么被证实,要么被证伪,为何仍然可疑?简单地说,推理过程中不应该存在最可疑假定,更不用说最可疑假定的证据。

其次,IA 中提出同时为假定和最可疑假定提供证据,这也是自相矛盾。假定成立,则声明成立;最可疑假定成立,则声明不成立。如果假定和最可疑假定都有证据的支持,那么声明到底是成立还是不成立?声明应是一个是非曲直分明的结论,既成立又不成立,这种声明显然自相矛盾。如果说既有可能成立,也有可能不成立,那这种所谓的"声明"就不是声明,而实为假设。

没有声明,即意味着没有观点、态度或立场,就不可能引起争辩。没有声明的模型,本质上就不是辩论模型。辩论过程中,双方都有各自的声明,双方的声明互反且都有证据的支持,所以导致争辩。IA 中的"声明"其实是假设,但为了借用"辩论模型"的名称而将假设称为声明,实际是偷换概念。

再次,如何论证最可疑假定?Kane 从未回答这个问题。如果把最可疑假定等同于图尔明反驳,并将其置于图尔明模型中进行论证,Kane 永远也回答不了这个问题。这是因为,如果强调运用图尔明模型来论证所谓的最可疑假定,那么同理,在解读最可疑假定论证结果的过程中同样必须论证相应的最可疑假定,这就会导致循环论证,除非明确结束循环的条件,否则论证过程永无休止。Kane(1990:10)提出"元辩论"的概念,试图说明一个辩论可以包含另一个辩论,论证过程可以循环,但"元辩论"到底如何进行?循环何时终止? Kane 并没有给出答案,所谓的"元辩论"之说,不过是一个强行终止循环的借口而已。

最后,IA 中不仅声明实为假设,需提供证据来论证的假定和最可疑假定也都是假设。既然还未论证,就不能事先分别贴上"理由"和"反驳"的标签,因为假定被证伪则不能成为理由,最可疑假定被证伪就不是反驳。特别是,如果非要画蛇添足,在图尔明模型中增加一个最可疑假定的证据要素,那么,这个证据要素无论怎么命名都将不合逻辑。ECD 和 AUA 都试图解决这个问题,但都是逻辑不通甚至是非不分。其实,论证之后,假定和最可疑假定都将成为图尔明声明,而其证据实际上就是图尔明数据。

### 2.3.2 测试设计辩论

针对测试的设计与开发,Mislevy et al.(2002),Mislevy(2003)和 Mislevy et al.(2003)也提出一个辩论模型,称为"以证据为中心的设计"(Evidence-centered Design,ECD),用于指导采集各类与测试设计和开发相关的证据并开展辩论。

#### 2.3.2.1 设计环节

Mislevy et al.(2003:5)以绘画的方式,图文并茂地对 ECD 模型进行了描述。McNamara & Roever(2006:20)将其文本内容挑出,附上必要的解说后,用表格形式转述如下。

表 2-4 ECD 的设计环节

| 范畴分析 | |
| --- | --- |
| 有价值的任务 | 有价值的知识 |
| 任务特征 | 知识的结构与关联 |
| 表现形式 | 知识与任务的关系 |
| 行为结果 | |

| 范畴建模(实质辩论) | | |
| --- | --- | --- |
| 声明 | 证据 | 任务 |
| 学生的特征以及反映学生水平的有关方面 | 学生的言语和行为特征——学生所说或所做的,哪些可作为关于其声明的证据? | 各种情景,有助于获取相关证据并尽可能消除与构念无关因素的影响 |

⇓

续表

| 测试概念框架（技术蓝本） | | | | |
| --- | --- | --- | --- | --- |
| 学生模型 | 任务模型 | 证据模型 | 汇总模型 | 展现模型 |

⇩

| 可操作测试 |
| --- |

表格四个部分代表 ECD 模型的四个设计步骤。第一步范畴分析（Domain Analysis），指开发前应进行需求分析，通过各种渠道收集有关测试范畴的切实信息，明确测试范畴中的相关概念及其组织结构。通过范畴分析，开发者应对测试所要测量的行为和知识有清楚的认识。行为方面应包括有价值的任务、任务特征、表现形式和行为结果；知识方面则应体现有价值的知识、知识的结构与关联、知识与任务的关系等。这些信息对于测试而言具有重要意义，但大部分内容测前并没有明确界定，或者并不是从测试的角度进行组织的，所以必须通过范畴分析加以明确。

接下来是范畴建模（Domain Modeling）。这是四个步骤中最为关键的一步，针对上一步确定的目标范畴，建构相应的设计对象，也称范式（Paradigm），主要包括水平范式、证据范式和任务范式三个方面的内容（Mislevy et al. 2003：10）。水平范式旨在规范声明的内容，即对考生能力和水平的陈述，明确何种测试表现可以体现何种能力及其水平；证据范式旨在规范学生有可能"说"的内容和"做"的事情，明确哪些证据可以为何种声明提供有效支撑；任务范式旨在规定证据产生的条件和环境，明确该以何种方式收集证据。声明和证据涉及目标构念，任务则涉及测试的具体实施，三者构成测试辩论中实质辩论（Substantive Argument）的主要内容。范畴建模这个步骤重点关注声明、证据和任务三者之间的印证关系，目的是从整体概念上把握学生特征、学生的言语和行为、测试任务与现实活动等多方面的交互关系，为后续操作环节的具体实施奠定基础。

第三个步骤为建立测试的概念框架（Conceptual Assessment Framework，CAF），由学生模型、任务模型、证据模型、汇总模型和展现模型五个概念模型组成。学生模型用于指定学生特征变量；任务模型体现证据数据的收集方式；证据模型又下分两个组成部分——测量部分和评价部分，前者用于从测试任务中获取学生某方面特征的证据数据，后者用于通过证据分析对学生做出进一步评价；汇总模型包括多任务模式下的证据收集标准，体现测试的整体概念；展现模型用于指定任务的呈现方式、学生的答题过程和答案的收集方法。每个模型分别代表测试操作阶段的一个要素，模型之间的相互关系反映测试具有务实、基于统计和可操作性等特征。CAF 的重点在于为测试解释提供技术性细节，包括考试规范、操作要求、统计模型、评分细则等各个方面。

最后一个步骤为设计可操作的测试（Operational Assessment）。这个步骤从测试实施和使用的角度，对测试的可操作性进行规范化，其中又包括一个"四级传送系统"（Four-process Delivery System），即任务呈现、反应评判、评判汇总和活动甄选。通过任务呈现，可产生交互过程并得到学生的反应数据；通过对学生的反应进行评判，可以了解到哪些内容可观测并具有观测价值；通过汇总评判信息，可对学生的知识和能力进行预测；通过活动甄选，可选出切实可用的测试任务。

2.3.2.2 测试辩论观

ECD 旨在设计切实可用的测试任务。为了确保测试切实、可用，Mislevy et al.（2003）也主张采取辩论法，强调在测试设计和开发的各个环节广泛收集证据，并从正反两个方面进行理性辩论，尤其重视"对立解释"或"反面解释"的论证。同时，沿用 Kane（1990，1992）的观点，将语言测试视为"由众多推理关联而成的推理网络"（Mislevy et al. 2003：6），并认为测试整体上是一个基于推理网络的辩论，称为测试辩论（The Assessment Argument）。

辩论以推理为基础，测试辩论也不例外。Mislevy et al.（2003：5）将语言测试比喻为"推理机"——一个"根据学生在特定环境中的所说、所做或所为对学生的所知、所能或所获进行推理"的机器。根据学生的言语或行为推断学生的知识或能力，这是 ECD 测试辩论观的核心思想，其中的推理包括三个要素：声明、原理和证据。Mislevy（2003）和 Mislevy et al.（2003）并没有对三个要素进行明确定义，但做了相关描述：

(a)为适应测试目的而作出的关于学生的声明；(b)推理赖以为基础的原则；以及(c)推理机的"零配件"——测试任务、考生反应、答题指令、统计数据、成绩报告等为证实关于学生的声明而汇集的各种证据（Mislevy et al. 2003：6）。

McNamara & Roever（2006）对测试辩论的推理进行了详细介绍。综合 Mislevy et al.（2003）和 McNamara & Roever（2006）的相关描述，其测试辩论中的推理可表示为表 2-5。

表 2-5 测试辩论中的推理

(基于 Mislevy et al. 2003 和 McNamara & Roever 2006)

| 证据(观测) | → | 原则(检验) | → | 声明(推理) |
|---|---|---|---|---|
| 学生的言语或行为 | | 统计模型;基于概率的逻辑推理 | | 学生的知识或能力 |
| 命题、施考、评分、成绩报告 | | 数据的相关性,观测结果作为证据的价值 | | 目标知识、习得过程、情景化使用 |

根据 Mislevy et al.(2003:6)的有关描述,推理中的三个要素分别涉及三类关联:声明以相关领域的有关理论和实践经验为基础,与目标知识以及知识的获取与运用相关联;原理以科学理论为基础,与统计模型和概率推理相关联;证据应具有多样性、全面性和完整性,与开发、实施、评分和报告等测试环节相关联。

由于推理必须以证据为前提,网络也是以证据为结点,整个测试的设计与开发过程充分体现了证据的核心作用和中心地位,因此,基于推理网络的测试设计模型被命名为"以证据为中心的测试设计"(Mislevy et al. 2003:6)。

#### 2.3.2.3 逻辑错误

为了做到 IA 中提出的为假定和最可疑假定提供证据,Mislevy et al.(2003)对图尔明模型的逻辑结构进行了修改。修改之后,模型的结构要素及内在关联均发生了变化,但 Mislevy(2003)和 Mislevy et al.(2003)并未对此作出说明,而是直接将修改后的模型称为"图尔明辩论结构图"(ibid.:11)。

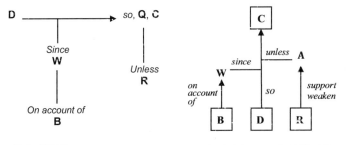

图尔明模型(Toulmin 2003: 97)　　ECD(Mislevy et al. 2003: 11)

图 2-8　图尔明模型与 ECD 辩论结构

两个模型的结构图见图 2-8。通过对比不难发现,ECD 与图尔明模型的不同之处主要有:1)删除了图尔明模型中的限定词(Q—Qualifier)。2)新增了一个推理过程(R→A)。A(Alternative)为新增要素,表示"对立或反面解释"(Mislevy et al. 2003：12)。R 即图尔明反驳(Rebuttal),为新增要素的证据。3)将图尔明模型中支撑(B-Backing)对理由(W-Warrant)的支持也改为一个推理过程(B→W)。修改之后,IA 中提出的假定(理由)和最可疑假定都有了相应的所谓"证据",不过,最可疑假定已被替换为反面解释。

由于是根据 IA 的观点对图尔明模型进行了修改,所以 ECD 中不仅存在同样的错误,而且错上加错。首先,IA 中考虑到可疑假定不可穷尽,只强调论证最可疑假定,但 ECD 中并不考虑反面解释的受质疑程度,意味着对所有反面解释进行论证。论证最可疑假定即会导致逻辑错误,更何况论证所有反面解释。其次,IA 中还考虑了对声明的限定问题,提出利用"效度辩论"对各种假定和最可疑假定情况进行综合分析,因此"效度辩论"也就相当于图尔明模型中的限定词。但在 ECD 中,限定词已被删除。限定词是体现图尔明模型理性逻辑的关键所在,没有了限定词,图尔明模型中的声明也成了"非是即否、非对即错"的三段论式绝对断言,而这正是 Toulmin(1958)所批判的。况且,没有限定词,考虑有可能否决声明的反驳已失去意义,因为对反驳情况的考虑将无法在声明中体现出来。但 ECD 中,删除限定词之后反而强调对有可能否决声明的反面解释进行论证,这显然是对图尔明模型理性逻辑的曲解,完全抹杀了图尔明模型的创新。再次,图尔明反驳仅限于特殊例外,用特殊例外为证据来进行反驳也就是常说的"钻牛角尖"和"不可理喻"(不顾对方的证据和理由而一味抓住反面解释不放)。更何况,反面解释也有可能是特殊例外。特殊例外性质的 A 实际上就是 R,用特殊例外来证明特殊例外,这就更不可理喻了。

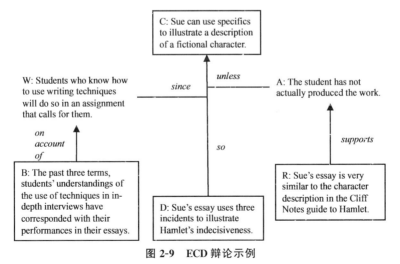

图 2-9 ECD 辩论示例

(Mislevy et al. 2003：12)

ECD 的逻辑错误可通过图 2-9 所示 ECD 的示例得到印证。图中的要素为：声明(C)——"Sue 能够使用具体实例来分析小说对人物的描述"；数据(D)——"Sue 列举了三个实例来分析 Hamlet 优柔寡断的性格特点"；理由(W)——"掌握了写作技巧的学生会在写作中运用相应技巧"；支撑(B)——"根据过去三个学期的调查，学生在深入访谈中表现出来的对技巧的理解与写作中表现出来的技巧使用相吻合"；反面解释(A)——"作文实际上不是学生自己写的"；反驳(R)——"Sue 的作文跟 the Cliff Notes[①] 对 Hamlet 的性格描述很相似"。

例中主要的逻辑错误有：

首先，尽管反驳(R)支持(supports)反面解释(A)，但结论仍然是同一个声明(C)，那么，证实反面解释(A)的意义何在？况且，理由(W)有支撑(B)的支持，反面解释(A)也有反驳(R)的支持，声明(C)到底是成立还是不成立？

其次，反驳情况多种多样，为什么只论证"相似性"这一种情况？如果事先已发现 Sue 的作文跟 the Cliff Notes 具有相似性，那么何不直接根据"相似性"推理出"作文实际上不是学生自己写的"这个结论？还有必要进行"从 D 经过 W 和 B 再到 C"的推理吗？相反，如果事先不知道这种"相似性"，那么为什么只针对"相似性"这一种反驳情况进行论证？为什么不论证"抄袭他人作业""请他人代写"等其他反驳情况？如果因为反驳情况无法一一论证，为什么最初又要提出论证反面解释？

再次，到底如何论证理由(W)和反面解释(A)？如果作出声明(C)以前必须先论证反面解释(A)，那么同理，在得出论证结论之前也必须先论证反面解释(A)的反面解释(A')。如在示例中，得出"作文实际上不是学生自己写的"这个结论之前，也必须先论证这个结论的反面解释，如"Sue 的这篇作文是在监督严格的考试环境中写的"(尽管相似，但并非抄袭)。当然这个解释也有自己的反面解释，如"Sue 在考试中被怀疑作弊"。如此一来，推理过程将无限循环且自相矛盾，如果不采取"强盗逻辑"强行作出声明，推理过程将永无休止。

示例中，根据"相似性"推出"作文不是学生自己写的"这个结论，其中的推理逻辑正是"强盗逻辑"，也就是说，即使作文是 Sue 自己写的，也必须认定不是她写的。若按图尔明模型进行推理，则会有：根据"相似性"(数据)，应该可以得出结论——"Sue 的作文[很可能]不是她自己写的"，因为根据以往的

---

① 或 Cliffs Notes，一家专门提供学习指南的网站(http://www.cliffsnotes.com)。

经验或常识(支撑),如此相似的作文一般情况下都是抄来的(理由),当然也不排除作文确实是 Sue 自己写的这个例外情况(反驳)。但尽管存在反驳,加上限定词"很可能"之后即意味着已经考虑了反驳,结论总的来说仍然具有合理性。图尔明模型考虑反驳,是为了限定声明,而不是为了排除例外或检证声明,所以根本不需要对反驳进行论证。

### 2.3.3 测试使用辩论

Bachman(2005)提出测试使用辩论(Assessment Use Argument,AUA),并称"AUA 是一个为测试的设计与开发和分数的解释与使用奠定基础的总揽全局的逻辑结构"(Bachman 2005:24)。显然,AUA 的设计意图是想将 IA 和 ECD 纳入一个整体,期望一统测试辩论研究的"天下"。时隔五年,Bachman & Palmer(2010)对 AUA 的框架结构进行了修改,但变化之大可以说是建构了一个全新的 AUA。同是介绍图尔明模型,前后却不一致,这恰恰反映出作者对图尔明模型没有正确的认识,并且修改非但没有更正错误,反而错上加错。为了说明 AUA 中的逻辑错误,有必要对新旧两个 AUA 的框架都进行介绍。

2.3.3.1 旧 AUA 框架

为了凸显逻辑推理的重要性,Bachman(2005)一文仅关注 AUA 的逻辑结构,而未能顾及测试使用的实际问题。Bachman 对此特别进行了说明,"由于本文的焦点在于讨论测试使用辩论的逻辑结构,我只会粗略提及实际问题"(Bachman 2005:29)。此文长达 34 个页面,却没有篇幅讨论实际问题,足见 Bachman 对 AUA 推理逻辑的重视。为了倡导 AUA,Bachman(2005:1,4,7,23)反复论及自己在 AUA 之前的测试使用研究缺乏整体逻辑性,远不足以成为测试使用理论,并称自己之前提出的测试有用性研究(Bachman 1990;Bachman & Palmer 1996)也是如此。Bachman 批判之前的研究只注重不同问题单方面的重要性,而忽视问题之间的相互关联,研究方法仅限于"清单式"罗列研究问题,研究结果也无不是仅限于一张"清单"。不客气的时候,Bachman(2005:32)甚至将这些清单称为"购物清单"。

AUA 的辩论框架见图 2-10。其主要特点可总结为两个方面:测试效度与测试使用的因果关联和理由与反驳的对立统一。

图 2-10 测试使用辩论的结构
(Bachman 2005:25)

- 效度与用途的因果关联

如图所示,AUA 包括两个辩论:测试效度辩论(Assessment Validity Argument)和测试用途辩论(Assessment Utilization Argument)[①]。两个辩论共享一个构成要素——测试解释(Assessment-based interpretation),测试解释也就是连接测试效度辩论和测试用途辩论的桥梁。两个辩论的推理过程都由双箭头表示,意为推理过程两端的要素互为因果关系。两侧的大箭头分别代表测前和测后两个阶段的测试辩论,即测试的设计与开发和分数的解释与使用。从上往下看,推理过程始于使用决策(Decision to be made),经由测试解释,达到测试表现(Assessment performance),这一过程表示测试的设计与开发应遵循由果及因的逆向推理;从下往上看,推理过程始于测试表现,经由测试解释,到达使用决策,这一过程表示分数的解释和使用应遵循由因及果的正向推理。因此,Bachman 声称 AUA 不仅可用于测试分数的解释和使用,也可为测试的设计与开发提供指导。

图中测试效度辩论和测试用途辩论都由一个修改版图尔明模型表示。图尔明模型的应用可以说是 Bachman 放弃其测试有用性观点,转而提出 AUA 的根本原因,因为通过借用图尔明模型,AUA 看起来不再局限于"清单式"罗列,而是具有严密的逻辑机制。

---

[①] Bachman 从未解释"Assessment Use Argument"与"Assessment Utilization Argument"有何区别。此处使用"utilization"可以避免重复使用"use"。如果不这样处理,将测试使用辩论的一个构成要素也称为测试使用辩论,命名上就会逻辑不通。但这样处理以后,实际上还是逻辑不通,所以新 AUA 的逻辑结构与旧 AUA 的逻辑结构完全不同。此处且将"Assessment Utilization Argument"译为"测试用途辩论",目的也是为了避免名称重复。

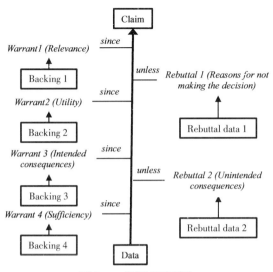

图 2-11　测试用途辩论

（基于 Bachman 2005：22-23）

- 理由与反驳的对立统一

当然，Bachman 在批判"清单式"罗列这种研究方法时，批判的并不是清单这种表示方式，而是清单中的各项内容缺乏逻辑关联。其实，AUA 中的测试用途辩论也包括两个清单，一个是理由清单，另一个为反驳清单（图 2-11）。两列清单的内容相互对立，但又共处同一框架之中，构成一个对立统一体。

理由清单列举了四类理由，即相关性（Relevance）、有用性（Utility）、期望后果（Intended consequences）和充足性（Sufficiency）。Bachman 同时指出这四类理由仅为初始理由，实际使用 AUA 的过程中也可新增其他类别的理由。反驳清单中主要有两类反驳：否决决策的原因（Reasons for not making the decision）和非期望后果（Unintended consequences）。同样，实践中也可能增加其他类别的反驳。

第一类理由为相关性理由，即：

理由类别 I：相关性（分数解释与所做决策的相关程度）

相关性主要包括两个方面的内容：必要性和相似性。必要性指在目标语使用过程中，相应任务或行为对测试所测量的能力的依赖程度；相似性则指测试任务与目标语使用任务拥有哪些共同特征。

第二类理由为有用性理由，即：

理由类别 II：有用性（分数解释对做出期望的决策确实有用）

有用性指分数解释所提供的信息在多大程度上有助于形成合理的使用决策，并有效规避决策失误。

第三类理由为期望后果,即:

理由类别 III:期望的后果(使用测试和做出期望决策的后果对个人、课程、公司、院校、用人单位乃至整个社会都有益)

这类后果往往是测试的期望目标和用途。

第四类理由为证据充分性理由,即:

理由类别 IV:充分性(测试能为做出决策提供足够的信息)

理论上讲,每一种测试方式都存在一定的局限性,单一测试对能力构念的考查范围也有限。所以,只要条件允许,应尽量采用多种不同的测试方式,甚至多个测试,为使用决策提供必要且充分的测试信息。

相应地,每一种理由也具有各自相应的支撑。支撑通常包括研究的相关理论基础、实验研究成果、社会价值观念、地方规章制度、国家政策和法律法规等。

第一类总体反驳为否决声明的原因,即:

反驳类别 I:不做出期望决策或做出不同决策的原因

有时候实际采用的使用决策与预期的使用决策并不一致,那么,原因是什么? 相应的反驳数据有哪些?

第二类反驳为非期望后果,即:

反驳类别 II:使用测试或做出决策所导致的非期望后果

这类反驳指的是第三类理由的对应反驳。测试使用辩论不仅强调应该充分考虑裨益性后果,同时也不应该忽视使用决策会带来哪些不期望的或与预期目标不一致的后果。

### 2.3.3.2 新 AUA 框架

Bachman & Palmer(2010)对 AUA 框架进行了全面更改(见图 2-12)。比较图 2-11 和图 2-12 可以发现,两个框架的结构和内容都存在很大差别,但名称依然不变,仍为"Assessment Use Argument"。AUA(Bachman 2005)突出强调两大特色——效度与用途的因果关联和多理由多反驳的对立统一,前者被取消,不再提效度辩论和用途辩论;后者则被淡化,不再列举不同类别的理由和反驳。新 AUA 变成了一个由记录、解释、决策和后果四个辩论环节构成的推理链(Inferential links)或声明链。

在新 AUA 框架中,后果、决策和解释这三种推理都存在期望的(Intended)和实际的(Actual)结论。期望结论的推理链表示由果及因的逆向推理,即期望后果→期望决策→期望解释→测试记录→测试表现。这个推理过程表示测试的设计与开发过程。实际结论的推理链表示由因及果的正向推理,即测试表现→测试记录→实际解释→实际决策→实际后果。这个推理过程表示测试的解释与使用过程。新 AUA 框架总体上仍沿用旧 AUA 框架的观点，认为 AUA 不仅可用于测试的解释与使用，也可为测试的设计与开发提供指导。

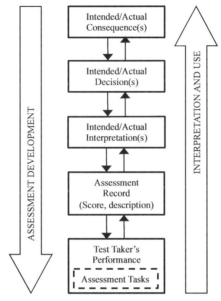

图 2-12　使用后果与测试表现之间的推理链

(Bachman & Palmer 2010：91)

如图 2-13 所示，新 AUA 的两个推理环节分别产生两个声明链。每个声明包括一个结果和一项或多项特质。

各声明的结果、特质和解释如下：

(1) 声明 1

结果：后果(consequences)

特质：有裨益(beneficial)

解释：决策和使用后果应对风险承担者有益

(2) 声明 2

结果：决策(decisions)

特质：价值敏感(value sensitive)；公正(equitable)

解释：决策具有教育和社会价值；决策对考生是公正的

(3) 声明 3

结果：解释(interpretations)

特质：有意义(meaningful)；无偏(impartial)；可概化(generalizable)；相关(relevant)；充分(sufficient)

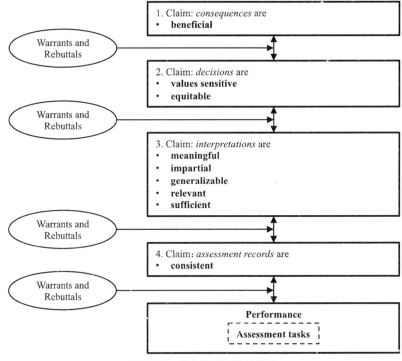

图 2-13　测试使用辩论的结构

(Bachman & Palmer 2010:104)

解释:测试符合教学大纲的要求,或符合目标语言使用范畴中任务对能力的需要,或语言能力理论,或几方面的综合要求;不偏袒任何考生或考生群体;可概化到目标语言使用范畴;与决策和使用相关;充分满足决策需求

(4) 声明 4

结果:记录(records)

特质:一致性(consistent)

解释:评阅者自己及评阅者之间、试卷各部分之间的一致性和分数可信度

(5) 声明 5

结果:表现

特质:真实性

解释:测试任务与目标语使用任务的相似程度

### 2.3.3.3 逻辑错误

与 IA 和 ECD 相类似,AUA 中同样强调论证不利于测试的反面解释,Bachman(2005:10)称之为"反声明(Counterclaims)"。同样,为了解决 IA 中

最可疑假定的证据问题，Bachman(2005)和 Bachman & Palmer(2010)也对图尔明模型进行了类似于 ECD 的修改。

图 2-14　AUA 的逻辑结构

(Bachman 2005：9)

如图 2-14 所示，AUA 与 ECD 一样也没有限定词，也增加了一个新要素。但两者也有不同之处：1)ECD 中的图尔明反驳(R)是新要素反面解释(A)的证据，但 AUA 中图尔明反驳(不带框的 Rebuttal)相当于反面解释，其证据为新要素(带框的 Rebuttal)，称为反驳数据(Rebuttal Data)；2)AUA 中的证据除了具有 ECD 中的支持(support)和削弱(weaken)功能以外，另外还有拒绝(reject)功能。可见，尽管 IA，ECD 和 AUA 三个研究都声称其辩论结构为图尔明模型，但三者对图尔明反驳的理解和使用各不相同。实际上，这些不同的理解和使用都是误解和误用。

图 2-15 和图 2-16 为 Bachman & Palmer(2010)用来论述 AUA 辩论结构的两个示例，分别说明反驳被支持和拒绝时的逻辑推理过程及相应结果。在图 2-15 中，数据为"Jim 要去医院"，声明为"Jim 生病了"，理由是"人们去医院通常是病了"，反驳为"Jim 可能是去探望某人"，反驳支撑是"Jim 要去医院探望搭档"，反声明为"Jim 没有生病"。根据上述信息，推理结果为反声明成立，即"Jim 没生病"。

从"Jim 要去医院"却推出"Jim 没生病"，这显然不是使用图尔明模型推理出来的结果。如果使用图尔明模型对示例情况进行推理，则会有如下辩论：

甲：Jim 要去医院，(因为人们去医院通常是病了，除非 Jim 是去探望某人)，所以 Jim[可能]生病了。

乙：Jim 去医院是去探望搭档的，(因为去医院探望别人时一般自己没病，除非 Jim 自己真的病了)，所以 Jim[很可能]没病。

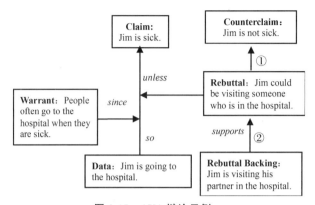

**图 2-15　AUA 辩论示例一**

(Bachman & Palmer 2010：97)

图中示例存在如下逻辑错误：

首先，反声明"Jim 没生病"是强行推理出来的结果，推理过程①既不考虑理由，也不再顾及反驳，这种逻辑无疑是"强盗逻辑"，即：只要 Jim 是去探望他人，他自己就没病，即使病了也是没病。既然强调在作出声明之前必须论证反声明，那么为什么在作出"Jim 没生病"这个反声明之前就不再考虑其理由，也不再追究其反声明了呢？这显然自相矛盾。其实，反声明"Jim 没生病"也有自己的反声明，如"Jim 昨天打球受了伤""Jim 自己长期有病"……在探望别人的同时，Jim 完全有可能自己也看看病。但示例不得不自相矛盾，放弃论证反声明的反声明，强行做出"Jim 没生病"的结论，否则，推理过程将无限循环，永远也不可能得出结论。

此外，例中的反驳远不止"探望某人"这一种情况。Jim 也有可能是去医院开会、谈生意、送邮件、发传单……这些情况都不是去探望某人。这些情况下，推理过程②不仅跟推理过程①一样也是"强盗逻辑"，而且还拒绝而不是支持反驳。按照 AUA 的逻辑，反驳不成立时应该接受声明，上述几种不是探望某人的情况下都会得出"Jim 生病了"的结论，这显然都是错误的。而要避免这种错误，就必须针对所有不同反驳一一论证，这显然又不可能。

如果说，只论证"探望某人"这一种反驳是因为只有这个反驳嫌疑最大，其他反驳的嫌疑相对较小，可以不考虑。这种解释同样站不住脚。一个反驳嫌疑大，不可能没有原因，事先肯定已有某种迹象导致了这种嫌疑。那么此例中的反驳支撑"Jim 要去医院探望搭档"是不是导致反驳嫌疑大的原因？如果是，何不直接以此为数据作出"Jim 没生病"的声明？还有必要进行"从 Data 经 Warrant 到 Claim"的推理吗？如果不是，那又凭什么认为"探望某人"的嫌疑最大？再者，如果没有嫌疑也要论证，那为什么又不考虑其他反驳情况？显然，这样的示例没有真实性。其实，如果存在所谓的最大嫌疑，那就意味着声明者还没有得出明确的结论，也就不应该作出声明。

图 2-16 是一个因为反驳被拒绝（reject）所以结论仍然成立的例子。例中的数据为"Malissa 加班了"；声明为"Malissa 得到了 1.5 倍的工资"；理由为"所有加了班的员工都应该得到 1.5 倍的工资"；支撑为"根据美国法律……"；反驳为"Malissa 在被排除之列"；反驳支撑为"Malissa 的个人档案说明她不在被排除之列"。例中的推理逻辑为：除非 Malissa 在排除之列，否则就应该得到 1.5 倍的加班工资。因为 Malissa 的个人档案证明她不在被排除之列，反驳被拒绝，所以结论仍然成立，即"Malissa 得到了 1.5 倍的工资"①。

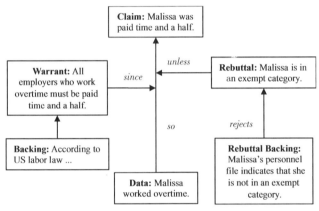

图 2-16　AUA 辩论示例二

(Bachman & Palmer 2010：98)

这个例子更是是非不分。首先，只有支持反驳的才可称得上反驳支撑，例中拒绝反驳的也叫反驳支撑。"拒绝"了还是"支撑"吗？是也反驳支撑，非也反驳支撑，那反驳支撑还有是非之分吗？事实上，理由的支撑都会拒绝反驳，岂不是所有理由的支撑同时也都是反驳的支撑了？其次，根据法律，只有合法员工加班后才会得到加班工资，那么，让 Malissa 加班前，其作为员工的合法性是否已知？如果已知，还有必要查她的档案吗？如果不知，那么，既然发 Malissa 的加班工资前要查档案，同理，发其他员工的加班工资前也要一一查档案。这种逻辑行得通吗？显然，这个示例并不具真实性，不过是一个为了说明所谓的"逻辑"而编造的故事而已。此外，从反驳支撑到反驳的推理，也是既不讲理由也不再顾及例外的，其推理逻辑同样是"强盗逻辑"。

---

① "得到了"应为"应该得到"。"得到了"意味着既成事实，而不是推理的结果。

### 2.3.4 真假图尔明模型

尽管 IA,ECD 和 AUA 三个研究都声称其推理的逻辑结构为图尔明模型,但为了强调论证不利于测试的反面解释,三个研究都对图尔明模型的逻辑结构进行了修改。结构变化已使得模型的推理过程和辩论思想发生了根本性的改变,但三个研究均未提及修改所带来的变化,相反,都是直接将修改后的模型称为"图尔明模型"。同时,为了掩饰模型的逻辑错误,甚至不惜笔墨曲解理性辩论的逻辑机制和推理过程。

#### 2.3.4.1 事实还是推断

在提出 IA 之初,Kane(1990,1992)借鉴 Toulmin *et al.*(1979)的观点,倡导实用辩论(Practical Argument)。在解释实用辩论的逻辑机制时,Kane(1992:529)对形式逻辑和非形式逻辑进行了对比,其结论是:

> (非形式逻辑推理中)由于假定不能被视为理所当然,证据通常也不完整,甚至可疑,因此辩论最多不过是可信或合理而已,结论并未得到证明(Conclusions are not proven)。

> 这显然偏离了传统逻辑或数学的形式化推理规则。在逻辑或数学中,假定可被视为理所当然,结论已经得到证明(Conclusions are proven)。

说形式逻辑的结论是"已经得到证明",这显然是一种误解。形式逻辑推理中,大前提具有绝对性,结论必然成立,但作为推理的结果,结论不可能已经得到证明。例如,在三段论"苏格拉底是人(小前提);所有人都会死(大前提);苏格拉底会死(结论)"中,结论肯定不是已经得到证明的事实(已死),而应是对未来结果的推断(会死)。在进行三段论推理之时,苏格拉底肯定还没有死,否则,推理毫无意义。

同样,非形式逻辑的结论也是推理的结果,也应是未证明的,甚至有可能永远也无法证明,这一点 Kane 的论述并没有错。并且,也如 Kane 所说,假定(即理由)确实不是理所当然之事,证据确实也会存在不足。但这正是非形式逻辑之所以考虑例外限定声明的原因,正因为如此,才会有辩论。不过,辩论过程中双方的逻辑推理都应该满足两个前提条件:证据充足、理由充分。证据尽管会有所欠缺或不完备,但至少应该足以为证;假定尽管并不一定理所当然,但至少应能为推理提供足够的理由。基于这两个前提,就可以确保:结论尽管并未得到证明,但至少是可信的、合理的。这即是非形式逻辑或理性逻辑的理性之所在。

但是，Kane 并不关注非形式逻辑的合理性，反而强调证据的不完整性、假定的可疑性和结论的非真实性。最后，还将"辩论至少应该是可信的、合理的"刻意解读为"辩论最多不过是可信或合理而已"(Kane 1992：529)。这种解释就不是对理性逻辑的简单误解，而是刻意曲解了。这样做的目的是为提出论证假定和最可疑假定的观点作铺垫：因为结论不一定可信、合理，所以应该对假定，尤其是最可疑假定进行论证。

2.3.4.2 推理还是争辩

自 Mislevy et al.(2003)和 Bachman(2005)将其推理模型称为图尔明模型以来，Kane(2006)也开始反复参照图尔明模型阐释其 IA 推理的逻辑机制（参见 Kane 2010，2012），同时为了强调论证假定和最可疑假定，Kane(2006：28)将图尔明模型的推理过程解释为"声明者和反驳方两者之间的对话"。如图 2-17 所示，ECD 和 AUA 都在图尔明模型中增加了两个推理过程（用箭头表示），目的也是为了体现辩论双方的对话：一方支持理由，另一方论证反面解释，双方提供各自的证据，展开针锋相对的辩论。

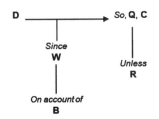

a. 图尔明模型(Toulmin 2003：97)

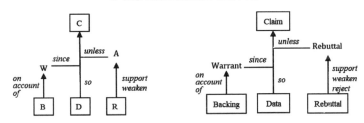

b. ECD 的逻辑结构(Mislevy et al. 2003：15)　　c. AUA 的逻辑结构(Bachman 2005：9)

图 2-17　真假图尔明模型

这种解释看起来有道理，但实际上是对图尔明理性辩论思想的曲解。图尔明模型并不代表双方的争辩过程，而仅表示声明者证实其声明的逻辑推理过程，之所以称为辩论模型，是因为辩论双方都应该遵循图尔明模型进行"有理有据、兼顾例外"的理性逻辑推理。辩论过程中，双方的观点相左，声明互反，反驳对方的声明实际上是通过证实对方的反声明，也就是自己的声明来实现的，所以双方互为反驳方，同时又都是声明者。双方在证实自己的声明时,都应该有充足的证据、充分的理由,同时还应兼顾例外,合理限定自己的声明。

图尔明模型中,有且仅有一个要素,即声明,需要通过推理来证实,其他要素要能为证实声明服务,其自身不应该在推理过程之中还需要通过推理来论证,所以图尔明模型中有且只有一个箭头,表示"根据关于当前和过去的数据推理出关于未来的结论"的过程(Toulmin 2003:93)。尽管模型中另外存在两个因果关系,即支撑与理由和反驳与限定词之间的关系,但这两个关系的论证都不涉及关于未来结论的推理。首先,支撑为可以逐一列举(on accout of)的"直截了当的事实"(Toulmin 2003:98),如图2-1所示例中的法律条款。如果理由受到质疑,摆出支撑就应能打消对方的疑虑,所以从支撑到理由不涉及推理。同样,从反驳到限定词也不会涉及推理,因为限定词是根据例外情况而作出的选择,而不是对未来结论的推断。如果存在例外,则可用"很可能""应该"等作为限定词;如果不存在例外,则限定词可为"自然""必然"等,选择限定词根本不需要推理。

ECD和AUA在图尔明模型中都增加了两个箭头,试图将辩论双方的推理都纳入图尔明模型中,这显然是为了达到自己的目的而对图尔明推理的误解,甚至是故意歪曲解读。图尔明推理,即从数据到声明的过程,既有理由的支持,又有反驳的限定,因此具有理性。ECD和AUA中的两个新增过程,虽然同为推理,但都是既不考虑各自的理由也不顾及相应的反驳。这种推理毫无理性可言,其中的推理逻辑实为"强盗逻辑"。所以尽管修改版模型被直接贴上了"图尔明模型"的标签,但并不具备图尔明模型的理性逻辑机制,本质上已不再是图尔明模型。

### 2.3.4.3 声明还是假设

在图尔明模型中,声明是"一个关乎是非曲直的结论"(Toulmin 2003:90),是一个基于充足的证据、充分的理由和翔实的支撑推理出来的结果。尽管存在少数例外有可能导致这个结论不成立,但整体而言,这个结论仍然是可信的、合理的。或者说,虽然没有绝对的理由确保结论必然成立,但结论总体上仍然具有合理性,而不是全然不知真伪的假设。从辩论的角度而言,声明表达了声明者的观点、态度或立场,是非分明而不是模棱两可、不置可否。但IA,ECD和AUA中的声明真伪难辨、模棱两可,既有可能成立,也有可能不成立,跟图尔明模型中的声明显然不是同一个概念。

例如,图2-13所示AUA中的四大类声明实际上都是模棱两可的假设,因为其中的理由和反驳都还有待论证。特别是在AUA的设计与开发辩论中,推理过程竟然从后果(声明1)开始,逆向推理到分数(声明4)。其间各环节的数据(分数、解释、决策和后果)都还没有产生,证据都不存在,声明何来之有? ECD 的测试设计辩论也是如此。ECD 强调根据学生的所说和所做推断学生的所知与所能,但这个推理过程只能发生在测试以后,测试设计阶段的推理过程与此完全相反,都是根据学生"应该"知道什么或"应该"能做什么推断"应该"开发什么试题,以便引导学生在测试中说些什么或做些什么。测试的设计与开发期间,学生所说或所做的证据还未产生,何来"以证据为中心"的设计?

显然,三个研究既想借用图尔明辩论模型的名称来倡导辩论法,又期望能在辩论过程中对不利于测试的反面假设进行论证,因此都采取偷换概念的手法,将假设称为"声明",而真正的声明其实并不存在。没有声明,即意味着没有观点、态度或立场;没有声明的模型就不是辩论模型,没有一方明确表态,辩论何来之有? 所以,IA、ECD 和 AUA 本质上都不是辩论模型。

即使将模型中的声明还原为假设,模型也不足以称为假设检验模型,因为其中并没有检验假设的逻辑机制。进行假设检验,应该先明确接受或拒绝假设的条件,然后再根据检验结果作出接受或拒绝假设的结论,并且作出结论的过程正是应用图尔明模型进行理性推理的过程:既要以证据和理由为前提,也要结合例外情况对结论进行合理限定。但三个测试辩论模型既没有接受或拒绝假设的评判条件,又缺乏理性的逻辑推理机制,所以都不是假设检验模型。在这样的模型中,假设最终到底是被接受还是拒绝,将全凭声明者的喜好,毫无道理可言。图 2-9、2-15 和 2-16 三个示例中反面解释和反声明的检验都莫不如此。

2.3.4.4 限定词的有无

有没有限定词是图尔明模型和三段论唯一的显性差别,也是 Toulmin(1958,2003)攻击三段论的利器。推理过程中,三段论的大前提和图尔明模型中的理由、支撑和反驳通常都是隐含的,因此,三段论的推理形式通常为"因为[小前提],所以[结论]",图尔明模型的推理形式则为"因为[数据],所以{[限定词]声明}"。如果没有限定词,图尔明声明即会沦为图尔明自己所批判的三段论结论,模型本质上也就不是图尔明模型。

没有限定词约束的结论非是即否、非对即错,无法体现合理性程度差异,因而没有理性可言。这种结论语气强硬且容不得例外,不仅容易招致反驳,也易于被证伪,因为任何一种例外被证实都会使得结论不成立。相反,有限定词约束的声明,就表明已经考虑到了例外的存在,不仅语气缓和,留有商量的余地,而且还可警示对方不得抓住例外来反驳。如在图 2-2 示例的声明("安妮的头发[很可能]是红色的")中,由于存在限定词"很可能",即使安妮把头发染成了别的颜色,声明整体上仍然具有合理性,因为"[很可能]是红色"并没有完全排除其他颜色甚至脱发的可能性。

IA 中还有一个类似于限定词的要素——效度辩论,用于综合正反两方面的解释对测试进行合理评价。尽管效度辩论实际上等同于分别论证图尔明模型中的理由和反驳,而这恰恰是逻辑错误产生的根源,但 IA 至少还考虑到了声明的限定问题。而在 ECD 和 AUA 中,限定词都已被删除。没有了限定词,图尔明声明也已沦为非是即否、非对即错的绝对断言,再也无法体现合理性程度差异,也就没有理性可言。但是,两者又继承了 IA 论证理由和反面解释的观点,所以 IA 的逻辑错误在两个模型中同样存在。

### 2.3.5 一脉相承的谬误

从 IA、ECD 和 AUA 三个模型的逻辑错误分析可知,三者的错误一脉相承。为了强调论证不利于测试的对立假设,三个研究都先通过偷换概念,将图尔明反驳位置的要素由"特殊例外"替换为"最大异议""反面解释""反声明"等对立假设,后又通过修改结构,在模型中增加一个要素作为对立假设的证据。修改之后,反驳方论证对立假设的过程被嵌入到了声明者证实声明的逻辑推理过程之中,模型的推理逻辑发生了根本性的变化,原模型中"有理有据、兼顾例外"的理性逻辑不复存在,取而代之的是"先声明后论证"和"抓住反驳不放"的非理性逻辑。推理逻辑的变化致使逻辑错误的产生。从三个模型及相关示例的分析中可以发现,逻辑错误主要包括自相矛盾、强行推理和是非不分。自相矛盾和强行推理相互交织,进一步导致基本概念名不副实、是非不分。

#### 2.3.5.1 自相矛盾

分析图 2-17 所示的三个模型结构图可知,图尔明模型仅表示声明者证实其声明的逻辑推理过程;但在 ECD 和 AUA 两个修改版模型中,声明者在证实自己声明的同时还需要论证自己的理由,此外还要站在对方的立场论证对立假设。如果在作出结论以前,事先站在对方的立场考虑问题,并通过假设检验逐一排除有可能想到的对立假设,不但不会产生逻辑错误,相反,还会增强声明的说服力。虽说对立假设不可能一一排除,但多排除一个,结论的说服力就增强一分。但是,在得出结论或作出声明之时,就不应该再对自己的理由存有疑虑,或者担心对方有可能反驳自己,更不应该帮助对方论证对立假设来反驳自己,否则,即会产生如下自相矛盾:

首先,既然基于数据已经作出了声明,说明证据充足、理由充分、反驳不足为虑,为何还要反过来论证理由和反驳?相反,既然理由和反驳都还有待论证,又为何能事先作出声明?

其次,如果理由和反驳都有证据的支持,那么声明到底是成立还是不成立?模型中只有一个声明,难道声明可以既成立又不成立吗?再者,反驳成立时声明仍然不变,那论证反驳的意义何在?

再次,既然理由和反驳都还未得到证实,为何论证之前就已分别贴上了"理由"和"反驳"的标签?论证之后,不足以成为理由的仍可称为理由吗?不一定能反驳声明的还是反驳吗?

最后,既然证实声明、论证理由和论证反驳的过程都是推理过程,为什么证实声明既需要有理由还要考虑反驳,而另外两个推理又不既需要理由也不再顾及反驳?

#### 2.3.5.2 强行推理

图 2-17 所示的修改版模型中都存在三个推理过程(由箭头表示),分别用于论证声明、理由和对立假设(ECD 中为反面解释,AUA 中为反驳)。但这三个推理都缺乏理性,其推理逻辑均为"强盗逻辑"。首先,证实声明的过程尽管有证据和理由的支持,但由于存在不可忽略且未经证实的对立假设,声明实际上并不存在。明知存在对立假设也要强行作出声明,这显然是不讲道理,因为对立假设一旦被证实即意味着声明不成立。其次,论证理由和对立假设的过程就更不理性了,因为两个论证过程虽有所谓的证据,但既没有理由,也不顾及反驳。结论却是强行推理的结果,纯属主观臆断,也没有例外的约束,毫无理性可言。此处不妨再次强调,图尔明模型中从支撑到理由的过程并不涉及推理,因此无须考虑理由和反驳。

如果将论证理由和反驳的推理过程嵌入证实声明的推理过程之中,而又不采取"强盗逻辑"强行推出结论,那么推理过程将陷入永无止境且自相矛盾的"死循环"。以 ECD 论证反面解释的推理逻辑为例,如果不通过强行推理作出结论,推理过程必将陷入图 2-18 所示"死循环"。

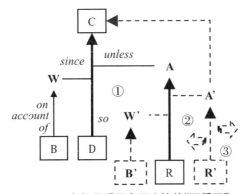

图 2-18 自相矛盾且永无止境的"死循环"

如图所示,从 D 到 C 为第①个推理过程,其中内嵌了从 R 到 A 的推理过程②。如果推理②不采取"强盗逻辑",那么也应考虑理由(W')、支撑(B')、反面解释(A')和反驳(R')。此时,从 R'到 A'又构成一个新的推理过程③,这个过程又会包含自己的内嵌推理过程。如此一来,论证过程将永无止境,论证任何一个反面解释——即使是所谓的最大异议——都不可能,更何况反面解释有可能无法穷尽,甚至不可预知。

此外,由于 A 为 C 的对立面,A 的反面解释 A'作为 A 的对立面,实际上正是 C。如果强调论证 C 时必须先论证 A,那么同理,论证 A 时也必须先论证 A',这又回到必须先论证 C。如此一来,推理过程不仅无限循环而且自相矛盾,除非强行作出声明,否则永远无法得出结论。也正因为如此,在图2-9 ECD 的示例中,由于 Sue 的作文跟 the Cliff Notes 网站上的作文相似,就必须认定她抄袭,即使她没抄,也必须认定她抄了。而在图 2-15 AUA 的示例中,由于 Jim 的搭档在医院,就必须认定他去医院是去探望别人而不是自己看病,即使自己也看病,也必须认定他自己没病。这样的推理逻辑显然都是"强盗逻辑",毫无理性可言。

#### 2.3.5.3 是非不分

由于模型的逻辑结构被修改,其中的推理过程随之发生改变,这又进一步导致各构成要素在推理过程中的角色、功能甚至概念内涵都发生了变化。但三个辩论法研究并未对此进行说明,也没有对各要素明确定义。事实上,模型中的所有概念都已名不副实、是非不分。

首先,到底何谓声明? 在图 2-17 中,ECD 和 AUA 的推理结构只包含一个声明,意味着无论理由和对立假设(反面解释或反驳)是否成立,声明总是数据所支持的声明。但图中理由和对立假定都有各自证据的支持,说明声明既成立又不成立。这个所谓的声明已不仅仅是一个模棱两可的假设,而实际上是一个是非不分的谬论。

新 AUA 试图修正这种错误(见图 2-15 中的示例),提出当反驳有证据支持时应作出反声明。在旧 AUA 中,反声明跟反驳是同一个概念(Bachman 2005:10),但新 AUA 将反声明从反驳中分离出来,但又没有分别定义。辩论过程中,双方的声明互反,反声明实为反驳方的声明,但对于声明者而言则为反驳,因为反声明可以否决声明。新 AUA 站在声明者的立场进行逻辑推理,但又试图将反声明与反驳分离,实际上也是是非不分。

其次,到底何谓声明的前提条件? 在图尔明模型中,声明以证据、理由和支撑为前提条件,只要证据充足、理由充分、支撑翔实,就可以作出声明,或者说,只要前提条件能得到满足,就可以确保声明能够成立。当然,从理性的角度考虑,即使证据充足、理由充分、支撑翔实,也不应忽视反驳的存在,因此有必要根据反驳情况对声明进行恰当限定,使之不至于成为绝对断言而仍是理性结论。

新 AUA 提出将反声明从反驳中分离出来,强调反驳被证实应作出反声明,否则接受声明。这种观点虽说可以解决声明是非不分的问题,但更彰显了"抓住反驳不放"的非理由逻辑,进一步导致前提条件是非不分。新 AUA 的推理逻辑可表示为图 2-19:从数据(Data)经过理由(Warrant)和支撑(Backing)到反驳(Rebuttal)的过程形同虚设(用虚线表示),只有反驳没有(N)得到证据的支持(supported)时才接受事先已经作出的声明(Claim),否则,如果有(Y)证据的支持,则作出反声明(Counterclaim)。

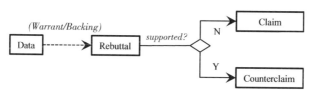

图 2-19 "抓住反驳不放"的非理性逻辑推理

按照这种逻辑进行推理,无论证据多么充足、理由多么充分、支撑多么翔实,只要反驳被证实,就应否决之前作出的声明,只有在反驳得不到证实的情况下,才接受原声明。如此一来,原本不足为虑的反驳反而成了决定声明是否成立的唯一前提条件,而图尔明模型中的前提条件反而都已变得多余:证据不足为证、理由形同虚设、支撑名存实亡。照此逻辑,何不直接论证反驳?还有必要讲证据、理由和支撑吗?

再次,反驳究竟指什么?图尔明反驳仅限于"那些在个别情况下有可能反驳基于理由而提出的假定的特殊例外现象"(Toulmin 2003:99)。反驳本质上属于"特殊例外""个别情况",虽有可能发生并否决声明,但发生的概率很小,完全可以忽略不计。换句话说,反驳即使存在,也不足以威胁声明的整体合理性。而之所以考虑反驳,目的是为了限定声明,即:根据反驳的可能性,选取一个恰当的限定词,对声明的语气强度或成立条件进行约束,以使推理更具理性。

IA 中,反驳被替换为最大异议或最可疑假定,这显然是偷换概念。最大异议或最可疑假定显然不是可以忽略不计的特殊例外,而应是不可忽略且必须论证的对立假设。如果存在这种对立假设,则说明理由不充分,声明无从谈起,根本就不应该作出声明。ECD 中,反面解释(A)取代了图尔明反驳的位置,反驳(R)成了反面解释的证据。但特殊例外性质的反面解释实际上正是图尔明反驳,此时的反面解释和反驳实为同一概念。AUA 中,反驳不可忽视且必须论证，本质上不再属于特殊例外，而等同于 IA 中的最大异议和 ECD 中的反面解释。这显然也是偷换概念。

最后，到底何谓"反驳证据"？图尔明模型中并不存在反驳的证据，因为论证反驳既没有必要，也不符合逻辑。没有必要，是因为反驳作为特殊例外，即使存在也不足以影响声明的整体合理性。不符合逻辑，是因为声明者既不可能一一排除所有反驳之后再作出声明，更不会设法为反驳提供证据来否定自己。辩论过程中，一方声明的反驳实际上就是对方的声明，其证据也就是对方的数据，所以根本不存在所谓的"反驳证据"之说。这正是 IA，ECD 和 AUA 无法合理为"反驳证据"命名的原因。

IA 中最早提出为最大异议提供证据，但既没有对最大异议的证据进行定义，也没有提出 IA 推理的结构图，最大异议的证据在推理中的位置和功能都不得而知，甚至连名称都无法确定。为了解决最大异议的证据问题，ECD 中提出在图尔明模型中新增一个相当于 IA 中最大异议的要素——反面解释(A)，然后用图尔明反驳(R)作为反面解释的证据。这种处理虽然在形式上解决了 IA 中最大异议的证据问题，却又导致了新的逻辑问题。此外，如果 ECD 中的反驳跟图尔明反驳是同一个概念，指的是特殊例外，那就意味着以特殊例外为证据来进行反驳，这在辩论中是非常不理性的，也就是常说的"钻牛角尖"或者"不可理喻"。

AUA 也沿袭 IA 论证对立假设的观点，并且也试图通过修改图尔明模型来解决 IA 中提出的最大异议的证据问题。但与 ECD 不同，AUA 中提出将图尔明反驳的概念替换为不可忽略且必须论证的对立假设，另外增加一个要素作为反驳的证据。这一方面同样偷换了反驳的概念，另一方面"反驳证据"的名称问题仍然无法解决。在旧 AUA 中，Bachman(2005)参照图尔明模型中声明的证据，即数据(Data)，称反驳的证据为"反驳数据(Rebuttal Data)"，后又参照理由的证据，即支撑(Backing)，将其称为"反驳支撑"(Bachman & Palmer 2010)。同时，AUA 还进一步强调反驳的证据有可能支持(support)反驳，也有可能削弱(weaken)甚至拒绝(reject)反驳。支持反驳的可谓"反驳支撑"，但拒绝反驳的也称为"反驳支撑"，这显然已是是非不分了。

## 2.4 测试辩论法研究的启示

三个测试辩论模型的逻辑问题也曾引起过争议和质疑(Davies 2010；Kunnan 2010；邓杰 2012a)，但并没有引起广泛关注和讨论，相反，在测试研究和实践中三个模型都有着比较广泛和深远的影响。这种现象之所以存在，主要原因不外乎两个方面，一是三个模型确有其可借鉴之处，其参考价值足以作为理由促使人们接受模型；二是模型的逻辑错误无伤大雅，可以当作"特殊例外"予以忽略。

三个模型中的逻辑错误真的无伤大雅吗？一场辩论，如果不讲逻辑，则观点不可接受；一篇文章，如果逻辑性不强，则结论不具说服力；一个理论，如果逻辑不通，其所宣扬的观点实为谬论。特别是，辩论法研究以逻辑为根本，辩论法理论又怎能自身逻辑不通呢？事实上，IA、ECD 和 AUA 三个研究都反复论述其推理的逻辑结构，甚至不惜曲解理性辩论的逻辑机制、替换图尔明反驳的概念内涵、修改图尔明模型的逻辑结构。这一切都是为了试图证明其推理结构的逻辑性。显然，就连三个研究自己也并不认为逻辑问题无伤大雅、可以忽略。

三个辩论模型虽然都逻辑不通，但又影响广泛，这一矛盾现象说明三个研究有其借鉴意义和参考价值。从本章分析中可以发现，三个研究的借鉴意义和参考价值不外乎两个方面：对立假设的排除和测试辩论的焦点。

### 2.4.1 对立假设的排除

辩论法强调从正、反两个方面看待问题，既要从正面以理服人，也应从反面考虑不足。实际辩论过程中，辩证法主张事先主动站在自己的对立面，逐一排除与期望结论相反的对立假设或质疑。尽管对立假设不可穷尽，新的质疑也有可能产生，但每排除一个对立假设，每消除一个质疑，最终结论的说服力就增强一分。把所有自己能想到的对立假设都排除了（包括通过修正错误消除质疑），这一方面说明已有充分的理由做出结论，另一方面也更有信心应对反驳。这正是 Cronbach(1980) 所倡导的证伪主义（Falsificationism）态度，也是 Messick(1975：959) 所主张的观点——"如果能够系统地排除各种可能的对立假设，那么最初提出的解释就会更具合理性"。

不过，三个测试辩论研究强调的都是论证对立假设，而不是排除对立假设。强调"论证"，反映出来的实际上是一种矛盾心理和模棱两可的态度：一方面质疑他人的结论，另一方面又没有自己的观点；对立假设被证伪则接受他人的结论，否则就提出自己的反驳意见。强调排除对立假设则不同，"排除"意味着自我论证，其目的是为了增强预期结论的说服力。辩论者既不会有矛盾的心理，也不会持模棱两可的态度。更重要的是，一旦对立假设被证实，辩论者会设法找出导致对立假设成立的原因并进行相应处理，从而消除对立假设。事实上，这才是强调排除对立假设的目的和意义之所在。IA、

ECD 和 AUA 都只是简单地强调论证对立假设,而不考虑对立假设的排除,这显然背离了辩论法关注对立假设的初衷。

"排除"对立假设只应在作出声明之前进行,而不能在作出声明之后自己再反过来对其进行论证。作出声明之前,可以针对各种可能成立的对立假设进行论证;作出声明之后,就不应再有不可忽略的对立假设。命题期间的"磨题"过程可谓典型的排除对立假设的过程,其间命题人员自己针对试题的各种问题(对立假设)进行讨论,最终解决所有能发现的问题(排除对立假设)。"磨题"有时甚至会演变成针锋相对的辩论,持不同意见的双方会争得面红耳赤。但是,争辩目的是为了在命题结束以前(作出"试题可用"的声明以前)逐一解决所有自己能够发现的问题(系统地排除各种"试题不可用"的对立假设)。这样,命题结束时就不会再有不可忽略的对立假设,至少命题人员自己再也找不出问题,或已就可以忽略的问题达成一致意见。

排除对立假设作为自我论证过程,同样需要有理有据,但其推理过程为"对立假设→证据→声明",即"先提出对立假设、再设法得到证据、最后作出接受或拒绝对立假设的声明",而不是三个测试辩论中提出的"证据→对立假设→声明"的过程(见模型结构或示例)。后一论证过程中,对立假设介于证据和声明之间,由于论证对立假设的结果又将是得到证据,所以这种论证的推理过程将会在证据和对立假设之间无限循环。应用这种模型进行辩论,除非进行自相矛盾的强行推理,否则永远无法得出结论。

图尔明模型中不存在不可忽略的对立假设,因此从证据(具有理由和支撑支持的数据)到声明的推理过程不包含其他推理过程,也就是说,有了证据就可以作出声明。辩论过程中,如果遇到不可忽略的对立假设,这实则意味着证据不足,不具备使用图尔明模型的前提条件。此时,理性的人就不应该强行进行推理,而应先对对立假设进行论证,得到证据之后再继续推理。如果将不可忽略的对立假设强加于图尔明模型之中,则必然导致循环论证,不仅对立假设无法论证,也不可能得出合乎逻辑的结论。

### 2.4.2 测试辩论的焦点

每个辩论都会有一个焦点,针对一个具体的问题。辩论双方针对同一焦点问题,从正、反两个方面进行辩论——双方各自提供证据证实自己的观点,同时反驳对方。日常辩论如此,科学研究中的辩论也不例外。日常生活中,辩论的焦点问题不一定具有系统性,辩论法的应用价值主要体现在推理的逻辑性和结论的说服力。科学研究中的问题具有内在逻辑关联和规律性,辩论法在科学研究中的应用应首先关注研究问题的系统性,然后才是推理的逻辑性和结论的说服力。

　　IA,ECD 和 AUA 作为测试领域的辩论模型,既关注测试学界长期以来的焦点问题,又引介当代研究的热点话题,就问题的系统性和前沿性而言,三个研究都能为测试辩论提供借鉴和参考。IA 研究针对测试分数的解释和使用,积极倡导测试辩论法,并提出了第一个测试辩论模型,强调就观测结果的评判、观测分数的概化、全域分数的泛化和目标分数的使用等几个环节开展测试辩论,为全面、系统采集测试效度证据提供指导。ECD 研究针对测试的设计和开发,提出根据学生的所说和所做对学生的所知和所能进行推理,并最先将图尔明模型引入测试辩论研究,进一步推动了测试辩论法研究的发展。AUA 研究在 IA 和 ECD 研究的基础上,提出基于测试使用构建测试辩论的理论框架,首次将测前的设计与开发和测后的解释与使用融为一体,进一步提升了测试辩论法研究的全面性和系统性。经过近三十年的发展,测试辩论的焦点问题日益丰富、全面和系统化,三个测试辩论研究都为此做出了各自的贡献,同时也为本研究进一步探究测试辩论的焦点问题奠定了基础。

　　不过,由于三个测试辩论模型都存在自相矛盾、强行推理、是非不分等逻辑问题,尤其是缺乏检验对立假设的逻辑机制,所以三者虽能为提出测试辩论的焦点问题提供指导和借鉴,但并不能为解决实际问题提供合乎逻辑的辩论方案。要避免三者的逻辑错误,必须从根本上重新架构测试辩论的逻辑框架,提出既具理论意义又有实用价值的新的辩论模型。从理论的角度,新模型既要体现有理有据的理性辩论思想,又要具有检验假设的逻辑推理机制;在实践操作层面,新模型首先要明确测试辩论涉及的主要环节及各环节典型的焦点问题,其次还应为数据的采集和分析提供科学方法。此外,作为测试辩论模型,新模型还应能克服当前效度观局限于测后分数解释与使用的不足,将测前环节数据的解释和使用有机融入测试效度的概念内涵和验证过程,从真正意义上确保测试效度的整体性和全面性。

# 第 3 章　累进辩论法

辩论法主张"一分为二"地看待问题,这种辩证思想有利于克服机会主义倾向和证实主义态度,避免选择性论证和不顾及反面意见,因此,采取辩论法进行研究,观察问题更全面,分析问题更透彻,得出的结论更具理性和说服力。

理性的辩论以证据为前提。数据要能成为有力的证据,必须蕴含着充分的理由、具有翔实的支撑且仅面临极少数例外。此外,理性辩论依赖主观评判,因此证据必须简单明了、理由必须显而易见、支撑必须唾手可得,否则,结论的合理性难以通过主观的逻辑推理得到正确评判。日常辩论中,证据、理由和支撑来自日常生活和个人的经验与知识,但科学研究中,证据往往来之不易,必须通过科学的数据分析才能获得。

为了解决测试辩论研究中的逻辑问题,同时为科学研究提供辩论方法,本研究基于图尔明模型和假设检验的逻辑推理机制,提出累进辩论法。该方法将科学研究与理性辩论相结合,强调在逻辑推理过程中利用数据分析获取有力证据,推出合理结论。由于复杂的数据分析往往会涉及多个方面甚至多个层级的问题,辩论过程将会是一个循环与递归推理的过程。最终问题的解决以各维度、各层级问题的解决为前提,依赖于各环节问题的层级累进,因此,这种辩论方法可称为累进辩论法。

## 3.1　基本概念

研究和实施辩论法,以下几组概念必须澄清。
(1) 声明与假设
《汉典》对声明和假设的定义分别为:

> 声明——公开表态或说明。
> 假设——科学研究中根据事实提出的假定说明,必须经过实践证明才能成为理论。

Webster 词典对"claim"和"Hypothesis"的解释分别为:

Claim: An assertion that something is true or factual. (Webster's Online Dictionary)

Hypothesis: An assumption about a property or characteristic of a set of data under study. The goal of statistical inference is to decide which of two complementary hypotheses is likely to be true. The null hypothesis ($H_0$) describes what is assumed to be the true state of nature and the alternative hypothesis ($H_a$) describes the opposite situation. (Webster's Online Dictionary)

《汉典》将假设界定为假定说明,也就是说,先假定如此。至于结果如何,必须要论证以后才能确定。Webster 的解释更为详细:假设指的是对一组研究数据的属性或特点的推断。对数据特征的推断存在两种相互对立的假设——原假设($H_0$)和对立假设($H_a$),并且两种假设都有可能成立。相反,声明则是声明者对某事为真或属实的一个断言,体现了声明者的明确态度、观点和立场。

概括起来看,声明与假设的本质区别在于是否存在明确的观点、态度或立场,或者说,研究者对研究问题是否已经得出了具体结论。在 ECD 和 AUA 中,声明是否成立完全取决于反声明是否成立,这即是说,在反声明被证实以前,声明者并没有明确的观点、态度或立场,而只有假设。假设必须通过假设检验才能得出结论,逻辑推理难以判断,因为逻辑上无法穷尽各种支持或拒绝假设的情况,除非像 ECD 和 AUA 的示例那样,强行贴上"支持"或"拒绝"的标签,否则凭主观的逻辑推理难以得出有说服力的结论。

(2) 反声明与反面解释

在 IA、ECD 和 AUA 中,反面解释和反声明是同一个概念,并且都等同于反驳。事实上,反声明是作为声明的反面而存在的,也就是说,反声明的存在完全依赖于声明是否存在。没有声明也就无所谓反声明,声明产生之前反声明无法确定。而在检验结果产生以前,声明也是不确定的,因此,声明和反声明的内容都是动态变化的,都不确定。但是,正面解释和反面解释则不同,解释的正面或反面取决于具体的研究问题,研究问题一旦确定,正面解释和反面解释也随之确定,而不是要等到检验结果产生之后才能确定。例如,对于评判一致性问题,"评判一致"为正面解释,"评判不一致"则是反面解释。如果检验结果为"评判一致"不成立,那么声明则为反面解释——评判不一致,而反声明则为正面解释——评判一致。再如,针对选项可猜性问题,"选项可猜"是反面的,"选项不可猜"才是正面的。如果检验结果为"选项可猜"成立,那么声明也就是反面解释,即"选项可猜",反声明则是正面解释"选项不可猜"。

简单地说,声明和反声明完全依据检验结果而定,结果即为声明,结果的反面为反声明。而正面解释和反面解释则是针对具体研究问题的正反两个方面而言的,既有可能是声明,也有可能是反声明。将声明等同于正面解释、反声明等同于反面解释,这种混淆概念的做法完全是误解。

(3) 证据数据与反面证据

图尔明模型只适用于理由充分、反驳不足为虑时,如何从数据推理出声明。如果理由不足,就不存在也就不应该作出声明,即使强行作出声明,也容易引起质疑并遭到反驳,此时使用图尔明模型的条件不满足,就不能按照图尔明模型进行推理。可见,在图尔明模型中,数据之所以成为证据,是因为理由的存在,两者共同确保声明的成立,也可以说,数据蕴含了理由,故而成为证据。效度验证过程中,或在其他科学研究乃至日常生活中,并不是所有的数据都蕴含了充分理由,可以直接作为可推理出声明的证据使用。多数情况下,数据往往比较抽象、复杂,很难从中直接找到可以进行主观逻辑推理的理由,而往往需要通过数据分析,甚至对数据进行加工处理,才能得到蕴含充分理由的证据。所以,效度辩论模型有必要区分数据和证据两个概念。只有蕴含了充分理由的数据才是证据,或称证据数据。

证据只有一个功能,即支持声明。拒绝声明的不是证据或图尔明模型中的数据,而是反驳。证据没有"拒绝"功能,所谓的反面证据,本质上仍然是证据,功能上仍然是起支持作用——支持反声明。反面证据对声明的"拒绝",实际上是通过支持反声明来间接达到拒绝目的的。AUA 中,反驳支撑既可以"支持"反驳,也可以"拒绝"反驳。支持反驳的叫做反驳支撑,拒绝反驳的也叫反驳支撑,这显然是不分是非、颠倒黑白。

(4) 证实与证伪

测试实践中,影响效度的因素多种多样,既有积极、正面的因素,也存在消极、反面的因素,相应地,效度解释也有正面和反面之分,如构念体现充分或不足、评判一致性程度的高与低、后果裨益性的大或小,等等。无论一个解释是正面的还是反面的,要能证明属实,即证实,必须满足以下四个条件:证据充足、理由充分、支撑翔实、限定恰当。四个条件同时成立,即意味着例外情况不足为虑。否则,只要一个方面的条件不满足,即说明解释不成立,也即被证伪。在图尔明模型中,导致声明不能成立的各种情况统称为反驳,包括证据不足、理由不充分、支撑不扎实、限定不恰当等。不过,需要注意的是,图尔明反驳所指的各种情况都是可以忽略不计的特殊例外。

证伪即证明一个声明不成立,这实际上是通过证实对方声明的反驳,即反声明,来实现的。如图 3-1 所示,证伪(Falsifying)对方的声明(C 或 C')是通过证实(Justifying)对方的声明的反驳(R 或 R'),也就是己方的声明来实现的。证据数据(D 或 D')作为证据(Evidence)只会用来支持各自的声明,也就是对方的反驳,来间接否定对方的声明。证据并不能直接否定声明或反驳,即没有"拒绝"功能。辩论过程中,无论是证实各自的声明还是证伪对方的声明,都必须有充分的理由(W 或 W')及其支撑(B 或 B')的支持,并且都应该根据反驳情况使用一个恰当的限定词(Q 或 Q')对声明进行合理限定。

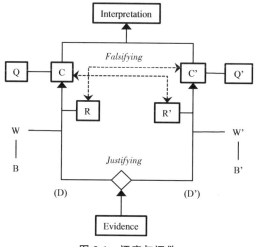

图 3-1　证实与证伪

图 3-1 还表示,证实和证伪都是围绕同一解释(Interpretation),但分别针对解释的正反两个方面。在辩论过程中,证实和证伪分别代表针对同一问题的两种截然相反的观点或态度。正确理解这一点,对测试辩论具有重要意义。采取证实的态度,则会只注重收集证据为自己的解释做辩护,而不会顾及反面意见,这就容易导致证实主义偏差。如果采取证伪的态度,则不仅会注重证实自己的观点,还会主动站在对方的立场看问题,尽可能排除反驳情况之后再做结论。所以,采取证伪态度得出的结论往往更具说服力。

## 3.2　辩论结构

Messick(1994)曾强调,效度验证应将"科学研究和理性辩论相结合"(p.8)。理性辩论强调推理过程的逻辑性和辩论观点的合理性,辩论双方都可以通过巧妙运用推理逻辑,或提出有力证据说服对方,或抓住对方的弱点进行有力反驳。然而,理性辩论也有其明显不足,那就是只能基于简单明了的数据进行显而易见的主观逻辑推理。如果数据复杂,理由往往不明显,推理将难以为继,观点就无法形成。测试数据,尤其是分数,往往复杂而且抽象,因此很难凭逻辑推理直接得出结论,而必须借助科学研究中的统计方法产生有说服力的新证据,然后才能对数据做出合理解释。为了体现理性辩论和科学研究相结合的思想,本研究提出如图 3-2 所示的累进效度辩论结构。

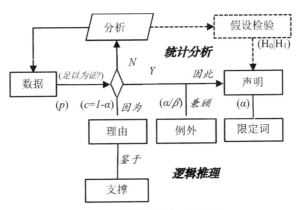

图 3-2 累进效度辩论的结构

辩论结构由逻辑推理(Logical Reasoning)和统计分析(Statistical Analysis)两个部分组成。逻辑推理部分是在图尔明模型中嵌入一个条件判断要素(图中用菱形表示)形成的,强调在运用图尔明逻辑机制进行推理以前先对前提条件是否满足进行判断,其他构成要素及逻辑关系均与图尔明模型一致。统计分析部分包括一个分析过程(Analysis,图中用平行四边形表示)和一个假设要素(Hypothesis),强调必要时进行统计分析,甚至假设检验(假设检验并非必不可少,图中用虚线表示)。

两个部分的关系为:逻辑推理是辩论的基础,意味着所有辩论都离不开逻辑推理,并且最终必须通过理性的逻辑推理作出声明。统计分析结果的解读也是如此。统计分析为逻辑推理的辅助手段,只有在逻辑推理难以为继时才会进行,目的是为产生新的、说服力的数据,以促成逻辑推理的顺利进行。模型的推理过程如下:从数据出发,先判断数据是否足以为证,即是否蕴含了足够的理由且理由是否具有翔实的支撑。如果是(图中用 Y 表示),再根据反驳情况选择一个恰当的语气限定词,合理限定语气后作出声明;否则(图中用 N 表示),推理过程进入统计分析。统计分析的方法多种多样、繁简不一。有时,简单统计百分比即可得到有说服力的新数据,有时则需要进行复杂的假设检验。经统计分析得到新数据后,推理过程再次回到基础部分并重新进行理由充分性判断。如果理由仍不充分,推理过程再次转向统计分析,直到产生有说服力的证据数据并得出结论为止(此过程不会无限循环,详见后文分析)。

条件判断依赖主观评判,作为证据使用的数据必须简单明了,确保声明成立的理由也应显而易见。其实,科学研究和日常生活中的逻辑推理依赖的都是主观评判,科学研究中的证据虽然常人难以看懂,但在科研人员眼中却并不比日常生活中的证据复杂。所以,在逻辑推理模型中增加一个条件判断要素是完全可行的。在图尔明模型中,条件判断没有必要,因为数据和理由必须同时存在,两者共同确保声明具有合理性。换句话说,图尔明模型仅适用于数据足以为证的情况,数据不足为证时就不应该使用图尔明模型,所以,图尔明模型不需要再对数据是否足以为证进行判断。但是,日常辩论和科学研究中,数据并不等同于证据,并不是所有的数据都是蕴含了可以进行逻辑推理的充分理由。这种情况下应该怎么办?按照图尔明模型的辩论思想,就不能强行推理,而只能放弃声明。放弃声明虽是理性选择,却也是无奈之举,并反映出回避问题的消极态度。图尔明模型没有处理复杂数据的逻辑机制,缺乏探求证据数据的功能,在复杂数据面前无能为力,只能消极回避,放弃声明。累进辩论通过在图尔明模型中的数据和理由之间增加一个条件判断要素,强调在数据不足为证时将逻辑推理过程引向数据分析,正是为了克服图尔明模型不能处理复杂数据的不足,同时实现理性辩论和科学调查的有机融合,并反映出解决问题的积极态度。可见,纳入条件判断不仅是可行的,处理复杂数据时更是必不可少的。

通过条件判断,统计分析融入到了理性辩论的过程之中,但这并没有改变模型仍然是理性辩论模型的本质。首先,统计分析方法的选择依赖于主观上的理性逻辑评判。其次,在使用统计分析方法的过程中,无时无刻不需要研究者运用专业知识和经验,以理性逻辑推理的方式进行评估和调整。最后,科学调查结果的解读,也完全是理性的逻辑推理过程。总之,科学调查是完全建立在理性的逻辑推理的基础之上的,起始于理性逻辑推理,再回归到理性逻辑的推理过程之中,所以,累进辩论根本上仍然是理性辩论模型。

需要说明的是,尽管图中"数据→分析→数据"构成了一个环形结构,但辩论过程不会陷入"死循环"。首先,"分析"只有在理由不充分的情况下才会进行,一旦得到理由充分的数据即可作出结论。其次,"分析"包括假设检验,如果其他方法得不到理由充分的证据,则可通过假设检验解决问题。假设检验会产生一个概率值($p$),基于概率值必然会得出结论,要么接受原假设

($H_0$),也称零假设或虚无假设(Null Hypothesis),要么接受备择假设($H_1$),也称对立假设(Alternative Hypothesis)。假设检验结果的解释过程是一个典型的应用图尔明模型进行理性推理的过程:数据为概率值,理由为置信度($c$),支撑为统计原理,反驳为两类错误之一(即 $\alpha$ 错误或 $\beta$ 错误),限定词为显著性水平($\alpha$),声明则是被接受的假设。

此外,将假设检验置于辩论模型的逻辑推理之中,还有助于避免假设检验的滥用和误用。一方面,如果情况并不复杂,假设检验没有必要;相反,如果情况太过复杂,即使进行假设检验也解决不了问题。这两种情况下进行假设检验,就是假设检验的滥用。另一方面,检验方法的正确选择和使用,对统计分析的理论知识和实践经验都有很高的要求,如果缺乏相关知识和经验,就很可能误用了检验方法而浑然不知。累进辩论将假设检验置于条件判断之后,意味着进行假设检验之前都需要先进行评判,以免假设检验被滥用或误用。

## 3.3 累进机制

复杂问题往往需要分解为多个方面的问题来论证,一个方面的问题又有可能涉及更深层次的问题,解决各个方面、不同层次所有问题的过程会构成一个如图 3-3 所示的层级树形结构。该结构表示:要解决最终问题 Q,需要先解决 Q1-1、Q1-2……;而在解决 Q1-1、Q1-2 等问题时,又需要先解决更深层次的问题 Q1-1-1、Q1-1-2……和 Q1-2-1、Q1-2-2……。每解决一个问题都需要使用辩论模型进行一次由因及果的推理。解决同一层级的问题,如 Q1-1、Q1-2……涉及模型的循环使用(Regression),即一个辩论结束后接着启动另一个辩论——称为同级辩论(Sibling Argument);解决不同层级的问题,如 Q、Q1-1、Q1-1-1,则会涉及模型的递归使用(Recursion),即在当前辩论还未结束时又启动另一个更深层次的辩论——称为子辩论(Subordinate Argument),子辩论结束后再回到当前辩论中子辩论的起始点继续向前推进。累进(Progression)也就是通过模型的循环和递归使用,依次解决同级问题和逐级解决不同层级问题的过程。

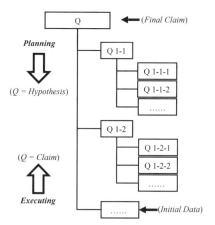

图 3-3　层级累进辩论模型

累进辩论分为规划(Planning)和实施(Executing)两个阶段。规划以期望的最终声明(Final Claim)为出发点,由果及因逆向推理,直至初始数据(Initial Data)。解决一个问题需要经过哪些中间环节?每个环节各需要解决什么问题?哪些需要证实?哪些需要证伪?这些都需要事先详细规划。一旦存有疑虑,即应启用递归机制增加一个层级的辩论环节,直至可以根据手头已掌握的数据,如分数、试卷等,或可以通过某种途径得到的数据,如参考文献、理论著作等,解决最深层次的问题。规划期间的所有问题,由于还未得到论证,所以都是假设(Q=Hypothesis)。

实施过程以规划的结果为蓝图,从初始数据出发,按规划的路径逆向回溯,由因及果正向推理,逐步(同一环节)逐级(跨越环节)论证所有假设,直至解决最初问题 Q,作出最终声明。规划中的每一个问题在实施过程中都必须得到论证,要么被证实,要么被证伪,论证的结果即是声明(Q=Claim)。已证实的声明,可作为数据、理由、支撑或反驳用于所有后续辩论而无须重复论证。如果某个环节中存在未论证的问题,那么该环节的声明就不具说服力,这又会导致所有后续环节的声明难以成立。因此,最终声明的合理性是所有前任环节声明合理性层级累进的结果,是对前任环节声明合理性的全面考虑和综合评价。合理性的累进不像百分比的累积(Accumulation)可以简单相加,而是最大不大于最薄弱环节的合理性;一个环节的声明不具合理性,所有后续环节都没有合理性可言。

使用累进辩论,完全可以强调论证反面解释而不会产生逻辑问题。无论是 IA 所强调的"最大异议""最可疑假定",还是 ECD 所关注的"对立假设""反面解释",抑或是 AUA 中提出的"反声明""反面解释",要论证这些问题,只需在规划期间将其作为假设一一列出,实施期间再一一论证即可。事实上,测试辩论不仅需要对不利于测试的反面解释进行论证,有利于测试的正面解释也必须论证。规划期间,正反两个方面的问题都需要全面、深入的考虑;实施论证之后,正面解释和反面解释都已得到论证,要么成立,要么不成立,但无论成立与否,结论都已形成,并会作为声明提出。作出声明之后,反驳应该都是不足为虑的例外现象,不仅可以忽略不计,而且必须忽略而不得追究,追究例外就会形成自相矛盾且永无止境的循环论证。辩论过程中,我们不可能因为例外而放弃声明,更不会去主动证实例外来否定自己,也无法做到一一排除例外之后再做结论。可见,反面解释并不等同于反驳,而是跟正面解释一样,在规划阶段是假设,论证之后则为声明。

## 3.4 统计基础

### 3.4.1 计量尺度

统计学中,数据的计量尺度分为四种(Stevens 1946),即定类尺度(Nominal Scale)、定序尺度(Ordinal Scale)、定距尺度(Interval Scale)和定比尺度(Ratio Scale)。四种尺度及相应数据的有关信息见表3-1。

表3-1 数据计量的尺度及相关信息

| 尺度 | 信息 | | | |
|---|---|---|---|---|
| | 类别 | 顺序 | 间距 | 比例 |
| 定类 | √ | | | |
| 定序 | √ | √ | | |
| 定距 | √ | √ | √ | |
| 定比 | √ | √ | √ | √ |

1. 定类尺度

定类尺度也称为名称尺度,主要用于对事物进行分类。各类别数据为平行或并列关系,相互之间不可比较,也没有等级之分。分类必须符合穷尽和互斥的要求,即类别可以通过列举的方式全部列出,而且每一个数据能且只能归于其中一类,所以,定类数据仅适于"非是即否"的逻辑运算,可用"="或"≠"符号表示数据是否属于某个类别。在统计中为了方便处理,往往可用数字代码来表示类别,如 1—控制班、2—实验班。但这些数字只是符号而不是数值,可用于逻辑运算,但不能进行加、减、乘、除等算术运算。

### 2. 定序尺度

定序尺度又称顺序尺度,用于对同类事物的不同等级进行排序,因此,定序数据不仅具有事物的类别信息,还包含各等级的顺序信息,不仅能进行"非是即否"的逻辑运算,还可用">"或"<"符号进行排序。各等级也可用数字代码表示。例如,成绩等级可表示为:1-优秀、2-良好、3-中等、4-及格、5-不及格;职称等级可表示为:1-教授、2-副教授、3-讲师、4-助教。

### 3. 定距尺度

定距尺度也称间隔尺度,不仅可用于区分事物的类别和顺序,而且还可准确表示差距。该尺度通常使用自然或物理单位作为计量单位,如收入用"元"、考试成绩用"分"、温度用"度"、重量用"克"、长度用"米"等。定距数据两个相邻单位之间的间距相等,即等距。例如,若以 0.5 分为成绩的间距,则 60 分的上一数值为 59.5,下一数值为 60.5。定距数据的计量结果为数值,可进行加减计算("+"或"-")。只要度量单位确定,就可以准确计算两个数据之间的差值和一组数据的均值、方差、标准差等。

### 4. 定比尺度

定比尺度,也称为比例尺度,主要用于表示倍数关系。与定距尺度相比,两者的区别在于是否有绝对零点(Absolute Zero),即"0"是否表示"没有"或"无"。定距数据中的"0"并不表示"没有",而是表示某一个数值。例如,温度为典型的定距数据,0℃并不表示没有温度,而表示在海平面高度上水结冰的温度。而重量、利润、薪酬、产值等,都是定比数据,因为"0"都表示"没有"。定比数据可进行乘除计算("×"或"÷"),数据比较可用比率或倍数表示,但是定距数据则不然。例如,可以说"甲的工资为乙的工资的两倍",但不能说"4℃气温的天气比 2℃气温热两倍",或者,"40 分成绩的能力比 20 分成绩强两倍",因为 0℃并不表示绝对没有温度,一次考试得 0 分也并不意味着考生完全没有能力。

由于实际生活中,"0"在大多数情况下均表示事物不存在,所以实际统计中数值一般都作为定比数据看待。另外,在定距尺度中的"0"也可视为特定含义,定距尺度也可视为定比尺度的特殊形式,两者也可不加区分。例如,在 SPSS(Statistical Product and Service Solutions)统计软件中,定距和定比数据就没有区别,统称为"度量",而定类和定序尺度分别称为名义和序号,所以 SPSS 中只有名义、序号和度量三种计量尺度。

#### 3.4.2 频数分布

按某种方式对总体所有数据进行分组并统计各组中数据出现的次数,次数按分组顺序排列而形成的分布称为频数分布,也称次数分布。通过分组归类并顺序排列各类别的频数,原本繁杂、无序、难以解读的原始数据得到简化,并且各类别的分布状态和变化趋势一目了然。因此,频数分布是一种能为数据的分析与解读提供简明、直观证据的重要方法。

#### 3.4.2.1 数据分组

频数分布是在分组的基础上形成的。计算频数时,如不指定分组方法,则相同数据归为一组,不同数据分属不同的组。分组的目的是为了观察频数分布的特征和规律,如果组数太多,数据的分布就会过于分散,组数太少,分布又会过于集中,两种情况都难以反映数据分布的基本形状,难以使数据得到合理解读,因此,一般情况下都需要按一定方式对数据进行分组。

分组需要确定组数和组距。组数和组距一般根据需要指定,也可根据经验公式求得后再做适当调整,尽量使组数适中、组距恰当。例如,满分为100分的日常考试成绩一般分为优秀(90~100分)、良好(80~89分)、中等(70~79分)、及格(60~69分)和不及格(0~59分)五个等级,即五组;满分为150分的高考成绩一般按20分为一组,分为七组或八组。如果数据来自服从正态分布的总体,则可按如下公式计算组数(胡隆等2005):

$$K = 1.87 \times (N-1)^{2/5} \tag{3-1}$$

其中,$K$:组数;$N$:数据个数

组距是一个组的上限与下限的差,一般取值为数据的最大值和最小值的差与组数之比,即:

$$L = (Max - Min) \div K \tag{3-2}$$

其中,$L$:组距;$Max$:最大值;$Min$:最小值;$K$:组数

确定组距时,需要遵循"不重不漏"的原则。"不重"指一项数据只能属于某一组,不能在其他组中重复出现;"不漏"指组别能够穷尽所有数据,每项数据都能分在某一组中,不能遗漏。为了做到"不重",统计分组时习惯上规定"上组限不在内",即当相邻两组的上下限重叠时,上限值不算在本组而算在下一组内。

#### 3.4.2.2 频数显示

频数往往以统计表或统计图的方式显示。用图表显示数据,不仅直观、简明,而且有序并能反映变化趋势。例如,表3-2为原始分数表,尽管数据量不大,但杂乱无序,看不出特点和规律,难以凭借主观评判和逻辑推理做出解读。按成绩等级分组并整理成表3-3频数分布表之后,各组成绩的频数分布

和变化情况一目了然,再结合图 3-4 至图 3-7,则可以肯定:成绩基本呈正态分布,且以中等居多并分别向不及格和优秀两个方向递减。

表 3-2　某班 40 名学生某次英语考试成绩　　　　　　　　单位:分

| 91 | 55 | 79 | 87 | 65 | 73 | 92 | 77 | 86 | 88 |
| --- | --- | --- | --- | --- | --- | --- | --- | --- | --- |
| 79 | 80 | 76 | 58 | 85 | 93 | 75 | 67 | 62 | 72 |
| 69 | 79 | 84 | 66 | 93 | 75 | 82 | 92 | 67 | 88 |
| 79 | 58 | 65 | 73 | 66 | 80 | 86 | 86 | 78 | 68 |

表 3-3　成绩等级频数分布表

| 成绩等级 | 频数 | 百分比(%) | 累积百分比(%) |
| --- | --- | --- | --- |
| 不及格(0~59 分) | 3 | 7.5 | 7.5 |
| 及格(60~69 分) | 9 | 22.5 | 30.0 |
| 中等(70~79 分) | 12 | 30.0 | 60.0 |
| 良好(80~89 分) | 11 | 27.5 | 87.5 |
| 优秀(90~100 分) | 5 | 12.5 | 100.0 |
| 合计 | 40 | 100.0 | |

将原始数据分组以后,利用 SPSS,Excel 等数据处理软件可以方便地生成频数分布表和分布图。表 3-3 即是利用 SPSS 生成的,4 个图形则是利用 Excel 根据表 3-3 的分组和频数两列数据生成的(图表内容和格式都经过简单调整)。频数分布表至少包括两个部分:分组和频数。也可根据需要增加如表 3-3 所示各组频数的百分比和累积百分比,以进一步反映各组频数在总体中的相对频数(也称频率,即频数占频数合计的百分比)及其逐级累加之后的百分比。

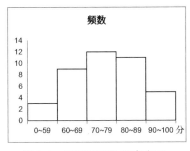

图 3-4　成绩频数分布直方图

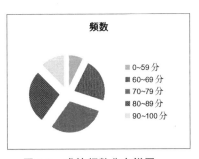

图 3-5　成绩频数分布饼图

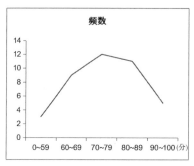
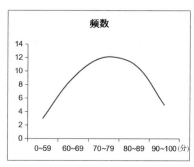

图 3-6　成绩频数分布折线图　　图 3-7　成绩频数分布曲线图

频数分布图可以更加直观地显示各组频数在总体中的变化趋势及所占比例。常见的频数分布图有直方图、饼图、折线图和曲线图等。每种图形各有特色,分别满足不同需要。图 3-4、3-5、3-6 和 3-7 分别是表 3-3 中各组频数的直方图、饼图、折线图和曲线图。

频数分布既可以按一个标志(如成绩等级)统计频数,也可以利用交叉、分层等方法同时按多个标志进行统计。例如,表 3-4 为同时按成绩(六组)和题目(五组)两个标志进行统计得到的交叉表。成绩分组按总分由低到高分为六组,题目分组未指定分组方法,由 SFSS 自动分为五组(♯号表示未作答)。

表 3-4　试题各选项在各成绩分组中的频数分布表

| | | | 成绩分组 | | | | | | 合计 |
|---|---|---|---|---|---|---|---|---|---|
| | | | 1 | 2 | 3 | 4 | 5 | 6 | |
| 第70题 | ♯ | 计数 | 0 | 1 | 0 | 2 | 0 | 0 | 3 |
| | | % | 0.0% | 0.4% | 0.0% | 0.6% | 0.0% | 0.0% | 0.3% |
| | A | 计数 | 7 | 30 | 17 | 10 | 14 | 0 | 78 |
| | | % | 10.9% | 12.4% | 7.7% | 3.1% | 4.7% | 0.0% | 6.5% |
| | B | 计数 | 19 | 65 | 67 | 78 | 37 | 2 | 268 |
| | | % | 29.7% | 26.9% | 30.3% | 23.9% | 12.5% | 4.7% | 22.4% |
| | C | 计数 | 25 | 100 | 80 | 77 | 38 | 2 | 322 |
| | | % | 39.1% | 41.3% | 36.2% | 23.5% | 12.8% | 4.7% | 27.0% |
| | D | 计数 | 13 | 46 | 57 | 160 | 208 | 39 | 523 |
| | | % | 20.3% | 19.0% | 25.8% | 48.9% | 70.0% | 90.7% | 43.8% |
| 合计 | | 计数 | 64 | 242 | 221 | 327 | 297 | 43 | 1194 |
| | | % | 100.0% | 100.0% | 100.0% | 100.0% | 100.0% | 100.0% | 100.0% |

表中考生(1194 人)是从总体为 492108 人的某次高考考生中,在总分均值误差不超过 1 分的条件下,随机抽样得到的结果。成绩为英语科考试成绩,满分为 150 分。成绩分组先根据总分按组距 20 分将考生分为七组,由于第一组仅有 1 位考生,后将第一、二两组合并,得到六组成绩。题目为一道阅读理解多项选择题,共有 A、B、C、D 四个选项。题目内容为考生的答案,另有考生未作答,所以题目自动分为五组。题目和成绩分组两两交叉制表,即得到表 3-4 所示各选项在各成绩分组中的频数(计数)和频率(%)。

利用表中百分比和 SPSS 中的"线图"功能,即可得到如图 3-8 所示曲线图。此例中,原始数据不可能直接得到解读,频数分布表仍然比较复杂,而曲线图则非常直观。图 3-8 显示:从第三组开始,答案项 D 的选择比率随着考生水平的提升明显提高,而干扰项 B 和 C 则逐步失去干扰功能,A 对所有考生的干扰都不大,说明该题对第三组及以上水平者具有理想的区分度。频数分布所能提供的证据在逻辑推理中的作用,由此可见一斑。

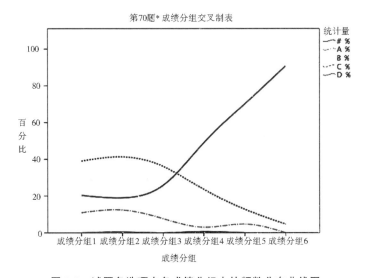

图 3-8 试题各选项在各成绩分组中的频数分布曲线图

### 3.4.3 数据分布特点

不同社会经济现象的频数分布往往呈现不同的分布特征。概括起来,频数分布大致有三种类型:钟形分布、U 形分布和 J 形分类,其中又以钟形分布最为常见。钟形分布的特征是"中间高、两头低",即靠近中间位置的分布次数多,越往两边次数越少,其曲线图呈古钟形状。例如,智商分布一般呈钟形,多数人的智商集中在平均水平,越往两端人数越少,极度聪明和极度弱智的人都是极少数。

频数分布能直观反映数据分布的概貌和变化趋势,但还不足以精确表述数据的特征。如果要对数据做进一步推论和更准确的了解,仅借助统计图表是不够的,还需要计算出一些有代表性的数值,如集中量、差异量、偏度、峰度等,从量的角度进一步准确描述数据的分布特征。

#### 3.4.3.1 集中趋势

数据分布具有集中趋势(Central Tendency)的特点,即多数数据往往集中在一般水平,极端数据则非常少。一般水平通常用算术平均数、中位数和众数等集中量来描述,反映一组数据的典型特点或集中趋势。

1. 算术平均数(Mean)

算术平均数为所有观测数据之和与观测频数的比值,简称为平均数或均值。当总体可全面观测时,可计算总体均值,否则需要通过抽样进行观测。均值的计算公式为:

$$\bar{x} = \frac{1}{n}\sum_{i=1}^{n} x_i \tag{3-3}$$

其中,$\bar{x}$——样本均值

$n$——样本容量

$x_i$——第 $i$ 次观测值

均值具有反应灵敏、受抽样影响小等优点。任何一个数值有变化,均值都会随之改变;从同一总体中随机抽取容量相等的样本,均值与其他集中量数相比较,抽样误差最小。但是,均值也有如下不足:一是会受到极端值的影响,如果数据中存在极端值,则均值不足以代表数据的典型水平;二是要求每个数据都必须清楚、明确,只要有一个数据模糊或不明确,则均值无法计算。

2. 中位数(Median)

一列按大小顺序排列的数据中(如 $x_1 \leqslant x_2 \leqslant x_3 \cdots \leqslant x_n$),处于中间位置的数据即是中位数,用 $Mdn$ 表示,计算公式如下:

$$Mdn = \begin{cases} x_{\frac{n+1}{2}} & \text{(当 } n \text{ 为奇数)} \\ \dfrac{x_{\frac{n}{2}} + x_{\frac{n}{2}+1}}{2} & \text{(当 } n \text{ 为偶数)} \end{cases} \tag{3-4}$$

中位数由数据的个数决定,因此当数据中有特别大、特别小的极端值,或者有个别数据不清,或者数据为定序资料时,中位数非常适用。

3. 众数(Mode)

众数又称范数,用 $Mo$ 表示,有理论众数和粗略众数两种定义方法(胡隆 2005)。理论众数指频数分布曲线最高点对应于横坐标上的点所代表的数。粗略众数指一组数据中出现频数最多、频率最高的数。众数不受极端值的影响,便于快速、粗略地找出并用作数据的代表,但众数并不一定能准确反映数据的集中量,而且容易受到抽样和组距的影响。

#### 3.4.3.2 离散程度

所谓离散程度(Measures of Dispersion),即观测变量各个取值之间的差异程度,是反映数据差异大小或变异程度的指标。分析数据时,仅考虑集中量往往是不够的,通常还需考虑差异量。例如,50、60、70、80、90 和 66、88、70、72、74 两组数据,两者的均值和中位数都是 70,但离散程度不同。如果是两组成绩,则前者因更为分散,整体水平不如后者,但由于覆盖面更广,区分度要优于后者。

反映数据离散程度的差异量主要有极差、平均差、方差、标准差等,其中,标准差是最为重要的变异指标,而方差在统计分析中使用最为广泛。

1. 极差(Range)

极差也称全距,指最大值与最小值之间的差距,用 $R$ 表示。计算公式为:

$$R = x_{\max} - x_{\min} \tag{3-5}$$

极差反映数据分布的变异范围或离散幅度,因此任何两个数之间的差距都不可能超过极差。极差计算简单,涵义直观,但仅受极端数据的影响,不能反映中间数据的分布情况。

2. 平均差(Average Deviation)

平均差为所有观测值与均值的离差绝对值的算术平均数,计为 $AD$。计算公式为:

$$AD = \frac{1}{n} \sum_{i=1}^{n} \left| x_i - \bar{x} \right| \tag{3-6}$$

由于各观测值与均值的离差和恒等于零,所以需要先取各离差的绝对值,再计算离差的均值。平均差概括反映了所有观测值的变异情况,可作为描述分布离散程度的一个综合性指标。不过,取绝对值的计算过程烦琐,加之平均差的数学性质也十分不理想,所以在实践中平均差较少使用。

3. 方差(Variance)与标准差(Standard Deviation)

方差为所有观测值与均值的离差平方和的平均数,计作 $\sigma^2$。其计算公式为:

$$\sigma^2 = \frac{1}{n-1}\sum_{i=1}^{n}(x_i - \bar{x})^2 \tag{3-7}$$

标准差为方差的平方根,计作 $\sigma$。其计算公式为:

$$\sigma = \sqrt{\frac{1}{n-1}\sum_{i=1}^{n}(x_i - \bar{x})^2} \tag{3-8}$$

注意,式中计算离差平方和的均值是除以 $n-1$ 而不是 $n$。此处的 $n-1$ 是自由度(Degree of Freedom),即计算统计量时可以自由取值的数据的个数,等于数据个数($n$)减去约束条件的个数($k$),即 $n-k$。计算一组数据的均值时,自由度为 $n$,因为每个数据($x$)都可以自由变化,没有约束条件($k=0$)。在计算方差时,每个数据都要跟均值进行比较,即存在 1 个约束条件($k=1$),所以 $n$ 个数中只有 $n-1$ 个数可以自由变化,换言之,只要确定了 $n-1$ 个数,第 $n$ 个数就不能自由取值,所以自由度为 $n-1$。

如果计算方差时除以 $n$,得到的结果实际上会偏小,除以 $n-1$ 才不会有偏差,这也即无偏估计。虽然 $x$ 与 $\bar{x}$ 比较有 $n$ 个差异,但实际差异只有 $n-1$ 个,因为在求 $\bar{x}$ 时,每个 $x$ 都参与了计算,$n$ 个 $x$ 各自贡献了 $1/n$ 组成 $\bar{x}$。所以,当 $x$ 再与 $\bar{x}$ 进行比较时,实际上每个 $x$ 都有 $1/n$ 是在跟自己重复比较,从而使得差异量增加了 $1/n$。这部分额外增加的差异应该扣除,扣除 $n$ 个 $1/n$ 即应扣除 1,所以,$n$ 个 $x$ 与 $\bar{x}$ 比较的实际差异只有 $n-1$ 个。

4. 差异系数(Coefficient of Variation)

差异系数指一组数据的标准差与其均值的百分比,计作 $CV$。其计算公式为:

$$CV = \frac{\sigma}{\bar{x}} \times 100\% \tag{3-9}$$

$CV$ 是反映数据相对于其均值而言的离散程度。有时,使用这一相对量更能说明问题。例如,在表 3-5 中,第 1 组数据的标准差比第 2 组的大,但相对于各自的均值而言,第 1 组数据的离散程度更小。第 2、3 两组数据虽然标准差差距较大,但差异系数却很接近,说明两组数据的离散程度相当。

表 3-5 差异系数比较示例

| 分组 | 均值($\bar{x}$) | 标准差($\sigma$) | 差异系数($CV$) |
|---|---|---|---|
| 1 | 80 | 10 | 12.5 |
| 2 | 60 | 9 | 15.0 |
| 3 | 125 | 19 | 15.2 |

#### 3.4.3.3 偏度和峰度

不同类型的分布也可能具有相同的集中量或差异量。这就表明,除了集中趋势和离散程度以外,分布还有其他方面的特征。偏度和峰度就属于这样的分布特征。与集中量和差异量不同,偏度和峰度并不是从标志水平的角度考查分布的代表值或变异度,而是从整个分布图形的形状来考虑问题的,刻画的是"分布的形态特征"(黄良文 2000)。

1. 偏度

偏度(Skewness)是描述分布偏离对称性程度的一个特征数,指"分布不对称的方向和程度"(黄良文 2000:87),又称偏态系数,记为 $bs$。偏度的计算比较复杂,一般由统计软件自动计算,此处不详述。

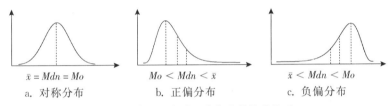

a. 对称分布　　　b. 正偏分布　　　c. 负偏分布

**图 3-9　钟形分布时三种集中趋势的关系**

直观看来,偏度反映分布曲线尾部的相对长度。在图 3-9 中,图 a 为对称分布,$bs=0$,两侧尾部长度对称。对称分布也称正态分布(Normal distribution),在统计分析中是一个非常重要的概念。在正态分布中,均值、中位数和众数三值归一($\bar{x} = Mdn = Mo$),位于中心线处,左右两边的频数以中心线为轴对称分布,随着离中距离的增大而渐次减小。图 b 为正偏分布,$bs>0$($Mo < Mdn < \bar{x}$)。直观表现为曲线的右侧尾部比左侧尾部长,长尾朝正值方向延伸(正偏),因为有少量数值非常大。图 c 为负偏分布,$bs<0$($\bar{x} < Mdn < Mo$)。直观表现为曲线的左侧尾部比右侧尾部长,长尾朝负值方向延伸(负偏),因为有少量数值非常小。根据统计学家卡尔·皮尔逊(K. Pearson)的研究,在钟形分布轻度偏斜时,中位数一般介于众数和均值之间,并且中位数与均值的距离大约只是中位数与众数的距离的一半(参见黄良文 2000)。

2. 峰度

峰度(Kurtosis)是一个描述分布曲线在平均值处峰值高低的特征数,指"分布图形的尖峭程度或峰凸程度"(黄良文 2000:89),又称峰态系数,记为 $bk$。峰度一般也由统计软件自动计算。

如果一个总体在众数周围的集中程度很高,其分布的图形就会比较陡峭;反之,分布图形就会比较平坦。直观看来,峰度反映了标准差的大小。如图 3-10 所示,峰度越大,图形越陡峭,标准差越小;峰度越小,图形越平坦,标准差越大。

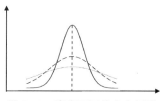

图 3-10  峰度不同的分布图形

正态分布的峰度是一个常数,恒等于 3,即 $bk\equiv3$。统计实践中,通常将峰度值做减 3 处理,使得正态分布的峰度为 0。因此,相对于正态分布而言,正值为高峰度,负值则为低峰度。使用统计软件计算峰度时,应注意软件默认的正态分布的峰度值是 0 还是 3。SPSS 默认的正态分布峰度值为 0。

### 3.4.4  正态分布

如前文所述,正态分布也即对称分布(见图 3-9 中的 a 图)。若一列随机变量 $x$ 服从一个均值为 $\bar{x}$、标准差为 $\sigma$ 的正态分布,则该正态分布记为 $N(\bar{x},\sigma^2)$,读作 $x$ 服从均值为 $\bar{x}$、标准差为 $\sigma$ 的正态分布。

#### 3.4.4.1 概率密度

对于连续型随机变量($x$),其取值范围充满一个区间,无法一一列举,因此只能用分布函数 $f(x)$ 进行描述。$f(x)$ 表示随机变量 $x$ 在点 $x$ 上的密度,可用积分的形式表示为:

$$F(x) = \int_{-\infty}^{x} f(x)\mathrm{d}x \tag{3-10}$$

这个函数称为密度函数。从概率的角度,$x$ 必然落在区间 $(-\infty, +\infty)$,或者说,$x$ 落在 $(-\infty, +\infty)$ 之间的概率为 1。随机变量 $x$ 落在区间 $[x_1, x_2]$ 内的概率等于其密度函数在该区间上的定积分。即:

$$P(x_1 \leqslant X < x_2) = \int_{x_1}^{x_2} f(x)\mathrm{d}x \tag{3-11}$$

就几何意义而言,概率 $P(x_1 \leqslant X < x_2)$ 等于区间 $[x_1, x_2]$ 上分布曲线 $y = f(x)$ 和 $x$ 轴围成的面积,如图 3-11 中阴影部分。

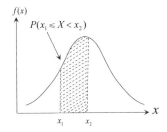

图 3-11 概率分布图

由于正态分布具有对称性,均值决定分布中心线的位置,标准差决定分布曲线的陡峭程度,因此,只要知道均值和标准差,就可以确定分布的形状。一旦形状确定,就可以利用概率密度函数(Probability Density Function)求某个区间的概率。

正态分布的概率密度函数(简称为密度函数)为:

$$f(x) = \frac{1}{\sigma\sqrt{2\pi}} e^{-(x-\bar{x})^2/2\sigma^2} \tag{3-12}$$

式中 $\bar{x}$ 为正态分布的均值,决定正态分布的位置;$\sigma$ 为标准差,决定分布的陡峭度。这两个参数决定了正态分布的形状。其形状如图 3-12,其中,斜线所示的阴影面积表示 $x$ 位于区间 $[\bar{x}-\sigma, \bar{x}+\sigma)$ 的概率密度。

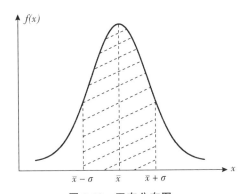

图 3-12 正态分布图

正态分布密度函数具有如下特性(参见黄良文 2000):

1. 对称性。分布曲线以 $x=\bar{x}$ 为轴对称地向两边延伸,并以 $\bar{x}+\sigma$ 处为拐点,在区间 $\bar{x}-\sigma < x < \bar{x}+\sigma$ 里向上凸起,此外向下凹陷。

2. 非负性。密度函数 $f(x)$ 都处于横轴的上方。

3. 变动均值而标准差不变,则分布的中心位置改变,形状不变(见图 3-13)。

4. 变动标准差而均值不变,则分布的形状改变但中心位置不变(见图3-14)。标准差越小,曲线越陡峭,分布越集中;标准差越大,曲线越平坦,分布越分散。

5. 当 $x \to \pm\infty$ 时,曲线向两边下垂,伸向无穷远处。

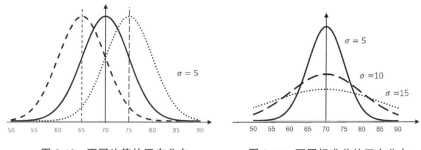

图 3-13　不同均值的正态分布　　　图 3-14　不同标准差的正态分布

#### 3.4.4.2 标准化

对于不同均值和标准差的正态分布,由于分布形状不一,相同区间的概率密度也各不相同。为了方便概率估计,统计实践中通常需要将正态分布进行标准化处理,使之成为标准正态分布(Standard Normal Distribution),然后再利用标准正态分布概率表直接查某个点或区间的概率,而不用每次都去计算。

将正态分布转化为以 0 为均值、以 1 为标准差的正态分布即得到标准正态分布,记作 $N(0,1)$。这个转化过程也就是正态分布的标准化过程(见图 3-15 和图 3-16)。随机变量 $x$ 在标准化后转变为新的随机变量 $z$,称为 $z$ 统计量,其计算公式为:

$$z = \frac{x - \bar{x}}{\sigma} \tag{3-13}$$

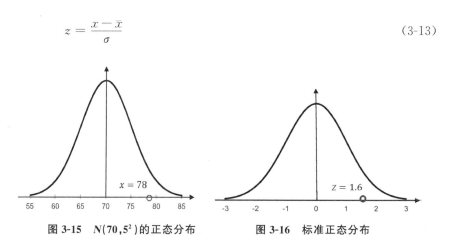

图 3-15　$N(70, 5^2)$ 的正态分布　　　图 3-16　标准正态分布

标准化的几何意义为:将分布曲线的中心移到原点,使 $\bar{z} = 0$,并将 $x - \bar{x}$ 的离差转换为以标准差 $\sigma$ 为单位的相对离差,即:将 $x$ 离均值 $\bar{x}$ 的距离转换为标准差 $\sigma$ 的倍数或多少个标准差 $\sigma$。例如,将图 3-15 所示 $N(70,5^2)$ 的正态分布进行标准化以后,$x=78$ 即成为图 3-16 所示 $z = \dfrac{78-70}{5} = 1.6$,表示标准化之前 78 离均值的距离为 1.6 个标准差。

由于标准正态分布的均值为 0、标准差为 1,标准正态分布的概率密度实际上不受均值和标准差的影响,而仅跟标准化后产生的新变量(即统计量 $z$)有关。为了应用方便,$z$ 从 0 到 5 的相应概率已被编成正态分布概率表,实际工作中可直接查表而不必计算概率积分。

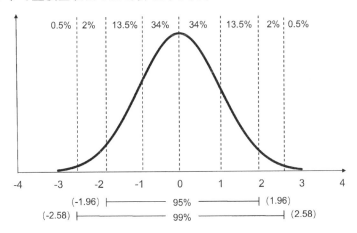

**图 3-17 标准正态分布的密度函数**

如果所研究的随机变量服从于标准正态分布 $N(0,1)$,则可以直接查概率表,从给定的 $z$ 值查所需的概率,或从给定的概率反查相应的 $z$ 值。如图 3-17 所示,当:

$z=1$, $F(1)=P(-1, 1)=0.6827$

$z=1.96$, $F(1.96)=P(-1.96, 1.96)=0.9500$

$z=2$, $F(1)=P(-2, 2)=0.9545$

$z=2.58$, $F(2.58)=P(-2.58, 2.58)=0.9901$

$z=3$, $F(3)=P(-3, 3)=0.9973$

一般情况下,可将 ±2 个标准差之间的概率视为 0.95,±3 个标准差之间的概率视为 0.99。相应地,±2 个标准差之外的概率为 0.05,±3 个标准差之外的概率为 0.01。

### 3.4.4.3 标准分及其转换

**1. 标准分**

标准分是对原始分进行标准化处理以后得到的分数,也就是原始分的 $z$ 统计量。原始分为考生卷面的实得分数,其值仅表示数值本身的大小,无法反映排名情况。例如,在满分为 100 分的考试中,90 分的原始分虽是高分,但也有可能是最后一名;60 分的原始分虽是低分,但排名有可能还比较靠前。标准分不仅有值的大小,同时还表示高出或低于均值多少个标准差,并且还可通过概率估计进一步确定该分数在同一批分数中的大概排名。例如,根据图 3-17 的概率密度可知:标准分为 2 时,排名在其前的人数约仅占总人数的 2.5%;标准分为 -2 时,排名在其前的人数约占总人数的 97.5%。

标准化处理的实际内涵是剔除数据的个性差异(不同的均值和标准差),而保留数据的共同特征(即高出或低于均值多少个标准差),使原本不可比的数据都可以基于共同的参照标准(即均值为 0、标准差为 1)进行比较。这正是计算标准分的意义所在。例如,一个人的数学成绩跟另一个人的语文成绩原本不可比,因为两个数据分别代表两种不同的能力,相互比较意义不大。但经过标准化处理以后,两个成绩都已转换为一个相对于各自平均水平(均值)和平均差异(标准差)的标准量,即标准分。转换以后,两组数据的均值都是 0,标准差都是 1,两者具有相同的参照标准,因此可比,并可进行加减计算。

原始分不可比,按理说原始分的简单相加也就没有多大实际意义,因为这犹如将不同品质的油料(如汽油、柴油、煤油等)进行混合,混合之后的东西到底变成了什么谁也说不清楚。但在实践中为了操作简便,通常将原始分相加计总分,并且计算总分的目的往往是为了进行所谓的"综合排名"。其实这种做法并不科学,因为原始分本身并不包含排名信息,原始分总分所体现的排名也就不是各学科综合排名的真实反映。标准分都包含了排名信息,按标准分总分进行排名才是真正意义上的综合排名。

表 3-6 原始分的标准化及总分对比例析

| 科 目 | 总分均值 | 标准差 | 原始分 | | 标准分 | |
|---|---|---|---|---|---|---|
| | | | 甲 | 乙 | 甲 | 乙 |
| 1. 语文 | 56 | 4 | 50 | 64 | -1.500 | 2.000 |
| 2. 数学 | 70 | 8 | 91 | 71 | 2.625 | 0.125 |
| 3. 英语 | 42 | 5 | 40 | 51 | -0.400 | 1.800 |
| 4. 政治 | 80 | 10 | 85 | 80 | 0.500 | 0.000 |

续表

| 科 目 | 总分均值 | 标准差 | 原始分 | | 标准分 | |
|---|---|---|---|---|---|---|
| | | | 甲 | 乙 | 甲 | 乙 |
| 5. 物理 | 50 | 4 | 60 | 70 | 2.500 | 5.000 |
| 6. 化学 | 40 | 12 | 75 | 45 | 2.917 | 0.417 |
| 合  计 | — | — | 401 | 381 | 6.642 | 9.342 |

如表 3-6 所示,按原始分总分排名,甲(总分 401)在前,乙(总分 381)在后,而按标准分总分排名,乙(9.342)在前,甲(6.642)在后。出现这种情况,是因为甲偏科。甲的化学、数学和物理都远远超出平均水平,排名非常靠前,但英语和语文都没有达到平均水平,尤其是语文成绩,排名比较靠后。但是,乙各科成绩都在平均水平之上,并且物理和数学成绩都远远超出平均水平,就综合排名而言,乙理应排在甲的前面。原始分总分并不包含这方面的信息,因此难以真实反映综合排名的实际情况。

2. 转换分

标准分通常是一个很小的值,并且还有 0 分和负分。作为考试成绩,这种成绩报告方式不符合人们的习惯,所以通常需要转换。

譬如,百分制考试成绩通常可以转换为 $T$ 分数。$T$ 分数的计算公式如下:

$$T = 10z + 50 \tag{3-14}$$

这个公式的含义是:将 0~100 之间的中间值(即 50 分)作为平均水平(即 $z=0$),每个标准差之间的跨度为 10 分。

美国研究生入学考试(GRE)将 500 分定为平均水平,每个标准差之间的跨度为 100 分。其转换公式如下:

$$GRE = 100z + 500 \tag{3-15}$$

智商(IQ)的计算公式为:

$$IQ = 15z + 100 \tag{3-16}$$

这个公式将一般人的智商,即智商的平均水平定为 100,每个标准差的跨度为 15。

利用转换公式可以得出转换分的 $z$ 统计量(也就是标准分),再根据概率表可以查 $z$ 统计量的绝对值($|z|$)落在区间(0,5)之间任意一个点的概率。知道概率,再结合正态分布的对称性特点,就可以算出转换分的排名。计算

步骤如下：

1. 求标准分($z$)；
2. 查概率表，得出 $F(|z|)$ 的概率($P$)，即区间[-$z$, $z$)之间的概率；
3. 根据正态分布的对称性，计算区间[-$z$,$z$)两端的概率 $Q$，即 $(1-P)\div 2$；
4. 确定排名在前的概率($p$)；
5. 根据总人数($N$)和 $p$ 确定排名在前的人数($n$)；
6. 确定排名($R$)。

例如，求 100000 名考生中，GRE 分数为 700 分的考生的排名。

1. 计算标准分：$z=(700-500)\div 100=2$；
2. 查概率表：$F(2)=P=0.9545$（$z$ 处于 $-2$ 和 2 之间的概率）；
3. 计算区间[$-2$,2)两端的概率：$Q=(1-0.9545)\div 2=0.02275$；
4. 确定排名在前的概率：此时为 $p=Q$；
5. 确定排名在前的人数：$n=100000\times 0.02275=2275$；
6. 确定排名：$R=n+1=2276$。

再如，求 1000 名考生中，$T$ 分数为 40 分的考生的排名。

1. 计算标准分：$z=(40-50)\div 10=-1$；
2. 查概率表：$F(1)=P=0.6827$（$z$ 处于 $-1$ 和 1 之间的概率）；
3. 计算区间[$-1$,1)两端的概率：$Q=(1-0.6827)\div 2=0.1587$（结合图 3-17）；
4. 确定排名在前的概率：$p=0.6827+0.1587=0.8414$；
5. 排名在前的人数：$n=1000\times 0.8414\approx 842$；
6. 确定排名：$R=842+1=843$。

## 3.5 假设检验

受数据的计量尺度、分布特征、样本量大小等因素影响，数据处理的方法及繁简程度各不相同。有时，通过逻辑推理即可获得新证据（即定性分析）；有时，通过简单的排序或算术计算（如求出均值、频数、比率等）也可得到新证据；但当数据复杂，无法直接通过逻辑推理得出结论时，通常先进行假设检验（Hypothesis Test），得出有说服力的证据之后再通过逻辑推理作出结论。假设检验利用概率理论中的小概率原理（Small Probability Principle）进行推理，得出的结论虽然仍为推理的结果而不是事实，但结论具有科学性，因而说服力强。

### 3.5.1 小概率原理

概率也就是随机事件发生的可能性,是一个表示某随机事件可能发生的数量指标。事件 $A$ 的概率计为 $P(A)$,并有 $0 \leqslant P(A) \leqslant 1$,"0"表示绝对不可能发生,"1"表示必然发生。如果一个随机事件的概率接近于 0,那么该事件可称为小概率事件。例如,中彩票、山洪暴发、飞机失事等都属于小概率事件。就抽样而言,小概率事件在一次抽样中应是几乎不可能发生的,但是,如果反复抽样,则必然发生,这即是小概率原理。在日常生活中人们经常会自觉或不自觉地用到小概率原理,达到趋利避害的目的。例如,对于飞机失事,人们通常会认为不可能发生,所以往往会充分利用这种快捷的出行方式;对于购买彩票,因为买的人多了必然有人会中,所以总有人会心存侥幸。

既然小概率事件在一次抽样中几乎不可能发生,那么反过来推理则有:如果小概率事件在一次抽样中就发生了,那就几乎可以肯定事件的发生不是偶然的,而应是有原因的,甚至有其必然性或规律。或者说,一般情况下的小概率事件,相对于抽样事件发生的情况而言,并不是或不再是几乎不可能发生的小概率事件,而实为很可能发生的大概率事件。譬如,作弊可导致彩票中奖,恶劣天气可导致山洪,机械故障可导致飞机失事,等等。这些例子中,由于特殊原因的存在,一般情况下的小概率事件在各自特殊情况下实际上都已变成大概率事件,同等情况下很可能还会再次发生。

假设检验利用小概率原理的这种反证法逻辑进行推理,即:如果在一次抽样中就发生了某假设成立的情况下几乎不可能发生的小概率事件,这就完全可以反过来证明原来的假设是几乎不可能成立的,因此,完全有理由拒绝原假设而接受其反面,即备择假设。例如说,假设某产品的合格率为 99%,如果这个假设成立,那么在 100 个产品中随机抽取 1 个产品,抽到不合格产品的概率只有 1%,这在一次抽样中是几乎不可能发生,属于典型的小概率事件。而如果抽样检验发现抽到的是 1 件不合格产品,这就表明原假设几乎可以肯定不成立,因此完全可以拒绝原假设而作出相反结论,即:产品的合格率没有 99%。这种抽样检验,虽然不能证明产品的合格率到底是多少,却足以证明合格率没有 99%。因此,因为小概率事件的发生而拒绝原假设,得到的结论应该具有很强的说服力,这正是小概率原理的科学性所在。

不过,如果小概率事件没有发生,那么无论原假设是否属实都只能接受,因为抽样检验并没有得出足以拒绝原假设的证据,而检验之后又必须作出结论——要么接受原假设,要么拒绝原假设而接受其反面假设。显然,因为不能拒绝而接受原假设,得出的结论并不一定能令人信服。如在上例中,如果抽到的是1个合格产品,那就只能接受原假设,认可产品的合格率为99%。事实上,合格率没有99%甚至远低于99%时,也完全有可能抽到合格产品。可见,由于小概率事件没有发生而接受原假设,得出的结论并不一定能令人信服。也正是因为这个原因,统计学上才有"拒绝才有说服力"之说,或者说,原假设原本就是用来拒绝的,假设检验通常期望原假设的反面成立。

从逻辑上来讲也是这个道理。要能够利用小概率原理的反证法逻辑进行推理,原假设的反面必须是小概率事件,而原假设则必须是大概率事件。对于大概率假设,原本没有进行假设检验的必要,直接通过逻辑推理就可以得出有说服力的结论。但之所以仍要进行检验,肯定是因为有理由让人相信抽样情况下原假设有可能不再成立,并且希望通过假设检验来证实这种怀疑。比如说,一般情况下成绩相当的两个班级在经过一段时间的学习之后,成绩应该仍然是相当的,而不会变得差异显著。但如果发生了特殊情况,如其中一个班作为实验班采取了某种新的教学方法,那么两个班的成绩也有可能会显著不同。这就是说,特殊情况改变了原假设成立的条件,使得一般情况下通常成立的假设有可能不再成立。此时,就有必要进行假设检验,并且通常期望拒绝原假设以证实怀疑。

不过,实践中有时也期望原假设能够成立。例如,法庭判决遵循"疑罪从无"的原则,这就是一个典型的期望接受原假设的例子。"疑罪从无"的通俗说法是:人人都是无罪的,除非证明有罪。就抽样而言,从芸芸众生中随机抽1人作为嫌疑人,有罪的可能性几乎为零,无罪假设则几乎不可拒绝,完全可以作为大概率原假设提出。但之所以仍要进行审判,肯定是因为有原因使人相信嫌疑人有罪,并期望通过举证来坐实其罪名。举证的过程正是利用小概率原理进行反证法逻辑推理的过程:若能证明几乎不可能发生在"清白"之身的小概率事件发生在了嫌疑人身上,如指纹匹配,那就足以反过来证明嫌疑人并非"清白"之身而应是有罪之人,因为像指纹匹配这种小概率事件的发生几乎不可能是偶然的巧合,不可能碰巧发生在嫌疑人身上而不是其他人身上。所以,小概率事件一旦发生,就足以作为有罪的证据,举证之后的有罪判决会令人不得不服。相反,如果没有发生小概率事件,那就说明举证不成功,不能作有罪判决。这种情况下,即使仍然怀疑嫌犯有罪也只能作无罪判决,即"疑罪从无"。

显然,不能证明有罪并不等于无罪,正如没有抽到不合格产品并不等于合格率真为99%;相反,证明不可能无罪之后再做出有罪判决,得出的结论则会令人不得不服,这跟证明合格率远没有99%时才否认合格率为99%是一个道理。小概率事件发生的条件极度苛刻,在极度苛刻的条件下仍然发生,说明事件的发生具有必然性,因此得出的结论具有毋庸置疑的说服力。这是小概率原理的科学性之所在,也是"拒绝才有说服力"之说的真实内涵。

### 3.5.2 显著性水平

假设检验视观察数据为抽样的结果,检验目的在于验证样本与样本或样本与总体之间的差异是否显著。就抽样而言,样本与其总体之间以及来自同一总体的样本之间,存在的差异应该不大,即使有所差异,也可视为抽样误差。从概率的角度来看,随机抽样差异小的可能性大,差异大的可能性小,差异程度与抽样事件发生的概率成反比,越是极端、异常、差异大的样本,就越难以在随机抽样中抽到。

那么,差异究竟要大到什么程度才算差异显著呢?这关系到假设检验认可差异显著的概率水平,称为显著性水平(Significance Level),用 $\alpha$ 表示。为了确保差异显著的结论具有说服力,假设检验通常将显著性水平($\alpha$),也就是认可差异显著的评判标准,设定为一个比较小的概率值,如 0.1、0.05、0.01 甚至更小,意味着只有当几乎不可能接受差异不显著的原假设时才拒绝原假设,从而认可差异显著。就抽样而言,显著性水平($\alpha$)表示在原假设为真的前提下出现与期望不一致的极端情况或偶然意外的可能性。如果原假设为真,在有且仅有一次的抽样中,极端情况是几乎不可能发生的;相反,如果一次抽样中就出现了与期望不一致的所谓的"极端情况",这就足以反过来证明原假设几乎不可能为真,而所谓的"极端情况"则很可能是有规律的必然事件。

在统计分析实践中,显著性水平($\alpha$)的默认值为 0.05,即:如未明确指出,则默认 $\alpha = 0.05$。以此作为极端情况的概率标准,通过比较抽样事件以及所有概率更低事件的概率之和,即假设检验中常见的概率值($p$),就可以判定抽样事件是否属于小概率事件,从而作出是否拒绝原假设的结论。如果抽样事件及所有较之概率更低情况的概率加在一起都不超过显著性水平($\alpha$),即 $p \leqslant \alpha$,则说明抽样事件必然是小概率事件,意味着抽样出现了原假设为真时几乎不可能出现的极端情况,因而完全有理由拒绝差异不显著的原假设。可见,假设检验拒绝原假设的条件极其苛刻,如能拒绝原假设,结论可以说是毋庸置疑的。相反,只要超过了显著性水平,即 $p > \alpha$,就不能拒绝原假设。其实当 $p$ 接近 $\alpha$ 时,差异已是非常大,但再大也将视为不显著,或者说,差异还没有达到显著的程度。当然,这种情况下得出的结论并不一定具有说服力,因为不能拒绝原假设并不等于原假设一定成立,犹如不能证明疑犯有罪并不等于疑犯无罪。但假设检验通常是期望原假设被拒绝,所以如果检验结果为不能拒绝原假设时,通常不应轻易放弃之前的怀疑,而应深入分析原因,必要时甚至应重新抽样,再次进行检验。

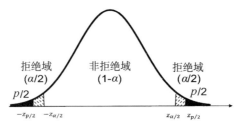

图 3-18　拒绝域和非拒绝域

显著性水平($\alpha$,并且通常略去小数点前的"0",计作".05",读做"点零五"(其他显著性水平的写法和读法与此类似))的涵义,可在图 3-18 所示的正态抽样分布图中得到比较直观的解释。如图所示,$z=\frac{\overline{x}-\mu}{\sigma/\sqrt{n}}$($n>30$)统计量服从 $N(0,1)$,即均值为 0、标准差为 1 的正态分布,其概率密度函数以均值为中心线朝两端曲线下降且呈对称分布。一次检验的统计量($z$)落在箭头所示连续区间($-\infty,+\infty$)的任何一个点上,位置离中心线越近,说明参与计数统计量的两个均值的差异越小,反之差异越大。均值差异是否显著,取决于 $z$ 是否落在根据显著性水平($\alpha$)划定的概率范畴,即拒绝域。

图中显著性水平($\alpha$)所示阴影部分的面积代表所有极端情况的概率密度,概率值平均分配在对称分布的两个极端区域($-\infty,-z_{\alpha/2}$]和[$z_{\alpha/2}$,$+\infty$),各占 $\alpha/2$。极端区域是认可差异达到了显著程度从而拒绝差异不显著的原假设的区域,故称为拒绝域。其中,两个关键统计量 $-z_{\alpha/2}$ 和 $z_{\alpha/2}$,是判决均值差异是否显著的两个临界点,因而分别是相应显著性水平下 $z$ 分布左右两端的临界值(Critical Value)。当 $z \leqslant -z_{\alpha/2}$,说明相比较的两个均值前者显著小于后者;当 $z \geqslant z_{\alpha/2}$,说明前者显著大于后者。这两种情况都被视为差异显著。当 $-z_{\alpha/2} < z < z_{\alpha/2}$ 时,两个均值的差异则为不显著,因而不能拒绝原假设,所以这个区域为非拒绝域。其概率,也即区间($-z_{\alpha/2}$,$z_{\alpha/2}$)的概率为 $1-\alpha$,表示在 $\alpha$ 显著性水平下认可差异不显著的可能性。$1-\alpha$ 这一概率水平也称置信度(Confidence Level),表示有多大把握可以相信原假设不会被拒绝。对应的概率区间也称置信区间(Confidence Interval),表示有多大把握可以相信统计量会落在这个区间。

图中概率值($p$)所示阴影部分的面积表示抽样事件及所有较之概率更低情况发生的可能性。需要注意的是,虽然一次检验只会有一个统计量,但在双侧检验中由于需要考虑两个极端,即差异显著时存在显著小于和显著大于两种可能性,所以比抽样事件概率更低的情况在两个极端中同时存在,并且在分布上左右对称。因此，$p$ 值不仅包括从检验所得统计量往相应极端方向无限延伸的所有情况的概率，也包括从其对称点往另一极端方向无限延伸部分的概率，且两端各占 $p/2$。相应的统计量也就是图中的 $-z_{p/2}$ 和 $z_{p/2}$。

### 3.5.3 两类错误

如表 3-7 所示，假设检验有可能会犯两类错误：弃真（False Negative）和纳伪（False Positive）。弃真指正确的原假设被拒绝，统计学中也称第 I 类错误或 $\alpha$ 错误；纳伪指错误的原假设被接受，统计学中称为第 II 类错误或 $\beta$ 错误。在前述合格率的例子中，只要抽到 1 个不合格产品，即可否定合格率为 99%。尽管这个结论具有很强的说服力，但实际情况也可能是合格率真有 99%，抽到的碰巧是那个唯一的不合格的产品，这就犯了第 I 类错误。相反，只要抽到的是 1 个合格产品，或者说，没有抽到不合格产品，就得接受原来的假设，从而作出产品的合格率为 99% 的结论，但产品的实际合格率也许并没有那么高，这就犯了第 II 类错误。

表 3-7　假设检验的两类错误

| 统计决策 | 原假设的真假 | |
| --- | --- | --- |
| | 真 | 假 |
| 接受原假设 | 正确 | 第 II 类错误/$\beta$ 错误 |
| 拒绝原假设 | 第 I 类错误/$\alpha$ 错误 | 正确 |

弃真错误只有在小概率事件发生时才有可能出现，所以，犯弃真错误的可能性最大不大于预先设定的小概率水平，也就是差异的显著性水平（$\alpha$），故弃真错误也叫 $\alpha$ 错误。前例中，设定的小概率水平实际上是 0.01，因此，犯弃真错误的可能性最多也不过 1%。这就是说，虽然拒绝原假设有可能犯错，但这种错误可以忽略不计，得出的结论仍然具有很强的说服力。纳伪错误通常用 $\beta$ 表示，也称 $\beta$ 错误。纳伪错误的估算比较复杂，其可能性与差异的实际情况有关。前例中，产品的实际合格率不同，犯 $\beta$ 错误的可能性就不一样。把 95% 的合格率误当作 99% 的合格率，比把 90% 的合格率误当为 99% 的合格率，前一种情况的可能性显然比后一种情况的可能性小。所以，检验的差异越是接近真实情况，犯 $\beta$ 错误的概率区域越小，$\beta$ 值也就越小；反之，$\beta$ 值越大。在 $\alpha$ 和其他前提不变的情况下，$\beta$ 值的大小反映了检验的效力。能检验的差异越小，说明检验的效力越强，而差异越小，$\beta$ 值越小，$1-\beta$ 的值越大，因此，统计学上称 $1-\beta$ 为统计检验力。

就两类错误的危害而言，犯弃真错误的危害更大。进行假设检验原本是为了证实对原假设的质疑，如果错误的原假设在一次实验中未能得到证实（纳伪），还可以重新来过，再次实验；而一旦正确的原假设被错误地拒绝（弃真），这对后续研究及其应用的危害将不可估量，特别是应用导致的后果将无法弥补，造成的损失将无法挽回。例如，在"人人都是无罪的，除非证明有罪"的例子中，原假设为"疑犯无罪"。如果真有罪（错误的原假设）未能证实而只能当作无罪接受（纳伪），还可以再去搜集犯罪证据再次重审；但如果是真无罪（正确的原假设）而判为有罪（弃真），危害将不可估量。再如"新药应该是无效的，除非证明有效"这个例子，其原假设为"新药无效"。如果真有效（错误的原假设）而未能证明（纳伪），也可以再次进行新药试验，但如果是真无效（正确的原假设）而被定为有效（弃真），危害之大可想而知。

在假设检验实践中，应综合考虑两类错误的情况，合理设置显著性水平（$\alpha$）。虽然 $\alpha$ 值越小，犯弃真错误的可能性越小，但这同时也意味着拒绝原假设的可能性也越小。如果原假设因为 $\alpha$ 值太小而总是无法拒绝，那么假设检验也就失去了意义。当然，如果 $\alpha$ 值太大，就难以称其为小概率，也就谈不上使用小概率原理进行推理。一般而言，假设检验遵守首先控制犯 $\alpha$ 错误的原则，确保拒绝原假设具有说服力，然后再考虑对 $\beta$ 错误的控制，以确保检验效力。检验时如不作明确要求，则默认 $\alpha$ 为 0.05，表示对 $\alpha$ 错误的控制限定在 0.05 的概率范围。

### 3.5.4 检验步骤

假设检验首先根据研究问题提出要检验的假设及其反面假设，然后根据实际情况尽可能抽取符合要求的样本，再根据样本特点使用恰当的统计分析方法估算抽样事件的概率，最后根据抽样事件的概率是否属于小概率作出拒绝或接受原假设的结论。简言之，假设检验一般包括四个步骤：提出假设、抽取样本、统计计算和作出结论。

#### 3.5.4.1 提出假设

假设检验总是针对同一问题的正反两个方面提出两个完全对立的假设。一个适于一般情况，称为虚无假设（Null Hypothesis），计作 $H_0$，也称零假设。所谓"虚无"，意思是说，作为适于一般情况的大概率事件，这个假设从逻辑上讲完全可以接受，原本无须作为假设提出，因而是虚无的。但如前所述，之所以仍要对大概率事件进行假设检验，肯定是因为有理由让人相信情况发生了变化，当前情况很可能不能再当作一般情况看待，所以有必要进行检验。"0"表示"没有"，意为接受 $H_0$ 没有统计学意义，仅意味着没有足够的证据来拒绝。虚无假设不成立，则其反面成立。虚无假设的反面称为对立假设（Rival

Hypothesis），计作 $H_1$。"1"表示"有"，意为接受 $H_1$ 具有统计学意义，说明几乎不可能发生的小概率事件在一次抽样中就发生了，抽样事件足以证明 $H_0$ 不成立而 $H_1$ 成立。由于 $H_1$ 只有在 $H_0$ 不成立时才会予以接受，是作为 $H_0$ 的备用选择而存在的，所以也称备择假设。与"备择"对应，$H_0$ 作为原先提出的假设也叫原假设。

由于两个假设相互对立，对应的结论完全相反，所以进行假设检验时必须清楚两个假设分别针对研究问题的哪个方面，否则，如果假设弄反了，就会得出完全相反的结论。例如，在差异显著性检验中，$H_0$ 为差异不显著，$H_1$ 为差异显著，因为假设检验视差异为抽样误差，一般情况下不可能会达到显著程度，除非抽样出现了特殊情况，才有可能使得差异显著。在验证数据分布的正态性时，$H_0$ 为数据服从正态分布，$H_1$ 为数据不服从正态分布，因为数据分布具有集中趋势的特点，即一般情况下都会服从"中间大、两端小"的正态分布，除非抽样具有特殊性，样本数据的分布才会呈现出特殊形状。而在评判结果的一致性检验中，由于主观评判往往因人而异，一般而言评判结果很难达到显著一致的程度，除非评判标准不容易受主观影响干扰且评分员都能准确把握标准，所以，$H_0$ 为评判结果不一致，$H_1$ 为评判结果一致。

为了确保"拒绝"原假设而接受备择假设具有说服力，做出假设时必须使"拒绝"的条件极度苛刻，或者说，只有在不可能"接受"时才予以"拒绝"。这就意味着拒绝原假设的概率是一个几乎为 0 的小概率——显著性水平（$\alpha$），而接受原假设的概率则是一个几乎为 1 的大概率——置信度（$1-\alpha$）。简言之，两个假设的概率必须是一大一小，否则，如果两个假设的概率相差不大，那么抽样检验时两个假设事件发生的可能性也就差不多，这样就没有理由"拒绝"一个假设而"接受"另一个，或者说，"拒绝"任何一个都不能令人信服。

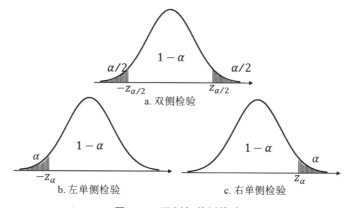

图 3-19　双侧与单侧检验

假设检验一般为双侧(Two-tailed)检验,但有时根据需要也可进行单侧检验,即仅对左侧(Left-tailed)或右侧(Right-tailed)进行检验。以均值检验为例,三种检验可表示为图 3-19 中的图 a(双侧)、图 b(左侧)和图 c(右侧),分别代表被估计总体($\mu$)均值是否显著不等于、小于或大于某个期望均值($\mu_0$)。三种检验的假设可用公式表示如下:

双侧检验(图 a):$H_0: \mu = \mu_0$ ;$H_1: \mu \neq \mu_0$
单左侧检验(图 b):$H_0: \mu > \mu_0$ ;$H_1: \mu \leqslant \mu_0$
单右侧检验(图 c):$H_0: \mu < \mu_0$ ;$H_1: \mu \geqslant \mu_0$

三个图中阴影部分的面积($\alpha$)表示一个几乎为 0 的小概率,即显著性水平($\alpha$)。空白部分($1-\alpha$)则为一个几乎为 1 的大概率,也就是置信度的概率区间。估计均值只要落在阴影部分,即表示差异达到了显著水平。相应概率区间在图 a 中为 $(-\infty, -z_{\alpha/2}]$(显著小于)和区间 $[z_{\alpha/2}, +\infty)$(显著大于),在图 b 中为区间 $(-\infty, z_\alpha]$,在图 c 中为区间 $[z_\alpha, +\infty)$。若估计均值落在 $1-\alpha$ 概率区间,那么无论差异多么大,都只能视为不显著,或者说,未达到显著程度。

3.5.4.2 抽取样本

假设检验抽样只进行一次,小到一次观察、大到一个实验,都可以视为一次抽样,得到的结果数据则为样本。为确保推断的说服力,样本应具有典型代表意义,能在各个方面都足以代表总体,特别是,应充分体现总体的分布特点和数量特征,这就要求选择恰当的抽样方法并确定合适的样本量。

1. 样本的代表性

样本的代表性主要包括三个方面的内容:全面性、重要性和充足性。全面性指样本应全面覆盖总体的各个维度和层级,不能有维度或等级的缺失;重要性指抽样应突出重点,不能遗漏关键、主要的观测单位;充足性指样本容量应科学、合理,不能太小,也不宜过大,太小难以保证推算结果的精确度和可靠性,过大则不仅会造成不必要的资源浪费,推断结果也会受影响。例如,如果考生人数较多,在 $\alpha=0.05$ 显著性水平上,0.4 甚至于 0.3 的相关系数通常就足以拒绝不相关的原假设(参见 Vogelberg 1998)。样本量的大小一般根据具体研究的实际情况而定,"小"应能足以说明问题,"大"不应使抽样失去意义。

2. 抽样方法

为确保样本的典型代表意义,抽样应采取恰当的方法。常用的抽样方法有随机抽样(Random Sampling)、系统抽样(Systematic Sampling)、整群抽样(Cluster Sampling)和分层抽样(Stratified Sampling)等。随机抽样先对总体中的观测单位一一编号,再随机抽取部分观察单位组成样本。系统抽样又称机械抽样或等距抽样,即先将总体的观察单位按某一顺序号分成 $n$ 个部分,再从第一部分随机抽取第 $k$ 号观察单位,然后依次用相等间距从每一部分各抽取一个观察单位组成样本。整群抽样先将总体分为不同的群,再随机整群抽取观测单位组成样本,如以班级为单位的抽样。分层抽样先对总体分类,再从每个类别中随机抽取一定数量的观察单位合起来组成样本,如分性别各取一定数量的男生和女生作为样本。随机抽样中,各观测单位编号不同,相互独立,因此被抽中的概率相等,这是抽样的概率基础,所以,随机抽样是所有抽样形式的基础,其他形式的抽样都是在随机抽样的基础上演变而来的,都是对随机抽样的优化。现如今,使用计算机软件进行随机抽样非常方便,观测单位的数量几乎不受限制,并且可以自动完成。

3. 样本容量

样本容量指包含在样本中的抽样单位的个数。样本容量越大,抽样误差越小,抽样结果与实际情况越接近,但数据的收集和整理工作投入越大,消耗的时间、人力、物力和财力也越多。一般经验认为,当 $n \geqslant 30$ 或者至少 $n \geqslant 3(k+1)$ 时($k$ 为变量的个数),样本容量才能满足模型估计的基本要求(全国统计专业技术资格考试用书编写委员会 2016)。

样本容量的大小取决三个主要因素:研究对象的变化程度(总体标准差 $\sigma$);所要求或允许的误差大小($\Delta$);要求推断的置信度(与显著性水平 $\alpha$ 对应的统计量 $t$,可查概率表求得)。总体方差可知时,样本容量($n$)可根据如下统计公式计算:

$$\text{重复抽样时}: n = \frac{t^2 \sigma^2}{\Delta^2} = \left(\frac{t\sigma}{\Delta}\right)^2 \tag{3-17}$$

$$\text{不重复抽样时}: n = \frac{N t^2 \sigma^2}{N\Delta^2 + t^2 \sigma^2} \tag{3-18}$$

例如,已知某次考试总人数为 492108,标准差为 26.81。如要求误差不超过 2 分且有 99% 的置信度($t=2.58$),则重复抽样的样本量为 $n=1196.12$,即 1197 人;不重复抽样时 $n=1193.22$,即 1194 人。在总体观测单位和标准差均不知的情况下,可尝试多抽样几次,估算一个大致的标准差,再设定一个比较实际的误差值和置信度,即可求得一个合适的样本。

3.5.4.3 统计计算

假设检验需要先计算服从某种分布的统计量,然后再根据统计量分布的概率密度函数估算极端事件的概率值($p$)。常用的统计量有 $t$ 统计量、$F$ 统计量、$\chi^2$ 统计量和二项式分布统计量,分别服从 $z$ 分布、$t$ 分布、$F$ 分布、$\chi^2$

(卡方)分布和二项式分布。

1. $t$ 统计量

$t$ 统计量用于验证两个均值差异的显著性。在随机抽样中,差异可视为抽样误差,一般情况下样本均值与其总体均值之间的差异应该不显著,来自同一总体的两个样本的均值也不应有显著差异;除非抽样出现极端情况,差异才有可能达到显著程度,所以,$t$ 检验的原假设为均值相等或差异不显著。

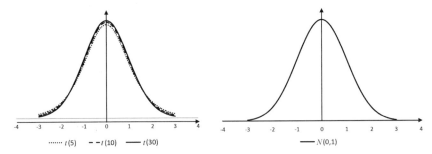

**图 3-20　不同自由度的 $t$ 分布曲线图**　　**图 3-21　标准正态分布曲线图**

$t$ 统计量服从以自由度 $n-1$ 为参数的 $t$ 分布。自由度越大,$t$ 分布越接近正态分布。图 3-20 为自由度分别为 5、10 和 30 的 $t$ 分布曲线图,对比图 3-20 和图 3-21 可知,当 $n=30$ 时 $t$ 分布已趋近标准正态分布。

$t$ 统计量的计算分单样本、独立样本和配对样本三种情况。如果是将某个样本的均值($\bar{x}$)和一个已知的总体均值($\mu$)进行比较,这种检验称为单样本 $t$ 检验(One Sample $t$-Test)。这种情况下,$t$ 统计量的计算公式为:

$$t = \frac{\bar{x}-\mu}{S} = \frac{\bar{x}-\mu}{\sigma/\sqrt{n}} \tag{3-19}$$

其中:$\bar{x}$ 为样本均值;$\mu$ 为总体均值;$S$ 为样本均值的标准误;$\sigma$ 为样本标准差;$n$ 为样本容量。

对比标准化的计算公式($z = \dfrac{x-\bar{x}}{\sigma}$,结果表示观测值 $x$ 与均值 $\bar{x}$ 的距离相当于多少个标准差 $\sigma$)可知,$t$ 统计量可谓样本均值的标准化,即样本均值偏离总体均值的距离($\bar{x}-\mu$)相当于多少个均值的标准差(Standard Error of Mean)。均值的标准差称为标准误差,简称标准误,用 $S$ 表示,反映样本均值偏离总体均值的平均水平。

标准误根据总体方差($\sigma_X^2$)和样本容量($n$)进行估计。根据极限中心定理,如果反复从总体中抽取容量为 $n$ 的样本,所得样本的均值($\bar{x}$)服从正态分布。由均值构成的样本,其均值无限接近总体均值,方差为总体方差($\sigma_X^2$)

的 $1/n$,标准差为总体标准差($\sigma_X$)的 $1/\sqrt{n}$。如果总体方差未知,一般可用样本的方差($\sigma^2$)近似地代替,所以,标准误为 $\sigma/\sqrt{n}$。

如果是比较观测值两两配对的两个样本的均值,这种检验称为配对样本 $t$ 检验(Paired-Sample $t$-Test)。配对样本 $t$ 检验的原假设为两个样本总体的均值相等或没有显著差异,因此每个对子的差值所构成的差值样本($d$)可视为一个来自期望均值为 $0$(即 $\mu=0$)的总体。如此一来,配对样本 $t$ 检验就可以理解为差值样本($d$)跟 $\mu=0$ 的总体的均值(即 $0$)进行比较的单样本 $t$ 检验。

如果是检验两个相互独立、互不关联的样本的均值,这种检验称为独立样本 $t$ 检验(Independent Sample $t$-Test)。独立样本 $t$ 检验不仅要求两个样本所代表的总体服从正态分布,而且两个总体的方差差异应该不显著或方差整齐,否则应进行 $t'$ 检验(也称近似 $t$ 检验)。统计软件一般都会同时报告方差整齐和不整齐两种情况的结果,解读时应根据方差检验的结果报告相应的均值检验的结果。

如果视两个样本的均值差为一个均值差样本的均值,则独立样本 $t$ 检验也可理解为单样本 $t$ 检验,即检验均值差样本的均值是否等于 $\mu=0$ 的总体的均值(即 $0$)。

2. $F$ 统计量

$F$ 统计量用于检验分组数据(如按班级分组的成绩)的方差是否整齐(差异不显著)。$F$ 统计量服从自由度为 $(k-1, n-k)$ 的 $F$ 分布,其中,$k-1$ 为组间自由度,$k$ 为组数;$n-k$ 为组内自由度,$n$ 为样本量。$F$ 检验也称为方差齐性检验,原假设为方差整齐。图 3-22 为组间和组内自由度分别为 $(3,50)$、$(10,70)$ 和 $(30,100)$ 的 $F$ 分布曲线图。如图所示,随着两个自由度的增大,$F$ 分布也趋向于标准正态分布。

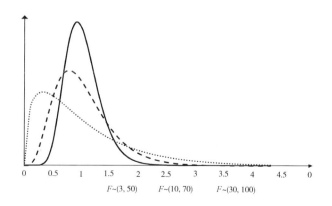

图 3-22 不同自由度的 $F$ 分布曲线图

$F$统计量基于方差进行计算。根据方差可分解原理,有:

$$SST = SSB + SSE \qquad (3\text{-}20)$$

其中:

SST——总离差平方和,即所有观测值与样本均值不分组之差的平方和,表示整体变异。

SSB——组间离差平方和,即组均值与样本均值不分组离差的平方乘以组内样本量之后(相当于组内每个数都用组均值代替)的和,表示系统性的影响,为实验效应。其计算公式为:

$$SSB = \sum_{j=1}^{n_j} \sum_{i=1}^{n_i} n_i (\bar{x}_i - \bar{x})^2 \qquad (3\text{-}21)$$

其中,$\bar{x}_i$ 为第 $i$ 组样本均值,$\bar{x}$ 为样本均值不分组。

SSE——组内离差平方和,即组内各数与组均值离差的平方之和,表示随机影响,属抽样误差。其计算公式为:

$$SSE = \sum_{i=j=1}^{n_i, n_j} (x_{ij} - \bar{x}_i)^2 \qquad (3\text{-}22)$$

其中,$x_{ij}$ 为第 $i$ 组第 $j$ 个数,$\bar{x}_i$ 为第 $i$ 组均值。

$F$统计量为组间均方与组内均方之比,其计算公式为:

$$F = \frac{MSB}{MSE} \qquad (3\text{-}23)$$

其中:

MSB——组间均方,即 $SSB/(k-1)$,表示组间的变异,称为效应均方。

MSE——组内均方,即 $SSE/(n-k)$,表示组内的变异,称为误差均方。

由于组内数据的个数大于分组数,如果不消除数据个数差异的影响,则两个离差平方和没有可比性,因此计算 $F$ 统计量时两个离差平方和都取均值,即除以各自的自由度。$F$ 统计量主要用于检验各组数据是否来自同一总体。如果是,则组间不应有显著差异,组间的不同也就是组内的误差,此时 $F$ 统计量应接近1;相反,如果 $F$ 统计量远大于1,则说明组间差异远非组内误差可比,因此可推断各组数据应该是来自差异显著的不同总体。

3. $\chi^2$(卡方)统计量

$\chi^2$ 统计量用于检验观测频数或比例与期望频数或比例差异不显著的原假设。$\chi^2$ 统计量服从自由度为 $(n-1)$ 的卡方分布。不同自由度的卡方分布曲线图见图 3-23。如图所示,随着自由度的增大,卡方分布的曲线也越接近正态分布。

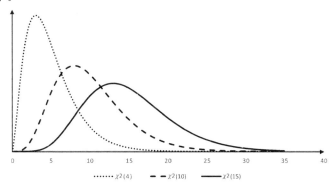

图 3-23 不同自由度的卡方分布曲线图

$\chi^2$ 统计量的计算公式为:

$$\chi^2 = \sum \frac{(f_o - f_e)^2}{f_e} \tag{3-24}$$

其中,$f_o$ 为观测频数,$f_e$ 为期望频数。

观测频数为变量各观测单位分别出现的次数。如观测单位用数字表示,观测频数亦为数字出现的次数,而不是数字的数值之和。例如,学位变量可用 1、2、3 分别表示博士、硕士和学士三种不同的学位,如表中有 15 个 3,则说明有 15 人具有学士学位,因此学士这一观测单位的观测频数是 15 而不是 45。如要将数字当作数值而不是频数对待,在进行卡方统计时应先对变量进行加权处理。例如,表中有学位和计数两个变量,如要将计数变量中的 45 表示 45 人具有学士学位,应先通过相应操作将计数变量加权(统计软件都会提供这一功能),否则,45 会被视为出现 1 次 45 这个数字,而不是 45 人。

期望频数也称理论频数。若只针对一个变量进行检验,期望频数默认为各单位观测频数的均值。卡方检验也可用来检验变量各观测单位的频数是否具有一定的比例关系,此时各观测单位的期望频数按期望比例计算。例如,如果调查发现 120 人中具有博士、硕士和学士学位的人数比例似乎接近 2∶3∶1,则可利用卡方检验对这一比例关系进行验证。根据这一比例关系,总人数分为 2+3+1=6 等份,则每等份为 20 人,故各观测单位的期望频数分别为 40、60 和 20。

若要同时检验两个或多个变量之间的关联,观测频数和期望频数的统计结果将会是一个交叉表。交叉表中各单元格的期望频数为单元格所在的行总计与列总计的乘积除以表总计,计算公式为:

$$f_e = \frac{T_{row} \times T_{col}}{Total} \tag{3-25}$$

其中，$T_{row}$ 表示单元格所在行的总计，$T_{col}$ 表示单元格所在列的总计，$Total$ 表示表总计。

以表 3-8 为例，身份和态度 2 个变量构成一个由不同身份与不同态度两两交叉的表格，每个单元格中括号内的数字为期望频数。以第一行第一列的期望频数为例，其值为 $(60 \times 165) \div 265 = 37.4$。

表 3-8 身份与态度交叉表

| | | 态度 | | | 合计 |
|---|---|---|---|---|---|
| | | 赞同 | 反对 | 中立 | |
| 身份 | 教师 | 34(37.4) | 18(16.5) | 8(6.2) | 60 |
| | 学生 | 43(45.5) | 25(20.1) | 5(7.4) | 73 |
| | 家长 | 88(82.2) | 30(36.4) | 14(13.4) | 132 |
| 合计 | | 165 | 73 | 27 | 265 |

根据卡方的计算公式可知，$\chi^2$ 值反映了观测频数偏离期望频数的程度，值越大，偏离越大，反之越小。在具体检验中，偏离程度可以分三种情况来理解：一是分布的吻合程度，二是比例的一致性程度，三是变量的独立性或不相关程度。卡方检验视频数差异为抽样误差，因此原假设为差异不显著，即：分布吻合，比例一致，或变量互不相关。前两种情况比较好理解。例如在表 3-8 中，行和列两个维度都比较直观地反映出分布比较吻合、比例基本一致。至于独立性，反过来更好理解。如果两个变量不具独立性，这就意味着一个变量的某个或某些观测单位对另一个变量有显著影响，使得另一个变量中对应观测单位的期望频数异常地偏多或偏少。这种情况下，$\chi^2$ 值就会非常大；否则，如果不存在显著影响，期望频数就不会出现异常，$\chi^2$ 值也就不会很大。

4. $\xi$（二项式分布）统计量

$\xi$ 统计量用于检验非成即败的二项值试验结果是否属于随机事件。$\xi$ 统计量服从试验次数为 $n$、每次试验相互独立且成功概率恒定为 $\pi$ 的二项式分布。图 3-24 为独立试验次数分别为 5、10 和 30 次，成功概率恒定为 0.33（如 3 选 1 的多项选择题）的二项式分布曲线图。如图所示，随着 $n$ 的增大，二项式分布逼近正态分布。

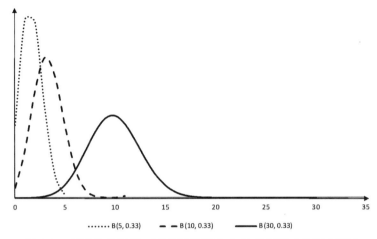

**图 3-24  实验次数不同、成功概率恒定为 0.33 的二项式分布曲线图**

$\xi$ 统计量为非连续变量,表示在 $n$ 次相互独立、成功概率恒定为 $\pi$ 的随机试验中,成功试验次数($k$)的随机概率($P$)。随机概率的计算公式为:

$$P = C{n \choose k} \pi^k (1-\pi)^{n-k} \tag{3-26}$$

其中,组合 $C{n \choose k}$ 称为二项式系数,表示成功情况的组合,其计算公式为:

$$C{n \choose k} = \frac{n!}{k!(n-k)!} \tag{3-27}$$

例如,回答 10 道 3 选 1 的多项选择题,答对题的次数即为试验成功的次数,$k$ 次成功的随机概率服从二项式分布 $B(10, 0.33)$,分布图见图3-24。各次成功的组合数及随机概率见表 3-9。

**表 3-9  成功概率恒定为 0.33 的二项式分布概率示例**

| 成功次数($k$) | 组合数 | 随机概率($P$) |
| --- | --- | --- |
| 0 | 1 | 0.018228378 |
| 1 | 10 | 0.089781564 |
| 2 | 45 | 0.198993465 |
| 3 | 120 | 0.261364552 |
| 4 | 210 | 0.22528064 |
| 5 | 252 | 0.133150945 |
| 6 | 210 | 0.054651507 |
| 7 | 120 | 0.015381661 |
| 8 | 45 | 0.002841016 |

续表

| 成功次数($k$) | 组合数 | 随机概率($P$) |
| --- | --- | --- |
| 9 | 10 | 0.000310957 |
| 10 | 1 | 1.53158E−05 |

与图 3-24 对应，$k=3$ 时，$P$ 最大；当 $k \geqslant 7$ 时，$P$ 开始降至 0.05 以下并趋向于 0。据此，若设显著性水平($\alpha$)为 0.05，进行右单侧检验，则只有当 $k \geqslant 7$ 时，$p = \sum_{k=7}^{10} P(k) = 0.0185 < 0.05$，$k$ 次成功才具有统计学意义，即：只有同时答对 7 道题及以上才能拒绝原假设，认为答题不是随机猜测的结果，而应是真实水平的反映。而如果将显著性水平($\alpha$)设为 0.01，则只有当 $k \geqslant 8$ 时，$p = \sum_{k=8}^{10} P(k) = 0.0032 < 0.01$，才能否定答题是随机猜测的结果。

#### 3.5.4.4 作出决策

假设检验通过比较样本的统计量和显著性水平($\alpha$)下的统计量临界值（查相应概率表得出），确定抽样事件是否属于小概率事件或一般情况下的极端事件，进而作出是否拒绝原假设($H_0$)的结论。在求得统计量后，也可根据统计量分布的概率密度函数得出假设检验中常用的概率值($p$)，再通过比较 $p$ 和 $\alpha$ 作出决策：如果 $p \leqslant \alpha$，说明抽样出现了原假设成立的前提下几乎不可能出现的极端情况，这就足以反过来证明原假设几乎不可能成立，因此完全有理由拒绝原假设而接受备择假设($H_1$)；否则，只要 $p > \alpha$，无论 $p$ 值多么小，也只能接受原假设，因为抽样没有出现足以拒绝原假设的证据。

假设检验作出决策的逻辑推理机制可用图尔明模型来解释。图 3-25 中的($\alpha$)表示以概率值($p$)为证据(D)时应该接受哪个假设。其中，$p$ 为原假设成立的前提下出现抽样事件以及概率小于抽样事件的可能性，在统计量分布的概率密度曲线图中为从统计量处往极端方向无限延伸部分的概率密度（双侧检验中含对称部分的概率密度）；$\alpha$ 为界定极端情况的概率标准，为所有视为极端情况部分的概率密度。条件表达式($p \leqslant \alpha$?)用于评判拒绝原假设($H_0$)的条件是否成立，菱形($\diamondsuit$)用于引导评判后的逻辑推理方向：如果条件成立(Y)则拒绝原假设而接受备择假设($H_1$)，否则就不能拒绝而只能接受原假设。

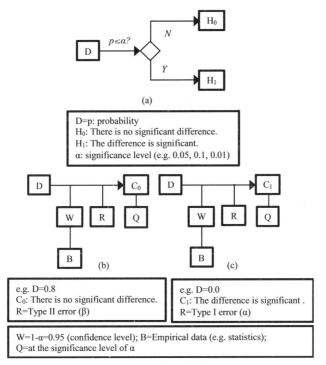

图 3-25　从假设到声明

图 3-25 中的(b)和(c)分别为拒绝和接受原假设时作出声明的逻辑推理过程。当作为证据(D)的 $p$ 不超过 $\alpha$ 时,如 $p=0.0$,就不得不拒绝 $H_0$ 而接受 $H_1$,作出声明($C_1$),认可差异确实达到了显著程度;否则,只要 $p$ 超过了 $\alpha$,无论 $p$ 值多么小,都不能拒绝而只能接受 $H_0$,作出声明($C_0$),认可差异不显著。两个声明都有可能不成立,都存在反驳(R),但反驳发生的概率极小。作出声明($C_1$),反驳的可能性也不过 $\alpha$ 水平,仅导致弃真错误($\alpha$ 错误);作出声明($C_0$),反驳的可能性为 $\beta$ 水平,导致纳伪错误($\beta$ 错误)。鉴于这一情况,所作声明就不应是绝对断言,而应有一个恰当的限制成分指明声明成立的条件,因此,两个推理都有限定词(Q)——即在 $\alpha$ 显著性水平下。此外,两个推理的理由(W)和支撑(B)都分别是置信度($1-\alpha$)和统计原理。由于 $\alpha$ 是一个极小的概率,所以置信度是一个几乎总会成立的大概率,以此为理由就完全可以确保逻辑推理具有说服力。

### 3.5.5　常用检验示例

根据总体是否服从或近似地服从正态分布,假设检验分为参数检验(Parametric Test)和非参数检验(Nonparametric Test)。参数检验指根据总体分布和样本信息针对总体某个参数进行的假设检验。正态分布 $N(\mu,\sigma^2)$ 包含均值($\mu$)和标准差($\sigma$)两个参数,所以参数检验主要为均值检验和方差分析。常见的参数检验包括针对均值的 $Z$ 检验(也称 $U$ 检验)和 $t$ 检验,以及针对方差的 $F$ 检验等。非参数检验指在总体分布未知的情况下如何利用样本信息对总体分布进行的推测,如检验总体是否服从某一指定分布,或总体的频数、符号、秩序等方面的分布特征。非参数检验因为检验方法不依赖于总体分布的参数而得名。常见的非参数检验有卡方检验、符号检验、秩和检验、变量随机性检验等。

#### 3.5.5.1 $t$ 检验

**1. 单样本检验**

单样本 $t$ 检验用于检验一个样本的均值跟已知的总体均值是否没有显著差异。假设检验视差异为抽样误差,所以一般情况下样本均值($\bar{x}$)跟样本总体的均值($\mu$)差异应该不显著,故两个假设为:

$$H_0: \bar{x} = \mu$$
$$H_1: \bar{x} \neq \mu$$

表 3-10 和表 3-11 为单样本 $t$ 检验示例的两个统计结果表。

**表 3-10　单个样本统计量示例**

| | N | 均值 | 标准差 | 均值的标准误 |
|---|---|---|---|---|
| 总分 | 1194 | 79.105109 | 27.169720 | 0.786290 |

表 3-10 中,均值的标准误为:$\sigma/\sqrt{n} = 27.169720/\sqrt{1194} = 0.786290$。

**表 3-11　单个样本检验示例**

| | | | 检验值=79.61 | | |
|---|---|---|---|---|---|
| | | | | 差分的95%置信区间 | |
| | $t$ | 自由度 | $p$(双侧) | 均值差值 | 下限 | 上限 |
| 总分 | −0.642 | 1193 | 0.521 | −0.504891 | −2.04756 | 1.03777 |

表 3-11 中,$t$ 统计量为:$t = \dfrac{\bar{x} - \mu}{\sigma/\sqrt{n}} = \dfrac{79.105109 - 79.61}{27.169720/\sqrt{1194}} = \dfrac{-0.504891}{0.786290}$
$= -0.642$。下限和上限表明一定置信度条件下均值差值可能的波动范围。当置信度为95%时,均值差值的波动范围为 ±1.96 个均值的标准误:最小不低于下限,即 $(\bar{x}-\mu) - 1.96 \times \sigma/\sqrt{n} = -0.504891 - 1.96 \times 0.786290 = -2.04756$;最大不超出上限,即 $(\bar{x}-\mu) + 1.96 \times \sigma/\sqrt{n} = -0.504891 + 1.96 \times$

$0.786290 = 1.03777$。

Sig.（双侧）即假设检验的 $p$ 值，等于 $t$ 分布上 $t$ 统计量及其对称点（$-t$）分别往两个极端方向累积的概率值，所以 $p$ 值的大小取决于 $t$ 统计量在 $t$ 分布上的位置。

$t$ 检验根据 $t$ 统计量或 $p$ 值做出决策。当显著性水平 $\alpha = 0.05$ 时，只有当 $|t| \geqslant 1.96$ 或 $p \leqslant 0.05$ 才可以拒绝 $H_0$ 而接受 $H_1$，认为均值差异显著，否则，无论差异多么大都只能接受 $H_0$，认可差异不显著或还没有达到显著程度。

2. 独立样本 $t$ 检验

独立样本 $t$ 检验用于检验两个相互独立的样本的均值是否没有显著差异。检验的两个假设为：

$H_0: \bar{x}_1 = \bar{x}_2$

$H_1: \bar{x}_1 \neq \bar{x}_2$

如果视两个样本的均值差为一个均值差样本的均值，则独立样本 $t$ 检验可理解为均值差样本跟 $\mu = 0$ 的总体之间的单样本 $t$ 检验。均值差样本的标准误可用两个样本的容量及合并方差进行计算。两个样本各为一组数据，有关统计量示例见表 3-12。

表 3-12 独立样本统计量示例

| | 分组 | N | 均值 | 标准差 | 均值的标准误 |
|---|---|---|---|---|---|
| 总分 | 高 | 323 | 111.58204 | 8.618750 | 0.479560 |
| | 低 | 323 | 43.45356 | 10.025868 | 0.557854 |

独立样本检验要求两组数据的方差差异不显著，或方差整齐。方差是否整齐，要看 Levene 方差齐性检验的结果。Levene 检验需要计算 $F$ 统计量及相应的 $p$ 值（详见后文的 $F$ 检验示例）。如表 3-13 所示，独立样本检验同时会报告方差齐性检验的结果。如果方差整齐，选独立样本检验报告第一行的 $t$ 值和 $p$ 值。方差不齐时，如果样本量大，数据服从近似正态分布，可以直接使用 $t$ 检验中方差不齐的校正结果，也就是选第二行的 $t$ 值和 $p$ 值；如果样本比较小，或者方差不齐问题很大，数据呈非正态分布，则要使用非参数检验。

表 3-13 独立样本检验示例

| | | 方差方程的 Levene 检验 | | 均值方程的 $t$ 检验 | | | | | 差分的 95% 置信区间 | |
|---|---|---|---|---|---|---|---|---|---|---|
| | | $F$ | $p$ | $t$ | 自由度 | $p$（双侧） | 均值差值 | 标准误差值 | 下限 | 上限 |
| 总分 | 假设方差相等 | 9.641 | 0.002 | 92.610 | 644 | 0.000 | 68.128483 | 0.735649 | 66.683923 | 69.573043 |
| | 假设方差不等 | | | 92.610 | 629.813 | 0.000 | 68.128483 | 0.735649 | 66.683862 | 69.573104 |

本示例中，两组数据的方差不整齐，使用第二行的统计结果，即：$t=92.610>1.96$，$p=0.000<0.05$，因此，完全有理由拒绝两个样本均值差异不显著的原假设，而得出均值差异显著的结论。

3. 配对样本 $t$ 检验

配对样本检验用于检验两组——配对的数据（如每个考生的两次成绩）的均值是否没有显著差异。两个假设与独立样本检验的假设相同，即：

$H_0: \bar{x}_1 = \bar{x}_2$

$H_1: \bar{x}_1 \neq \bar{x}_2$

如前所述，配对样本 $t$ 检验的原假设为两个样本总体的均值相等或没有显著差异，因此每个对子的差值所构成的差值样本（$d$）可视为一个来自期望均值为 0（即 $\mu = 0$）的总体。如此一来，配对样本检验也可视为差值样本（$d$）跟均值 0 进行比较的单样本检验。

配对样本检验一般提供三个统计表，两个样本的统计量、相关性检验结果和配对样本的检验结果，分别见表 3-14、3-15 和 3-16。

表 3-14 中的样本的统计量包括均值、样本容量、标准差和均值的标准误。

表 3-14 配对样本统计量示例

| | | 均值 | $N$ | 标准差 | 均值的标准误 |
|---|---|---|---|---|---|
| 对 1 | 成绩 1 | 79.10511 | 1194 | 27.169720 | 0.786290 |
| | 成绩 2 | 40.2152 | 1194 | 12.67558 | 0.36683 |

两个样本的相关性表格，除了报告相关系数以外，还报告相关检验的 $p$

值。相关系数($r$)的取值范围为$[-1,1]$,反映两组数据的变化趋势。$r=0$时,两组数据不相关;$r\neq 0$时,两组数据具有如下相关性:

$r>0$,两组数据正相关,同时增大或减小;

$r<0$,两组数据负相关,一组数据增大,另一组数据减小;反之亦然。

相关系数反映的相关程度大致如下:

$r=0$,完全不相关;

$|r|<0.3$,微弱相关;

$0.3\leqslant |r|<0.5$,低度相关;

$0.5\leqslant |r|<0.8$,显著相关;

$0.8\leqslant |r|<1$,高度相关或强相关;

$|r|=1$,完全相关。

一般情况下,两组随机抽样的数据应该不相关,所以相关性检验的两个假设为:

$H_0: r=0$

$H_1: r\neq 0$

表 3-15 中,相关系数为 0.963,说明成绩 1 和成绩 2 高度相关。假设检验的 $p=0.000<0.05$,拒绝两组成绩不相关的原假设,说明成绩 1 和成绩 2 具有统计学意义,即具有显著相关性。

表 3-15 配对样本的相关性示例

| | | $N$ | 相关系数 | $p$ |
|---|---|---|---|---|
| 对 1 | 成绩 1 & 成绩 2 | 1194 | 0.963 | 0.000 |

表 3-16 中,统计量 $t=87.595>1.96$,$p=0.000<0.05$,说明 38.89 的均值差具有统计学意义,两个配对样本的均值差异显著。下限为 $38.89-1.96\times 0.44=38.03$,上限为 $38.89+1.96\times 0.44=39.75$。

表 3-16 配对样本检验示例

| | | 成对差分 | | | | | $t$ | 自由度 | $p$（双侧） |
|---|---|---|---|---|---|---|---|---|---|
| | | 均值 | 标准差 | 均值的标准误 | 差分的 95% 置信区间 | | | | |
| | | | | | 下限 | 上限 | | | |
| 对 1 | 成绩 1－成绩 2 | 38.89 | 15.34 | 0.44 | 38.03 | 39.75 | 87.595 | 1193 | 0.000 |

#### 3.5.5.2 F 检验

F 检验又称方差分析(ANOVA—Analysis of Variance),用于研究数值型观测变量(因变量)是否受分类型控制变量(自变量)的影响,如成绩是否受性别、生源地、年龄的影响。分类变量称为影响数值变量的因素,因素的不同类别(称为因素水平)将观测数值分为不同的组。方差分析利用方差可分解的原理进行 F 检验,对组间差异是否等同于组内差异——组间差异为组内误差——的原假设进行检验。根据影响因素的数量,方差分析分为单因素和多因素方差分析(如回归分析)。

1. 单因素方差分析

单因素方差分析(One-Way ANOVA)可用于一次性地检验多个总体的均值是否相等。两个假设分别为:

$H_0: \mu_1 = \mu_2 = \cdots = \mu_r$

$H_1: \mu_1, \mu_2, \cdots \mu_r$ 不全相等

单因素方差分析报告如表 3-17 所示结果表。根据结果表中的 F 统计量或其对应的 p 值,即可作出是否拒绝原假设的决定。示例表中的 F 值远远大于 1(原假设成立的期望值),p 远远小于 0.05,因此完全有理由拒绝组间均值差异不显著的原假设,作出组间均值差异显著的决策。

表 3-17 单因素方差分析示例

观测变量:总分

| 分组 | 平方和 | 自由度 | 均方 | F | p |
| --- | --- | --- | --- | --- | --- |
| 组间 | 753146.988 | 2 | 376573.494 | 3517.141 | 0.000 |
| 组内 | 127518.071 | 1191 | 107.068 | | |
| 总数 | 880665.059 | 1193 | | | |

2. 回归分析

回归分析(Regression Analysis)探究变量之间的因果关系,目的是为了建构有效的回归模型或方程,以通过自变量对因变量进行比较准确的预测。根据自变量是否单一,回归模型分为如公式 3-28 所示一元回归模型和公式 3-29 所示多元回归模型。

$$y = \beta_0 + \beta_1 x + \varepsilon \tag{3-28}$$

$$y = \beta_0 + \beta_1 x_1 + \beta_2 x_2 + \cdots \beta_k x_k + \varepsilon \tag{3-29}$$

图 3-26 为一元回归模型示例图。因变量(y)随着自变量(x)的变化而变

化,并且两者之间存在线性关系,即 $y = \beta_0 + \beta_1 x + \varepsilon$。其中:

$\beta_0$ 为常量,即 $y$ 轴上的截距(Intercept);

$\beta_1$ 为回归系数(Regression Coefficient),决定回归线($\hat{y} = \beta_0 + \beta_1 x$)的斜率(Slope);

$\varepsilon$ 为残差,即观测点($x,y$)偏离的回归线上对应点($x,\hat{y}$)的量。

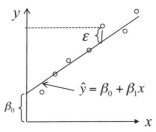

图 3-26　一元回归模型示例图

从图中可知,因变量($y$)的值包括两个部分,一是模型可以准确估计的量,即回归线上与自变量($x$)对应的值($\hat{y}$);再就是模型无法准确估计的量,即围绕回归线上下波动的量,也即误差($\varepsilon$)。根据方差可分解的原理,回归方程的总离差平方和(SST)可分解为模型可预测部分的离差平方和——回归平方和(SSR)和模型无法预测部分的离差平方和——残差平方和(SSE),即:

$$SST = SSR + SSE \tag{3-30}$$

三个平方和的计算公式分别为:

$$SST = \sum_{k=1}^{n}(y_k - \bar{y})^2 \tag{3-31}$$

$$SSR = \sum_{k=1}^{n}(\hat{y}_k - \bar{y})^2 \tag{3-32}$$

$$SSE = \sum_{k=1}^{n}(y - \hat{y}_k)^2 \tag{3-33}$$

方差分析要求对数值型因变量进行分组,即控制变量必须是分类型变量。回归分析不使用分类变量来对因变量($y$)进行分组,而是将每个因变量的观测值分解为可预测值($\hat{y}$)和不可预测值($\varepsilon$)两个部分,即 $y = \hat{y} + \varepsilon$。其中,可预测值为 $\hat{y} = \beta_0 + \beta_1 x_1 + \beta_2 x_2 + \cdots \beta_k x_k$,这实际上是将 $\hat{y}$ 分为 $k+1$ 个组,常量为一组,每个自变量各为一组,因此组间自由度为 $k$;不可预测值($\varepsilon$)则为各自变量偏离回归线的残余之和,其自由度为总自由度($n-1$)与组间自由度的差值,即 $n-k-1$。由此,组间均方(MSR)——也称为回归均

方和组内均方($MSE$)——也称为残差平方分别为:

$$MSR = SSR/k = \sum_{k=1}^{n}(\hat{y}_k - \bar{y})^2/k \qquad (3\text{-}34)$$

$$MSE = SSE/(n-k-1) = \sum_{k=1}^{n}(y - \hat{y}_k)^2/(n-k-1) \qquad (3\text{-}35)$$

得到回归均方和残差均方后,就能计算出 $F$ 统计量,进而作出回归方程是否有效的决策。

从随机抽样的角度,一般难以用随机抽取的自变量来对因变量进行预测,除非有足够的证据证明预测有效,所以,假设检验的两个对立假设分别为:

$H_0 : \beta_1 = \beta_2 = \cdots = \beta_k = 0$

$H_1 : \beta_1, \beta_2 \cdots \beta_k$ 不全为 0

表 3-18 为 SPSS 提供的回归分析示例的方差分析结果,其中,观测记录数($n$)为 152,自变量为 10 个,所以,回归自由度为 $i = 10$,残差自由度为 $n - k - 1 = 152 - 10 - 1 = 141$。$F = 13.305, p = 0.000 < 0.05$,拒绝回归方程无效的原假设,说明 10 个自变量对因变量具有预测功能。

表 3-18 回归方程的方差分析示例[a]

| 模型 | | 平方和 | (自由度) | 均方 | F(值) | p |
|---|---|---|---|---|---|---|
| 1 | 回归 | 130.300 | 10 | 13.030 | 13.305 | 0.000[b] |
| | 残差 | 138.082 | 141 | 0.979 | | |
| | 总计 | 268.383 | 151 | | | |

a. 因变量:Log-transformed sales

b. 预测变量:(常量),变量 1,变量 2,……变量 10

除了检验回归方程以外,回归分析往往还需要进行另外两个假设检验。一是回归系数都不等于零,二是残差应为随机误差。回归系数检验的原假设为回归系数为零,所以两个假设为 $H_0$:所检验的回归系数等于零;$H_1$:所检验的回归系数不等于 0,因为一般而言两个随机变量应不存在因果关系(大概率事件),除非有足够的证据能够证明因果关系确实存在(小概率事件)。而如果某个回归系数无异于零,那就意味着相应自变量的变化不会对因变量产生实质性的影响,自变量也就没有预测作用,也正因为如此,回归系数检验不可忽视。残差检验的目的在于证明残差分布没有规律,是随机的,因而服从正态分布,否则,如果残差分布存在某种规律,说明还有某种影响因变量的因素没有被提取出来。正态分布检验的原假设为数据服从正态分布,即有$H_0$:数据服从正态分布;$H_1$:数据不服从正态分布。因为一般而言随机抽样得到的数据,其分布具有集中趋势的特点,而极端数据属于小概率事件。SPSS 的回归分析方法还为残差分析提供了一个比较直观的自相关系数 DW (Durbin-Watson)系数,其取值区间为 [0,4]:0 表示完全正相关;2 表示不相关;4 表示完全负相关。若残差为随机分布,应不存在自相关关系,DW 系数应接近 2。

建构回归模型的意义在于:首先,基于已知资料确定哪个(一元回归)或哪些(多元回归)因素对因变量具有显著影响;然后,再利用模型对未知资料进行预测。例如,在写作自动评分研究中,可以先让计算机学习人工评分——通过分析一定量的人工评阅结果(已知资料)找出对写作成绩具有显著影响的因素并建构有效的回归模型,然后再让计算机自动评分——利用回归模型对大量未评阅的作文成绩(未知资料)进行预测。

需要指出的是,由于回归分析要求因变量和自变量都必须是数值型变量,分类变量必须转换为二分类(非 0 即 1)哑变量或虚拟变量(Dummy Variable),并且要根据类别的数量($m$)设立 $m-1$ 个哑变量,而不能为每个类别分别设立 1 个哑变量,否则会出现多重共线性问题。例如,假如有学位变量包括博士、硕士和学士 3 个类别,则以其中 2 个类设立 2 个哑变量即可,如博士(1—博士;0—非博士)和硕士(1—硕士;0—非硕士),由此,既非博士,也非硕士的情况自动归为学士。根据实际情况,哑变量也可小于 $m-1$。例如,如果具有博士和学士学位的人都比较少,只有硕士学位人数较多,也可只设硕士 1 个哑变量,表示学位是否为硕士对因变量具有重要意义。

#### 3.5.5.3 卡方检验

卡方检验属于非参数检验(Nonparametric Test)。非参数检验适用于总体分布未知,而且样本量通常较小的情况。由于检验不涉及有关总体分布的参数(如均值、标准差、方差等),故称非参数检验。卡方检验主要用于检验分类变量各类别出现的频数或比例是否与所期望的一致,包括单向表和交叉表两种形式。

1. 单向表检验

单向表卡方检验仅针对一个变量进行检验。表 3-19 为仅检验态度一个变量的卡方检验示例。态度分为赞同、反对和中立三种,期望数为各类别相等,所以两个假设为:

$H_0$:态度差异不显著

$H_1$:态度差异显著

表 3-20 为三种态度的描述性统计结果。卡方为残差的平方和除以期望数,即:

$$\chi^2 = \frac{76.7^2 + (-15.3)^2 + (-61.3)^2}{88.3} = 111.789$$

渐近显著性 $p = 0.000 < 0.05$,因此应拒绝态度差异不显著的原假设,得出态度差异显著的结论。

表 3-19 态度卡方检验示例

| | 态度 |
|---|---|
| 卡方 | 111.789[a] |
| 自由度 | 2 |
| $p$ | 0.000 |

a. 0 个单元(0.0%)具有小于 5 的期望频率。单元最小期望频率为 88.3。

表 3-20 态度描述性统计量示例

| 态度 | 观察数 | 期望数 | 残差 |
|---|---|---|---|
| 赞同 | 165 | 88.3 | 76.7 |
| 反对 | 73 | 88.3 | −15.3 |
| 中立 | 27 | 88.3 | −61.3 |
| 总数 | 265 | | |

表 3-21 为单向表卡方检验的另一种情况,即各类别的频数是否等于某一期望比例。根据表 3-22 所示的描述性统计量,三种身份的观察数似乎呈 1:1:2 的比例,所以可以对这一假设进行检验,即有:

$H_0$:三种身份的比例等于 1:1:2
$H_1$:三种身份的比例不等于 1:1:2

假设将总数为 265 的观察数分为 $1+1+2=4$ 等份,每等份为 $265/4 = 66.3$,因此各身份的期望频数分别为 66.3、66.3 和 132.5。根据卡方检验的结果,卡方值很小,仅为 1.279,说明实际比例跟期望比例的差异不大,渐近显著性 $p = 0.527 > 0.05$ 进一步证明应接受原假设,所以应该作出三种身份的比例等于 1:1:2 的结论,也即观察比例与期望比例差异不显著。

表 3-21　身份卡方检验示例

|  | 身份 |
| --- | --- |
| 卡方 | 1.279[a] |
| 自由度 | 2 |
| p | 0.527 |

a. 0 个单元(0.0%)具有小于 5 的期望频率。单元最小期望频率为 66.3。

表 3-22　身份描述性统计量示例

| 态度 | 观察数 | 期望数 | 残差 |
| --- | --- | --- | --- |
| 教师 | 60 | 66.3 | −6.3 |
| 学生 | 73 | 66.3 | 6.8 |
| 家长 | 132 | 132.5 | −0.5 |
| 总数 | 265 | | |

2. 交叉表检验

交叉表用于检验变量之间相关性,两个假设分别为:

$H_0$:变量之间相互独立

$H_1$:变量之间相互不独立

例如,表 3-23 为前述身份和态度的相关性卡方检验,表 3-24 为身份与态度的交叉表(括号内为期望数)。交叉表中的卡方计算方法在 3.5.4.3 统计计算中有过介绍,此处不再赘述。此例中,原假设为身份与态度相互独立,即身份对态度没有影响。检验结果的 Pearson 卡方值较小,渐近显著性 $p = 0.321 > 0.05$,说明还没有足够的理由来拒绝原假设,而只能作出身份对态度没有显著影响的结论。

表 3-23　身份 ∗ 态度卡方检验示例

|  | 值 | 自由度 | p（双侧） |
| --- | --- | --- | --- |
| Pearson 卡方 | 4.683[a] | 4 | 0.321 |
| 似然比 | 4.719 | 4 | 0.317 |
| 线性和线性组合 | 1.407 | 1 | 0.236 |
| 有效案例中的 N | 265 | | |

a. 0 单元格(0.0%)的期望计数少于 5。最小期望计数为 6.11。

表 3-24　身份 * 态度交叉制表示例

| | | 态度 | | | 合计 |
|---|---|---|---|---|---|
| | | 赞同 | 反对 | 中立 | |
| 身份 | 教师 | 34(37.4) | 18(16.5) | 8(6.1) | 60 |
| | 学生 | 43(45.5) | 25(201.0) | 5(7.4) | 73 |
| | 家长 | 88(82.2) | 30(36.4) | 14(13.4) | 132 |
| 合计 | | 165 | 73 | 27 | 265 |

#### 3.5.5.4　符号检验

符号检验(Sign Test)是一种利用正号(＋)和负号(－)的个数而不是观测数据本身的值来进行假设检验的方法,属于非参数检验,适用于两个小样本的配对检验。符号检验先将两组原始观测数据相减,得出正号、负号和 0 三种结果。检验将忽略结果为 0 的情况——称为结(Tie),而仅关注正号和负号出现的个数是否相等。两个假设分别为:

$H_0 : n_+ = n_-$

$H_1 : n_+ : n_-$

例如,表 3-25 中,成绩分为差、中、良、优四个等级。要进行符号检验,可先将四个成绩等级分别表示为 0、1、2 和 3,再根据训练后与训练前的差值确定符号,最后检验两个符号的频数是否相等。

表 3-25　训练前后成绩对比表

| 考生 | 训练前 | 训练后 | 考生 | 训练前 | 训练后 | 考生 | 训练前 | 训练后 |
|---|---|---|---|---|---|---|---|---|
| 1 | 中 | 优 | 6 | 中 | 优 | 11 | 中 | 优 |
| 2 | 及格 | 良 | 7 | 差 | 及格 | 12 | 及格 | 良 |
| 3 | 良 | 中 | 8 | 良 | 优 | 13 | 中 | 及格 |
| 4 | 差 | 中 | 9 | 中 | 差 | 14 | 中 | 优 |
| 5 | 良 | 良 | 10 | 差 | 中 | 15 | 差 | 中 |

表 3-26　符号频数统计结果

| | | N |
|---|---|---|
| 训练后－训练前 | 负差分[a] | 3 |
| | 正差分[b] | 11 |
| | 结 c | 1 |
| | 总数 | 15 |

a. 训练后＜训练前
b. 训练后＞训练前
c. 训练后＝训练前

表 3-27　检验统计量[a]

|  | 训练后－训练前 |
|---|---|
| $p$(双侧) | $0.057$[b] |

a. 符号检验
b. 已使用的二项式分布

表 3-26 和表 3-27 分别为符号的频数统计结果和符号检验结果。15 对成绩中,训练前后没有变化的有 1 对,因此参与检验的实为 14 对,其中 11 对为正差分,表明训练后成绩有提高,3 对为负差分,表示训练后成绩反而下降。14 对中虽然 11 对有提高,占比达到了 $11/14=78.57\%$,但根据检验结果 $p=0.057>0.05$,仍不能拒绝两个符号的频数没有显著差异的原假设,而只能作出训练没有统计学意义的结论,即训练后成绩没有显著提高,或者说,提高还没有达到显著程度。

由于符号检验中的符号非正即负,且两个符号出现的概率各占 50%,因此,在 $n$ 次差值比较中两个符号出现的随机概率都服从 $B(n,0.5)$ 的二项式分布。当 $n$ 足够大时(一般指 $n\geqslant 20$),二项式分布趋向于正态分布,检验计算 $z$ 统计量。

#### 3.5.5.5 秩和检验

秩和检验是另一种很常用的非参数检验,指不利用观测值本身而使用其秩序号之和的假设检验。秩和检验的基本原理为:如果各组观测值来自同一总体或总体分布相同,那么各组观测值的秩均值应无显著差异。由此,两个假设分别为:

$H_0$:总体分布相同或秩均值无显著差异
$H_1$:总体分布不同或秩均值差异显著

根据样本情况,秩和检验分为 2 个独立样本、$k$ 个独立样本、2 个关联样本和 $k$ 个关联样本四种检验。秩和检验需要先对各样本的观测值编秩,编秩方法为:先将两组样本的观测值混合并按从小到大的顺序排列,再按顺序编秩号,秩序相同时取平均值。

1. 2 个独立样本

对 2 个独立样本进行秩和检验一般使用 Mann-Whitney $U$ 检验。以表 3-28 中的身高为例,两组观测值构成 2 个独立样本,第二组的观测值用下划线标出,以便混合后识别。

表 3-28　两组身高的观测值　　　（单位：厘米）

| 一组 | 172 | 168 | 165 | 176 | 167 | 173 | 157 | 158 | 174 | 170 |
|---|---|---|---|---|---|---|---|---|---|---|
| 二组 | 169 | 155 | 178 | 171 | 165 | 170 | 176 | 182 | 168 | 175 |

表 3-29 为混合后的编秩情况，其中有 4 次编秩取均值，分别为 4.5、7.5、10.5 和 17.5。

表 3-29　各身高观测值的秩

| 数值 | 155 | 157 | 158 | 165 | 165 | 167 | 168 | 168 | 169 | 170 |
|---|---|---|---|---|---|---|---|---|---|---|
| 秩 | 1 | 2 | 3 | 4.5 | 4.5 | 6 | 7.5 | 7.5 | 9 | 10.5 |
| 数值 | 170 | 171 | 172 | 173 | 174 | 175 | 176 | 176 | 178 | 182 |
| 秩 | 10.5 | 12 | 13 | 14 | 15 | 16 | 17.5 | 17.5 | 19 | 20 |

表 3-30　两组身高的秩统计量

| | 组别 | N | 秩均值 | 秩和 |
|---|---|---|---|---|
| | 1 | 10 | 9.30 | 93.00 |
| 身高 | 2 | 10 | 11.70 | 117.00 |
| | 总数 | 20 | | |

表 3-31　两组身高的 Mann-Whitney $U$ 检验统计量[a]

| | 身高 |
|---|---|
| Mann-Whitney $U$ | 38.000 |
| Wilcoxon $W$ | 93.000 |
| $Z$ | −0.908 |
| $p$(双侧) | 0.364 |
| 精确显著性[2*(单侧显著性)] | 0.393[b] |

a. 分组变量：组别

b. 没有对结进行修正

两组身高观测值的秩统计量见表 3-30。Mann-Whitney $U$ 检验的统计结果见表 3-31。其中，$Z=-0.908>-1.96$，$p=0.364>0.05$，说明不能拒绝原假设，两组身高无显著差异。

## 2. 2 个关联样本

对于 2 个关联(配对)样本,一般使用 Wilxocon W 符号秩检验。该检验是在符号检验的基础上发展而来,不仅考虑正、负两个符号,还依据差值的绝对值大小排序,因此比符号检验更有效。

例如,有两组配对成绩,其描述性统计量、秩统计量和检验统计量分别见表 3-32、3-33 和 3-34。根据检验结果,$Z=-1.122>-1.96$,$p=0.262>0.05$,因此不能拒绝原假设,说明两组成绩无显著差异。

表 3-32　2 个关联成绩样本的描述性统计量

| | N | 均值 | 标准差 | 极小值 | 极大值 |
|---|---|---|---|---|---|
| 成绩 1 | 14 | 97.57 | 7.613 | 85 | 110 |
| 成绩 2 | 14 | 95.79 | 6.739 | 84 | 104 |

表 3-33　2 个关联成绩样本的秩统计量

| | | N | 秩均值 | 秩和 |
|---|---|---|---|---|
| 成绩 2－成绩 1 | 负秩 | 9[a] | 6.83 | 61.50 |
| | 正秩 | 4[b] | 7.38 | 29.50 |
| | 结 | 1[c] | | |
| | 总数 | 14 | | |

a. 成绩 2 ＜ 成绩 1
b. 成绩 2 ＞ 成绩 1
c. 成绩 2 ＝ 成绩 1

表 3-34　2 个关联成绩样本的 Wilxocon W 检验统计量[a]

| | 成绩 2－成绩 1 |
|---|---|
| Z | $-1.122$[b] |
| p(双侧) | 0.262 |

a. Wilxocon 带符号秩检验
b. 基于正秩

## 3. k 个独立样本

对 k 个样本量小、总体分布未知的独立样本,一般利用秩和进行 Kruskal-Wallis H 检验。Kruskal-Wallis H 检验是 Mann-Whitney U 检验的扩展,是单因素方差分析的非参数模拟,利用各组秩均值进行单向表卡方检测,验证总体分布没有显著差异的原假设。例如,有如表 3-35 所示的 4 个独立样本,各组数据的秩统计量及 Kruskal-Wallis H 检验统计量分别见表 3-36 和表 3-37。$\chi^2 = 5.539$,说明各组的秩均值差异不大;$p = 0.136 > 0.05$,进一步说明 4 个独立样本的总体分布的差异未达到显著程度。

表 3-35　4 组独立小样本示例

| 一组 | | | | | | 二组 | | | | | |
| --- | --- | --- | --- | --- | --- | --- | --- | --- | --- | --- | --- |
| 57 | 66 | 49 | 40 | 53 | 44 | 68 | 43 | 47 | 45 | 56 | 51 |
| 三组 | | | | | | 四组 | | | | | |
| 55 | 49 | 63 | 58 | 49 | 46 | 51 | 65 | 70 | 58 | 63 | 60 |

表 3-36　各组小样本的秩统计量

| | 组别 | N | 秩均值 |
| --- | --- | --- | --- |
| | 1 | 6 | 10.17 |
| | 2 | 6 | 9.92 |
| 观测值 | 3 | 6 | 11.67 |
| | 4 | 6 | 18.25 |
| | 总数 | 24 | |

表 3-37　4 组独立小样本的 Kruskal-Wallis H 检验统计量[a,b]

| | 观测值 |
| --- | --- |
| 卡方 | 5.522 |
| 自由度 | 3 |
| $p$ | 0.137 |

a. Kruskal Wallis 检验

b. 分组变量:组别

$k$ 个独立样本的非参数检验,除了基于秩和的 Kruskal-Wallis H 检验以外,还有中位数检验和 Jonckheere-Terpstra 检验两种方法。中位数检验更为简单,但性能有所下降;Jonckheere-Terpstra 检验性能更优,但要求对总体进行先验排序,然后再用序号替代观测值来检验总体分布的上升或下降趋势是否相同。表 3-38 为表 3-35 中大于和小于中位数(54)的观测值在各组中的频数分布。表 3-39 为中位数检验的统计结果（$\chi^2 = 4.00$；$p = 0.261 > 0.05$），表明 4 个独立小样本的总体中值不存在显著差异。Jonckheere-Terpstra 检验显示（见表 3-40），标准 J－T 统计量为 2.138，$p = 0.032 < 0.05$，表示各组观测值的变化趋势差异显著。

**表 3-38　中位数检验频数统计示例**

| | | 分组 | | | |
|---|---|---|---|---|---|
| | | 1 | 2 | 3 | 4 |
| 观测值 | ＞中值 | 2 | 2 | 3 | 5 |
| | ＜＝中值 | 4 | 4 | 3 | 1 |

**表 3-39　中位数检验统计量[a] 示例**

| | 观测值 |
|---|---|
| N | 24 |
| 中值 | 54.00 |
| 卡方 | 4.000[b] |
| 自由度 | 3 |
| p | 0.261 |

a. 分组变量：分组

b. 8 个单元(100.0%)具有小于 5 的期望频率。单元最小期望频率为 3.0

**表 3-40　Jonckheere-Terpstra 检验[a] 示例**

| | 观测值 |
|---|---|
| 分组 中的水平数 | 4 |
| N | 24 |
| J－T 观察统计量 | 149.500 |
| J－T 统计量均值 | 108.000 |
| J－T 统计量的标准差 | 19.408 |
| 标准 J－T 统计量 | 2.138 |
| p(双侧) | 0.032 |

a. 分组变量：分组

4. $k$ 个关联样本

对于 $k$ 个关联(配对)的小样本,通常进行 Friedman 检验和 Kendall $W$ 检验。如果观测值为二项值,则进行 Cochran $Q$ 检验。检验利用观测值的秩而不是观测值本身进行统计,验证的原假设为各总体的中位数或分布无显著差异。例如,3 位评分员对 5 个学生的表现进行评分,样本的秩均值按表 3-41 所示的方法进行统计,统计软件直接报告如表 3-42 所示描述性统计量。

表 3-41  5 个关联样本的秩统计量示例

| Rater | S1 | S2 | S3 | S4 | S5 | 秩和 |
|---|---|---|---|---|---|---|
| R1 | 6 (3) | 2 (1.5) | 7 (4) | 2 (1.5) | 9 (5) | 15 |
| R2 | 3 (2) | 2 (1) | 7 (4) | 6 (3) | 9 (5) | 15 |
| R3 | 9 (5) | 2 (1) | 8 (3.5) | 4 (2) | 8 (3.5) | 15 |
| 秩总计 | 10 | 3.5 | 11.5 | 6.5 | 13.5 | 45 |
| 秩均值 | 3.33 | 1.17 | 3.83 | 2.17 | 4.5 | 15 |

表 3-42  各关联样本的秩统计量

|  | 秩均值 |
|---|---|
| S1 | 3.33 |
| S2 | 1.17 |
| S3 | 3.83 |
| S4 | 2.17 |
| S5 | 4.50 |

如表 3-43 和表 3-44 所示,对相同的样本分别进行 Friedman 检验和 Kendall $W$ 检验,得到的卡方统计量相当,$p$ 值甚至有可能完全相同。此例中,两个 $\chi^2$ 值都比较小,并且 $p$ 值相同。由于 $p = 0.066 > 0.05$,因此不能拒绝原假设。

表 3-43  5 个关联样本的 Friedman 检验统计量[a]示例

| $N$ | 3 |
|---|---|
| 卡方 | 8.828 |
| 自由度 | 4 |
| $p$ | 0.066 |

a. Friedman 检验

表 3-44　5 个关联样本的 Kendall W 检验[a] 示例

| N | 3 |
| --- | --- |
| Kendall Wa | 0.736 |
| 卡方 | 8.832 |
| 自由度 | 4 |
| p | 0.066 |

a. Kendall 协同系数

这种结果在 Friedman 检验中说明抽样没有出现极端情况或意外,意味着 5 位学生来自同一总体或具有相同分布的总体。Kendall W 检验与 Friedman 检验的结果相同,但看待问题的角度不一样。Kendall W 检验着重探究各样本之间的关联性,或者说,导致这一抽样结果的方法在多大程度上具有一致性,并提供检测一致性程度的量化指标——协同系数(W)。也正因为如此,Kendall W 检验也称评判一致性检验,检验的原假设为评判是随机抽样的结果,或评判具有随意性,或评判标准不统一,因而不具一致性。如果 Friedman 检验的结果为各关联样本差异显著,则意味着 Kendall W 检验的结果为评判具有显著一致性,或者说,评分能很好地将秩和小的样本和秩和大的样本区分开来,因此评分不是随意的,而应是依照统一的评分标准进行的。

# 第4章 测试效度

测试效度是测试研究领域最核心、最基本的概念,概念的内涵决定了验证的目标、内容和方法。如果概念界定不清,就不知道该对什么进行验证;如果对概念有不同的理解,则验证的内容以及采取的验证方法也会不同。因此,在进行测试效度研究时,首先应该对效度概念的内涵和效度验证的方法有明确的认识。由于测试效度是一个不断演变发展的概念,演变发展的过程缓慢而持续,时间上没有明晰的界限,内容上也互有交叉。不同的专家学者,如 Angoff(1988)、Kane(2001)、Goodwin & Leech(2003)等,由于审视的视角或侧重点不同,对效度概念的发展阶段有不同的划分。本研究先从效度分类说和整体效度观两个方面对效度概念的演变进行综述,然后基于累进辩论的思想提出累进效度观。

## 4.1 效度概念的演变

### 4.1.1 效度分类说

整体效度观形成以前,测试效度分为多种不同类别。Guilford(1946)从数据分析方法和实际使用目的两个角度,将效度划分为因子效度(Factorial Validity)和实用效度(Practical Validity);Cronbach(1949)则根据数据分析方法的不同,把效度分为逻辑/评判效度(Logical/Judgmental Validity)和分析/实证效度(Analytical/Empirical Validity);Anastasi(1954)提出效度四分法,即表面效度(Face Validity)、内容效度(Content Validity)、因子效度(Factorial Validity)和实证效度(Empirical Validity)。尽管分类方法多样,但早期的验证方法通常都是把当前测试的分数跟一个标准测试(Criterion Measurement)的分数进行相关分析(Correlation Analysis),而这种效度也就被称为效标关联效度(Criterion-related Validity)。

#### 4.1.1.1 效标关联效度

早期的效度观强调测试的目的性。Guilford(1946)强调任何一个测试都是针对一定目的的,并且一个测试有可能对于某一目的很有效,对其他目的则根本无效。无论是测试提供方还是使用方,相关责任人必须证明测试对于该目的确实有用。所以,测试效度的定义跟测试的目的紧密相关。这在 Garrett(1953:394)的定义中可以得到充分证明——"测试效度指测试在多大程度上达到了测其所测的目的"。Cureton(1951:621)也认为测试目的是测试效度最基本的问题——"如何有效地完成了测试该干的事"。根据测试能否有效预测或诊断,效标效度又被分为预测效度(Predictive Validity)和共时效度(Concurrent Validity)(见 AERA et al. 1954:13-14)。

效标关联效度的理论依据来源于科学现实主义哲学观(A Realist Philosophy of Science),即认为对于测试所测量的特征每个人都有一个确定的值,测试的目标就是尽可能准确地对这个值进行估计或预测。标准测试则体现了该特征的"真"值,或者最接近"真"值的估计值,测试与标准测试的一致性程度体现了估计的准确程度(Thorndike 1997)。从这个角度说,估计的准确性程度即为效度。

从上述定义可以看出,效标关联效度关注的是测试本身,并认为测试效度是附属于测试的一个静态属性(参见 Goodwin & Leech 2003:181),其值等于测试分数与标准测试分数的相关系数(Angoff 1988)。根据检验结果,一个测试通常被认为是有效或者无效(Cureton 1951;Gulliksen 1950),并且,"宽泛地说,相关即为有效"(Guilford 1946:429)。

效标效度验证的关键在于如何确定标准测试,并得到标准测试分数,否则关联就无法进行效度验证。为了得到标准测试分数,Cureton(1951:623)提出了如下解决方案:

> 一种比较直接、常用的做法就是,从目标考生群体中抽取一个具有代表性的样本进行测试,同时观察这些考生在真实任务中的表现并进行评分,看这些考生在测试中的表现跟在真实任务中的表现的一致性如何。

在此方案中,首先要从目标考生群体抽取一个有代表性的样本,通过测试得到考试分数,再观测抽样考生在真实测试任务中的表现并进行评分,如果两者具有很好的一致性,则可将考试分数作为效度参照的标准分数,用于对其他考试进行效度验证。验证其他测试的效度,只需将测试分数跟标准分数进行相关分析即可。Ebel(1961)则认为有些测试可以通过直观评判即可确定是否有效,可以将专家评判的直观效度(Intrinsic Validity)作为测试效度的标准。

效标关联效度验证的难点在于标准测试通常并不存在,即使存在,其自身的效度也有待验证。如果为了验证一个标准测试而开发另一个标准测试,那么这个过程就会陷入无限循环。为了解决这些问题,测试内容被纳入效度验证过程,并作为效标关联效度的辅助手段,构成另一种效度类型——内容效度。

#### 4.1.1.2 内容效度

内容效度指测验题目或任务是否足以代表测试目标内容的范畴或全域(Domain or Universe)。《教育与心理测验标准》(1974)将内容效度解释为"测试中表现出的行为足以构成一个期望表现行为范畴的典型样本"(AERA et al. 1974:28),或者"测试表现中涉及的过程是范畴内所有表现涉及的过程的典型代表"(Messick 1988:28)。两个概念都强调考试内容的代表性(Representativeness)。Angoff(1988:23)从相关性、全面性和重要性三个方面总结了测试内容的代表意义。Messick(1988)则从内容与构念关系的角度强调,测试项目或任务与其范畴的相关性和代表意义并非取决于其表面内容,而是取决于其所测试的知识、技能或其他相关属性。

内容效度的验证方法以主观评判为主,如专家评判,即"请行业领域的专家对测试内容进行审查"(Angoff 1988:22)。专家评判常因主观性强而招致批评,但在直接行为测试中具有优势,特别是在以直接测试的结果为效度验证标准的时候(Kane 2001)。为了克服专家评判的主观性,增强评判结果的客观性,可对专家评判的结果进行一致性验证(参见 Bachman 1990)。内容效度验证的另一种常用方法就是 Cronbach (1971)所说的复本法(Equivalent Tests),即对同一组被试进行两个内容取自相同范畴的测试,再对两个测试的成绩进行相关分析。如果相关低,则说明两个至少有一个测试缺乏内容效度,但无法确定究竟是哪一个;当相关高时,一般认为测试具有内容效度,但也可能出现两个测试有相同偏差的情况。

内容效度验证的难点在于如何确保测试内容的代表性。首先,测试的目标范畴不易界定,并且难以细化,因为测试内容既可以是各种知识和技能,也可以是复杂的行为和过程;同时,试题数量、选材范围和抽样方式等,都会影响到试题或任务的全面性和难度及区分度的覆盖范围(参见 Angoff 1988)。这些因素都有可能导致测试内容不具代表性。Messick(1989a,1992,1996)指出,"构念体现不足(Construct Under-representation)"和"构念无关偏差(Construct-irrelevance Variance)"是内容效度的两大威胁。前者因侧重某一方面的内容,有可能致使教学有失偏颇,产生负面反拨效应(Negative Washback);后者因掺杂构念无关内容,对某些考生而言有可能增加或降低了难度,导致测试不公。

另有两点值得特别提出。一是 Cronbach(1988)和 Kane(2001)提及的

"证实主义偏差"(Confirmationist/Conformist Bias),即研究人员或测试设计者在对自己开发的测试进行效度验证时,常常会从正面采取"证实主义"而不会从反面以"证伪主义(Falsificationist)"的态度来对测试内容的相关性、重要性和覆盖面等进行评价,从而有可能夸大测试的内容效度,产生验证偏差。二是 Messick(1975,1980,1988,1989a,1989b)一再强调,尽管测试内容对于分数具有影响,但测试内容是测试本身而不是测试反应的固有属性,所以,"从根本上来说,内容相关证据算不上效度证据"(Messick 1988:38)。此外,Messick(1988)还提到,对分数进行解释时,可以推测高分者具有测试范畴中的相应技能,但并不能说明低分者一定不具备相应技能,因为很有可能测试过程中低分者未正常发挥。这也是 Messick(1975)认为将测试内容作为效度验证证据的局限性之所在。

### 4.1.1.3 构念效度

构念效度(Construct Validity)一词最先是由 Paul Meehl 和 Robert Challman 在拟定 1954 年版《教育与心理测验标准》时借鉴科学哲学(Philosophy of Science)的有关思想提出来的。次年,构念效度在 Cronbach & Meehl(1955)《心理测试的构念效度》一文中得到详细阐述。该文可谓测试效度发展史上的一个里程碑,不仅确定了构念效度、效标关联效度、内容效度的"三分论"(Trinity View)之说(参见 APA,AERA & NCME,1966),到 20 世纪七八十年代构念效度一统所有其他类别的效度,发展成为整体效度。

构念效度这一概念,最初是作为效标关联效度的一种补充而提出来的:

> 考查构念效度,通常是因为没有确定的标准测试可供参照,而只能使用间接测量的手段进行测试。此时,测试所关注的焦点既不是测试过程中的行为,也不是依据标准评出的分数,而是测试背后潜在的特质或品质。(Cronbach & Meehl 1955:283)

根据上述解释,当作为效标关联的标准测试不存在时,既没有可供参照的行为标准,也没有可进行相关分析的考试分数,效度检证只得另辟蹊径,将关注的焦点放在"测试背后潜在的特质或品质"(the traits or quality underlying the test),即所谓构念。

至于何谓构念,1974 版《教育与心理测验标准》(AERA et al. 1974:29)有过较详细的解释:

> 所谓心理上的构念,指的是根据已有知识、通过科学联想而形成或"建构"的概念,也就是说,构念是一个理论上的概念,用来对已有知识某些方面进行解释和组织,如"焦虑""文书能力""阅读预备度"等术语都是

构念。但构念不仅仅是一个标签,而是代表有关知识的一个维度,反映出人们对有关知识及其相互关联的一种理解或推理。

可见,构念是一个理论上的概念,是为了便于对有关知识进行解释或组织而想象或"构造(constructed)"出来的术语或标签。但构念不是一个简单的标签,而是一个能反映出理论概念之间相互关系的专业术语,体现了人们对有关知识的理解或推理。Ebel & Frisbie(1991)把构念解释为那些不能直接测量或无法直接观测到的人类行为或心理过程,是一种理论上假设的抽象的概念、特质或变量,如智能、动机、焦虑、成就、能力、优势度、阅读能力等。Bachman(1990)的解释更是简单明了:构念就是那个要测量的东西。由于抽象的概念无法直接测量,而只能依据观测到的数据进行推理和判断,所以,构念效度就是指观察数据,如分数,能够说明理论上的某种概念或特质的程度。

要对构念效度进行验证,必须首先建构能体现人类行为特征或心理过程的构念理论,再以理论为指导提出有关行为特征或心理过程的假设,继而依据假设进行测试的设计、开发、实施并获取观测数据,最后通过数据分析,如对数据进行相关分析、因子分析、回归分析、结构方程模型分析等,由果求因逆向推理,看数据分析结果在多大程度上跟理论上的观点相吻合。在这种构念效度的检验过程中,构念理论的建构是先决条件,也是最大的难点。

Cronbach & Meehl(1955)采用20世纪50年代广为流行的假设演绎理论模型(the Hypothetico-deductive Model of Theories——HD模型),作为建构构念理论的框架。HD模型(Suppe 1977)把理论看作是定律系统,认为理论的核心为一系列定律,体现为经验规律;理论中所界定的隐性概念(如构念)与定律相连,并通过对应规则与显性的可观测变量对应。如果观测结果与理论假设一致,则说明理论中的定律和对应规则以及观察过程(如测试)均为有效;如果不一致,则说明理论中的定律和对应规则以及观察过程都有可能存在问题(参见 Hempel 1965;Kane 2001)。从这个角度来看,构念效度验证涉及测量工具与构念理论之间的相互检验:一方面,构念理论支配着数据的采集、分析与解释,另一方面结果数据也可以用于验证、修正乃至拒绝构念理论(参见 Angoff 1988:26)。

由此可见,构念效度验证不是一个简单的过程,而是一个复杂的程序;构念效度也不是一个简单的相关系数可以表示的,而是涉及多种不同证据和一系列推理,并且必须通过行为观察和数据分析,而不是能凭简单的理性推导(Cronbach & Meehl 1955:291)可以估计出来的。针对构念效度验证的复杂性,Campbell & Fiske(1959)提出了"多质多法"效度验证法(Mmultitrait-Multimethod Approach)。此方法包括理论解释和实证检验两个方面:从理论上说,同法同质相关强,同法异质相关弱;从实证上说,异法同质的相关系数——又称聚合效度(Convergent Validity)应该显著大于同法异质的相关系数——又称区分效度(Discriminant Validity)。"多质多法"验证法在构念效度的概念提出5年之后才提出来,其诞生也可谓效度验证方法论上的一个里程碑。

#### 4.1.1.4 表面效度

表面效度指的是从表面上看,试卷可以被考生和公众接受的程度,包括语言材料、试题、用语及其编排与印刷效果等。表面效度是否该作为效度对待,一直以来都很有争议。由于表面效度仅从试卷的外表考虑测试的可接受程度,并不涉及心理测量过程,所以严格地说,表面效度并不能真实反映效度的客观指标,也不能真正体现测量的有效程度,因而算不上效度。Mosier(1947)在指出表面效度的歧义性之后总结道:"表面效度无需深究。"(转引自Angoff 1988:23)Angoff(1988:24)也提醒道:"纯粹依据外面的评判有可能错得离谱。"

Anastasi(1988:136)则强调"试题的语言及其在试卷上的呈现应该看起来有效并能为考生和大众所接受";Nevo(1985)也指出表面效度其实很有用,并且可以得到准确评判,表面效度不应被忽视,而应正常报道。其实,在命题过程中表面效度是需要考虑的重要内容,如Haladyna(2004:99)的命题原则中,就包括以下与表面效度密切相关的内容:

8. Format items vertically instead of horizontally.

10. Edit items for correct grammar, punctuation, capitalization, and spelling.

24. Keep the length of options about the same.

此外,李筱菊(1997)、杨惠中和Weir(1998)、邹申(1998)等也认为,表面效度能影响被试的动机,进而影响测试的效果。为了取得被试的信任与合作,命题期间表面效度不可忽视。

### 4.1.2 整体效度观

尽管在构念效度提出之初,Cronbach & Meehl(1955:282)已强调"几乎所有测试,最好都考查一下心理构念在测试行为中所起到的作用",并且两年之后Loevinger(1957:636)进一步阐述说"由于预期效度、共时效度、内容效度从根本上来说都是针对特定目的的,从科学的角度来看只有构念效度才能反映出效度的全貌",但构念效度一直是作为效标效度和内容效度的补充选择而存在,而且1966年和1974年两个版本的《教育与心理测验标准》也视构念效度为"三大"(效标效度、内容效度和构念效度)或"四大"(预测效度、共时效度、内容效度和构念效度)效度类别之一。直到20世纪70年代中后期,特别是在1980—1990年期间,在Cronbach(1971,1980,1988,1989)和Messick(1975,1980,1988,1989a,1989b)的率领下,测试学界和测量专家开始强调基于测试分数的解释和使用(inferences and decisions made from test scores),以构念效度为总体效度的整体观才逐步被广泛接受。整体观强调效度概念的整体性和效度证据的互补性:概念上,效度是多个维度的一体化,不再存在类别之分;实践中,效度验证应全面取证,不应投机取巧。

#### 4.1.2.1 定义与内涵

最近两个版本的《教育与心理测验标准》(1985,1999)均是从整体观的角度对效度进行界定的。虽然都是整体观,但新《教育与心理测验标准》增加了测试使用与后果方面的内容,体现了效度内涵的进一步演变。

1985年版《教育与心理测验标准》(AERA *et al*. 1985:9)对测试效度和效度验证有如下解释:

> 效度……指基于分数所作推论的恰当性、意义内涵和有用性。测试效度验证也就是积聚证据来为这些推论提供支撑的过程。就一个给定测试所产生的分数,可以作出各种各样的推理;就一个特定的推理,也可用多种方式来收集证据为其提供支撑。然而,效度是一个整体概念……效度总是指证据对各种基于分数的推论的支持程度。

在1999年版的《教育与心理测验标准》中,效度概念的界定和效度验证方法的解释分别为:

> 效度指证据和理论对符合测试使用需要的分数解释的支持程度。……效度验证过程就是积累证据的过程,目的是为所作分数解释奠定坚实的、科学的基础。效度验证检验的是为了满足测试使用的需要而作出的分数解释,而不是测试本身(AERA *et al*. 1999:9)。

> 证据的不同来源可以反映出效度具有不同的维度,但并不表示效度具有类别之分。效度是一整体概念,指的是所有收集到的证据对针对期望目的、符合使用需要的分数解释的支持程度(AERA *et al*. 1999:11)。

从上述两个《教育与心理测验标准》对效度概念的界定和效度验证的解释可知,整体观主要有以下三个方面的变化:

第一,效度是一个整体概念,再也不存在类别之分;传统的不同类别的效度,分别成为整体效度不同方面的效度证据(参见 Angoff 1988; Langenfeld &

Crocker 1994；Messick 1988，1989a；Shepard 1993 等）。

在这个统一概念的架构下，构念效度是一统所有效度类别的凝聚力（Goodwin & Leech 2003；Messick 1988），而效标关联效度和内容效度则分别成为内容相关性、内容覆盖面、预测功能和诊断功能方面的效度证据（参见 Messick 1980：1015 表 1）。

效度验证过程则为多方收集证据对分数的解释和使用进行检验的过程。针对构念效度，Cronbach(1988)提出了两种不同的效度验证模式——弱式模式(a week program)和强式模式(a strong program)：

> 所谓弱式，就是纯粹的探索性实证检验，只要跟分数具有相关性，任何变量都可以用来作为证据。所谓强式，于 1955 年由 Cronbach & Meehl 首先提出，在 1982 年由 Meehl and Golden 再次重述，则不仅要求尽可能详尽地阐明有关构念的理论，还需特别针对质疑进行排除。
> Cronbach(1988：12-13)

简言之，弱式模式强调证据的收集可以"不分巨细、只求相关"；强式模式则强调"基于理论、排除质疑"。弱式模式主张从多种渠道、各个方面收集证据，其优点在于证据的多样性和互补性，但其弱点则是有可能导致机会主义——只挑那些"容易得手而不是更相关但难获取的证据"（Kane 2001：326）。强式模式主张证伪法，即"一个解释的说服力主要来自证伪失败"（Cronbach 1988：13），这可以很好地遏制机会主义的证实手段，但其弱点在于"这种方法如没有成熟的理论为测试提供支撑则很难发挥作用"（Kane 2001：327）。

另外，整体观强调不同类别证据的互补，认为证据之间应是互补而不是替代关系。这种观点在 20 世纪 80 年代已被广为接受，后来不断得到强化。如 Bachman(1990：237)进一步强调"任何证据都无法独自足以证明某一分数的解释或使用具有效度，认识到这一点非常重要"。

Weir(2005：13)也从正反两方面强调说：

> 效度具有多维性，任何一个关于测试分数有效性的结论都需要有多方面证据的支持。这些证据不是相互替代而是互为补充的，都是解释测试不同方面的证据基础。
>
> 不存在任何一个单方面的效度比另一个优越。任何一个方面存在不足，都会导致出现问题，从而动摇分数解释的基础。

此外，信度也被认为是整体效度的一个维度，而不是效度的对立面（参见 Alderson 1991；Bachman 1990；Bachman & Palmer 1996；Johnson 2001；

McNamara 1997；Weir 2005 等）。

第二，整体观的概念内涵从测试本身转移到了分数解释，关注的重点不再是测试本身，也不是测试分数，而是证据对分数解释和使用的支持程度。

1986 年，美国教育考试服务中心（Educational Testing Service）举办了一次测试效度专题研讨会——"Test validity for the 1990's and beyond"，Cronbach、Messick 等众多专家的主题发言都收录在 Test Validity（Wainer & Braun 1988）一书之中。其中，引言的第 1 页有 1 个脚注，特别强调"注意，具有效度的不是测试，而是基于分数所作的推论"。（Wainer & Braun 1988：XVII）在综述效度概念的演进历程时，Angoff（1988：24）进一步指出：

> 但是，只是到了后来人们才更加清楚地意识到，效度验证检验的并不是测试，也不是测试中产生的分数，而是使用者根据测试分数而作出的解释和推理，以及在推理的基础上作出的决策和采取的行动。

其实，早在 1971 年 Cronbach（1971：447）即已强调"人们验证的不是测试，而是对特定过程中产生的数据的解释"。根据这句话，以及后来 Cronbach & Meehl（1955：297）所说的"人们并不是验证测试，而仅是对作出推理的原则进行检验"，McNamara & Roever（2006：10）把 Cronbach 的意思上升为：

> 事实上，Cronbach 认为并不存在所谓的"有效测试"，有的不过是或多或少合乎情理的推理。

先且不讨论这种语义的提升是否曲解了 Cronbach 的本意，但所强调的观点再明确不过：测试本身没有效度可言，效度的内涵在于分数的解释。Goodwin & Leech（2003：185）在阐释新《教育与心理测验标准》时也作出警告：如果学生不明白效度内涵的转变，就有可能使用诸如"测试有效""测试已经过证明是有效的""测试具有效度"等不恰当的语言。

第三，整体观提出以后，测试使用及后果研究越来越受关注。

尽管测试的使用及后果在测试效度研究中并不是新内容，测试的目的性自效标关联效度提出以来一直都属于测试效度的概念范畴，但 1985 年版《教育与心理测验标准》中的整体观并没有将测试使用及后果明确纳入效度的定义。随着整体观的发展，有关测试使用的期望与不期望的目的、可能与实际的后果都开始得到广泛关注（参见 Cronbach 1988；Messick 1989b，1994；Shepard 1993 等），因此 1999 年版新《教育与心理测验标准》开始将测试使用及后果纳入了效度的定义。

不过，也有专家，如 Dwyer（2000）、Popham（1997）等，认为效度概念应限定在技术层面的分数解释和传统的心理测量范围,而不应延伸至属于政策范畴的测试使用。1997 年,Educational Measurement: Issues and Practice 出专刊讨论将使用后果研究纳入效度验证的优势与不足,但并未达成共识(Linn 1997; Mehrens 1997; Popham 1997; Shepard 1997)。在随后近十年的研究中,效度研究的发展和分歧也主要体现在使用与后果方面。赞成将测试使用及后果纳入效度研究范围的观点仍然占主流,研究内容也仍以传统的项目功能偏差分析、正面与负面反拨作用研究和社会后果研究为主(如 Bachman & Palmer 1996; Cheng 2008; Anthony Green 2003; Hamp-Lyons 1997; Shohamy 2001 等)。但是,持反面意见的也不在少数。如 Kunnan(2000, 2004, 2005, 2008, 2010)一再强调,应将使用后果研究延伸至社会、文化等更大的研究范畴,而不应仅将其作为使用维度从属于测试效度; Bachman(2005)在其测试使用辩论框架(Assessment Use Argument)中也将效度和使用分离开来,视两者为两个相互关联的独立成分,并分别进行论证; McNamara & Roever(2006)也强调效度概念的内涵难以覆盖测试的社会性、政治性等方面的内容,因为分数使用及其社会后果研究无法真正体现测试在社会大环境中的地位和作用。

4.1.2.2 整体多维性

Messick 是整体效度观最主要的倡导者之一,其系列论著 Messick(1975, 1980, 1988, 1989a, 1989b, 1992, 1994, 1995, 1996)对效度研究的发展具有深远影响。就整体性而言,他的论述有:

> 效度总体而言足以称得上是一个评价总结,既包含了分数解释与使用的证据,也涉及分数解释与使用的实际后果及潜在后果。这种全面的效度观将对内容、标准和后果的考虑集成到一个综合框架,用于对测试分数的意义及作用的理性假设进行实证检验。(Messick 1995: 742)

根据这种解释,整体观的整体性主要体现在"评价总结"(an evaluative summary)和"综合框架"(a comprehensive framework)两个词上。同时,以理性假设的实证检验为特色的构念效度与内容效度、效标关联效度以及测试后果融于一体,进一步突出整体观的全面性。

在多维性方面,Messick(1988: 42)提出了一个如表 4-1 所示四格表效度模型,称为"Messickan Validity Model"。表中的列包含测试解释和测试使用两种推理,行包含证据和后果两类基础,两两交叉之后得到 4 个单元格,代表效度的 4 个维度。各维度相互交织,构成一个共同整体,形成关于测试效度的综合评价。

表 4-1 效度的多维度性

|  | TEST INTERPRETATION | TEST USE |
|---|---|---|
| EVIDENTIAL BASIS | Construct Validity | Construct Validity + Relevance/Utility |
| CONSEQUENTIAL BASIS | Value Implications | Social Consequences |

具体而言,测试的解释也好,使用也好,都既要有证据的支持,也应该考虑后果。测试解释的证据(左上栏)主要指概念效度(Construct Validity)相关证据,确保分数意义或构念的解释具有合理性;测试解释的后果(左下栏)主要指解释的价值和意义,作出的解释应符合测试使用的需要,成为使用决策的依据;测试使用的证据(右上栏)主要指构念效度的相关性与实用性证据,也就是说,测试使用应建立在测试所考查的目标构念的基础之上,并且测试构念在测试使用中确实能发挥作用;测试使用的后果(右下栏)主要指测试使用会带来的社会后果,既包括可能的潜在后果,也包括实际产生的后果,既有期望的良好后果,也有不期望的不良后果。

#### 4.1.2.3 数据体现观

21 世纪初,Weir(2005)呼吁测试改革,并从促进测试公平性的角度出发,提出基于证据的语言测试及效度验证方法。该方法强调,好的测试应达到一些基本的最低要求,测试改革应着重明确这些要求。在此基础上,风险承担者,特别是教师和学生,就可以做到有针对性地提出问题,测试人员则要能提供证据解答问题。围绕测试所关注的问题,多渠道广泛搜集证据对测试效度进行验证,即为基于证据的效度验证方法,不妨称之为证据效验法,采取这种方法的验证可称为证据法效度验证。

在讨论如何开展证据效验法之前,Weir 先对前人的效度观进行了综述,进而探讨了效度概念的本质。在综述效度分类说期间的效度观时,Weir 借鉴构念效度的观点提出"效度最好定义为测试产生的数据,如分数,准确体现考生语言知识或技能水平的程度"(Weir 2005:12)。我们不妨称 Weir 的这种效度观为数据体现观。在给出这个定义时,"测试产生的数据"仍然是指构念效度观中的分数,因为紧随这个定义之后 Weir 解释道"在这个修改版(效度定义)中,效度存在于具体实施某次测试所得到的分数之中,而不是存在于测试本身"(ibid.)。后来,在对效度整体观进行综述时,Weir 赞同视效度为一个整体概念,但反对否认效度具有类别之分,转而认同 Anastasi(1988)、

Bachman(1990)、Messick(1995)等人倡导的将效度视为超类(Superordinate Category)的观点,提出"我们倾向于重新将效度这一术语作为超类进行描述"(Weir 2005:14),同时指出"效度不仅存在于测试本身或测试中得到的分数之中,同样存在于根据分数所作的推理之中"(Weir 2005:15),"效度不是现存于测试设计者的声明之中的,而是设计者应提供证据来证明的,并且设计之初就要能拿出证据来"(*ibid.*)。此时,"测试中产生的数据"就不再局限于测后的分数,而是扩展到了测试设计之初开始产生的所有可以作为效验证据的数据。

明确了效度的本质为所有数据而不仅仅是测试分数对构念的体现,Weir进而提出分测前(A Priori)和测后(A Posteriori)两个阶段,从测试的开发、实施、评分及评价等各个环节,广泛收集证据进行效度验证。鉴于读、听、说、写四项语言技能在交际功能上存在差异,涉及的认知过程各不同,Weir(2005:44-47)为每项技能分别建构了一个效度验证框架,并称这些框架为新的读、听、说、写测试的开发与验证框架,每个框架的名称则为相应技能测试效度验证的社交—认知框架(A Socio-cognitive Framework for Validating Reading/ Listening/ Speaking/ Writing Tests)。Weir虽没有提出一个统一的框架,但4个框架的总体架构相同,可抽象为图4-1,不妨称之为语言测试效度验证的社交—认知框架。

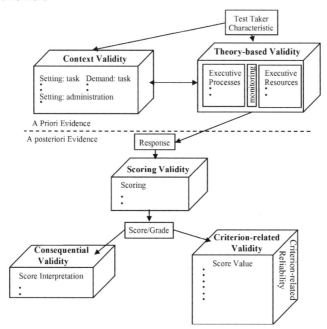

图4-1 语言测试效度验证的社交—认知框架

(基于Weir 2005:44-47)

该框架由五大要素构成,每个要素分别表示一类效验证据,用于检验一个类别的效度,或者说,超类效度的子效度。根据证据的来源不同,五个子效度分别称为语境效度(Context Validity)、理论基础效度(Theory-based Validity)、评分效度(Scoring Validity)、后果效度(Consequential Validity)和效标关联效度(Criterion-related Validity)。其中,前面两类为测前环节效度,后三类为测后环节的效度。将测前环节有机纳入效度验证过程,可谓数据体现观对效度概念发展的最大贡献。理论上,这种效度观是对传统效度观的继承和发扬而不是全盘否定,进一步澄清了测试效度的本质,丰富了效度概念的内涵;实践中,这种效度观不仅具有更加全面、切实、明确的指导意义,同时也具有很好的可操作性。特别是,为了更好地指导开展证据效验法,Weir 针对构成框架的五大要素逐一、深入展开了讨论,并以具有全球影响的大规模测试为实例进行阐释,同时还针对每种测前和测后证据详细介绍了获取证据的方法,包括应该关注的焦点问题、常用的数据采集工具以及相应的数据分析方法。

不过,尽管 Weir 强调从测试设计之初就要开始收集证据,但收集证据的目的还是为了验证"测试中行为表现的结果是我们所要测量的潜在能力或构念的准确反映"[①](Weir 2005:12),或者说,是为了"支持从测试分数中得出的推理"[②](Weir 2005:15)。这是整体效度观对测试效度的基本看法。所以,从根本上来讲,数据体现观跟整体效度观是一致的,两者都强调提供证据来支持从分数中得出的推理,也就是关于测试成绩(行为结果)与潜在能力的关系的解读——分数解释。也正因为如此,本研究将数据体现观归属于整体效度观。

#### 4.1.2.4 整体效度观的局限性

整体效度观提出用构念效度一统所有其他效度类别,强调广泛收集不同类别的效度证据从正、反两方面对分数解释与使用的合理性进行辩论。这种观点从目标构念的体现程度和测试使用的裨益后果两方面来阐述效度,深刻揭示了效度概念的真实内涵;否定了效度的类别之分,可避免片面、孤立地看待效度问题,有利于遏制效度验证中的机会主义倾向;强调效度辩论而不是

---

① In Part 1 we map out the types of validation evidence we need to provide if we are to have any guarantee that the results of performance on a test give us an accurate picture of the underlying abilities or constructs we are attempting to measure.

② Validation can be seen as a form of evaluation where a variety of quantitative and qualitative methodologies (see Part 3) are used to generate evidence to support inferences from test scores.

效度研究,突出论证反面解释和对立假设的重要性,有利于克服证实主义偏差。就此而言,整体观促进了我们对测试效度的认识和效度验证方法的变革,可谓测试发展史上的里程碑。但是,整体观同时又将效度的概念内涵和验证过程局限于分数的解释和使用,而将分数产生以前的各个测试环节置于效度概念和效度验证的范畴之外,这在理论上和实践中都存在明显不足。

1. 狭隘现实主义

整体观的效度概念和验证过程都是基于分数的解释和使用,这就意味着整体观否定测前环节具有效度,验证过程也不包括测前环节。这种只管测后而不顾测前的效度观显然是一种"不试不知道"的狭隘的现实主义思想观。从现实的角度来看,确实是"不试不知道"。没有考生的反应,就无法得知考生的能力;测试不经使用,也就无所谓使用后果。但是,正如 Weir(2005:18)所虑,"如果在开发和实施测试之前对到底要测什么没有清楚的认识,这不会有问题吗? 采取'试了再说'(suck-it-and-see)的方法又会不会有问题?"

从逻辑推理的角度而言,许多事情是"不试也可知"的。考试规范是否明确、具体且可操作? 考试内容是否典型、全面且重点突出? 这些问题,在测前的设计和开发环节即应得到检验。否则,如果考试规范或考试内容存在问题,不用施测也可推知测试将难以达到预期目的,测后的分数解释和使用都将失去意义。尤其是测后环节无法反过来影响测前环节,既不能对测前环节数据中存在的问题进行修正,也无法挽回数据使用所造成的损失。更何况,即使测后发现了问题,也将于事无补。

此外,许多测前环节的问题,测后的分数分析并不一定能够反映出来,影响了效度却发现不了,相反,若在测前环节加强检验,则不仅容易发现,更重要的是,可以及时得到解决,避免产生不利影响。事实上,测试实践中,特别是在大规模、高风险测试中,测前环节的检验力度和投入都会远远大于测后验证。这表明实践中人们并没有把测前环节排除在效度概念和效度验证之外,不顾测前环节的效度观与事实不符,并没有反映测试实践的真实情况。

2. 测前证据问题

整体观也强调从测前环节收集证据对分数的解释和使用进行论证,这看似是对测前环节的重视,实际上是割裂了测试的整体性,先将测试分割为测前和测后两对立阶段,然后再站在测后的角度片面地看待效度问题。尽管在测后分数解释环节也可以反过来从测前环节收集证据,但如果是在测前就已经收集到的证据,非得要等到测后有了分数再来使用吗? 这既没有道理,也不符合事实。测前环节的证据更应该用于测前环节的验证,测前使用的重要性和意义远大于测后使用,但整体观仅片面地强调测前证据的测后使用,这不仅进一步体现了整体观的狭隘性,同时也是 Messick 关于内容证据的矛盾解释的根源。

由于测试内容并不代表考生的实际反应,Messick(1988:38)一方面否定内容效度之说,甚至认为内容连效度证据都算不上——"从根本上而言,内容相关证据算不上效度证据",但同时又主张收集六个方面的效度证据,内容证据位居第一(Messick 1996:248)。这种自相矛盾,正是整体观效度定义的狭隘性引起的。事实上,每个测试环节都会产生数据,都应该对数据的解释和使用进行验证。如果将效度的概念内涵和检验过程涵盖所有测前和测后环节,自相矛盾即不复存在,因为测试内容是开发环节最有力的证据,开发环节的辩论,正是由正、反两个方面的内容证据引起的。

Weir(2005)针对整体观的这一局限性提出基于证据的效度验证方法,先将分数拓展为数据,然后用"数据体现水平的程度"来取代"分数的解释与使用"。这种方法一方面突破了"分数解释"的局限性,因为数据包括分数但不限于分数,另一方面移除了"分数解释"的模糊性,明确解释的内容实为考生水平的体现程度。此外,该方法还区分了测前证据(A Priori Evidence)和测后证据(A Posteriori Evidence),并在效度验证框架中用箭头表明测前证据是测后证据的基础,从而不仅将测前环节有机纳入了效度的概念范畴,还进一步突出了测前环节的基础作用。

不过,这种效度验证法也有其不足之处。首先,既然提出了测前证据和测前效度,但测前证据并不是用来验证测前效度,而是为检验测后分数的解释与使用服务的,这就出现了与整体效度观一样的逻辑问题。逻辑上讲不通,说明框架存在与事实不符的地方,并没有完全准确反映实际情况。其次,没有明确各个测试环节的结果数据与测试的目标构念之间的内在关联,特别是后果效度和效标关联效度仅与分数/成绩有直接关联,与测试构念没有直接联系。事实上,后果虽然是由测试使用导致的,但内在的、根本的原因还是构念,框架并没有体现这一层关系。最后,使用外部的效标关联效度证据进行效度验证时,采用的方法仍然是比较两个测试的分数,而没有针对各个测试环节全面考虑两个测试的整体可比性。显然,如果其他环节没有可比性,分数比较没有实际意义。

3. 内涵解读问题

如前所述,整体观一方面将效度概念的内涵从测试本身转移到了分数解释,否定效度是测试本身固有的属性,另一方面认为效度是一个程度问题,否定"有效测试"与"无效测试"之说。但令人费解的是,既然测试效度不属于测试,为何又要称为测试效度?既然属于分数解释,为何又不叫分数解释效度?

如果不存在"测试有效"或"无效测试",那么如何判定一个测试到底可不可以接受?

可以说,测试效度的内涵在于分数解释的合理性,效度验证就是检验分数解释在多大程度上是合理的,但这并不足以否定效度是测试本身的属性或测试具有效度。正如护照有效性的内涵在于持有者身份的真实性和使用期限的有效性,检验护照是否有效,就是要看持有者的身份是否真实、使用日期是否在有效期限之内。但护照的有效性当然属于护照,只要身份属实且使用日期没有过期,护照就是有效的,否则即无效。同样的道理,测试的效度自然属于测试,并且是测试的固有属性,否则就不应有测试效度之说了。

尽管效度是个程度问题,不是绝对的"有"或"无"的问题,但不能因此而否认"有效"和"无效"之分。相对而言,只要效度达到了可以接受的程度,测试就是有效的,反之即无效。对于任何测试,到底有没有效,最终必须明确表态:如果虽有不足但总体上可以接受,那就是"有效"的;相反,如果基本上不可接受,尽管仍有一定的有效成分,那也是"无效"的。所有测试,归根到底,要么是有效测试,要么是无效测试。"有效测试"是所有测试都应该追求的目标,"这个测试有效"是对可接受的测试最基本的肯定,而不是不恰当的语言。

## 4.2 累进效度

任何测试都可分为测前和测后两个阶段,每个阶段又包括若干测试环节。各个测试环节环环相扣,前一环节是后一环节的基础,后一环节只能受前面环节的影响而不可能反过来影响前面的环节。这就是说,测试环节具有不可逆性,前面的环节出了问题,后面的环节无法弥补。就效度而言,借鉴整体效度观的整体多维性和数据体现观的思想,由于每个环节都会产生结果数据,结果数据都应该充分体现测试的目标构念,因此每个环节都具有效度,每个环节都应该进行效度验证。环节效度可定义为相应测试环节各方面的数据集中体现测试目标构念的程度,而最终效度是各个环节效度层级累进的结果,可谓累进辩论。

### 4.2.1 总体框架

基于累进辩论的思想,借鉴整体效度观提出的"数据体现构念"的观点,语言测试的效度辩论可按如图 4-2 所示总体框架进行。该框架主要包括三个部分,分别针对测试(Testing)研究领域中的三个核心问题,即:测什么(what)? 如何测(how)? 为什么(why)有效或无效? 三个问题分别涉及测试的目标构念(Construct)及其界定(Definition)、测试过程(Procedure)及操作(Operationalization)和测试效度(Validity)及效度验证(Validation)等主要内容。其中,测试过程是连接目标构念和测试效度的桥梁,一方面负责对目标构念的测量(Measuring)操作,同时收集各类数据为效度的辩论(Arguing)提供证据支持。

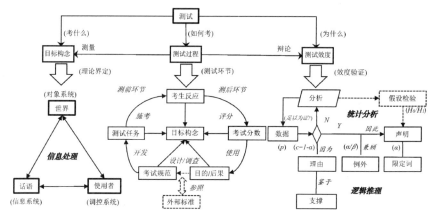

图 4-2 语言测试效度辩论框架

#### 4.2.1.1 目标构念

要进行测试,首先需要对测试的目标构念进行明确界定。本研究基于系统论、信息论和控制论,提出信息能力构念观(见总体模型图左图),从话语信息认知处理的角度讨论语言测试的目标构念。话语信息认知处理系统由三个子系统构成:世界(World)为对象系统(Object System);话语(Discourse)为信息系统(Information System);使用者(User)为自我调控系统(Regulation System)。信息处理(Information Processing)的过程就是语言使用者使用话语对具体语境中的主、客观世界进行表达或理解的过程。这部分内容的详细讨论见下一章。

#### 4.2.1.2 测试过程

测试过程(见总体框架图中图)包括设计(Designing)、开发(Developing)、施考(Administrating)、评分(Scoring)和使用(Using)等几个主要环节,每个环节都会产生该环节典型的结果数据,分别为考试规范(Specification)、测试任务(Task)、考生反应(Response)、考试分数(Score)和使用后果(Consequence),而期望的使用后果正是测试的目的(Purpose)。每个测试都有特定的使用目的,适于某一目的的测试,若用于另一目的,则有可能完全不合适,所以设计应该根据使用目的来进行。对于多个目的相同的测试,当前测试的设计可从过往测试的后果中总结经验和教训,自身的后果可为后续测试的设计积累经验和教训,因此通常需要对测试后果进行调查(Investigating)。此外,当前测试可参照(Referencing)某个标准测试的相应环节进行设计、开发、施考、评分和使用,也有可能成为后续测试的参照标准(Criterion)。

所有测试环节都以测试所要考查的目标构念(Target Construct)为中心,测前环节产生的数据应紧扣目标构念,有利于考生发挥正常水平;测后环节产生的数据则应是考生水平正常发挥的结果,应充分体现目标构念。各环节数据在多大程度上有利于体现(测前)或体现了(测后)测试的目标构念,这个程度即为效度。可见,效度是相对于测试环节而言的,每个环节都具有效度,各环节的效度分别为设计效度、开发效度、施考效度、评分效度、使用效度和参照效度。各个环节构成一个层级累进的过程,每个环节的效度都以上一环节的效度为基础,同时又是下一环节效度的前提条件。整体而言,测试效度是一个以目标构念为中心、各个环节效度层级累进的结果,故称累进效度(Progressive Validity)。

所谓累进(Progression),指的是一个环节的效度以前任环节的效度为基础,并对后续环节的效度产生影响。累进具有单向不可逆且不可累加的特点。首先,各个环节按时间先后顺序推进,后续环节无法反过来影响前任环节。一个环节存在效度问题,后续环节无法弥补,而只能受其影响。效度的累进不像百分比的累积(Accumulation),不是简单相加,而是最大不大于最薄弱环节的效度。极端地说,一个环节无效,所有后续环节都没有效度可言。其次,任何一个环节的效度都是对所有前任环节效度的综合评价和全面总结。这种评价和总结只能通过理性的逻辑推理进行主观评判,而不可能使用数学公式进行精确计算,因此效度不像信度可以表示为一个确切的数值,而只能是一种主观评判的结果,也就无所谓效度系数之说。

#### 4.2.1.3 累进辩论

累进效度的验证采取累进辩论法,其逻辑推理过程如总体框架的右图所示。有关这个逻辑推理的详细解释见第 3 章累进辩论法的 3.2 辩论结构,此处不再赘述。而之所以称为累进辩论,这包含两个方面的含义:首先,总体而言,从测试设计之初到测试结果的使用,各环节的效度由先而后逐步推进,测试效度是各个环节效度层级累进的结果;其次,就各测试环节而言,效度问题是由若干涉及不同维度、包含不同层级的子问题组成,效度辩论是一个通过循环使用辩论模型依次解决同级问题、通过递归使用辩论模型逐级解决不同层级问题的层级累进过程(详细解释见第 3 章累进辩论法的 3.3 累进机制)。

　　累进辩论以前任环节为基础,但这并不意味着每个环节的效度验证都必须从最初的设计环节开始。累进辩论强调每个测试环节都应对当前环节的效度进行验证,因此在对某个环节的效度进行验证时,都是默认其前任环节的效度已经经过检验,只要没有发现问题就无须重新验证。具体地说,开发期间应认可此前的设计效度,施考期间则应认可此前的开发效度及更早的设计效度,依此类推。当然,如果在某个环节的效度验证过程中发现某个前任环节存有效度问题,这种情况下尽管无法改变既成事实,但仍有必要收集证据对有关问题进行讨论,并就问题对后续环节效度的影响进行合理解释。

　　此外,每个环节的问题多种多样且不可穷尽,效度验证不可能面面俱到,而只能力争尽可能全面、详尽。验证过程中,首先应该针对相应环节的一般性问题进行辩论,然后再根据实际情况考虑当前测试环节的特殊问题。应该高度重视证伪不利于效度的反面解释,而不应该采取机会主义态度仅对容易证实的正面解释进行检验,因为证伪反面解释往往比证实正面解释更具有说服力。测试研究中,也可以只针对某一个环节的某一个问题单独进行讨论,但同样也需要注意上述两个方面的问题。例如,如果要借用某套试卷来分析答题过程,首先应该有足够的理由相信设计和开发环节具有理想的效度。如果要利用分数来分析能力结构,不仅设计效度和开发效度应该比较理想,施考效度也应该有保障。并且,在得出结论时,还应充分考虑有关环节在效度方面的局限性和不足之处,从正、反两个方面对测试效度进行充分论证,展开理性辩论。

### 4.2.2　环节效度

　　每个测试环节都会产生相应的结果数据,结果数据都应该充分体现或有利于体现测试所要测量的目标构念,因此每个环节都具有效度,都应该进行效度验证。但数据到底在多大程度上有利于体现(测前)或实际体现了(测后)目标构念,这往往可争可辩,而导致争辩的原因往往是结果数据中存在的问题。

　　图 4-3 列举了各个测试环节典型的结果数据以及针对结果数据的焦点问题,这些问题也就是各测试环节的效度验证应该回答的一般性问题。测试实践中,各环节也可根据实际情况增加一些其他问题。在开始各环节的工作之前,应先针对焦点问题进行详细规划(Planning),就该环节的结果数据应达到何种要求作出假设(Hypothesis);工作结束得到结果数据以后,则应从结

果数据中找出证据,逐一回答之前提出的问题,这个过程也就是执行(Execute)假设检验并合理作出声明(Claim)的过程。

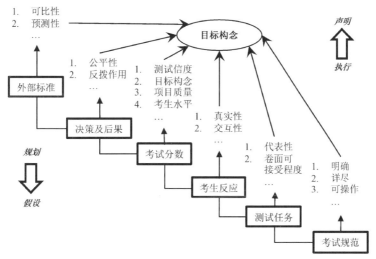

图 4-3　各环节辩论的焦点问题

#### 4.2.2.1 设计效度

测试始于设计,测试效度自测试之初、经设计之后即已存在。设计环节的关键是制订考试规范(Specification),考试规范有利于体现目标构念的程度即为设计效度(Designing Validity)。

考试规范根据考试大纲制定,是考试大纲的具体化和细化描述。考试大纲作为纲领性文件,一般只会在宏观层面上对考试的有关方面进行概括性的介绍或说明,而不会深入到考试的具体细节问题。考试大纲的使用对象主要是考生、教师、家长等与测试利害攸关的各方或风险承担者(Stakeholders)。考试规范主要是供测试的开发、实施、评分等人员使用的,可谓考试的操作指南,需要对"考什么""如何考""怎么评"等各个环节的测试工作做出明确规定和具体指导,以确保各项考试工作能够顺利开展。通俗一点说,考试规范是考试工作的"施工图",如果设计得好,不论施工者是谁,按图施工即可;相反,如果设计有问题,之后各个环节的工作都会受到影响,甚至难以顺利进行。

考试规范兼具描述性和规定性的特点,既要对考试的目的、性质、对象等方面进行描述,也要对考试内容、考试方法、实施流程和评分标准等作出规定或要求。要达到"施工图"的效果,各项描述都要清晰、准确,总体上还要全面、详细,即具有明确性(Clarity)和详尽性(Detailedness),而规定和要求则要切实、可行,具有可操作性(Practicality)。因此,设计效度辩论重点围绕考试规范的这三个方面开展,辩论关注的焦点问题及其主要证据来源见表4-2。

表 4-2　设计效度辩论的焦点问题及主要证据来源

| 焦点问题 | 主要证据来源 |
| --- | --- |
| 设计效度验证主要针对考试规范的明确性、详尽性和可操作性进行辩论。<br>1. 明确性<br>　各项描述是否清晰、准确,尤其是有关概念的描述是否清楚、明确? 或者,存在哪些描述不清、界定不明的情况?<br>2. 详尽性<br>　总体而言,关于考试的描述是否全面、详细? 或者,存在哪些内容缺失、环节遗漏的情况?<br>3. 可操作性<br>　各项要求和规定是否切实、可行? 或者,有哪些不切实际、无法操作的要求或规定?<br>…… | 考试规范及相关文件,主要包括考试目的/性质、考生群体、考试要求、试卷结构、施考要求、评分要求、分数含义以及样卷、附录、补充说明等。 |

明确性指各项描述在语义上应该清晰、准确,而不应该含糊其辞,尤其是与考试内容和考核目标相关的概念,必须有明确的定义,而不能界定不清、分类不明。详尽性指考试规范的内容在总体上应全面覆盖测试的各个方面和所有环节,而不应有内容的缺失或环节的遗漏。内容上,要确保考试规范的结构完整;环节上,要确保命题、监考和评卷都要有明确、详细、具体的操作步骤或流程。可操作性主要指有关要求和规定要切合考生和施考的实际情况,不能有不切实际、无法实施的情况,特别是,制约施考过程的资源、人力、时间等方面的要求不能脱离实际,不能超出考生和施考单位的承受能力。

考试规范的设计不合理或存在问题,测试工作就会受阻,甚至无法正常开展。例如,我国《普通高等学校招生全国统一考试大纲的说明》(教育部考试中心 2012)可谓我国高考的考试规范,其中的考试内容要求部分存在概念界定不清、分类不明的情况,导致命题和成绩分析时不得不重新拟定考试内容体系和考核目标指标。以阅读理解部分为例,考试内容要求如下(ibid.:322-323):

(1) 理解主旨要义;

(2) 理解文中具体信息;

(3) 根据上下文推断生词意义;

(4) 作出简单判断和推理;

(5) 理解文章的基本结构;
(6) 理解作者的意图、观点和态度。

上述几个方面的要求,看似都是阅读理解考试应该重点关注的内容,但这种描述在考试内容和考核目标两个方面都存在概念界定不清、分类不明的问题。考试内容方面,总体上不成体系,分类上存在交叉。其中,第(4)条没有明确的考试内容要求,而第(6)条的"作者的意图、观点和态度",既可以是第(1)条的"主旨要义",也可以是第(2)条的"文中具体信息"。考核目标方面,也就是阅读理解测试的能力要求方面,第(1)、(2)、(5)、(6)条要求"理解",而第(3)和第(4)条又分别要求"推断"和"判断和推理"。那么,到底何谓阅读理解能力?理解跟判断、推理又是什么关系?一般而言,语境意义的概括程度和隐含程度决定了测试对考生阅读理解能力的要求。字面上直白的显性意义,无论是细节意义还是主旨要义,往往只涉及识别和记忆;隐藏在字里行间的细节意义,则需要进行推理和判断;隐含的、没有明说的主旨要义,还需要进一步的归纳和概括。上述要求对此显然无法区分。如果一道题考查的是主旨要义,而这个要义又是作者没有明说的观点,那么这道题在考试内容上到底该归属于第(1)条还是第(6)条?在考核目标上又该属于哪一条?很明显,按照这种考试要求进行考试,测前无法明确试题的双向细目,测后又理不清试题的统计指标,不仅设计效度受损,后续各个环节的效度及效度验证工作也都会受到影响。

为了解决或避免上述问题,我们在湖南省高考自主命题期间(2011—2014年)重新架构了"普通高等学校招生全国统一考试(湖南卷)英语"考试的考试内容和考核目标的指标体系,并基于此体系进行考试开发和考生水平分析。(湖南省教育考试院高考评价课题组 2012,2013)

#### 4.2.2.2 开发效度

开发环节的主要任务是命题,最终得到测试任务(Test Tasks),因此开发效度(Development Validity)主要指测试任务在多大程度上有利于体现测试的目标构念。

测试任务是测量考生能力的"尺子",如果"尺子"有问题,"量"出来的结果就难以真正体现考生的水平。从话语信息认知处理的角度而言,测试任务是话语信息中包含的知识(考试内容)和处理话语信息所需的能力(考核目标)的统一体,确定一个测试任务就是明确用什么考试内容来考查什么样的考核目标。一套试卷中,每道试题都应该有明确的考试内容和考核目标,所有试题的考试内容和考核目标共同构成的列表,称为双向细目表(Two-way Checklist)。

理论上说来,所有可用于一个测试的任务是一个无限集合,构成测试任务的范畴(Domain)或全域(Universe);而在一个具体的测试中,测试任务的数量是有限的,所有实际用于某个测试的任务可视为从测试任务全域中抽取的一个样本。作为样本,测试任务应具有典型代表意义,应足以代表测试任务的全域。此外,在呈现给考生时,无论是以纸笔考试的形式,还是利用计算机进行考试,测试任务在表面上看起来都应该可以接受。因此,测试任务的代表性(Representativeness)和表面可接受程度(Face Acceptability)也就是开发环节所要关注的问题。开发效度验证主要围绕这两个方面进行辩论,辩论的焦点问题及主要证据来源见表 4-3。

表 4-3 开发效度辩论的焦点问题及主要证据来源

| 焦点问题 | 主要证据来源 |
| --- | --- |
| 开发效度验证主要围绕测试任务的代表性及其表面可接受程度进行辩论。<br>1. 代表性<br>　测试任务反映任务全域的程度,主要从三个方面考查:<br>• 相关性<br>　测试任务是否与测试所提供的内容和期望考查的能力相关? 或者,任务中存在哪些无关干扰因素?<br>• 重要性<br>　测试任务是否突出对重点知识和主要能力的考查? 或者,有哪些重点知识被遗漏或主要能力被忽视,甚至是否存在刻意针对不起眼的地方"挖陷阱"的情况?<br>• 充足性<br>　测试任务的数量是否充足,内容和能力是否全面覆盖且分布合理? 或者,哪些内容和能力的数量不够或分布不合理?<br>2. 表面可接受程度<br>• 语言使用的正确性<br>　测试任务的语言形式(包括语音、语调、拼写、语法结构、篇章结构以及标点、符号、图表格式等)和语境意义(包括事实性、逻辑性、科学性等语言内容)是否正确? 或者,有哪些语言形式或内容上的错误?<br>• 排版布局的合理性<br>　排版布局是否清晰、醒目,方便考生阅读和答题? 或者,哪些地方排版布局不当,给考生阅读和答题带来困难?<br>…… | 测试任务及相关资料,主要包括双向细目表、考试试卷、评分细则(参考答案)、预期答题行为(试题分析)、试题审定单或其他质量控制调查表、试测数据及调查问卷等。 |

测试任务的代表性也就是传统的内容效度(Content Validity)的涵义，主要从相关性(Relevancy)、重要性(Significance)和充足性(Sufficiency)三个方面来考虑(参见 AERA et al. 1974；Angoff 1988；Messick 1988 等)。首先，测试任务的内容应与测试所提供的或期望考查的内容相关，这是确保内容效度的最低要求。内容不相关，就会出现 Messick(1989a，1992，1996)所说的"构念无关偏差"(Construct-irrelevant Variance)。比如，多项选择题的干扰项往往很难设计，因为要确保干扰项的内容与语篇的内容既相关又不对，并且还要错得自然、错得不悖常识和逻辑，而且数量还不止一两个，这种题型的命题难度确实非常大，因此就很容易出现用无关选项作为干扰项来凑数的情况。但根据相关性要求，干扰项的错也应该是"听"出来或"读"出来的错，不能是因为无关而错，无关选项原本就不应该作为干扰项出现。在相关的基础上，测试任务还应突出对重点知识和主要能力的考查，即测试任务要具有重要性，而不可本末倒置，关注细节反而忽视要点。尤其重要的是，不能为了增加考试难度而刻意针对不起眼的细节设题——俗称"挖陷阱"。"挖陷阱"实际上是故意为难考生，不仅有损测试效度，也是不讲测试道德的行为。此外，测试任务还应全面覆盖应该考查的知识和能力，即具有充足性。这可从试题的数量、比例及分布等情况来分析。总的来说，试题数量应足够，应能足以反映考生的知识和能力水平，否则就会导致 Messick(1989a，1992，1996)所说的"构念体现不足"(Construct Under-representation)的问题。相对于一个测试语篇而言，试题中涉及的测试信息点的数量不能太少，而应跟语篇中的信息点总量保持一个恰当的比例；测试信息点在语篇中的分布也要合理，不应出现大段语篇没有试题涉及或部分语篇试题密集的情况；试题的顺序也应跟测试信息点在语篇中出现的顺序一致，不能让考生翻来覆去地找答案。

测试任务的表面可接受程度也就是传统效度观中的表面效度或卷面效度(Face Validity)，主要包括语言使用的正确性(Correctness of Language Use)和排版布局的合理性(Appropriateness of Typesetting)两个方面的内容。语言使用正确性主要指测试任务的语言表述应该正确，不应有任何语言形式或语境意义方面的错误。语言形式上，语音、语调、拼写、语法结构、篇章结构以及标点、符号、图表格式等都不应有误；语境意义方面，测试任务的语言表述不应有事实性、逻辑性、科学性等方面的错误，并且语言使用要符合语用情景，也就是说，要得体、地道。排版布局的合理性主要指测试任务的呈现是否清楚、醒目，是否方便考生阅读和答题。比如，字体、字号、行距等要合适，必要时还需使用粗体、斜体、下划线等对文本进行修饰；同一个段落、试题、图形或表格最好不跨页，填空、改错、配对等题型的语篇跟试题应该左右并列分布,选项分行排列时最好由短到长或由长到短。总之,排版布局不应给考生答题造成困难。

#### 4.2.2.3 施考效度

施考环节最终得到考生反应(Response)。考生反应在多大程度上体现了测试的目标构念,这个程度即为施考效度(Administration Validity)。

考生反应指考生在完成测试任务的过程中所做出的反应,在后续的评分环节将成为评分的依据。在直接测试如口试、面试中,评分的依据是考生在答题过程中的行为表现,而在无法根据答题行为直接评分的测试中,考生反应主要指考生的答题结果,包括考生作出的选择或写出的答案。作为评分的依据,考生反应首先应该具有真实性(Authenticity),考生的答题行为应该是考生真实的语言使用行为,答题结果应该是考生语言水平的真实体现。其次,人们使用语言,目的是为了交际,考生在测试过程中使用语言也应完成一定的交际任务,实现语言使用的交际功能。就此而言,考生反应应该具有交互性(Interactiveness),以体现语言使用的交际功能。基于上述两点,施考环节的效度验证主要针对考生反应的真实性和交互性进行辩论,辩论的焦点问题及主要证据来源见表4-4。

表4-4 实施效度辩论的焦点问题及主要证据来源

| 焦点问题 | 主要证据来源 |
| --- | --- |
| 施考效度验证主要针对考生反应的真实性和交互性进行辩论。<br>1. 真实性<br> 答题行为在多大程度上属于真实的语言使用行为? 或者,有哪些答题行为不是或不能完全算是真实的语言使用行为?<br> 答题结果在多大程度上反映出了考生真实的语言水平? 或者,有哪些答题结果不是或不能完全算是考生真实语言水平的反映?<br>2. 交互性<br> 答题行为在多大程度上体现了语言使用的交互性特点? 或者,哪些答题行为没有体现语言使用的交互性,或体现程度不够?<br> 答题结果在多大程度上是考生进行语言交际产生的结果? 或者,哪些结果跟语言交际无关?<br>…… | 考试结果及考场相关记录,主要包括考生答卷、考场录音/录像、监考须知、考场记录以及考官培训记录、考生访谈记录、答题过程/行为调查结果等。 |

考生反应的真实性可从答题过程和答题结果两个方面来分析。就答题过程而言，考生在完成测试任务的过程中表现出来的语言行为应与现实生活中真实的语言使用行为一致，包括认知处理、知识运用、策略使用等都要尽可能一致。就答题结果而言，无论是主观的做答题反应（Constructed Responses），如填空、翻译、写作等，还是客观的择答题反应（Selected Responses），如选择、匹配、配对等，也应该都是考生运用相关能力、知识及策略得出的结果。为了确保考生反应的真实性，测试任务的设计应尽可能使用现实生活中的真实语言交际任务，选材应尽可能使用真实的语言材料，切忌虚构现实生活中不可能发生的语言交际活动，编写现实生活中不可能听到或读到的句子或对话。当然，测试任务和语言材料真实，并不意味着考生反应一定具有真实性。考生的答题过程和答题结果有可能因为各种各样的原因而不够真实，甚至完全不真实。例如，舞弊会直接导致答题结果不真实。选择、正误判断、配对等客观题的答题行为，由于并非真实的语言使用行为，因而饱受诟病或批评，如果可猜测则更容易遭受质疑。此外，焦虑、紧张、疲劳、身体不适等考生的个人因素和考试环境、施考流程、考官及考务人员，以及其他非考生个人因素，也都有可能给考生的答题行为带来负面影响，进而导致答题结果偏离考生的真实水平。

考生反应的交互性主要指考生答题行为体现语言使用的交际功能的程度。一般来说，直接测试的交互性强，间接测试的交互性弱；主观测试的交互性强，客观测试的交互性弱。例如，以对话、讨论、答问的方式考口语，考生反应就具有很强的交互性，而如果以拼读、朗读的方式考，考生反应的交互性就相对较弱，因为拼读、朗读并没有真正涉及语言交际。与此类似，择答式客观题考试的交互性弱，做答式主观题考试的交互性强。交互既可以是面对面的、显性的、直接的交互，也可以是跨越时空的、隐性的、间接的交互。口头交际中的听与说属于前者，笔头交际中的读与写属于后者；录音与听录音、记笔记或日记也是属于后者，同样具有交互性。在阅卷的人力、财力、时间允许的条件下，测试应尽可能使用直接测试任务，采取做答式主观题考试，通过提高考生反应的交互性达到提高实施效度的目的。

Bachman & Palmer(1996)在讨论测试的质量（Test Quality）时，也着重讨论了测试任务的真实性和交互性。测试任务真实性的定义为"给定语言测试任务的特点与目的语使用任务的特征的一致性程度"[①](p.23)，其中，测试

---

① We define *authenticity* as the degree of correspondence of the characteristics of a given language task to the features of a TLU task.

任务的特点包括环境、指导语、输入、期望反应、输入与反应的关系等方面的特点,目的语使用任务分为现实生活任务和语言教学任务。测试任务交互性的定义为"在完成测试任务的过程中考生个性特点介入的类型及程度"(p.25)①,其中,考生个性特点的类型分为语言能力、话题知识和情感图式三种。此外,Bachman & Palmer(1996:27-28)还对真实性与交互性的关系进行了深入讨论,指出真实性的高低可与交互性的高低进行搭配,形成四种不同真实性和交互性的测试任务,即:A——真实性高而交互性低、B——真实性低而交互性高、C——真实性低且交互性也低、D——真实性高且交互性也高,并且还针对每种情况分别进行了举例说明。

不过,上述测试任务真实性和交互性的定义,以及关于真实性与交互性的关系的论述,都值得商榷。

首先,真实性的定义不适合以现实生活任务为测试任务的情况,因为现实生活任务有时并不具备上面提到的几种测试任务的特点。比如,现实生活中的阅读任务一般不会有指导语,也不会要求作出类似于测试任务中的反应,不存在输入与反应的关系问题。如果没有可以进行比较的特点,那就谈不上特点的一致性,基于特点一致性的真实性也就从无谈起。所以,我们提出从认知处理、知识运用、策略使用等方面来定义真实性,因为无论是在测试中还是现实生活中,语言使用任务都必然会涉及认知活动、知识运用和策略使用,两类任务在这些方面的一致性程度越高,测试任务也好,考生反应也好,其真实性就越高,反之则越低。

其次,在交互性的定义中,"交互"的概念被替换成了"介入",指考生个性特点在任务完成过程中的介入程度。所谓交互,理应是双方的互动或影响。考生可以对任务做出反应,但任务不可能对考生做出反应,也不可能受考生的影响,所以考生和任务之间并不存在交互。既无交互,何谈交互性?再说交互性定义的措辞也不严谨,不应是"考生个性特点介入的类型及程度",而应是"三类考生个性特点的介入程度",因为交互性是一个程度问题,而不是类型问题。我们提出从人与人之间语言交际的角度看待考生反应的交互性,不仅仅是为了避免概念错误,更重要的是为了强调语言测试应充分体现语言使用的交际功能,应尽可能使用针对一定交际目的的任务。

最后,所谓语言测试任务的真实性与交互性可以高低搭配,这种说法更值得商榷。人们使用语言,目的都是为了交流,现实生活中的说、听、写、读活

---

① We define *interactiveness* as the extent and type of involvement of the test taker's individual characteristics in accomplishing a test task.

动,无一不是语言交际活动。所以,真实的语言使用任务,必然都是交互的,无论在现实生活中还是语言测试中,都不存在真实性高而交互性低,或者相反,交互性低但真实性高的语言使用任务。真实性不高的任务,交互性必然低;交互性高的任务,真实性必然高。真实性和交互性总是同步的,要么都高,要么都低。在 Bachman & Palmer(1996:27-28)列举的四个高低搭配的例子中,例 A——用英文打字测试任务招聘英文打字员,这个任务其实并不是语言测试任务;例 B——用英语面试任务招聘英文打字员,这其实是语言测试的误用。可见,所谓的高低搭配,事实上是不存在的。例 C——用英语词汇测试任务为美国大学招留学生,这种任务的真实性和交互性都低;例 D——用角色扮演测试任务招聘推销员,则属于真实性和交互性都高的情况。后两种情况,在语言测试和现实生活中都确实存在。

#### 4.2.2.4 评分效度

评分环节通过对考生反应进行量化评分,得到考试分数(Test Score,简称分数)。分数是这个环节最关键、最重要、最典型的结果数据,因此,分数体现测试目标构念的程度即是评分环节的效度,可称为评分效度(Scoring Validity)。

分数到底在多大程度上体现了测试的目标构念?回答这个问题,实际上就是对分数进行解读,讲清楚分数到底意味着什么,这正是传统效度观中构念效度(Construct Validity)的内涵。要使分数解读具有合理性,分数本身应该可靠,测试应具有理想的信度(Reliability);测试信度依据考生在项目上的得分进行推断,要确保测试可信,首先项目质量(Item Quality)应有保障。因此,进行评分效度辩论,首先要确保项目质量和测试信度,然后再对到底考查了什么——目标构念(Target Construct)——进行解读,同时还需对考生的语言水平(Language Level)进行分析。这个环节辩论的焦点问题及主要证据来源见表 4-5。

表 4-5 评分效度辩论的焦点问题及主要证据来源

| 焦点问题 | 主要证据来源 |
| --- | --- |
| 评分效度验证主要针对分数解读的合理性进行辩论,检验内容主要包括测试信度、目标构念以及项目质量和考生水平等。<br>1. 测试信度<br>　信度系数是否可接受?或者相反,存在哪些误差超出可接受范围的情况? | 考试分数及相关统计分析结果、调查结果、评分标准/细则等。 |

续表

| 焦点问题 | 主要证据来源 |
| --- | --- |
| 　　主观测试中,评分员自身或评分员之间的一致性程度如何？或者相反,存在哪些评分不一致或评分有偏见的情况？<br>2. 目标构念<br>　　因子分析的解释力度如何？各因子如何命名？或者相反,有哪些观测指标无法归因？该如何处理并合理解释？<br>　　观测到的数据模型与理论上的假定模型是否拟合良好？或者相反,有哪些不达标的拟合指标？该如何修正并应做何解释？<br>3. 项目质量<br>　　整卷及各题的难易度、区分度、可猜性、信息量等质量指标是否可接受？或者,试题的哪些质量指标不可接受？<br>　　哪些试题可作为典型试题进行分析？尤其是哪些可作为差题典型？<br>　　选项被选情况如何？尤其是哪些干扰项的干扰功能较差？<br>4. 考生水平<br>　　应该报告原始分数还是转换分数？是否需要进行等值处理？<br>　　成绩的总体分布及得分情况如何(包括频数分布、均值、标准差、差异系数以及优、良、中、差的比率等)？<br>　　成绩的组间与组内差异及变化情况如何(如差异显著性、变化趋势等)？<br>　　考生在各分项(如语言信息点、语言能力项、题型等)上的得分情况如何？<br>…… | |

　　上述评分环节的焦点问题,历来都是测试理论与实践所关注的核心问题,测试理论的演变和发展主要也是这几个方面研究的深入和拓展。由于不同测试理论关注的焦点问题各有侧重,提出的解决方案自成体系,若以焦点问题为主线进行探讨,会导致理论介绍的分割和不全面。为了避免这个问题,下面采取分别介绍有关理论或方法的方式来讨论评分环节的焦点问题,重点介绍经典测试理论(Classical Test Theory,CTT)、概化理论(Generalizability Theory,GT)、项目反应理论(Item Response Theory,IRT)和两种结构分析方法——因子分析(Factor Analysis)和结构方程模

型(Structural Equation Modeling, SEM)。

- 经典测验理论

1. 概述

CTT 是最早实现数学形式化的测量理论(参见 Allen & Yen 2002; Novick 1966),也称经典真分数理论。CTT 从 19 世纪末开始兴起,20 世纪 30 年代形成比较完整的体系而渐趋成熟。20 世纪 50 年代,格里克森的著作使其具有完备的数学理论形式,而 1968 年洛德和诺维克的《心理测验分数的统计理论》一书,将 CTT 发展至巅峰状态,并实现了向现代测量理论的转换(参见顾明远 1998)。

真分数(True Score)指被试在所测特质(如能力、知识、个性等)上的真实值,用 $T$ 表示。测试实践中,误差($E$)不可避免,得到的观测分数($X$)总是包含误差,即有:$X = T + E$。这是 CTT 的基本思想。要获得真分数,必须将误差从观测分数中分离出来。为了解决这一问题,CTT 提出两个重要假设:其一,真分数具有相对稳定性。这就是说,所测量的特质在短期内不会发生显著变化,或者,至少可以假定在一定时期内保持恒定。其二,误差是随机的,即服从均值为 0、标准差为 $\sigma_E$ 的正态分布 $N(0, \sigma_E^2)$。这就是说,若在同等条件下反复测试,误差均值将趋向于 0,观测分数的均值趋向于真分数,而一组观测分数中的总方差($\sigma_X^2$)则为真分数方差($\sigma_T^2$)与误差方差($\sigma_E^2$)之和,即:$\sigma_X^2 = \sigma_T^2 + \sigma_E^2$。

基于上述两个假设,如果在一定时期内(确保真分数不变)适时进行两次相同或近似的测试,那么两个测试的相关程度($r_{xx'}$)可视为真分数的贡献,而差异则可视为误差的影响。这正是 CTT 构成其理论体系的基石,CTT 中的信度、效度、项目分析、常模、标准分数等核心概念都是在此基础上建立起来的。不过,CTT 中的误差仅指随机误差,系统误差因无法分离而包含在真分数之中,这是 CTT 最大的不足。

2. 测试信度

测试信度(常简称信度)指测试的可靠性。从理论上来讲,如果测试可靠,同等条件下反复测试得到的结果应该相同或具有一致性。可见,信度指的并不是测试本身,实际上是指测试结果的一致性程度,其值取决于真分数的含量,或者从反面来说,取决于误差的大小。观测分数中,真分数的含量越高,误差越小,信度越高,反之则越低。信度的操作定义为真分数方差占总方差的比率,即:

$$R = \frac{\sigma_T^2}{\sigma_X^2} \tag{4-1}$$

由于 $\sigma_X^2 = \sigma_T^2 + \sigma_E^2$，因此有 $\dfrac{\sigma_T^2}{\sigma_X^2} + \dfrac{\sigma_E^2}{\sigma_X^2} = 1$，故有：

$$R = 1 - \dfrac{\sigma_E^2}{\sigma_X^2} \tag{4-2}$$

且有：

$$\sigma_E = \sigma_X \sqrt{1-R} \tag{4-3}$$

由于真分数无法得知，CTT 提出平行测试(Parallel Test)的概念，将两个平行测试结果的相关程度($r_{xx'}$)视作信度。在平行测试假设的基础上，CTT 提出了一系列估计信度的方法，常用的有重测信度(Test-retest Reliability)、复本信度(Alternative-form Reliability)、分半信度(Split-half Reliability)、库德-理查逊信度(Kuder-Richardson Reliability)以及克隆巴赫 α 信度(Cronbach's α Reliability)等，其中后三种信度都是针对同一测验的，反映的是测验内部项目之间一致性程度，统称为内在一致性信度(Internal Consistency Reliability)。另外，评分员的主观评分往往是测试误差的主要来源之一，评分员因而也有可能成为影响测试信度的因素，所以利用主观项目进行信度分析以前，首先还应该考虑主观评分的一致性，称为评分员信度(Rater Reliability)，包括评分员之间(Inter-rater)和评分员自身(Intra-rater)的一致性。

**重测信度**

重测信度指对同一组受试实施两次相同测验所得结果的一致性程度，其值为两次测验分数的相关系数(孙大强、郑日昌 2012)——皮尔逊(Pearson)积差相关系数或者斯皮尔曼(Spearman)等级相关系数。该信度反映同一测验的两个结果有无变动，体现了测验分数的稳定程度，也称稳定性系数(Stability Coefficient)。

重测信度的优点在于：能反映时间变化所带来的随机误差的影响，可作为预测受试将来行为表现的依据；适于样本量不大、受试面不广的情况。缺点是易受练习和记忆的影响，前后两次施测时间间隔应适宜。间隔太短，则记忆犹新，练习的影响较大；间隔太长，所测特质有可能发生变化。另外，前一次测试所发现的错误也可能导致后一次反应的变化从而增加分数变异。

**复本信度**

复本信度指用复本——也就是平行卷(Parallel-forms)——对同一批受试施测两次所得结果的一致性程度，其值也是两次测验分数的相关系数(刘建明 1993)。复本测验有两种情形：一是两个测验在同一时间连续实施，另一种是两个测验隔一段时间先后实施。前者反映测验内容的等值情况,信度系数也称等值系数(Equivalency Coefficient),测验分数的不一致主要源自项目取样不同;后者不仅反映等值状况,还可反映时间因素的影响,兼具稳定系数和等值系数的特点。

相较于重测信度,复本信度主要优点有:项目数量增多,信度更优;同时施测,可避免重测信度不足;在不同时间施测,既可反映时间上的稳定性,又可反映内容上的一致性。不足之处在于:平行卷编制难度大,严格意义上的平行卷在实践中几乎是不存在的。平行卷在定性和定量方面分别需要满足一定的要求。定性方面,两卷的结构和目标构念应相同,包括构成部分及其指令、题型、题量、分值、长度等都应一样,对应各题的考试内容和考核目标也应相同但试题不重复。定量方面,两个测试的难度、区分度以及跟另一个测试的相关系数都相等。

**分半信度**

分半信度指将一个测验分成对等的两半后,受试在这两半上所得分数的相关系数(孙大强、郑日昌 2012)。分半信度类似于复本信度,但测验只需进行一次,避免了进行平行测试的麻烦。但这种信度在概念上已不再是 CTT 原来提出的测试结果的一致性程度,而实为测试内部的一致性程度。再者,两个半分部分的相关性仅相当于半个测验的复本信度,不能直接作为整个测验的复本信度,因此需要进行校正。校正分两种情况:两半对等和两半不对等。

两半对等指分成的两个部分长度相等,且方差整齐。此时,用斯皮尔曼—布朗公式(Brown 1910;Spearman 1910)进行校正,公式为:

$$R = \frac{2\,r_{hh'}}{1 + r_{hh'}} \tag{4-4}$$

其中,$r_{hh'}$ 为两半的相关系数。

两半不对等指两半的长度不等,或方差不整齐。此时,用格特曼公式(Guttman 1945)进行校正,公式为:

$$R = 2\left(1 - \frac{\sigma_{h1}^2 + \sigma_{h2}^2}{\sigma_x^2}\right) \tag{4-5}$$

其中:$\sigma_{h1}^2$ 和 $\sigma_{h2}^2$ 分别为两半的方差;$\sigma_x^2$ 为总方差。

分半信度的优势在于不需要进行两次测验,克服了重测信度和复本信度估计方法的不足,同时还可降低测验难度,减少成本。但分半信度也有其自身的不足。分半方法有很多,如按题号奇偶分半、按项目难度分半、按项目内容分半,甚至按项目组合分半,这不仅意味着如何合理分半面临巨大挑战,更糟糕的是,每种分法都会有一个信度值,这就使得测试信度不唯一。一个测试有多个信度,这原本就不容易令人信服,而到底该以哪个为准,这就更不容易讲清楚了。最理想的结果是计算所有可能分半信度的均值,但这在理论上讲可行而在实践中不可行。

**库德-理查逊信度**

对于全部由 0 或 1 计分的两项值项目组成的测试,Kuder & Richardson(1937)提出一个基于各项目方差和总方差的信度公式——KR−20。这个公式的计算结果相当于所有可能组合的分半法所得信度的均值。

KR−20 公式如下:

$$R = \frac{k}{k-1}\left(1 - \frac{\sum_{j=1}^{k} p_j q_j}{\sigma_x^2}\right) \tag{4-6}$$

其中:$k$ 为项目个数;$p$ 为答对比率,$q$ 为答错比率($1-p$),$p_j q_j$ 等于第 $j$ 个项目的方差;$\sigma_x^2$ 为测试的总方差。

如果各项目的难度大致相当,KR−20 可以简化为测试的均值、方差和项目数量的表达式,称为公式 KR−21,即:

$$R = \frac{k\sigma_x^2 - \bar{x}(k-\bar{x})}{(k-1)\sigma_x^2} \tag{4-7}$$

其中:$k$ 为项目数量;$\bar{x}$ 为测试均值;$\sigma_x^2$ 为测试方差。

从两个公式可知,库德-理查逊信度根据项目方差或测验均值跟测验总方差的关系进行估计,属于内部一致性系数,也称同质性信度(Homogeneity Reliability)。相较于分半信度,库德-理查逊信度计算简便,但主要适用于二项值测验。

**克隆巴赫 α 信度**

为了克服分半信度和库德-理查逊信度的不足,Cronbach(1951)提出一个相当于所有分半信度的均值且又不限于二项值项目的测试的信度系数,称为克隆巴赫 α 信度系数,简称 α 系数。由于计算简便,适用面广,α 系数已成为目前社会科学研究中最常使用的信度系数。其计算公式为:

$$\alpha = \frac{k}{k-1}\left(1 - \frac{\sum_{i=1}^{k} \sigma_i^2}{\sigma_p^2}\right) \tag{4-8}$$

其中:$k$ 为项目数;$\sigma_i^2$ 为考生在第 $i$ 题上得分的方差;$\sigma_p^2$ 为考生总分的方差。

从公式可知,α 系数反映的是项目数、各项目方差和总分方差的关系,体现了测试内部的一致性程度,属于内部一致性信度系数。其取值范围为 [0,1],值越大,信度越高。当项目为二项值项目是,α 系数的计算公式可转换为公式 KR－20,因此公式 KR－20 是 α 系数公式的简化形式。

使用 α 系数,要求所有项目测量同一构念。可以证明,在测试长度和方差相等的情况下,目标构念不同的项目组成的测试,其 α 系数值相同。研究也发现,即使项目测验的潜在构念不相关,α 系数的值也很高(Cortina 1993; Cronbach 1951; S. B. Green et al. 1977; Schmitt 1996),并且项目数量越多,信度越高。如果试卷的不同部分(分量表)测量的目标构念不同时,各分量表的 α 系数应分别计算;要提高信度,应增加项目数。一般而言,α 系数所对应的量表质量的参考标准见表 4-6。

表 4-6  α 信度系数参考标准量表质量

| α 值范围 | 量表质量 |
| --- | --- |
| α＜0.6 | 差,试题(卷)不可用 |
| 0.6≤α＜0.7 | 分量表(试卷的一部分)可接受 |
| 0.7≤α＜0.8 | 总量表(试卷整体)可接受;分量表较好 |
| 0.8≤α＜0.9 | 总量表较好,分量表理想 |
| α≥0.9 | 总量表理想 |

**评分员信度**

评分员信度指主观评分的一致性程度。在主观测试中,评分员是影响测试信度的主要因素之一,要确保测试信度,通常要求多人评分或同一评分员在相隔一段时间后(消除记忆影响)再次评分。如果评分结果显著相关,则说明测试可信。两人评分或一人评两次,可进行皮尔逊积矩相关分析(等距数据)和斯皮尔曼相关分析(等级数据);多人评分,小样本等级数据(等距数据也会按数据的秩而不是数据本身的值统计,见 3.5.5.5 秩和检验)可计算肯德尔 $W$ 协同系数(Kendall's $W$ Coefficient of Concordance),大样本等距数据也可计算 α 系数(每个评分视为一个项目)。一般要求相关系数达到 0.90 以上,才认可评分具有客观性。

利用统计软件 SPSS 计算肯德尔 $W$ 协同系数时,要以评分员为行(个案)、考生为列(变量),即每一行表示 1 位评分员对所有考生的评分,每一列表示 1 个考生在所有评分员上的得分。这是因为数据表设计一般以变量为指标考查个案,如以项目为指标来考查考生时,考生作为个案应为行,项目作为变量应为列。考查评分员若以考生为行,得到的并不是评分一致性检验结果。

### 3. 测试效度

CTT 对测试效度理论和效度验证方法的发展具有深远影响。CTT 完全基于分数来探究效度,传统的效标关联效度、内容效度、构念效度以及整体效度观都是基于 CTT 发展而来的。这些效度观虽然在效度的概念界定和验证方法上各具特色,但核心思想不变,都是基于分数对测试到底测验了什么作出推论,都是通过分数分析来检验测试的有效性。从测试全局的角度来看,完全基于分数的"后验"(A Posterior)效度观存在局限性(详见前一节 4.1 效度概念的演变),因为测前环节没有被纳入效度的概念内涵和验证过程,但是,从效度累进的角度来看,当测试进行到评分环节,经过评分得到分数以后,环节效度也都是"后验"效度。可见,传统的测试效度是累进效度的环节效度之一,属于评分效度,并且仅为其中的一个方面。

随着效度理论的发展,效度的定义越来越复杂,越来越不容易理解,但通俗地说,效度就是指"测试在多大程度上达到了测其所测的目的"(Garrett 1953: 394),或者更通俗地说,测试在多大程度上测到了所要测量的那个东西。如同信度可以从其反面——误差——来理解,误差越大,信度越低,效度也可以从其反面来分析。效度的反面为无关干扰因素,也就是 Messick (1989a, 1992, 1996)所一再强调的"构念无关偏差"(Construct-irrelevant Variance),无关干扰越多,效度越低。比如说,如果一道听力理解题根本不需要听,全凭猜测就可以答对,那就说明"考偏了",没有真正考到要考的那个东西——听力理解能力,而是考了不相关的东西——猜测能力。需要特别指出的是,干扰有构念相关和构念无关之分,无关干扰会导致效度受损,而有关干扰则是必要的,有时甚至是必不可少的,例如多项选择题中的干扰项,因为真正把考生区分开来的实际上是干扰项。

不同的效度观,验证效度的方法不同。最早的效标关联效度观视测试成绩与外部标准测试成绩的相关性为效度,强调"相关即为有效"(Guilford 1946: 429),效验方法主要是相关分析。内容效度观和表面效度观分别从测试内容的代表性和卷面可接受程度来进行评判,效验方法均采用专家评判法。构念效度观视理论模型与观测模型的一致性程度或吻合程度为效度,两个模型的建构都不容易,效验方法也最复杂,都离不开抽象、深奥的数据统计分析,如因子分析、回归分析、结构方程模型等。回归分析在 3.5.5 常用检验示例中进行了简要介绍,后文将结合结构方程模型对因子分析进行介绍。

### 4. 项目质量

项目质量可从定性和定量两个方面进行分析。定性分析在开发环节就应该进行,其间主要由命题人员自己对项目的内容及形式方面的质量(主要为内容效度和表面效度)进行把关,之后环节的定性分析主要由命题之外的测试实践与研究人员来完成,并且通常是在评分之后与定量分析相结合。定量分析的主要指标包括项目的难易度、区分度、干扰项的干扰度以及选项被选情况等。

**难易度**

项目的难易度指考生在项目上的得分率,为所有考生的平均得分 $\bar{x}$ 与项目满分 $x_{\max}$ 的比值,计为 $P$,有:

$$P = \frac{\bar{x}}{x_{\max}} \qquad (0 \leqslant P \leqslant 1) \tag{4-9}$$

当项目为二项值(1 或 0)项目时,有 $P = \bar{x}$,也就是答对人数占总人数的比例。可见,考生的得分率越高,或答对的人数越多,难易度的值越大,所以项目难易度也称为易度指数(Facility Value)。

在常模参照测试(Norm-referenced Tests)如大规模水平测试中,难易度以 0.5 为佳、以 0.3~0.7 为宜,即项目的难易度应尽可能接近考生总体(所有具有测试所要考查特质的考生)的一般水平——常模。常模参照测试的目的在于确定考生相对于常模而言的水平——高出或低于常模的程度,项目太难(低于 0.3)或太易(高于 0.7),测试就偏离了常模,因而达不到目的。在标准参照测试(Criterion-referenced Tests)如学期考试中,测试目的在于确定考生成绩是否达到要求的标准,如是否及格、是否达到录取线等,项目难易度越接近标准线越好。如录取率为 10% 时,难易度以 0.1 为佳,达标即录取,不达标即淘汰。学期考试中,参照标准是课程的教学目标,学生在项目上的得分越高,说明对教学内容的掌握程度越好,所以难易度并不是越趋中越好。

**区分度**

项目区分度指项目对不同水平考生的区分性能,是评价项目质量和筛选项目的主要依据,可视为项目的效度。区分度一般计算鉴别指数(Discrimination Index),对于二项值项目,也可计算点二列相关系数(Point-biserial Correlation Coefficient)。

鉴别指数指项目有效区分高水平和低水平考生的力度,为高分组得分率($P_H$)与低分组得分率($P_L$)的差值,计为 $D$,有:

$$D = P_H - P_L \qquad (-1 \leqslant D \leqslant 1) \tag{4-10}$$

计算鉴别指数,需要先根据总分确定高水平和低水平两组考生,分组方法对鉴别指数有直接影响。常见分组方法有二分法(各占 50%)、三分法(各占 33.33%)、四分法(各占 25%),大规模测试中通常两端各取 27%,再利用最高和最低两组考生的得分率进行计算。

表 4-7 为常模参照测试的项目鉴别指数与项目优劣程度对照表。如果高、低水平组得分率的差值仍有 0.40 及以上,说明项目能够很好地区分高、低水平考生,而如果差值达不到 0.20,说明项目质量太差,基本上无法区分考生。在标准参照测试中,基础知识和基本技能类项目,所有考生都应掌握,所以即使鉴别指数低,也不应剔除。这就是说,在标准测试中,计算鉴别指数意义不大,而应比较学后与学前成绩,考查学习进步情况。

**表 4-7 常模参照测试的项目优劣度对照表**

| 鉴别指数 | 优劣程度 |
| --- | --- |
| $\geqslant 0.40$ | 优 |
| $0.30 \sim 0.39$ | 良,仍有待改进 |
| $0.20 \sim 0.29$ | 中,通常需要改进 |
| $< 0.20$ | 差,应该淘汰或重写 |

点二列相关系数为二项值项目得分与测试总得分的相关系数,其计算公式为:

$$r_{pb} = \frac{\bar{x}_p - \bar{x}_q}{\sigma} \times \sqrt{pq} \tag{4-11}$$

其中,$\bar{x}_p$ 为答对人数的平均分,$\bar{x}_q$ 为答错人数的平均分,$\sigma$ 为总分标准差。$r_{pb}$ 为相关系数,相关越强,区分度越好。

**干扰度**

干扰度指干扰项的干扰力度,为选择所指干扰项($F_i$)的人数($n$)占总人数($w$)的比值,即:

$$F_i = \frac{n}{w} \quad (0 \leqslant F \leqslant 1) \tag{4-12}$$

由于项目可接受的难易度在 0.3~0.7 之间,这也就是选择答案项的可接受范围,所以,选择所有干扰项的可接受范围应为 0.7~0.3。在可接受的范围之内,每个干扰项的期望干扰度($F'_i$)应为所有干扰项的干扰度的均值,即有:

$$F'_i = \frac{1-P}{A-1} \tag{4-13}$$

其中,$P$ 为难易度,$A$ 为干扰项个数。

由此,四选一项目中干扰项的期望干扰度应在 0.23~0.1 之间,三选一项目应在 0.35~0.15 之间。

干扰项必须具有干扰功能,但干扰功能又不能太强,否则就有可能是答案项,所以,评判干扰项的质量应遵循两个原则:一是干扰项必须有人选;二是干扰项的得分率必须低于答案项的得分率。

**选项被选情况分析**

多项选择题的难度、区分度、干扰度可通过选项被选情况进行综合分析。例如有如下试题:

The lecture, _____ at 7:00 pm last night, was followed by an observation of the moon with telescopes.

A. starting　　B. being started　　C. to start　　D. to be started

该题各选项的选择人数及比率见表 4-8(♯号表示未作答考生)。考生按成绩由低到高平均分为 7 组(G1~G7),各组考生在各选项上的得分率曲线图见图 4-4。

**表 4-8　选项被选情况分析示例**

| 选项 | 人数(人) | 比率(%) |
| --- | --- | --- |
| A | 106494 | 33.72 |
| B | 127545 | 40.38 |
| C | 28176 | 8.92 |
| D | 53105 | 16.81 |
| ♯ | 537 | 0.17 |
| 总计 | 315857 | 100 |

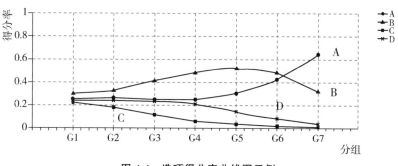

图 4-4　选项得分率曲线图示例

答案项为 A,但从表格所示情况来看,答案项 A 的得分率(33.72%)反而低于干扰项 B 的得分率(40.38%),说明选项 B 的干扰性太强,不仅使得项目难度大,区分度也很低(鉴别指数只有 0.23)。选项得分率曲线图也显示,答案项 A 对 G1~G4 组考生基本上没有区分能力,而干扰项 B 的得分率在 G1~G6 组超过了答案项,G5 组甚至超过了 50%,而干扰项 C 和 D 的干扰性都不强,尤其是 C 项甚至不到 10%。不过,该题对 G4~G7 组考生还是具有很好的区分度,答案项 A 的曲线显示,从 G4 组开始,随着考生能力的提高,选择人数曲线递增。可见,利用选项的得分率曲线能够更好地分析区分度和干扰度。

5. 考生水平

考生在项目上的得分反映了考生掌握项目所考查语言知识点或语言能力项的程度,在测试上的总得分(总分)反映考生在全部测验项目上的总体水平。总分可以是项目得分的简单相加,也可以是对项目进行加权处理后求得的总计。所谓加权处理,就是将项目得分乘以一个表示项目重要性程度的系数,称为权重(Weight),如 1.0、1.5、2.0 等。总分可直接按原始分数(Raw Score)进行公布,也可按某种规则或统计方法转换之后再报告。不过,从体现考生水平的角度而言,报告原始分数的意义不大,因为原始分数没有参照点,仅表示考生个人得了多少分,而无法体现考生在群体中处于什么水平。比如说,90 分有可能是最低水平,而 10 分也有可能是高水平。经过转换得到的分数——导出分数(Derived Score)——具有相同的参照点(如标准化均值)和统一的单位(如标准差),能反映出个体在群体中的相对位置(如高出或低于平均分多少个标准差),因此相互之间可以比较进而体现不同水平。更重要的是,导出分数可对应到有关量表或标准的相应水平,分数含义可参照有关描述进行解释,因此导出分数具有实际含义。导出分数可参照某种常模或标准进行解释,相应的测试分别称为常模参照测试(Norm-referenced Test)和标准参照测试(Criterion-referenced Test)。

**常模参照**

常模指典型样本群体(称为常模团体)的分数分布,反映总体的一般水平或平均水平。常模的构成要素通常包括原始分数、相应导出分数以及关于分数的意义及水平的描述。建立常模一般包括以下几个步骤:1)明确总体。总体也就是常模的适用人群,若需要分组,组间应有确定的界线,如年龄、年级、地区、性别等。2)科学抽样。样本容量要足够大,覆盖面要广,确保常模团体具有典型代表意义。3)实施测验。针对全体常模团体施测,对原始分数进行转换,并对导出分数达到的水平进行描述。

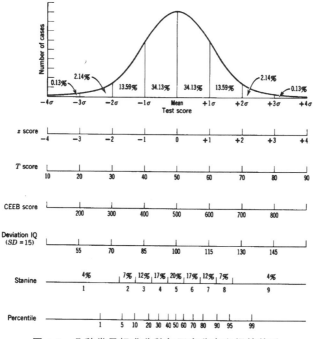

图 4-5 几种常见标准分数与正态分布之间的关系

原始分数的转换以正态分布为前提。如果常模团体的原始分数因抽样误差呈偏态分布，但总体服从正态分布，则需先对原始分数进行常态化处理，使其转变为正态分布。如果总体不服从正态分布，编制常模没有意义，因为即使进行常态化处理，结果也与实际不符。不过，数据分布具有集中趋势的特点，同类数据聚集在一起达到一定量时，会自然而然地呈正态分布，这是数据分布的一般规律。正是因为存在这种规律，建立常模才有可能和必要。

常见的常模有 $Z$ 分数、$T$ 分数、CEEB 分数、智商（Intelligence Quotient, IQ）、标准九分数（Stanine）、百分位（Percentile）等。由于常模都属于正态分布，上述几种常模的导出分数均可对应到正态分布的概率密度函数图的相应位置（见图 4-5）。其中，$Z$ 分数、$T$ 分数、CEEB 分数、智商（因基于标准差转换，也称离差智商，即 Deviation IQ）的转换方法及排名的计算在 3.4.4.3 标准分及其转换一节已经做了介绍，此处不再赘述。标准九分数和百分位分数的概率密度也有相应的公式导出，导出分数的累积概率表示低于该分数的人数占总人数的百分比，根据此百分比和总人数即可估计出排名，即个体在总体中的相对位置。

**标准参照**

标准参照的标准有内容标准（Content Criterion）和结果标准（Outcome

Criterion)两种,前者为测试内容的全域(Universe)或范畴(Domain),后者为效标测试(Criterion-related Test)的分数。

内容参照测试中,首先应有明确的目标测试内容,应能明确界定所有期望考查的语言知识点和语言能力项;其次测试内容应为目标内容的一个典型样本,应足以代表目标内容的全域。测试结果表示考生掌握目标内容的程度,成绩通常以通过/未通过、答对比率或等级的形式进行报告。通过/未通过的分数线一般为熟练掌握的最低要求,称为掌握分数(Mastery Score)、达标成绩或及格线。答对比率为答对项得分之和占项目总分的百分比,表示考生掌握目标内容的程度。等级依据原始分数进行转换,一般表示技能的熟练掌握程度。内容参照的主要优点在于其结果反映的是考生个人掌握知识或技能的水平,代表考生知道什么或能做什么,这比知道一个人在团体中的相对位置更有价值。这种测试主要适用于成就测试或有最低达标要求的资格测验。

在以结果为参照标准的测试时,测试分数与效标分数应高度相关,并且还要有可供直接比较的对照表或对照图。这种测试主要适用于用测验成绩来做预测的情况。

**常模/标准参照**

许多测试兼具常模参照和标准参照的特点,可称为常模特色标准参照测试或标准特色常模参照测试。

例如,我国的英语专业测试(Test for English Majors,TEM)可谓常模特色标准参照测试。从根本上来说,TEM为内容标准参照测试,有明确的英语专业知识和技能范畴要求,且仅限于在读英语专业本科生报考,测试结果也是以通过或不通过的形式为主进行报告。同时,作为全国性的大规模统一考试,每年参加TEM测试的考生不仅人数众多,而且群体差异大,完全可以建立全国性总常模和不同群体的分常模。有了常模,不同年份的测试成绩就可比较,甚至还能实现与国际考试的成绩对接。此外,不同群体的考生也可有效区分并直接比较。

再如,我国的高考应该是标准特色常模参照测试。其标准特色体现在其目标内容上,即高考有明确的考试内容要求——高中毕业生应掌握的知识和技能水平,而且不同批次的录取线也可视为不同水平的等级。但从根本上来说,高考应该属于常模参照测试,因为各学科原始分数简单相加后得到的总分事实上无法解释,而必须转换为导出分数才有意义。不同学科原始分数的总分犹如汽油、柴油、煤油等不同油类的混合物,混合之后到底变成了什么,谁也说不清楚。特别是,不同地区各学科的试卷并不统一且考生水平差异大,采取同一录取线招生对考生并不公平。所以,不单是分数解释的需要,考试使用更需要建立高考常模,至少应有一个全国性的总常模。

- 概化理论

1. 概述

CTT视观测分数为真分数和误差之和,其中,在反复测试中相对恒定、固定不变的部分为真分数,随机变化的部分为误差。但在测试实践中,误差既有无规律随机变化的,也有规律性相对固定的,前者称为随机误差,后者称为系统误差。CTT中的$E$实际上仅指随机误差,这种假设不仅将系统误差误作真分数对待,也不能区分不同的误差来源及各种误差在总误差中的相对大小。鉴于此种情况,20世纪六七十年代,克隆巴赫等人(Cronbach *et al*. 1963; Cronbach *et al*. 1972)提出了概化理论(Generalizability Theory, GT),简称GT理论。

所谓概化,指从特殊到一般的推理过程,即根据一次特定条件下的测试表现对所有类似条件下的一般性测试表现作出推理。例如,王小二在一次写作测试中,写了1篇题为×××的记叙文,由李老师评分,得了90分。根据王小二在这次特定测试中的表现,我们可以对其写作水平作出一般性的推断,即:王小二的写作水平达到了优秀等级。GT理论将影响测试结果的因素分为测量目标(Object of Measurement)——测试所考查的对象和观测侧面(Facet of Observation)——测量目标以外的其他因素。如本例写作测试中的考生为测量目标,观测侧面有作文题目、文章体裁和评分员。影响因素有随机(Random)和固定(Fixed)之分。随机因素可视为来自无限集合的任意值,即随机样本,如来自无限集合的任意考生、任意项目、任意评分员等。固定因素则相反,具有特指、确定的值。例如,如果将上面写作测试的结果概化为"在李老师看来,王小二写记叙文的水平达到了优秀",那么,评分员、考生和体裁都已固定,只有项目是随机的,意为:如果由李老师评分,写记叙文,王小二写任何题目都可能得优秀。如果概化为"王小二的写作水平达到了优秀",那么,只有考生是固定的,而题目、体裁和评分员都是随机的,意为:王小二的作文,不论写什么题目、任何体裁,也不论由谁评分,都可能得优秀。

概化研究一般分两步。第一步称为概化分析(Generalizability Study, G-Study)。根据方差可分解的原理,将测试的总方差分解为不同影响因素的方差,称为方差分量(Variance Component),进而求得概化系数、可靠性指数、相对信噪比、绝对信噪比等测试指标的值。第二步称为决策分析(Decision Study, D-Study)。在概化分析的基础上,进一步分析如何实现有限测试资源的最优化配置。例如,增加项目数量和评分员人数即可减少测试误差,但项目数量和评分员人数不可能无限增加,那么,要达到一定的信度,项目和评分员资源该如何配置才是最佳? 概化研究可通过决策分析实现测试资源的最优化配置。分解误差来源和优化资源配置是 GT 的两大主要优点。

2. 概化分析

**概化设计**

概化分析首先需要根据各影响因素之间的关系,设计方差分量估计的数学模型(详见杨志明、张雷 2003:90-93)。因素关系分为交叉(Crossed)和嵌套(Nested)两种。交叉指一个因素的所有值跟另一个因素的所有值两两交互,用"×"表示。如所有考生($p$)回答所有项目($i$),记为 $p \times i$;所有项目($i$)由所有评分员($r$)评分,记为 $i \times r$。嵌套指一个因素($A$)中的每个值只跟另一个因素($B$)的某一个值有关,且 $B$ 中每一个值分别跟 $A$ 中不同的值有关,用":"或"()"表示。例如,一个项目只由一个评分员评分,每个评分员评不同的项目,记为 $i:r$ 或 $i(r)$——读作 $i$ 嵌套于 $r$。

在图 4-6 所示的示例中,10 位考生由 3 位评分员评分,得到 12 个分数。考生与项目为交叉关系($p \times i$),所有考生必须回答所有项目。项目可以与评分员交叉($i \times r$),也可以嵌套在评分员之中($i:r$),如交叉——所有项目由所有评分员评分,则有 $p \times i \times r$;如嵌套——1 个项目只由 1 个评分员评分且不同的评分员评不同的项目,则有 $p \times (i:r)$。在嵌套关系中,前者只能通过后者对测试产生影响,其效应无法单独从总效应中分离。

|     | r1 | | | | r2 | | | | r3 | | | |
| --- | -- | -- | -- | -- | -- | -- | -- | -- | -- | -- | -- | -- |
|     | i1 | i2 | i3 | i4 | i1 | i2 | i3 | i4 | i1 | i2 | i3 | i4 |
|     | r1 | | | | r2 | | | | r3 | | | |
|     | i1 | i2 | i3 | i4 | i5 | i6 | i7 | i8 | i9 | i10 | i11 | i12 |
| p1  | 8 | 8 | 6 | 5 | 5 | 2 | 5 | 5 | 6 | 7 | 6 | 2 |
| p2  | 7 | 7 | 3 | 7 | 7 | 5 | 4 | 2 | 5 | 7 | 6 | 6 |
| p3  | 5 | 8 | 5 | 4 | 5 | 5 | 5 | 4 | 5 | 6 | 6 | 5 |
| p4  | 8 | 7 | 6 | 7 | 6 | 7 | 5 | 5 | 9 | 6 | 8 | 5 |
| p5  | 5 | 8 | 4 | 5 | 6 | 4 | 8 | 5 | 3 | 6 | 5 | 4 |
| p6  | 5 | 4 | 4 | 6 | 4 | 2 | 3 | 6 | 6 | 6 | 6 | 5 |
| p7  | 7 | 6 | 5 | 7 | 7 | 7 | 2 | 3 | 6 | 6 | 6 | 2 |
| p8  | 4 | 7 | 2 | 6 | 6 | 6 | 3 | 5 | 4 | 5 | 4 | 6 |
| p9  | 8 | 8 | 5 | 5 | 3 | 5 | 0 | 6 | 6 | 7 | 5 | 6 |
| p10 | 7 | 5 | 8 | 8 | 6 | 6 | 4 | 6 | 8 | 6 | 7 | 6 |

←── $p \times i \times r$
←── $p \times (i:r)$

**图 4-6 交叉关系与嵌套关系示例**

**方差分解**

影响因素对测试结果的影响力度称为效应(Effect)。效应分为主效应(Main Effect)、交互效应(Interaction Effect)和残余(Residual)。主效应指测量目标和观测侧面的独立影响;交互效应指测量目标与观测侧面、观测侧面与观测侧面之间的相互作用;残余指总方差分解为主效应和交互效应之后的剩余,为各因素都无法解释的方差。观测目标的效应是测试所真正关注的,相当于CTT理论中真分数的含量,其他效应都是误差。

根据观测侧面数量的多少,概化设计可称为单面设计、双面设计、三面设计等。根据总体是否为无限集合,观测侧面分为随机侧面和固定侧面。以随机双面交叉设计($p \times i \times r$)为例,测试总方差可分解为:

$$\sigma^2(X_{pir}) = \sigma^2(p) + \sigma^2(i) + \sigma^2(r) + \sigma^2(pr) + \sigma^2(pi) + \sigma^2(ir) + \sigma^2(pir) \tag{4-14}$$

其中:

$\sigma^2(X_{pri})$ 为总方差, $\sigma^2(p)$、$\sigma^2(i)$ 和 $\sigma^2(r)$ 为主效应, $\sigma^2(pr)$、$\sigma^2(pi)$ 和 $\sigma^2(ir)$ 为交互效应, $\sigma^2(pir)$ 为残余。$\sigma^2(p)$ 为测量目标方差,其他方差均为误差,称为绝对误差($\Delta$)。绝对误差中,与测量目标有关的效应又称为相对误差($\delta$),例中为 $\sigma^2(pr)$、$\sigma^2(pi)$ 和 $\sigma^2(pir)$。

**信度估计**

得出各方差分量以后,就可以分别计算绝对误差和相对误差,进而计算两种信度系数——可靠性指数($\Phi$)和概化系数($E\rho_\delta^2$)及两种信噪比(Signal-Noise Ratio)——绝对信噪比($S/N(\Delta)$)和相对信噪比($S/N(\delta)$)。

绝对误差指所有测量目标以外的效应,计算公式为:

$$\sigma^2(\Delta_{pir}) = \frac{\sigma^2(i)}{n_i} + \frac{\sigma^2(r)}{n_r} + \frac{\sigma^2(pi)}{n_i} + \frac{\sigma^2(pr)}{n_r} + \frac{\sigma^2(ir)}{n_i n_r} + \frac{\sigma^2(pir)}{n_i n_r} \tag{4-15}$$

相对误差指与测量目标有关的效应,计算公式为:

$$\sigma^2(\delta_{pir}) = \frac{\sigma^2(pi)}{n_i} + \frac{\sigma^2(pr)}{n_r} + \frac{\sigma^2(pir)}{n_i n_r} \tag{4-16}$$

两种信度系数的计算公式分别为:

$$\Phi = \frac{\sigma^2(p)}{\sigma^2(p) + \sigma^2(\Delta_{pir})} \tag{4-17}$$

$$E\rho_\delta^2 = \frac{\sigma^2(p)}{\sigma^2(p) + \sigma^2(\delta_{pir})} \tag{4-18}$$

其中: $\sigma^2(p)$ 为测量目标方差; $\sigma^2(\Delta_{pir})$ 为绝对误差方差; $\sigma^2(\delta_{pir})$ 为相对误差方差。

作为绝对误差的一部分,相对误差仅涉及与测量目标——考生($p$)有关的因素,其方差($\sigma^2(\delta_{pir})$)小于绝对误差方差($\sigma^2(\Delta_{pir})$),所以,概化系数

($E\rho_\delta^2$)一般大于可靠性指数($\Phi$)。

信噪比原本是声音播放质量的一个重要指标,指信号与噪音的比值,值越大,说明信号越好、噪声越小,否则相反。GT 借用这个概念来描述考生能力与测量误差之间的关系,进而反映测试的质量。两种信噪比的计算公式分别为:

$$S/N(\Delta) = \sigma^2(p)/\sigma^2(\Delta_{pir}) \tag{4-19}$$

$$S/N(\delta) = \sigma^2(p)/\sigma^2(\delta_{pir}) \tag{4-20}$$

### 3. 决策分析

通过第一步概化分析,各种潜在的误差来源已经明确,各种主效应和交互效应以及残余的方差分量也已估计出来。这就是说,通过这一步分析,已经明确了测量目标在具体测试中的行为表现会受到哪些因素的影响以及各因素的影响力度如何。下一步就是要在此基础上对测量目标在一般情况下的行为表现进行推断,即把测量目标在观测全域(Universe of Observation)上的水平推论为概化全域(Universe of Generalization)上的水平。如果条件许可,研究者可根据一个观测全域建构多个不同的概化全域,以满足不同概化程度的需要。例如,可将一次测试的口语水平概化到日常交际水平、大学入学水平、播音主持水平,也可将 1 年的有效期概化到 2 年有效、3 年有效甚至终生有效。当然,概化的面越广、程度越高、时效越长,误差越大,可靠性越低。

就概化分析和决策分析的关系而言,概化分析是基础,其目的是明确各种误差来源及其影响力度;决策分析为应用,其目的是通过重构概化全域将观测全域上特定的行为表现推论为概化全域上一般的行为表现。概化分析中的侧面一般都假设为全域为无限集合的随机抽样,侧面关系一般都假设为交叉关系,以尽可能分解各侧面的相对效应。重构概化全域进行决策分析时,一般是调整各侧面的样本容量,然后重新计算方差分量、误差、信度等统计量。如果有必要,也可将交叉关系改为嵌套关系(但嵌套关系不可改为交叉关系,因为被包含侧面的方差无法分离),如将所有评分员评所有项目(交叉设计)改为不同评分员评不同项目(嵌套),可节约成本并提高效率。

扩大侧面的样本容量,可以减少误差,提高信度,因此决策分析的主要任务是对各侧面的样本容量进行搭配组合,以观测各统计量的变化趋势,特别是概化系数和可靠性指数的变化。具体做法是:将一个侧面的容量分别取不同的值而固定其他侧面的容量,针对每种不同的容量单独进行一次计算。计算完一轮之后,再将其他侧面的容量固定为另一值,再进行另一轮计算。例如:

第一轮(2 人评 10 道题)

R 2 2 2 2 2 2 2 2 2 2

I 1 2 3 4 5 6 7 8 9 10
第二轮(3 人评 10 道题)
R 3 3 3 3 3 3 3 3 3 3
I 1 2 3 4 5 6 7 8 9 10
第三轮(4 人评 10 道题)
R 4 4 4 4 4 4 4 4 4 4
I 1 2 3 4 5 6 7 8 9 10

上面这种决策分析的设计,分别要求对 2 人、3 人和 4 人评 1～10 道题的情况一一进行统计,统计结果能反映出各统计量的变化趋势。在此基础上,就可以对如何最优化配置资源进行决策。比如,要使可靠性指数达到 0.8,评分员人数和项目数量如何搭配才是最优?

4. GENOVA 应用示例

利用概化研究专用工具软件,如 mGENOVA 和 GENOVA,可以很方便地进行概化分析和决策分析(参见 Brennan 2001a)。例如,10 位考生(P)做了 4 道翻译题(I),概化分析时由 2 位评分员(R)评分,进行交叉设计;决策分析改为由 2、3、4 位评分员各自评 1～10 道题,仍进行交叉设计。GENOVA 软件控制卡(Control Card,即程序的命令行)的设计及说明见表 4-9。GENOVA 的使用说明详见(Crick & Brennan 1983)。

表 4-9 GENOVA 控制卡设计示例

| 控制卡 | 说明 |
| --- | --- |
| GSTUDY(P×I×R) Design for Translation Test | GSTUDY—概化分析开始标记,附标题 |
| EFFECT * P 10 0 | EFFECT—主效应;*—测量目标;10—样本量;0—随机侧面(容量不固定); |
| EFFECT+ R 2 0 | +—求均值。 |
| EFFECT+ I 4 0 | 本行若改为 +I:R 4 0,则表示嵌套设计。 |
| FORMAT(12F2.0) | FORMAT—数据格式;1—从第 1 列开始;2—每个数占 2 列宽(分数都是个位数,列宽为 2 表示用空格分隔各分数); |
| PROCESS | |
| 2 6 7 5 2 5 5 5 | |
| 4 5 6 7 6 7 5 7 | F—浮点数;2.0—长度为 2,小数后 0 位(没有小数)。 |
| 5 5 4 6 5 4 5 5 | |
| 5 9 8 6 5 7 7 6 | PROCESS— |
| 4 3 5 6 4 5 6 4 | 考生得分:2 个评分员,4 道题,交叉设计, |
| 4 4 4 7 6 4 7 8 | 所有评分员评所有题目,共 8 个分数。 |
| 2 6 6 5 2 7 7 5 | 另:如果是 I:R,8 个分数表示 8 道题,每 |

续表

| 控制卡 | 说明 |
| --- | --- |
| 3 4 4 5 6 6 6 4<br>0 5 4 5 5 5 5 3<br>6 8 7 6 6 8 8 6 | 题由 1 个评分员评,每个评分员评不同的 4 道题。<br>DSTUDY—决策分析开始标记。 |
| DSTUDY　　FIRST SET of D STUDY<br>DEFFECT　　$ P<br>DEFFECT　　R 2 2 2 2 2 2 2 2 2 2<br>DEFFECT　　I 1 2 3 4 5 6 7 8 9 10<br>ENDDSTUDY | DEFFECT—决策分析效应;$—测量目标。<br>第一轮决策分析,2 位评分员分别评 1~10 道题。 |
| DSTUDY　　SECOND SET of D STUDY<br>DEFFECT　　$ P<br>DEFFECT　　R 3 3 3 3 3 3 3 3 3 3<br>DEFFECT　　I 1 2 3 4 5 6 7 8 9 10<br>ENDDSTUDY | 第二轮决策分析,3 位评分员分别评 1~10 道题。 |
| DSTUDY　　THIRD SET of D STUDY<br>DEFFECT　　$ P<br>DEFFECT　　R 4 4 4 4 4 4 4 4 4 4<br>DEFFECT　　I 1 2 3 4 5 6 7 8 9 10<br>ENDDSTUDY | 第三轮决策分析,4 位评分员分别评 1~10 道题 |
| FINISH | FINISH—结束标记 |

图 4-7 为该例概化分析得出的方差分量统计结果图。统计结果原存于文本文件中,为了保持数据的排版格式不变,此处以截图的形式呈现。其中

```
                P x I x R Design for Translation Test
                         G STUDY RESULTS

        (** = INFINITE)      P         R         I
        SAMPLE SIZE         10         2         4
        UNIVERSE SIZE      ****      ****      ****
        ------------------------------------------------------------
                              M O D E L   V A R I A N C E   C O M P O N E N T S
                 DEGREES    -----------   -----------   -----------
                    OF        USING        USING EMS      STANDARD
         EFFECT   FREEDOM    ALGORITHM     EQUATIONS       ERROR
        ------------------------------------------------------------
           P         9       0.5527778     0.5527778     0.3826383
           R         1       0.0074074     0.0074074     0.0779139
           I         3       0.4416667     0.4416667     0.4037128

          PR         9       0.1009259     0.1009259     0.1553719
          PI        27       0.5750000     0.5750000     0.3000738
          RI         3       0.1564815     0.1564815     0.1600099

         PRI        27       0.9351852     0.9351852     0.2455917
        ------------------------------------------------------------
         NOTE: THE "ALGORITHM" AND "EMS" ESTIMATED VARIANCE COMPONENTS WILL BE
               IDENTICAL IF THERE ARE NO NEGATIVE ESTIMATES
```

图 4-7　概化分析的方差分量统计结果表(截图)示例

信息包括:设计模式($P \times I \times R$),样本量(10、2 和 4),观测全域(都是无限集合,用 * * * 表示),效应(3 个主效应、3 个交互效应和 1 项残余)以及各效应的自由度(等于 $n-1$)、方差大小(以两种方式估计,没有出现负值时结果相同)和标准误(等于 $\sigma/\sqrt{n}$)。

决策分析的统计量(见图 4-8 示例)包括测试的概化全域分数(UNIVERSE SCORE)、期望观测分数(EXPECTED OBSERVED SCORE)、相对误差(LOWER CASE DELTA)、绝对误差(UPPER CASE DELTA)和均值(MEAN)的方差、标准差和方差标准误,以及测试的概化系数(GENERALIZABILITY COEFFICIENT)与相对信噪比、可靠性指数(PHI)和绝对信噪比。

```
                                          STANDARD
                              STANDARD    ERROR OF
                    VARIANCE  DEVIATION   VARIANCE
   UNIVERSE SCORE    0.55278   0.74349    0.38264
EXPECTED OBSERVED SCORE 0.86389 0.92946   0.36836   GENERALIZABILITY
  LOWER CASE DELTA   0.31111   0.55777    0.10354       COEFFICIENT =  0.63987  ( 1.77679)
  UPPER CASE DELTA   0.44479   0.66693    0.14100              PHI =  0.55412  ( 1.24278)
              MEAN   0.22007   0.46912

NOTE:  SIGNAL/NOISE RATIOS ARE IN PARENTHESES
```

**图 4-8 决策分析的信度指标及相关统计量报表(截图)示例**

决策分析还对每一轮统计结果进行汇总。例如,图 4-9 为第一轮由 2 人评分、各自分别评 1~10 道题的统计结果截图,信息包括:决策分析设计编号,测量目标和观测侧面信息(指示符、概化全域和样本容量),方差统计量(全域分,期望观测分,相对误差,绝对误差和均值),概化系数和可靠性指数。3 人和 4 人分别评 1~10 道题的统计结果与此类似。汇总信息显示,随着题目数量的增加,与观测侧面相关的方差统计量递减,而概化系数和可靠性指数递增。

```
SUMMARY OF D STUDY RESULTS FOR SET OF CONTROL CARDS NO. 001

                                                V A R I A N C E S
                    SAMPLE SIZES   -----------------------------------------------------
D STUDY                                      EXPECTED  LOWER    UPPER
DESIGN  INDEX=  $P   R    I      UNIVERSE   OBSERVED   CASE     CASE                    GEN.
NO      UNIV.= INF. INF. INF.    SCORE      SCORE      DELTA    DELTA     MEAN          COEF.    PHI
001-001         10    2    1     0.55278    1.64583    1.09306  1.61667   0.68819       0.33586  0.25480
001-002         10    2    2     0.55278    1.12454    0.57176  0.83542   0.37611       0.49156  0.39820
001-003         10    2    3     0.55278    0.95077    0.39799  0.57500   0.27208       0.58140  0.49015
001-004         10    2    4     0.55278    0.86389    0.31111  0.44479   0.22007       0.63987  0.55412
001-005         10    2    5     0.55278    0.81176    0.25898  0.36667   0.18886       0.68096  0.60121
001-006         10    2    6     0.55278    0.77701    0.22423  0.31458   0.16806       0.71142  0.63731
001-007         10    2    7     0.55278    0.75218    0.19940  0.27738   0.15319       0.73490  0.66587
001-008         10    2    8     0.55278    0.73356    0.18079  0.24948   0.14205       0.75355  0.68903
001-009         10    2    9     0.55278    0.71908    0.16631  0.22778   0.13338       0.76872  0.70819
001-010         10    2   10     0.55278    0.70750    0.15472  0.21042   0.12644       0.78131  0.72429
```

**图 4-9 决策分析分轮次统计的汇总信息表(截图)示例**

将各轮的汇总信息整合在一起,再利用 EXCEL,SPSS 等数据分析或统计软件,可以很方便地绘制决策分析统计量的总体变化趋势图。例如,图 4-10 为由 2 人、3 人和 4 人各自分别评(交叉设计)1~20 道题时,可靠性指数的变化趋势图。由图可知,要使可靠性指数达到 0.8,2 人评需要 19 道题,3

人评需要 14 道题,4 人评需要 8 道题。如果期望评分员人数最少,那么 2 人 19 题则为最佳资源配置。

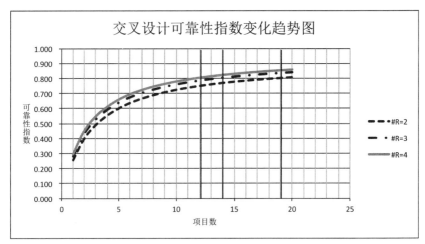

图 4-10　评分员人数与项目数量的配置决策示例(交叉设计)

图 4-11 为嵌套设计的可靠性指数变化趋势图。从该图可知,要确保可靠性指数达到 0.8,2 人评分至少需要 $2 \times 13 = 26$ 道题,3 人评分至少需要 $3 \times 7 = 21$ 道题,4 人评分至少需要 $4 \times 5 = 20$ 道题,因为在嵌套设计中每位评分员评不同的题目。掌握了这些信息,资源配置也就不难决策了。

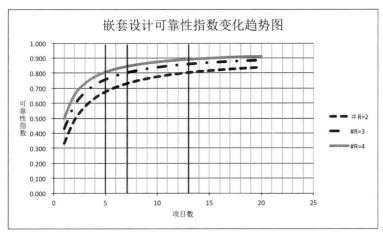

图 4-11　评分员人数与项目数量的配置决策示例(嵌套设计)

- 项目反应理论

1. 概述

项目反应理论(Item Response Theory,IRT)也称潜在特质理论或潜在特质模型,是一种基于项目反应函数(Item Response Function,IRF)——一定能力考生答对一定难度项目的概率函数——发展而来的现代心理测量理论。IRF 这一概念在 20 世纪 50 年代以前即已提出,六七十年代开始出现关于 IRT 理论的早期著作,八九十年代 IRT 理论开始在教育和心理测量领域得到广泛应用(Hambleton *et al*. 1991)。IRT 理论是针对 CTT 理论的局限性提出来的,是对 CTT 理论的改良。由于提供的信息更加丰富,特别是,适用于计算机处理和题库建设,IRT 理论目前已发展成为应用最广泛的测量理论(参见 Baker 2001;Linacre 2006;Lord 1980)。

IRT 理论基于三大假设:一是能力单维性假设,指组成某个测验的所有项目都是测量同一潜在特质;二是局部独立性假设,指对某个被试而言项目间不相关;三是项目特征曲线假设,指被试在项目上作出正确反应的概率为其能力与项目特征参数(如难度、区分度、猜测概率等)的函数。在满足前两个假设的前提下,IRT 理论先根据概率原理将考生能力($B_x$)和项目难度($D_i$)转换为可直接比较的洛基数(Logits),再利用选定的 IRT 模型计算差值条件下($\theta_{xi} = B_x - D_i$)考生($x$)答对项目($i$)的期望概率——$P(\theta_{xi})$,最后根据所有考生回答所有项目的情况估计考生水平、项目特征和测试质量。

2. IRT 模型

IRT 模型较多,最常用的为三个 Logistic 模型。根据所涉及项目特征(称为参数)的个数分别称为单参数模型(One-parameter Logistic Model,1PL)、双参数模型(Two-parameter Logistic Model,2PL)和三参数模型(Three-parameter Logistic Model,3PL)。

**单参数模型**

单参数模型(也称 Rasch 模型)仅考虑项目的 1 个参数——难度(用 $b$ 表示)。IRT 理论认为项目难度是固定的,不会随着参与测试人数的多少而变化。一定能力($\theta$)的考生答对一定难度($b$)的项目的概率($P(\theta,b)$)也就是模型的函数为:

$$P(\theta,b) = \frac{e^{(\theta-b)}}{1 + e^{(\theta-b)}} \qquad (4\text{-}21)$$

根据该式计算,$P(\theta,b)$ 分布具有如下特点(以二项值项目为例,非二项值可转换多个二项值):

当 $(\theta - b) = 0$ 时,$P(\theta,b) = 0.5$,即:考生能力与项目难度相当时,考生答对和答错的概率各占一半。

当 $(\theta - b) \to +\infty$ 时,$P(\theta,b) \to 1$,即:考生能力越强,答对的概率越大,概率趋向于 1。

当 $(\theta-b) \to -\infty$ 时，$P(\theta,b) \to 0$，即：考生能力越弱，答对的概率越小，概率趋向于 0。

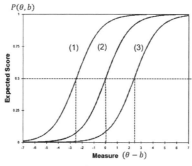

图 4-12　单参数模型 ICC 示例

考生答对项目的期望概率(Expected Score)跟考生能力与项目难度的差值(Measure)的变化趋势可描述为图 4-12 所示反映项目参数特点的曲线，该曲线称为项目特征曲线(Item Characteristic Curve，ICC)。根据图中 3 个项目的 ICC 可知，项目(1)因对考生的能力要求最低，因此难度最小。同理，项目(3)难度最大。

**双参数模型**

双参数模型同时考虑项目的 2 个参数——难度和区分度(用 $a$ 表示)，其函数为：

$$P(\theta, b_i, a_i) = \frac{e^{a(\theta-b)}}{1+e^{a(\theta-b)}} \tag{4-22}$$

双参数模型的 ICC 示例见图 4-13。曲线的陡峭程度反映项目的区分度，曲线越陡峭，区分度越大。图中项目(1)的难度虽然跟项目(2)相等，但区分度不如项目(2)。由于区分度不同的项目的陡峭程度不一样，双参数模型的 ICC 有可能交叉，这跟单参数模型不同。单参数模型不考虑区分度，曲线不会交叉。

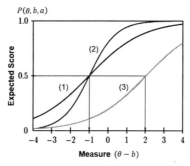

图 4-13　双参数模型 ICC 示例

**三参数模型**

三参数模型同时考虑项目的 3 个参数——难度、区分度和猜测系数(用 $c$ 表示),其函数为:

$$P(\theta,b,a,c) = c + (1-c)\frac{e^{a(\theta-b)}}{1+e^{a(\theta-b)}} \tag{4-23}$$

由于考虑了猜测因素,考生能力与项目难度相等时,答对概率不再是 0.5,而是要加上猜测系数,因此要高于 0.5。三参数模型的 ICC 示例见图 4-14。

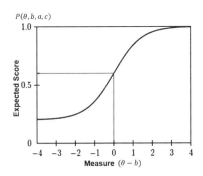

图 4-14 三参数模型 ICC 示例

**3. 洛基数**

为了使考生能力和项目难度可比,IRT 将两者都转换为相同单位的数值——洛基数(Logits)。洛基数为优势比(Odds Ratios)——答对率($p$)与答错率($q$)的比值——的自然对数,即 $ln(p/q)$。由于 $p+q=1$,洛基数具有如下特点:

(1) 当 $p=q$ 时,洛基数 $ln(p/q) = ln(0.5/0.5) = 0$;当 $p>q$ 时,洛基数 $ln(p/q)$ 为正值,$p$ 越大,洛基数越大;当 $p<q$ 时,洛基数 $ln(p/q)$ 为负值,$p$ 越小,洛基数越小。

(2) 洛基数以 0 为均值,两个互补答对概率的洛基值两端对称,即:符号相反,绝对值相同,如 $ln(0.95/0.05) = 2.944$,$ln(0.05/0.95) = -2.944$。

IRT 理论通常利用概率理论的联合极大似然法(Joint Maximum Likelihood Estimate,JMLE)估计考生能力和项目参数。进入 JMLE 估计的初始值,可用表 4-10——格特曼量表谱(Guttman Scalogram)示例表——来进行解释(参见 Bond & Fox 2007:22)。表中,考生能力自下而上递增(由弱而强),项目难度自左至右递增(由易至难)。考生 $N$(全答对)和 $M$(全答错)属于极端考生,其能力无法用这些项目得到估计,因而应该剔除。剔除极端考生后,项目 $c$ 成为所有考生都答对的极端容易的项目,项目容易到何种程度,用这些考生无法准确估计,因此也应剔除。剩下的考生反应由两条分界线划分成三个区域:界内、左上界外和右下界外。界内区域中,考生能力与项目难度相当,答对和答错的概率各占50%,1和0随机分布;左上界外区中,考生能力超出项目难度,期望反应为1,意外反应为0(表中用方框标出)——这种现象称为睡眠效应,说明能力强的考生答错了容易的项目;右下界外区中,考生能力低于项目难度,期望反应为0,意外反应为1(表中也用方框标出)——这种现象称为猜测效应,说明能力弱的考生答对了难度大的项目。表右边的洛基值($\ln(p/q)$)和下边的洛基值($\ln(q/p)$)分别是基于原始分数得出的考生能力和项目难度的最初洛基值。

表 4-10 格特曼量表谱示例表

| | | \multicolumn{10}{c|}{Items(易→难)} | Ability | $p$ | $q$ | $\ln(p/q)$ |
| | | c | i | a | l | b | h | k | d | f | j | e | g | | | | |
|---|---|---|---|---|---|---|---|---|---|---|---|---|---|---|---|---|---|
| Persons(弱→强) | N | 1 | 1 | 1 | 1 | 1 | 1 | 1 | 1 | 1 | 1 | 1 | 1 | 12 | | | |
| | J | 1 | 1 | 1 | 0 | 1 | 1 | 1 | 1 | 1 | 0 | 1 | 1 | 9 | 0.82 | 0.18 | 1.52 |
| | C | 1 | 1 | 1 | 1 | 1 | 1 | 1 | 0 | 0 | 1 | 1 | 0 | 8 | 0.73 | 0.27 | 0.99 |
| | E | 1 | 1 | 0 | 1 | 1 | 1 | 1 | 0 | 1 | 1 | 0 | 0 | 7 | 0.64 | 0.36 | 0.58 |
| | L | 1 | 1 | 0 | 1 | 1 | 1 | 1 | 0 | 1 | 1 | 0 | 0 | 7 | 0.64 | 0.36 | 0.58 |
| | I | 1 | 1 | 1 | 1 | 1 | 1 | 0 | 1 | 0 | 0 | 0 | 0 | 6 | 0.55 | 0.45 | 0.20 |
| | F | 1 | 1 | 1 | 1 | 1 | 1 | 0 | 0 | 1 | 0 | 0 | 0 | 6 | 0.55 | 0.36 | 0.42 |
| | K | 1 | 1 | 1 | 1 | 0 | 0 | 1 | 0 | 1 | 0 | 0 | 0 | 5 | 0.45 | 0.55 | -0.20 |
| | A | 1 | 1 | 1 | 1 | 1 | 0 | 0 | 0 | 0 | 0 | 0 | 0 | 5 | 0.45 | 0.55 | -0.20 |
| | G | 1 | 1 | 1 | 0 | 0 | 1 | 0 | 0 | 1 | 0 | 0 | 0 | 5 | 0.45 | 0.55 | -0.20 |
| | D | 1 | 1 | 1 | 1 | 0 | 0 | 0 | 1 | 0 | 0 | 0 | 0 | 4 | 0.36 | 0.64 | -0.58 |
| | B | 1 | 1 | 1 | 0 | 0 | 0 | 0 | 1 | 0 | 0 | 0 | 0 | 3 | 0.27 | 0.73 | -0.99 |
| | H | 1 | 0 | 1 | 1 | 0 | 0 | 0 | 0 | 0 | 0 | 0 | 0 | 2 | 0.18 | 0.82 | -1.52 |
| | M | 0 | 0 | 0 | 0 | 0 | 0 | 0 | 0 | 0 | 0 | 0 | 0 | 0 | | | |
| Facility | | 13 | 11 | 10 | 10 | 7 | 7 | 6 | 5 | 5 | 3 | 2 | 1 | | | | |
| $p$ | | | 0.92 | 0.83 | 0.83 | 0.58 | 0.58 | 0.50 | 0.42 | 0.42 | 0.25 | 0.17 | 0.08 | | | | |
| $q$ | | | 0.08 | 0.17 | 0.17 | 0.42 | 0.42 | 0.50 | 0.58 | 0.58 | 0.75 | 0.83 | 0.92 | | | | |
| $\ln(q/p)$ | | | -2.44 | -1.59 | -1.59 | -0.32 | -0.32 | 0.00 | 0.32 | 0.32 | 1.10 | 1.59 | 2.44 | | | | |

洛基数除了可以直接比较以外,还具有另一个原始分数无法比拟的优势——样本独立性。也就是说,经过转换的考生能力不再是依赖于特定项目样本的能力,而是基于概率推算出来的考生在一般情况下所具备的能力。经过转换的项目难度也不再是依赖于特定考生样本的难度,而是基于概率推算出来的项目在一般情况下所表现的难度(参见 Bond & Fox 2007:278)。能力与难度的可比性和样本独立性是 IRT 理论相较于其他理论的主要优势所在。

4. WinSteps 结果解读

**考生/项目得分表**

图 4-15 是用 WinSteps 软件(参见 Bond & Fox 2007; Linacre 2006)处理

表 4-10 中数据得到的关于考生情况的统计表的截图(项目情况也有相同格式的统计表),其中包括考生和项目的真实分隔系数(REAL SEP.——Real Separation Coefficient)和信度系数(REL.——Reliability Coefficient)、界内拟合(INFIT)和界外拟合(OUTFIT)的均方(MNSQ)和 Z 标准分(ZSTD)以及点测量相关系数(PTMEA CORR.,Point-measure Correlation 的缩写形式)等反映测试或项目质量的主要统计指标。

```
TABLE 17.1 IRT Example                    ZOU759WS.TXT  Jun  1  0:03 2018
INPUT: 12 Persons  11 Items  MEASURED: 12 Persons  11 Items  2 CATS        1.0.0
------------------------------------------------------------------------------

Person: REAL SEP.:0.94  REL.:0.47 ... Item: REAL SEP.: 1.67  REL.:0.74

           Person STATISTICS:    MEASURE ORDER

+---------------------------------------------------------------------------------+
|ENTRY   RAW                          MODEL|  INFIT  |  OUTFIT |PTMEA|EXACT MATCH|        |
|NUMBER SCORE  COUNT  MEASURE   S.E. |MNSQ ZSTD|MNSQ ZSTD|CORR.| OBS%  EXP%| Person |
|-----------------------------------+---------+---------+-----+-----------+--------|
|   1     9     11     2.20    0.91 |1.79  1.4|6.15  2.1|-0.07| 72.7  84.6| J      |
|   2     8     11     1.46    0.82 |1.21  0.6|0.81  0.2| 0.47| 72.7  80.5| C      |
|   3     7     11     0.85    0.77 |1.23  0.7|1.96  1.2| 0.40| 72.7  77.8| E      |
|   4     7     11     0.85    0.77 |1.23  0.7|1.96  1.2| 0.40| 72.7  77.8| L      |
|   5     6     11     0.29    0.75 |0.65 -1.1|0.47 -0.8| 0.75| 81.8  75.2| I      |
|   6     6     11     0.29    0.75 |0.65 -1.1|0.47 -0.8| 0.75| 81.8  75.2| F      |
|   7     5     11    -0.26    0.75 |0.87 -0.3|0.63 -0.4| 0.67| 63.6  75.6| K      |
|   8     5     11    -0.26    0.75 |0.52 -1.5|0.39 -1.0| 0.81|100.0  75.6| A      |
|   9     5     11    -0.26    0.75 |0.87 -0.3|0.63 -0.4| 0.67| 63.6  75.6| G      |
|  10     4     11    -0.84    0.78 |0.73 -0.6|0.61 -0.3| 0.70| 90.9  79.4| D      |
|  11     3     11    -1.47    0.83 |1.03  0.2|0.97  0.1| 0.52| 81.8  81.9| B      |
|  12     2     11    -2.21    0.91 |0.94  0.0|0.47  0.1| 0.54| 72.7  84.1| H      |
|-----------------------------------+---------+---------+-----+-----------+--------|
| MEAN   5.6   11.0    0.05    0.79 |0.98 -0.1|1.29  0.1|     | 77.3  78.6|        |
| S.D.   1.9    0.0    1.17    0.06 |0.34  0.8|1.55  0.9|     | 10.2   3.3|        |
+---------------------------------------------------------------------------------+
```

图 4-15  WinSteps 考生统计表(截图)示例

有关指标的含义如下(参见 Linacre 2006):

分隔系数:指按测量值(MEASURE)区分级别的统计量,反映测量值的覆盖面——值越大,覆盖面越广;反之越窄。例如,考生分隔系数应不小于 2,即测试至少应能将考生区分为高水平和低水平 2 个等级。相应地,如果项目分隔系数<3,说明测试无法将项目区分为难、中、易 3 个等级。分隔系数的估计分为是否考虑极端案例两种情况:不考虑极端案例情况得到的结果称为"模型"系数,表示"最理想"状态,为估计值的上限;考虑极端案例得到的结果称为"真实"系数,表示"最糟糕"状态,为估计值的下限。

信度系数:实际上为分隔信度,指使用其他测试进行测量时,得到的测量值在当前测量值位置复现的可能性。这个概念与传统的测试信度的概念相当,不同之处在于:CTT 中的克隆巴赫 α 系数和 GT 中的概化系数、可靠性指数等都是基于原始分数进行估计,而 IRT 的分隔系数和信度系数基于经过转换的测量值——洛基数进行估计。此外,IRT 还同时为考生、项目、评分员等各维度提供分隔信度,并且区分模型信度和真实信度。

考生信度也就是传统的测试信度,指在能力值上区分考生的可靠性程度。信度系数越大,分隔系数越大,区分出来的能力等级越多。一般而言,0.9 的考生信度意味着 3~4 个能力等级;0.8,2~3 个等级;0.5,1~2 个等级。所以说,考生信度实际上也就是考生的分隔信度(Separation Reliability)。考生信度低,往往是因为项目数量不够多,难以从考生样本中区分出足够多的能力等级。跟考生信度类似,项目信度指在项目难度值上区分项目的可靠性,评分信度指在评分的严厉度上区分评分员的可靠性。项目信度低,主要是因为考生样本量不够大,难以将项目区分为足够多的难度等级。评分信度反映评分严厉度的跨度,值越小,说明严厉度的差异越小,评分员对评分标准的把握具有更好的一致性。这与传统的评分信度的概念(值越大说明一致性程度越高)恰恰相反。

界内拟合:一种从意外反应"靠拢"模型期望值的角度来考查拟合情况的统计量,对表 4-10 所示格特曼量表谱中界线内的意外反应敏感,故称为界内拟合。界内拟合统计量的计算不仅考虑残差(观测值与模型预测值的差距),同时还考虑模型方差(Model Variance)进行信息加权(Information-Weighted)处理,所以界内拟合统计量也称信息加权统计量。

界外拟合:一种从意外反应"远离"模型期望值的角度来考查拟合情况的统计量,对表 4-10 所示格特曼量表谱中界线外的意外反应敏感,所以称为界外拟合。界外拟合统计量的计算仅考虑残差,不进行信息加权处理,所以界外拟合统计量也称未加权统计量。

均方和 $Z$ 标准分——界内拟合和界外拟合都包括均方(MNSQ)和 $Z$ 标准分(ZSTD)两种统计量。

均方是从残差方差标准化的视角进行分析的统计量,所以期望值为 1。远大于 1 时,称为拟合不足(Underfit)——偏差太大,预测值可能不准确;远小于 1 时,称为拟合过度(Overfit)——偏差太小,数据太完美,可能不真实。$Z$ 标准分(ZSTD)是对"观测结果与模型期望完全吻合"这一原假设进行 $t$ 检验得到的统计量,因此,期望值为 0,即:$t$ 值越接近 0,项目与模型拟合越好,跟模型预测越一致,而 $t \geqslant 1.96$ 表示拟合不足,$t \leqslant -1.96$ 表示拟合过度。

拟合情况需综合考虑。一般先检查界内不拟合(Misfit)再看界外不拟合的情况,先检查均方不拟合再看 $Z$ 标准分不拟合的情况,而如果均方拟合可以接受,$Z$ 标准分拟合则可忽略。界外拟合均方(Outfit Mean-squares)主要受离群值或极端值的影响,容易诊断也易于弥补,对测试的危害相对较小;界内拟合均方(Infit Mean-squares)主要受考生反应模式的影响,难以诊断也不易弥补,对测试的危害相对较大。

根据经验,均方拟合统计量的可接受程度如下(Linacre 2006:308):

表 4-11　均方拟合统计量(MNSQ fit statistic)的可接受程度

| 统计量 | 可接受程度 |
| --- | --- |
| ＞2.0 | 极差——偏差太大,危及测试质量,不可接受。 |
| 1.5－2.0 | 较差——偏差过大,但不至于危及测试质量,基本不可接受。 |
| 0.5－1.5 | 较好——偏差适度,属正常可接受范围。 |
| ＜0.5 | 较差——偏差太小,虽不至于危及测试质量,但不可接受。 |

不拟合情况的出现跟样本量有很大关系。一般而言,样本量大小以 300 为宜。样本太小测试有可能不敏感,观测值可能"都拟合";样本太大测试又有可能会太敏感,观测值"都不拟合"。

点测量相关系数:相当于传统的点二列相关(Point-biserial Correlation)系数,从观测点(Point)跟总体得分的相关性的角度反映测试的质量,其取值范围为[－1,1]:－1 表示完全负相关;0 表示不相关;1 表示完全正相关。

**考生/项目泡泡图**

为了直观显示考生或项目的拟合情况,WinSteps 提供如图 4-16 所示"泡泡图"(Bubble Chart)。泡泡面积表示误差大小,垂直轴显示测量值(Measures),水平轴显示界内拟合的标准化 $t$ 检验统计量($t$ Infit Zstd)。如图所示,项目 6 最容易且误差最大,项目 21 最难且拟合最差(说明猜测情况严

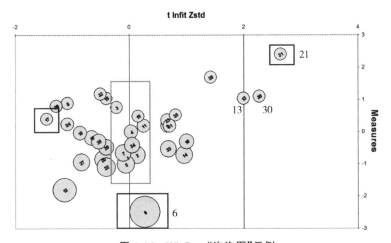

图 4-16　WinSteps"泡泡图"示例

重,跟模型预期不一致),项目 21 和 30 都拟合不足,其他项目都在拟合范围之内($-2<t<2$)。

**考生—项目频数分布图**

考生—项目频数分布图(见图 4-17)可直观反映考生与项目的适宜性,即考生水平与项目难度的对等程度。在图中,中线左侧"♯"代表考生(1 个"♯"号表示 2 位考生),右侧数字代表项目(数字为项目的编号或名称,两者可以相同)。中线两侧的"M"表示均值,"S"表示 1 个标准差,"T"表示 2 个标准差。洛基标尺上的"0"表示均值,数字表示洛基单位数。标尺上的"0"与项目难度均值(中线右侧的 M)齐平,所以标尺对准的是项目难度。

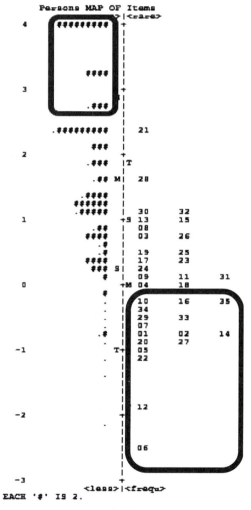

图 4-17　WinSteps 考生—项目分布图示例

在示例图中,考生水平明显高出项目难度。首先,从统计量上来看,考生的平均水平与难度处于第二位的项目(28)相当,约为 1.5 个洛基数,并且接近项目的 2 个标准差(T),这说明考生水平均值至少在 0.05 的显著性水平上显著高于项目难度均值。其次,从频数分布来看,难度最大的项目(21)之上仍有许多考生,说明这些考生水平太高,不适合这批测试项目;而中等难度以下的若干项目上只有 4 位水平相当的考生,难度最低的 6 个项目上甚至没有水平相当的考生,这又说明相应项目太容易,不适合这批考生。因此,总的来说,测试项目太容易,不适合用来考这批考生。

**项目特征曲线**

项目特征曲线(ICC)的信息量丰富,通过——标记每个考生答对项目的期望概率(﹡号)和项目反映的理论期望概率(曲线),不仅能直观地看出所有考生的总体拟合情况和不拟合的考生个体,还可进一步分析项目的难度、区分度、猜测概率等特征。如在图 4-18 所示 ICC 图中,能力低于难度 4 个洛基数($\theta-b=-4$)的考生,其答对项目的概率竟然接近 1,这说明该生完全是凭猜测答题的,并且答对了。在 -3 处也有考生猜对了,其答对题的期望概率也跟理论期望概率拟合不足(落在拟合界线的上线以外)。其他考生的反应都在拟合界线以内。在项目特征方面,项目的 ICC 显示约 4/5 的考生答对题的期望概率处于 0.25 上下,这一方面说明项目难度大——多数考生不能正

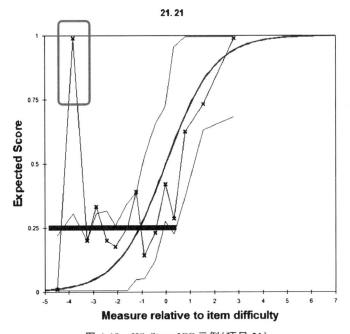

图 4-18 WinSteps ICC 示例(项目 21)

确作答;同时也说明猜题情况严重——多数考生答对的概率接近四选一项目的随机概率;并且项目的区分度非常低——仅对能力高于难度($\theta-b>0$)的少数考生(约占1/5)有区分作用。

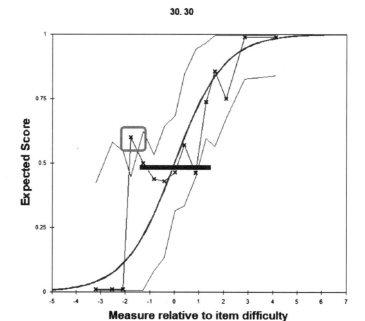

图 4-19　WinSteps ICC 示例(项目 30)

图 4-19 主要反映出项目存在比较严重的区分度问题。在 $-1.5<\theta-b<1.5$ 这一区间,能力跨度达到了 3 个洛基数,但答对题的期望概率都在 0.5 左右,说明项目对这部分考生没有区分功能。另外,项目难度偏易,只有约 1/5 的考生不能正确回答。另有一位考生拟合不足($\theta-b=-2$ 处)。

**项目功能偏差**

项目的功能在于反映考生能力,而不是其他特征。在同一项目上,能力相当的考生,得分也应该相当,而不论其他特征如何。相反,能力相当而另外某种特征(如性别、民族、地区等)不同的考生,如果在同一项目上的得分差异显著,那就说明存在项目功能偏差(Differential Item Functioning,DIF)。进行 DIF 分析,需要先对考生按某种特征分类,得到考生类别(Person Class);再分类计算项目难度,得到局部难度(Local Difficulty),称为 DIF 测量值(DIF Measure);最后每个项目都按考生类别两两对比,基于 DIF 差值(Contrast)和联合标准误(Joint Standard Error)进行 $t$ 检验。如在图 4-20 所示示例中,在项目 1 上男生(B)得分低于女生(G)0.18 个洛基数,联合标准误为 0.55,$t$ 检验的结果为差异不显著($t=-0.33>-2, p=0.7395>0.05$),说明该项目对不同性别的考生不存在项目功能偏差。项目功能偏差分析会对所有项目一一进行检验,偏差显著的项目都会统计出来。

```
TABLE 30.1 Bond & Fox BLOT data: Chapter 5    ZOU679WS.TXT Sep  2 16:20 2018
INPUT: 147 Persons  35 Items  MEASURED: 147 Persons  35 Items  2 CATS    1.0.0
------------------------------------------------------------------------------
DIF class specification is: DIF=$S7W1

+-----------------------------------------------------------------------------+
|Person  DIF   DIF  Person  DIF   DIF    DIF   JOINT              MantelHanzl Item  |
|CLASS MEASURE S.E. CLASS MEASURE S.E. CONTRAST S.E.   t  d.f. Prob. Prob. Size Number Name |
|-----------------------------------------------------------------------------|
| B    -1.04  0.41   G    -0.86  0.37   -0.18  0.55 -0.33 145 0.7395 0.5120 -1.00   1 01 Negation |
| G    -0.86  0.37   B    -1.04  0.41    0.18  0.55  0.33 145 0.7395 0.5120  1.00   1 01 Negation |
```

图 4-20　WinSteps DIF 偏差分析报表(截图)示例

**多项值项目分析**

对于多项值项目(Polytomous Item),如 Likert 五级量表项目、分段计分(Partial-credit)项目,IRT 理论称每个值项为一个类别(Category)、每个类别为一个二项值项目。如一个满分为 3 分的项目,根据答题情况可分别计 0、1、2、3 分,那么该项目即有 4 个类别,被视为 4 个不同的二项值项目。除了提供项目的整体得分情况以外,WinSteps 还提供如图 4-21 所示项目得分表。

```
TABLE 13.3 Bond & Fox CAIN Computer Anxiety Index ZOU481WS.TXT Sep  2 23:54 2018
INPUT: 371 Persons  26 Items  MEASURED: 371 Persons  26 Items  6 CATS    1.0.0
--------------------------------------------------------------------------------

         Item CATEGORY/OPTION/DISTRACTOR FREQUENCIES:  MEASURE ORDER

+------------------------------------------------------------------+
|ENTRY   DATA  SCORE |   DATA    | AVERAGE  S.E.  OUTF PTMEA|        |
|NUMBER  CODE  VALUE |  COUNT  % | MEASURE  MEAN  MNSQ CORR.| Item   |
|--------------------|-----------|--------------------------|--------|
|   9     6      1   |  269   73 |  -0.96   0.04   0.9 -0.42|09R Dump| 6 STD
|         5      2   |   57   15 |  -0.45   0.05   0.5  0.24|        | 5 D
|         4      3   |   18    5 |  -0.30   0.10   0.7  0.19|        | 4 SLD
|         3      4   |   16    4 |  -0.26   0.14   1.1  0.19|        | 3 SLA
|         2      5   |    7    2 |  -0.32*  0.19   1.4  0.11|        | 2 A
|         1      6   |    4    1 |  -0.49*  0.16   1.9  0.05|        | 1 STA
```

图 4-21　WinSteps 多项值项目计分示例

每个项目相邻类别的难度应单调递升,否则即表明量表结构或分段计分出了问题。如图 4-22 所示,在项目 21、24、2、14 和 23 中类别 4(Slightly Disagree)和 5(Disagree)的顺序颠倒,说明这两个类别宜合二为一,作为一个类别处理。

174 累进辩论法及其在语言测试效度验证中的应用研究

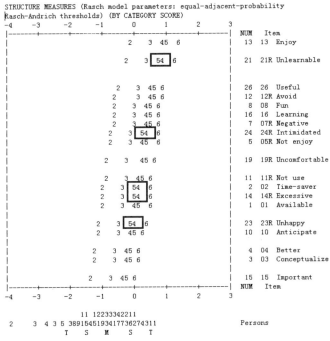

图 4-22 WinSteps 量表结构分析图示例

除了类别顺序有可能颠倒以外,量表结构中还有可能存在没有实际意义的类别,如问卷调查表中的某个类别很少有人选择。如果这种类别出现在两端,则可直接并入相邻类别,但如果出现在中间,到底该并入前面还是后面的类别还需深入分析。如在图 4-23 所示的各类别概率趋势图中,类别 1、2、3、5 的变化趋势基本正常,但类别 4 的概率几乎为 0,因此应并入其他类别。合

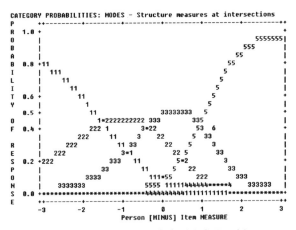

图 4-23 WinSteps 量表类别分布图示例

并分两种:一是将 4 并入 3,得 12334(43 合);二是将 4 并入 5,得 12344(45 合)。合并后,所得新类别的概率变化趋势变为正常,见图 4-24,其中(a)图为 43 合,(b)图为 45 合。

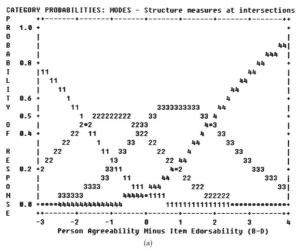

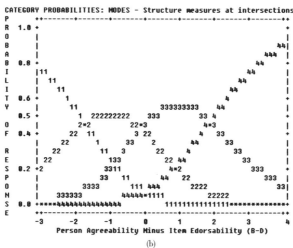

图 4-24 WinSteps 量表类别结构调整示例

根据表 4-12,结构调整前,5 个类别的平均测量值(Average Measure)和分类刻度(Step Calibrations)都是无序的(Disordered),并且项目分隔系数(Item Separation)无法估计(None)。按两种方式进行结构调整后,无序的都已变得有序,即单调递升,但 45 合并更优,因为相较 43 合并而言,45 合并后考生分隔系数和项目分隔系数值更大,区分度更好。

表 4-12　WinSteps 量表结构调整前后对比示例

| Category Label | Average Measure | Fit | Step Calibrations | Person Separation | Item Separation |
| --- | --- | --- | --- | --- | --- |
| 12345 | Disordered | ＜2.0 | Disordered | 1.36 | None |
| 12334(43合) | Ordered | ＜2.0 | Ordered | 1.90 | 8.16 |
| 12344(45合) | Ordered | ＜2.0 | Ordered | 2.06 | 8.23 |

5. Facets 结果图表解读

使用 Facets 软件不仅可以对考生和项目进行统计分析，还可进一步分析评分员、任务类型、题材类别等其他测试维度以及各维度的交互影响。现结合 Facets 软件提供的帮助文件（参见 Linacre 2006），对 IRT 多维分析加以讨论。

**多维垂直尺度**

图 4-25 是根据示例文件 Guilford.txt 进行操作得到的各维度测量值汇总表截图，示例数据为 3 位资深科学家（评分员）对 7 名青年科学家（考生）就 5 种创新能力（项目）进行评判的结果。

```
Ratings of Scientists (Psychometric Methods p.282 Guilford 1954)  2018-07-08 23:44:32
Table 6.0  All Facet Vertical "Rulers".
Vertical = (2A,3A,1A) Yardstick (columns,lines,low,high)= 0,10,-1,1
-----------------------------------------------------------------
|Measr|+Junior Scientists|-Traits            |-Senior scientists|CREAT|
+   1 +                  +                   +                  + (9) +
|     |                  |                   |                  |  7  |
|     |                  |                   |                  | --- |
|     | Betty            | Enthusiasm        |                  |     |
|     | Edward           |                   |                  |  6  |
|     | George           |                   |                  |     |
|     |                  | Clarity           | Brahe            | --- |
*   0 *                  *                   * Avogadro         *  5  *
|     | Anne             | Basis             | Cavendish        |     |
|     | Chris            |                   |                  | --- |
|     |                  | Attack    Daring  |                  |     |
|     |                  |                   |                  |  4  |
|     | David            |                   |                  |     |
|     | Fred             |                   |                  |     |
|     |                  |                   |                  | --- |
|     |                  |                   |                  |  3  |
+  -1 +                  +                   +                  + (1) +
-----------------------------------------------------------------
|Measr|+Junior Scientists|-Traits            |-Senior scientists|CREAT|
```

图 4-25　Facets 各维度垂直"尺度"表（截图）示例

图中，最左列（Measr）为测量值，最右列（CREAT）为评分量表（括号中的为端点值），中间三列分别为 3 个维度。"Vertical ＝（…）"指定维度格式：2、3、1 表示各维度代码及其排列顺序，A(Alphabet)表示名称。"Yardstick（…）＝ …"指定尺度格式：列宽自动（columns ＝ 0）；1 个洛基值由 10 个"|"表示（lines ＝

10);最小洛基值为-1(low = -1);最大洛基值为1(high = 1)。表头中,"+"号表示按测量值正向排序,"-"表示负向排序。该表中,青年科学家能力为正向,值越大能力越强;创新项难度为负向,值越小难度越大;资深科学家的评分严厉度为负向,值越小严厉度越高。

**评分宽严程度**

图 4-26 为资深科学家的测量值报表截图。表中数据显示:2 号 Brahe 的测量值最大,评分最宽松;3 号 Cavendish 的测量值小,评分最严厉。关于评分的可接受性,表中除了提供界内拟合和界外拟合两类指数以外,还提供了另外两类指数:评分区分度的估计值(Estim. Discrm)和评判一致的观测百分比(Obs%)和期望百分比(Exp%)。从上述几项指标来看,Brahe 的评分值得关注。虽然界内和界外均方处在 0.5~1.5 的范围之内,但已大于 1.3,说明误差偏大;区分度(取值范围为[-1,1])为 0.02,接近于 0,说明几乎没有区分功能(期望值为 1.0,表示最佳;-1 表示完全相反);21.4% 的观测比率小于 25.2% 的期望比率,这也说明评分存在一定误差。另外,跟另两位资深科学家相比较,Brahe 的观测比率小,而另两位的比较接近,说明 Brahe 跟另两位的评分存在类似的不一致的情况。

```
Ratings of Scientists (Psychometric Methods p.282 Guilford 1954)  2018-07-11 01:18:21
Table 7.1.1  Senior scientists Measurement Report  (arranged by mN).

 Obsvd Obsvd Obsvd Fair-M|             Model | Infit     Outfit    |Estim.| Exact Agree.| N Senior
 Score Count Average Avrage|Measure  S.E. | MnSq ZStd MnSq ZStd|Discrm|  Obs %  Exp % | scientists
  156    35    4.5   4.39|  0.24   0.12 | 1.42  1.7  1.47  1.8| 0.02 |  21.4   25.2  | 2 Brahe
  171    35    4.9   4.86|  0.04   0.11 | 0.83 -0.7  0.87 -0.5| 1.40 |  35.7   25.8  | 1 Avogadro
  181    35    5.2   5.17| -0.09   0.11 | 0.66 -1.6  0.65 -1.6| 1.63 |  37.1   25.3  | 3 Cavendish
 169.3  35.0   4.8   4.81|  0.06   0.12 | 0.97 -0.2  0.99 -0.1|      |               | Mean (Count: 3)
  10.3   0.0   0.3   0.32|  0.13   0.00 | 0.33  1.4  0.35  1.5|      |               | S.D. (Popuin)
  12.6   0.0   0.4   0.39|  0.16   0.00 | 0.40  107  0.42  1.8|      |               | S.D. (Sample)
Model, Populn: RMSE 0.12 Adj (True) S.D. 0.07  Separation 0.60 Reliability (not inter-rater) 0.27
Model, Sample: RMSE 0.12 Adj (True) S.D. 0.12  Separation 1.02 Reliability (not inter-rater) 0.51
Model, Fixed (all same) chi-square: 4.1 d.f.: 2  significance (probability): 0.13
Model, Random (normal) chi-square: 1.3 d.f.: 1  significance (probability): 0.25
Rater agreement opportunities: 105  Exact agreements: 33 = 31.4%  Expected: 26.7 = 25.4%
```

**图 4-26  Facets 评分员测量值报表(截图)示例**

Facets 不进行评分员之间的一致性检验(Inter-rater Consistency Test),而只报告评分员在相同情况下有多少次评分一致的机会(Rater Agreement Opportunities)、实际一致的频数及其比率以及期望一致的频数及其比率,此例中分别为 105、33=31.4% 和 26.7=25.4%。如果实际一致的情况低于期望一致太多,说明存在模型未考虑到的因素,而如果高于期望一致太多,则说明评分的独立性不够。IRT 期望评分具有独立性,每个评分员都是独立的评分个体而不是"评分机器"(Linacre 2006:121),但评分的严厉度越接近越好。严厉度越接近,评分的分隔系数越小,分隔信度(Separation Reliability)也越小,所以说,IRT 中评分员之间的一致性与评分的分隔信度相反,等于

1—Separation Reliability(*ibid*.:166)。也正是因为这个原因,IRT 不再进行评分员之间的一致性检验。

**评分偏见/交互**

如要进一步查看评分员之间的不一致的情况,可进行评分员与考生之间的偏见/交互分析(Bias/Interaction Analysis)。图 4-27 为前例中资深科学家与青年科学家之间的偏差/交互分析的 $t$ 检验结果图,检验的原假设为评分符合一般情况,即不存在显著偏差。图中显示:Brahe 给 Edward 的评分最低且显著偏低($t<-2$),而另两位资深科学家给 Edward 的评分恰恰相反,都为最高分且偏差不显著($t<2$);此外,Brahe 给 David 评了最高分且显著偏高($t>2$),而 Cavendish 的评分恰恰相反,给了 David 最低分且无显著偏差($t<2$)。根据这个图所示的 $t$ 检验结果,Brahe 的评分不仅存在显著偏差,而且还与其他两位评分员在 Edward 和 David 的评分上不一致。

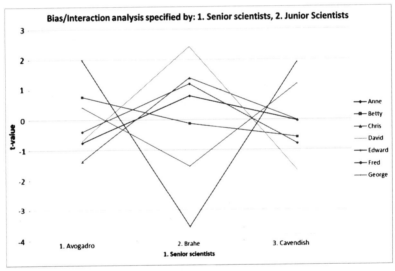

**图 4-27　Facets 评分员与考生的偏差/交互分析统计图示例**

图 4-28 为偏差或交互显著性检验报告的截图。图中表格显示,偏差显著的评分共两项:一是 Brahe 对 David 的评分,观测值 25 显著高于期望值 17.3($t=2.43>2$);二是 Brahe 对 Edward 的评分,观测值 14 显著低于期望值 27.0($t=-3.55<-2$)。表格下方卡方检验结果,检验的原假设为:允许误差的情况下,所有偏差(数量为 count,本例中共 21 对交互,即 3 位资深科学家与 7 名青年学科家的交互)的测量值都可固定为 0——Fixed(all = 0),即不存在偏差显著的情况。该例的检验结果为:存在偏差显著的情况($\chi^2=41.6$;$p=0.00<0.05$),也就是表中列举的两对偏差。

```
Ratings of Scientists (Psychometric Methods p.282 Guilford 1954)   2018-07-08 23:16:09
Table 13.5.1  Bias/Interaction Calibration Report (arranged by mN).

Bias/Interaction analysis specified by: 1. Senior scientists, 2. Junior Scientists
-------------------------------------------------------------------------------------------------
| Obsvd   Exp.   Obsvd  Obs-Exp| Bias   Model       |Infit Outfit|                                |
| Score   Score  Count  Average| Size   S.E.    t   | MnSq  MnSq | Sq N Senior sc   measr N Junior  measr |
-------------------------------------------------------------------------------------------------
|  25     17.3    5       1.54 | 0.71   0.29   2.43 | 0.3   0.3  | 11 2 Brahe       0.24 4 David   -0.46 |
|  14     27.0    5      -2.60 |-1.27   0.36  -3.55 | 0.7   0.6  | 14 2 Brahe       0.24 5 Edward   0.42 |
-------------------------------------------------------------------------------------------------
| 24.2    24.2   5.0      0.00 | 0.00   0.32   0.02 | 0.6   0.6  | Mean (Count: 21)                      |
|  6.9     4.9   0.0      0.96 | 0.47   0.02   1.41 | 0.4   0.4  | S.D. (Populn)                         |
|  7.1     5.0   0.0      0.98 | 0.48   0.02   1.44 | 0.4   0.4  | S.D. (Sample)                         |
-------------------------------------------------------------------------------------------------
Fixed (all = 0) chi-square: 41.6  d.f.: 21  significance (probability):0.00
```

图 4-28　Facets 偏差分析尺度报告(截图)示例

**考生功能偏差**

图 4-29 为考生功能偏差(Differential Person Functioning，DPF)分析的 $t$ 检验报表截图。所谓考生功能，指的是考生对评分严厉度的区分功能。从理论上讲，不同评分员对同一考生应该给出相同的评分，否则就说明评分员的严厉度不同，DPF 分析正是对这两个假设进行检验。考生得分按评分员两两配对，差异显著的评分按差异量(m——小写表示降序)及考生号(N——大写表示升序)逐对(Pairwise)排序列出，得到图中所示的偏差逐对报表。表中第一行数据显示：1 号资深科学家 Avogadro 对 5 号青年科学家 Edward 的评分为 1.12(标准误为 0.35，观测值高于期望均值 1.36)，而 2 号资深科学家 Brahe 相应的评分为−0.84(标准误为 0.36，观测值低于期望均值 3.04)，评分差值为 1.96(联合标准误为 0.50)。根据 $t$ 检验结果，偏差达到了显著程度($t=3.93>2$；$p=0.0043<0.05$)。

```
Ratings of Scientists (Psychometric Methods p.282 Guilford 1954)   2018-07-08 23:16:09
Table 14.5.1.1  Bias/Interaction Pairwise Report (arranged by mN).

Bias/Interaction analysis specified by: 1. Senior scientists, 2. Junior Scientists
-----------------------------------------------------------------------------------------------------------
| Target             Obs-Exp  Context    | Target          Obs-Exp  Context    | Target Joint                     |
| N Junior Measr S.E. Average N Senior sc| Measr S.E.      Average N Senior sc |Contrast  S.E.   t    d.f. Prob.  |
-----------------------------------------------------------------------------------------------------------
| 5 Edward  1.12 0.35   1.36 1 Avogadro  |-0.84 0.36      -3.04 2 Brahe        | 1.96    0.50   3.93   8  0.0043  |
| 4 David  -0.25 0.29   1.54 2 Brahe     |-1.05 0.35      -0.46 3 Cavendish    | 1.30    0.45   2.86   8  0.0211  |
| 4 David  -0.69 0.33  -0.45 1 Avogadro  | 0.25 0.29       1.15 2 Brahe        |-0.94    0.44  -2.14   8  0.0643  |
| 5 Edward -0.84 0.36  -2.60 2 Brahe     | 1.11 0.36       2.00 3 Cavendish    |-1.96    0.51  -3.85   8  0.0049  |
-----------------------------------------------------------------------------------------------------------
```

图 4-29　Facets DPF 偏差分析报表(截图)示例

**评分员功能偏差**

图 4-30 为评分员功能偏差(Differential Rater Functioning，DRF)分析的 $t$ 检验报表截图。评分员的功能就是给考生评分。按理说，一个评分员应对所有考生都应一视同仁，而不应对某些考生评分严厉而对另一些考生评分宽松，DRF 分析就是对这一假设进行检验。评分员的严厉度按考生两两配对，差异显著的情况按差异量大小(m——小写表示降序)及评分员编号(N——大写表示升序)逐对排序列出。表中第一行数据显示：2 号资深科学家 Brahe 对 5 号青年科学家 Edward 的严厉度为 1.50(标准误为 0.31，观测值低于期

望均值 2.60),而对 6 号青年科学家 Fred 的严厉度为−0.13(标准误为 0.36,观测值低于期望均值 1.40),严厉度差值为 1.63(联合标准差 0.47)。根据 $t$ 检验结果,偏差达到了显著程度($t=3.47>2$;$p=0.0085<0.05$)。

```
Ratings of Scientists (Psychometric Methods p.282 Guilford 1954)  2018-07-08 23:16:09
Table 14.5.1.2  Bias/Interaction Pairwise Report (arranged by mN)

Bias/Interaction analysis specified by: 1. Senior scientists, 2. Junior Scientists
-------------------------------------------------------------------------------------------------
| Target      | Target     Obs-Exp Context | Target     Obs-Exp Context | Target Joint             |
| N Senior sc | Measr S.E. Average N Junior | Measr S.E. Average N Junior |Contrast S.E.  t  d.f. Prob.|
-------------------------------------------------------------------------------------------------
| 2 Brahe     | 1.50  0.36 -2.60  5 Edward | -0.13 0.31 -1.40  6 Fred   | 1.63  0.47  3.47   8  0.0085 |
| 3 Cavendish | 0.49  0.35 -1.13  4 David  | -0.78 0.36  3.27  5 Edward | 1.27  0.50  2.55   8  0.0341 |
| 1 Avogadro  | 0.48  0.33 -0.92  3 Chris  | -0.66 0.35  2.88  5 Edward | 1.14  0.48  2.39   8  0.0438 |
| 3 Cavendish | 0.49  0.35 -1.13  4 David  | -0.47 0.32  2.47  7 George | 0.96  0.47  2.04   8  0.0752 |
| 1 Avogadro  | 0.27  0.30 -0.52  1 Anne   | -0.66 0.35  2.48  5 Edward | 0.92  0.46  2.01   8  0.0797 |
| 2 Brahe     | -0.17 0.29  0.91  3 Chris  |  0.71 0.31  0.11  7 George | -0.88 0.43 -2.07   8  0.0723 |
| 2 Brahe     | -0.48 0.29  1.54  4 David  |  0.71 0.31  0.54  7 George | -1.18 0.43 -2.79   8  0.0237 |
| 2 Brahe     | 0.27  0.30 -0.08  2 Betty  |  1.50 0.36 -3.08  5 Edward | -1.23 0.47 -2.64   8  0.0299 |
| 2 Brahe     | 0.00  0.29  0.53  1 Anne   |  1.50 0.36 -1.47  5 Edward | -1.50 0.46 -3.24   8  0.0119 |
| 2 Brahe     | -0.17 0.29  0.91  3 Chris  |  1.50 0.36 -1.09  5 Edward | -1.68 0.46 -3.62   8  0.0068 |
| 2 Brahe     | -0.48 0.29  1.54  4 David  |  1.50 0.36 -0.66  5 Edward | -1.98 0.46 -4.28   8  0.0027 |
-------------------------------------------------------------------------------------------------
```

**图 4-30 Facets DRF 偏差分析报表(截图)示例**

- 结构分析方法

1. 因子分析

因子分析通常指探索性因子分析(Exploratory Factor Analysis,EFA),即:在事先不清楚有多少个潜在因子、也不知道哪些观测变量可归于某个因子的情况下,完全根据统计分析探测潜在因子的数目,然后给各因子确定一个恰当的名称(因子命名)并作出合理解释。使用因子分析的主要目的是通过降维来探测结构,即通过将数量众多、关系复杂因而不易理解的观测变量(Observed Variables)抽象为少数几个简单易懂的潜在变量(Latent Variables)——称为公共因子(Common Factors)——而又不丢失过多信息,达到简化关系、明晰结构的目的。

**数学模型**

因子分析的数学模型如下:

$$\begin{cases} X_1 = a_{11} F_1 + a_{12} F_2 + \cdots + a_{1m} F_m + \varepsilon_1 \\ X_2 = a_{21} F_1 + a_{22} F_2 + \cdots + a_{2m} F_m + \varepsilon_2 \\ \quad\quad\quad\quad \vdots \\ X_p = a_{p1} F_1 + a_{p2} F_2 + \cdots + a_{pm} F_m + \varepsilon_p \end{cases}$$

该模型的矩阵形式为 $X = AF + e$,其中:

$$X = \begin{cases} X_1 \\ X_2 \\ \vdots \\ X_p \end{cases} A = \begin{bmatrix} a_{11} & a_{12} & \cdots & a_{1m} \\ a_{21} & a_{22} & \cdots & a_{2m} \\ \vdots & \vdots & \ddots & \vdots \\ a_{p1} & a_{p2} & \cdots & a_{pm} \end{bmatrix} F = \begin{cases} F_1 \\ F_2 \\ \vdots \\ F_m \end{cases}, \varepsilon = \begin{cases} \varepsilon_1 \\ \varepsilon_2 \\ \vdots \\ \varepsilon_p \end{cases}$$

$X$ 为标准化观测变量 $X_i(i=1,2,\dots,p)$ 的序列。$X_i$ 服从均值为 0、标准差为 1 的标准正态分布 $N(0,1)$。由于标准化后 $X_i$ 的方差为 1,故序列 $X$ 的总方差为 $p$。

$A$ 为因子系数 $a_{ij}(j=1,2,\dots,m)$ 矩阵。$a_{ij}$ 作为观测变量 $X_i$ 在公共因子 $F_j$ 上的权重,表示第 $i$ 个观测变量对第 $j$ 个公共因子的相对重要性,称为因子负荷(Loading)。

$F$ 为因子分析提炼出来的公共因子 $F_j$ 的序列,表示影响观测变量的潜在因素,也称为潜变量。提炼出来的公共因子,其个数应远远小于观测变量的个数,否则达不到降维的目的。因子之间应该不相关,因为相互关联的已经归为同一个公共因子。降维之后,信息丢失应该很少,否则降维意义不大。最后因子必须能够合理命名,给定的名称应能切实反映研究问题,应在逻辑上讲得通且通俗易懂。

$\varepsilon_i(i=1,2,\dots,p)$ 称为特殊因子,指用公共因子解释第 $i$ 个变量之后剩下的残余,也就是公共因子未能解释而丢失的量,值越小越好。$\varepsilon_i$ 跟 $F_j$ 应不相关,否则相关部分也应提取为一个公共因子。作为剩下的残余,$\varepsilon_i$ 应是一个均值为 0、数值很小的随机变量,即服从均值为 0、标准差非常小的正态分布。如果不是随机而是有一定规律的分布,同样说明其中还有潜在的未被提取的公共因子。

根据因子分析的数学模型可知:

$$X_i = \sum_{j=1}^{m} a_{ij} F_j + \varepsilon_i \tag{4-24}$$

设第 $i$ 行的因子负荷平方和为 $h_i^2$,第 $j$ 列的因子负荷平方和为 $g_j^2$,第 $i$ 行的残余平方为 $\sigma_{\varepsilon_i}^2$,根据方差可分解的原理,有:

$h_i^2 = \sum_{j=1}^{m} a_{ij}^2$,表示因子共同解释第 $i$ 个观测变量的程度,称为共同度(Communality)。

$g_j^2 = \sum_{i=1}^{p} a_{ij}^2$,表示第 $j$ 个因子体现所有观测变量特征的程度,称为特征根(Eigenvalue)。

$\sigma_{X_i}^2 = h_i^2 + \sigma_{\varepsilon_i}^2 = 1$,或者,$\sigma_{\varepsilon_i}^2 = 1 - h_i^2$,而且,

$\sum_{j=1}^{m} a_{ij}^2 = p$,即:按行求和的总方差等于标准化观测变量的个数($p$)。

$\sum_{j=1}^{m} \sum_{i=1}^{p} a_{ij}^2 + \sum_{i=1}^{p} \sigma_{\varepsilon_i}^2 = p$,即:按列求和的总方差,也为标准化观测变量的

个数($p$)。

$\dfrac{g_j^2}{p} \times 100\%$ 为第 $j$ 个因子占总方差的百分比,称为因子的方差贡献率。

**注意事项**

进行因子分析,应注意以下几点:

一是样本量和变量个数。一般而言,样本量至少应达到 100~200,观测变量的个数至少为期望因子个数的 4 倍。

二是因子提取方法的选择。因子分析中最常用的提取因子的方法主要有主成分分析法和主轴因子法两种。如果因子分析的目的是用最少的因子最大限度解释原始数据的方差,则应使用主成分分析法;若主要目的是确定数据结构,则用主轴因子法更适合。

三是因子数目的确定。心理领域中大多采用特征值大于 1 的标准来确定因子的数目,但这一标准实际上仅仅适用于主成分分析法。观测变量众多时,采取这种标准提取因子常会导致提取的因子数目过多而每个因子只能解释很小一部分总方差的问题。例如,从 10 个变量中( $p = 10$ )提取特征根为 1 的因子,每个因子只能解释总体方差的 10%( 1/10 )。所以,最好根据研究需要指定提取的因子数目。

四是因子旋转方法的选择。由于降维后往往只有第一个因子的特征值最大,其方差贡献率也很大,而其他因子的特征值和方差贡献率都很小,导致绝大多数观测变量集中在第一个因子上,观测变量与因子的关系不好理解和解释。为了明确哪些变量最适于归属哪个因子,可通过在因子负荷矩阵中进行因子旋转,使因子负荷的平方朝 1 或 0 两个方向分化(大者更大、小者更小),从而使得变量与因子的关系变得更明朗,各因子的方差贡献也趋于均匀。因子旋转的方法分为正交旋转(Orthogonal Rotation)和斜交旋转(Oblique Rotation)两类。正交法要求因子间相互独立,最常用的方法是最大方差法(Varimax);斜交法允许因子间存在相关,常用的方法有 Promax 法等。心理、教育、社会等领域的研究现象一般都存在一定程度的相关性,所以选择斜交法更符合实际。

**实例分析**

由于因子分析具有探测结构的功能,所以常用于对测试构念、量表结构,特别是问卷调查表的结构进行效度验证。例如,某研究提出从内容(Content)、结构(Structure)、词汇(Vocabulary)和连贯(Cohesion)四个方面对写作成绩进行评分,为探究这四个方面是否能构成写作能力构念,研究聘请 3 位教师从 4 个维度评判了 31 个学生的作文,评判等级从低到高分为 1~5

共五个等级。如能从 3 位教师给出的 12 个分数（观测变量）中提取 4 个公共因子且每个因子分别代表评分标准的一个方面，则说明因子分析结果支持关于写作能力构念的假设，测试具有理想的构念效度，否则，应根据因子分析的结果进行具体分析和讨论。

进行因子分析以前，先要确保评分具有可信度，还要对数据是否适于因子分析（即因子分析适宜性）进行检验。此例中 3 位评分员之间的一致性检验结果为评分具有显著一致性（$Kendall\ W = 0.530, \chi^2 = 195.442, df = 123, p = 0.000 < 0.05$）。因子分析的适宜性通过 KMO 和 Bartlett 球形检验进行验证，结果见表 4-13。

表 4-13　因子分析的 KMO 和 Bartlett 检验示例

| | | |
|---|---|---|
| 取样足够度的 Kaiser-Meyer-Olkin 度量。 | | 0.763 |
| Bartlett 的球形度检验 | 近似卡方 | 268.475 |
| | 自由度 | 66 |
| | $p$ | 0.000 |

KMO 检验用于检查变量间的相关性和偏相关性，取值在 0～1 之间。KMO 统计量越接近于 1，变量间的相关性越强，偏相关性越弱，因子分析的效果越好。实际分析中，0.9 以上表示非常适合，0.8 表示适合，0.7 表示一般，0.6 表示不太适合，0.5 以下表示极不适合。Bartlett 球形检验用于验证观测变量的相关阵是否为单位阵（对角线上都是 1，其余元素皆为 0 的矩阵），即各变量是否独立。如果变量间彼此独立，则无法从中提取公因子，也就不宜进行因子分析。本例 KMO 值不足 0.8，说明样本量偏小，但 Bartlett 球形度检验的结果为 $p = 0.000 < 0.01$，说明变量存在显著相关，适于进行因子分析。

需要特别指出的是，KMO 和 Bartlett 球形检验只用于检验变量是否可以降维，并不表示测试或量表（包括问卷调查表）是否具有结构效度。更明确地说，即使检验结果表明变量存在显著相关，具有某种结构，也并不代表测试或量表具有结构效度，因为抽取的结构并不一定就是效度验证所期望的结构。所以，KMO 和 Bartlett 球形检验并不足以作为效度检验的证据。本例就是一个很好的例子。

表 4-14 为采取主轴因子分解法、指定提取 4 个因子并进行 Promax 斜交因子旋转后得到的结果。结果表显示：因子旋转以前，第 1 个因子的初始特征值最大，方差贡献占比接近一半；后两个因子的特征值明显下降，方差贡献占比只有 15% 左右，而第 4 个因子的特征值及对应的方差贡献都很小，基本

上可以忽略不计;4个因子总共约能解释总方差的85%,意味着约有15%的信息丢失。因子旋转以后,前3个因子的平方和载入趋于均匀,而第4个因子并无明显改善,说明有效因子只有3个,第4个因子将难以解读。

表 4-14 因子分析的总方差解释示例

| 因子 | 初始特征值 | | | 提取平方和载入 | | | 旋转平方和载入[a] |
|---|---|---|---|---|---|---|---|
| | 合计 | 方差的比率(%) | 累积比率(%) | 合计 | 方差的比率(%) | 累积比率(%) | 合计 |
| 1 | 5.552 | 46.264 | 46.264 | 5.334 | 44.453 | 44.453 | 3.742 |
| 2 | 2.016 | 16.802 | 63.067 | 1.793 | 14.941 | 59.394 | 3.969 |
| 3 | 1.982 | 16.518 | 79.584 | 1.757 | 14.644 | 74.039 | 3.548 |
| 4 | 0.639 | 5.322 | 84.906 | 0.423 | 3.527 | 77.566 | 0.898 |
| 5 | 0.476 | 3.966 | 88.872 | | | | |
| 6 | 0.393 | 3.278 | 92.150 | | | | |
| 7 | 0.257 | 2.138 | 94.287 | | | | |
| 8 | 0.232 | 1.934 | 96.221 | | | | |
| 9 | 0.152 | 1.263 | 97.484 | | | | |
| 10 | 0.124 | 1.030 | 98.515 | | | | |
| 11 | 0.098 | 0.814 | 99.329 | | | | |
| 12 | 0.081 | 0.671 | 100.000 | | | | |

提取方法:主轴因子分解。

a. 使因子相关联后,便无法通过添加平方和载入来获得总方差。

表 4-15 为因子旋转后得到的结构矩阵。分析表中因子负荷不难发现,第 1 个因子主要跟变量 Content2,Structure2,Vocabulary2 和 Cohesion2 相关,这 4 个变量正是第 2 位教师的评分;类似地,与第 2 个因子高度相关的变量都是第 1 位教师的评分;与第 3 个因子高度相关的变量都是第 3 位教师的评分。因此,这 3 个因子可以分别命名为教师 2、教师 1 和教师 3。第 4 个因子主要跟 Content2,Vocabulary3,Cohesion3 和 Cohesion1 相关,但这 4 个变量分别跟另一个因子相关更强,说明这些变量都应归属于与之更相关的因子,而不是因子 4。由此可见,因子 4 既不能代表某位教师,也不能表示某个写作维度,因子含义难以解读,无法为其合理命名。事实上,保留前 3 个因子,每个变量都已经有了明确的归属,因子 4 完全可以丢弃。

表 4-15　因子分析的结构矩阵示例

| | 因子 | | | |
|---|---|---|---|---|
| | 1 | 2 | 3 | 4 |
| Content1 | 0.226 | 0.854 | 0.217 | 0.100 |
| Structure1 | 0.563 | 0.730 | 0.438 | −0.020 |
| Vocabulary1 | 0.343 | 0.892 | 0.252 | 0.204 |
| Cohesion1 | 0.326 | 0.920 | 0.468 | 0.366 |
| Content2 | 0.754 | 0.265 | 0.408 | 0.484 |
| Structure2 | 0.830 | 0.471 | 0.445 | 0.311 |
| Vocabulary2 | 0.872 | 0.387 | 0.202 | −0.022 |
| Cohesion2 | 0.880 | 0.280 | 0.300 | −0.130 |
| Content3 | 0.488 | 0.401 | 0.846 | 0.126 |
| Structure3 | 0.228 | 0.010 | 0.800 | 0.026 |
| Vocabulary3 | 0.069 | 0.447 | 0.777 | 0.436 |
| Cohesion3 | 0.252 | 0.426 | 0.757 | 0.396 |

提取方法：主轴因子分解。
旋转法：具有 Kaiser 标准化的倾斜旋转法。

因子分析的结果表明，例中的 12 个观测变量可以抽象为 3 个潜在变量，分别表示 3 位不同的教师。但这与研究的期望并不一致。主要原因有可能是因为样本不够大，只有 31 个学生，未达到因子分析所需的 100～200 的最低要求；也有可能是因为观测变量数量不够，未达到最低的期望因子数 4 倍的要求。当然，也有可能是构念界定有问题，写作能力并不能用内容、结构、词汇和连贯来界定。总之，虽然 KMO 和 Bartlett 球形检验表明数据具有某种结构，但提取的结构并不是研究所期望的，所以研究提出的写作能力构念没有得到因子分析的支持。

因子分析纯粹依赖数量特征进行推断，不但对数据量（如样本大小、观测变量数目等）有一定要求，同时还会受到因子的提取方法、数目确定方法以及旋转方法等多方面条件的约束。如果不考虑实际情况而仅从"量"的角度看待问题，完全被数据"牵着鼻子走"，得出的结论并不一定科学，有时甚至会跟理论或经验相悖。例如说，我国旧版英语专业八级考试（Test for English Majors—Band 8，TEM8）的人文知识测试部分主要检测英语专业四年级学生"对主要英语国家社会与文化、英语文学与英语语言学基本知识的掌握程度"（高校英语专业八级考试大纲修订小组 2004：6）。测试由 10 道多项选择题组成，内容分别为 4 道社会与文化题、3 道文学题和 3 道语言学题。这三类项目的差别应该非常明显，命题专家和普通考生都应该能正确区分，但对

2007年的TEM8数据进行因子分析,只能提取"专业知识"和"通识知识"2个因子(汪顺玉、刘世英2007;邹申2007)(样本量分别为96696和69815),甚至1个因子(邹申2007)(样本量为86742),而不是期望的3个因子。如果因此而否认TEM8人文知识测试的结构效度,或者认定人文知识无法从上述三个方面进行测试,这样的结论显然难以站得住脚。之所以出现这种情况,很可能是因为观测变量的数量不够。一般认为,进行因子分析,观测变量至少应为期望因子数的4倍,所以10个观测变量提取1、2个因子应该是正常情况。

鉴于探索性因子分析的不足,探索性因子分析通常跟验证性因子分析结合使用。在样本量比较大的情况下(300～500),通常先将数据一分为二,一半用于探索理论模型,另一半用于验证得到的理论模型(Homburg 1991)。

2. 结构方程模型

结构方程模型(Structural Equation Modeling,SEM)是一种利用协方差结构关系(covariance structural relationships)来建构并检验变量的相关关系和因果关系的建模方法。进行结构方程建模,先要根据经验或理论建立假定的观测变量协方差矩阵($\hat{\sum}$),并通过抽样得到实际数据的样本协方差矩阵(S),然后对$\hat{\sum}$矩阵和S矩阵进行差异显著性检验并在必要时修正模型结构,最后确定变量的结构关系。SEM可以同时代替因子分析(Factor Analysis)、协方差分析(Covariance Analysis)、多元回归分析(Multiple Regression Analysis)、路径分析(Path Analysis)等多种数据分析方法,在当今心理和教育测量领域应用广泛。

**模型设计**

根据模型中所包含的变量关系,SEM模型分为测量模型(Measurement Model)、结构模型(Structural Model)和全模型(Full Model)。三种模型的示例图分别见图4-31、4-32和4-33。

测量模型采取验证性因子分析(Confirmatory Factor Analysis)方法进行分析。所谓验证性因子分析,即先根据理论或经验建构观测变量(Observed Variable)与潜变量(Latent Variable)的结构关系,再利用观测到的数据来检验这种结构关系是否成立。

测量模型中的变量及变量关系包括:

观测变量——$X$,数据表中必须存在同名变量,否则出错。

潜变量——$\xi$(xi—/ksai/),理论上假定的影响观测变量的潜在因素。

因子负荷(Loading)——$\lambda$(lambda—/ˈlæmdə/),反映观测变量与潜变量

的相关程度，其下标由观测变量的下标加潜变量的下标组成，表示观测变量受潜变量的影响。注意，两个下标的排列跟箭头所指的方向相反，如 $\lambda_{52}$ 表示观测变量 $X_5$ 受潜变量 $\xi_2$ 的影响。

误差(Error)——$\delta$(delta—/ˈdeltə/)，表示观测变量中不能被潜变量解释的量($\delta = X - \lambda\xi$)。

协方差(Covariance)——$\varphi$(phi—/fai/)，反映两个潜变量之间的相关关系或协同变化情况。

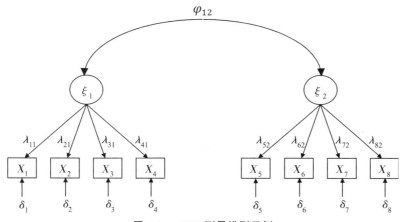

图 4-31　SEM 测量模型示例

不像探索性因子分析假定潜变量相互独立，验证性因子分析允许潜变量之间存在相关，这往往更符合实际情况。两个变量的协方差的计算公式为：

$$Cov(x,y) = \frac{\sum(x_i - \bar{x})(y_i - \bar{y})}{n-1} = r_{xy}\sigma_x\sigma_y \tag{4-25}$$

标准化 $\lambda$ 的平方相当于复相关系数($R^2$)，称为观测变量的单个项目信度(Individual Item Reliability)。此外，根据标准化因子负荷和误差方差的大小，还可计算潜变量的组合信度($\rho_c$)和平均方差抽取量($\rho_v$)。两个计算公式分别为：

$$\rho_c = \frac{(\sum\lambda)^2}{(\sum\lambda)^2 + \sum\delta} \tag{4-26}$$

$$\rho_v = \frac{\sum(\lambda^2)}{\sum(\lambda^2) + \sum\delta} \tag{4-27}$$

根据吴明隆(2008)对有关研究的介绍，单个项目信度应不低于 0.5，因

此标准化 $\lambda$ 应大于 0.71，而 $\rho_c$ 应大于 0.6，$\rho_v$ 应大于 0.5。

图 4-32 为结构模型的示例。结构模型采取路径分析的方法来验证变量之间由因及果的线性回归关系，因此也称路径图(Path Model)。图中一个单箭头表示一对因果关系，其中：

自变量——表示"因"，由箭头引导，称为外源变量(Exogenous Variable)。

因变量——表示"果"，被箭头指向，称为内源或内生变量(Endogenous Variable)。

路径权重(Weight)——$\gamma$(gamma—/ˈgæmə/)或 $\beta$(beta—/ˈbetə/)，为外源变量在内源变量上的回归系数，反映外源变量对内源变量的影响，也称效应(Effect)。路径权重的下标由内源变量的下标加外源变量的下标组成，表示前者受后者的影响，如图中的 $\gamma_{13}$ 表示内源变量 $Y_1$ 受外源变量 $X_3$ 的影响。一个变量既可直接影响另一个变量，从而产生直接效应(Direct Effect)，也可通过中介变量(Mediate Variable)——因而既是内源变量又是外源变量——间接影响另一个或多个变量，从而产生间接效应(Indirect Effect)。影响一个变量的所有直接效应和间接效应(等于所包含的直接效应的乘积)之和称为总效应(Total Effect)。

残差(Residual)——$\zeta$(Zeta—/ˈzetə/)，为内源变量减去所有外源变量与其各自权重的乘积，如 $\zeta_1 = Y_1 - \gamma_{11} X_1 - \gamma_{12} X_2 - \gamma_{13} X_3$。

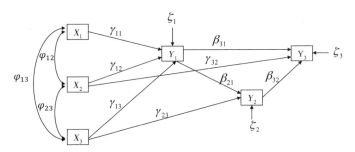

**图 4-32　SEM 结构模型示例**

在结构模型中，内源变量必须估计残差，外源变量则不能估计误差或残差，否则报错。外源变量必须指定协方差($\varphi$)，即使外源变量之间没有协同变化或相关关系，也必须先绘制双箭头，然后再将协方差设为 0，否则也会报错。

图 4-33 为全模型示例图，其中既有测量模型，又有结构模型。需要注意的是，$\eta_1$、$\eta_2$ 和 $\xi_1$ 同样都是测量模型的潜变量，但 $\eta_1$ 和 $\eta_2$ 同时又是结构模型中的内源变量，所以必须估计残差 $\zeta_1$ 和 $\zeta_2$，而 $\xi_1$ 在结构模型中仅为外源变量，因而不能添加残差。另外，结构模型中不存在多个外源变量，所以没有协方差。

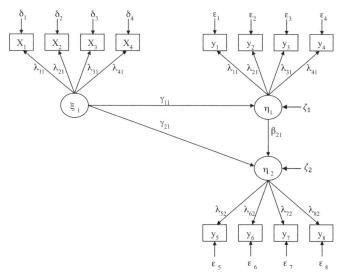

图 4-33  SEM 全模型示例

利用 SEM 专用软件,如 AMOS、LISREL、MPLUS 等,可以方便地建构模型并进行统计分析。例如,图 4-34 为 AMOS 教程的经典案例——惠顿研究(The Wheaton Study)的模型图,其中包括 3 个测量模型和 1 个由各测量模型的潜变量所构成的结构模型,因此是全模型。

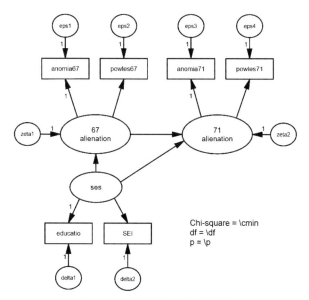

图 4-34  惠顿研究的 SEM 模型

惠顿(Wheaton et al. 1977)为了探究社会疏离感(Social Alienation)的稳

定性以及社会经济状况（Socio-Economic Status，SES）对社会疏离感的影响，分别在 1967 年和 1971 年对 932 名受访者进行了两次社会疏离感调查，并在 1967 年的调查中同步进行了一次社会经济状况（Socio-Economic Status，SES）调查。社会疏离感包括难以名状感（Anomia）和无能为力感（Powerlessness）两项观测指标，分别以"anomia"和"powles"加年份的后两位数的形式命名；社会经济状况包括受教育年数（Education）和社会经济指数（Socio-economic Index）两项观测指标，相应的变量名分别为"educatio"和"SEI"。如模型图所示，3 个观测模型中共有 6 个观测变量（用长方形表示），观测变量都是内源变量（有箭头指向），其估计值都存在误差，因此每个内源变量都有 1 个表示误差的潜变量（用小椭圆表示）；3 个观测模型的公共因子都是潜变量（用大椭圆表示），其中有 2 个（67_alienation 和 71_alienation）为内源变量，其估计值存在残差，因此各有 1 个表示残差的潜变量（也用小椭圆表示），而 ses 潜变量仅为外源变量（只由箭头导出而没有箭头指向），无须估计残差。按图示设计的惠顿模型中，变量的汇总情况见表 4-16。

表 4-16　惠顿研究的变量汇总表

| | 观测变量 | 潜变量 | 总计 |
|---|---|---|---|
| 内源变量 | 6 | 2 | 8 |
| 外源变量 | | 9 | 9 |
| 总计 | 6 | 11 | 17 |

**参数估计**

SEM 中的参数（Parameters）指反映模型特征的数量指标，主要包括权重（Weight）——单箭头上的路径系数（观测模型中为因子负荷、结构模型中为回归系数）、协方差（Covariance）——双箭头上的相关系数、方差（Variance）——外源变量对内源变量的影响（只有外源变量才需要考虑方差参数）、均值（Mean）和截距（Intercept）等几类（Tabachnick & Fidell 2007），但一般只考虑权重、协方差和方差三种参数（吴明隆 2008）。表 4-17 为图 4-34 所示惠顿模型的参数汇总表。

表 4-17　惠顿研究的参数汇总表

| | 权重 | 协方差 | 方差 | 均值 | 截距 | 总计 |
|---|---|---|---|---|---|---|
| 固定 | 11 | 0 | 0 | 0 | 0 | 11 |
| 已命名 | 0 | 0 | 0 | 0 | 0 | 0 |
| 未命名 | 6 | 0 | 9 | 0 | 0 | 15 |
| 总计 | 17 | 0 | 9 | 0 | 0 | 26 |

表中参数又分固定(Fixed)、已命名(Labeled)和未命名(Unlabeled)三种情况分别统计。根据模型识别时参数的值是否需要固定,参数有固定参数和自由参数之分。为了使因量化单位不同而不可比的变量变得可以相互比较,应为不同变量指定一个共同的参照标准。AMOS 为每个外源变量设定一条权重固定为 1 的路径(见图 4-34),其他参数都参照 1 进行自由估计。自由估计的参数可以在模型设计时指定名称(Labeled),否则 AMOS 将以"par_"加编号的形式为未指定名称的参数自动命名。需要指出的是,虽然模型中的变量不能同名,但自由参数可以取相同名称,表示减少一个自由参数,这将起到简化模型的作用,但这种简化应在逻辑上讲得通。

如上表所示,惠顿研究中共有 26 个参数。其中:权重参数 17 个,包括为 11 个固定值为 1 的路径系数和 6 个自由估计且未指定名称的路径系数;协方差个数为 0,表示模型不存在具有相关关系的外源变量(结构模型中的 3 个潜变量两两之间已设定为因果关系,而观测模型中的误差和残差之间都互不相关);方差变量 9 个,均为未指定名称的自由估计参数,包括 6 个观测变量的误差方差、2 个公共因子(67_alienation 和 71_alienation)的残差方差和 1 个公共因子(ses)的方差。另从表中可知,自由参数共计 15 个,且均未指定名称。

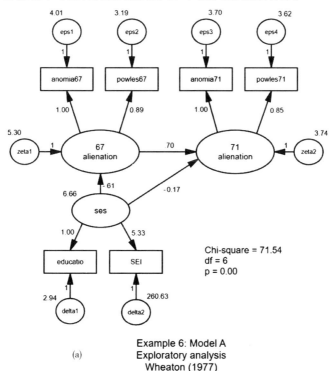

192　累进辩论法及其在语言测试效度验证中的应用研究

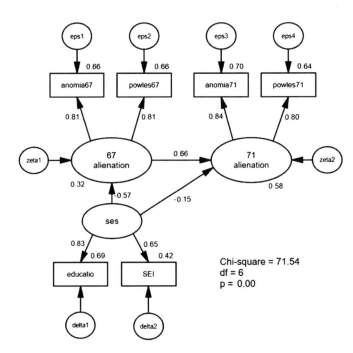

图 4-35　惠顿研究的非标准化和标准化参数估计

图 4-35 为惠顿研究的非标准化(a)和标准化(b)参数估计及卡方检验结果图。非标准化估计针对所有参数,但标准化估计只针对回归权重,包括观测模型中的因子负荷和结构模型中的回归系数,同时提供回归模型的多元相关系数的平方(Squared Multiple Correlations)——$R^2$(一元回归模型中为回归系数的平方)。测量模型中的因果关系都是一元回归模型,所以 $R^2$ 都是回归系数的平方。例如,在"ses"与"SEI"的因果关系中,$R^2 = 0.65^2 = 0.42$。

SEM 基于协方差矩阵(Covariance Matrix)进行结构模型分析,即:通过对比从观测数据中提取的样本协方差矩阵(Sample Covariance Matrix,计作 $S$)和理论模型中隐含的协方差矩阵(Implied Covariance Matrix,计作 $\hat{\Sigma}$)的差异或一致性,来检验观测数据是否支持理论模型。$S$ 和 $\hat{\Sigma}$ 在总体上的差异显著性通过卡方检验来验证,卡方检验的自由度(Degree of Freedom,$df$)等于 $S$ 中独立元素——称为样本矩(Distinct Sample Moments)或数据点——的个数减去自由估计的参数个数。

惠顿研究的样本协方差矩阵($S$)和隐含协方差矩阵($\hat{\sum}$)分别见表4-18和表4-19。矩阵中对角线上的数据点为每个观测变量与其自身的交叉点,其值为观测变量的方差,其他各数据点为观测变量两两之间的交叉点,数据点的值为两个观测变量的协方差。协方差矩阵中数据点的个数($T$)等于变量的两两组合数($C_n^2$,$n$为变量个数),即有$T = C_n^2 = n(n+1)/2$。惠顿研究中共有6个观测变量,其协方差矩阵的数据点的个数为$T = 6 \times 7 \div 2 = 21$。模型中共有15个自由参数,所以自由度为$21 - 15 = 6$。

表4-18 惠顿研究的样本协方差矩阵

|  | SEI | educatio | powles71 | anomia71 | powles67 | anomia67 |
| --- | --- | --- | --- | --- | --- | --- |
| SEI | 449.805 | | | | | |
| educatio | 35.484 | 9.600 | | | | |
| powles71 | −18.755 | −3.621 | 9.975 | | | |
| anomia71 | −21.761 | −3.837 | 7.487 | 12.518 | | |
| powles67 | −18.810 | −3.885 | 5.023 | 5.086 | 9.354 | |
| anomia67 | −21.876 | −3.835 | 4.778 | 6.812 | 6.940 | 11.821 |

表4-19 惠顿研究的隐含协方差矩阵

|  | SEI | educatio | powles71 | anomia71 | powles67 | anomia67 |
| --- | --- | --- | --- | --- | --- | --- |
| SEI | 449.805 | | | | | |
| educatio | 35.484 | 9.600 | | | | |
| powles71 | −18.281 | −3.429 | 9.975 | | | |
| anomia71 | −21.542 | −4.041 | 7.487 | 12.518 | | |
| powles67 | −19.359 | −3.631 | 4.687 | 5.523 | 9.354 | |
| anomia67 | −21.789 | −4.087 | 5.276 | 6.217 | 6.940 | 11.821 |

表4-20为惠顿研究的残差协方差矩阵(Residual Covariance Matrix),其中各数据点的值等于$S$矩阵和$\hat{\sum}$矩阵对应数据点的差值(括号内数值为残差的标准化值)。残差的标准化绝对值小于1.96时,说明在0.05显著性水平上两个矩阵的差异不显著。

表 4-20　惠顿研究的残差协方差矩阵

| | SEI | educatio | powles71 | anomia71 | powles67 | anomia67 |
|---|---|---|---|---|---|---|
| SEI | 0 | | | | | |
| educatio | 0 | 0 | | | | |
| powles71 | −0.475<br>(−0.209) | −0.192<br>(−0.564) | 0 | | | |
| anomia71 | −0.219<br>(−0.086) | 0.204<br>(0.533) | 0 | 0 | | |
| powles67 | 0.549<br>(0.247) | −0.254<br>(−0.763) | 0.336<br>(0.954) | −0.438<br>(−1.099) | 0 | |
| anomia67 | −0.087<br>(−0.035) | 0.252<br>(0.674) | −0.498<br>(−1.258) | 0.595<br>(1.330) | 0 | 0 |

　　SEM 模型中协方差矩阵的数据点个数是固定不变的，因为观测变量的数目已确定，但自由参数的个数随着路径设计的不同以及协方差和方差的固定数目不同而不同，因此，模型的自由度也会随着自由参数个数的改变而改变。如果自由参数的个数多于数据点个数，自由度即为负数，此时模型不能正常识别，应通过删除路径或者增加限制——如将协方差设为 0（排除相关）、将类似的残差或误差改为同名参数等——来减少自由参数的个数，增加自由度。如果自由参数的个数跟数据点个数相同，此时自由度为 0，模型能够正常识别，但卡方值也为 0，意味着观测模型跟理论模型完美适配，两个模型中协方差矩阵无差异的原假设永远不会被拒绝。这种模型称为饱和模型（Saturated Model），但这种完美适配在统计学上并没有实际意义。实践中，研究者更关注观测模型跟理论模型有差异（自由度大于 0）但又能拟合良好（卡方值不大）的情况，并期望差异不显著的原假设不会被拒绝。图 4-35 中非标准化和标准化参数估计的卡方检验结果相同（$p = 0.00 < 0.05$），两个检验都表明应拒绝观测模型跟理论模型差异不显著的原假设，说明观测数据不支持理论假设，模型无法拟合。拟合信息也可在图中显示，但需在模型设计时按要求格式事先指定。

**内在质量**

　　SEM 的内在质量主要指所有参数的估计值都应该具有统计学意义。另外，观测变量的单个项目信度（$R^2$）、潜变量的组合信度（$\rho_c$）及平均方差提取量（$\rho_v$）等也需要综合考虑。

(1) 参数显著性

表 4-21 为惠顿研究中回归权重(Regression Weights)的统计表,其中前 3 项为结构模型中的回归系数,后 6 项为测量模型中的因子负荷。表中信息除估计值(Estimate)以外(值为 1 的是固定参数),还报告标准误(S. E.——Standard Error)、差异显著性检验的临界比(C. R.——Critical Ratio,即 $t$ 统计量)及概率值($p$)。差异显著性 $t$ 检验的原假设为回归权重等于 0,即变量之间没有因果关系。期望结果应该是变量之间具有因果关系,因此 $t$ 检验应拒绝原假设(|C. R.|$\geqslant$1.96,$p\leqslant$0.05)。表中 $p$ 值一栏中的"＊＊＊"号表示 $p$<=0.001。表中 $t$ 检验结果为所有估计值在 0.001 显著性水平上拒绝原假设,所有回归权重都具有统计学意义。其中,2 个社会经济状况外源变量(ses)的回归权重估计值都是负值,说明社会经济状况对社会疏离感具有显著的负面影响。

表 4-21  惠顿研究中的回归权重估计及显著性检验

| | | | Estimate | S. E. | C. R. | $p$ | Label |
|---|---|---|---|---|---|---|---|
| 67_alienation | ← | ses | −0.614 | 0.056 | −10.876 | ＊＊＊ | par_6 |
| 71_alienation | ← | 67_alienation | 0.705 | 0.054 | 13.163 | ＊＊＊ | par_4 |
| 71_alienation | ← | ses | −0.174 | 0.054 | −3.234 | 0.001 | par_5 |
| powles71 | ← | 71_alienation | 0.849 | 0.040 | 21.243 | ＊＊＊ | par_1 |
| anomia71 | ← | 71_alienation | 1.000 | | | | |
| powles67 | ← | 67_alienation | 0.888 | 0.041 | 21.413 | ＊＊＊ | par_2 |
| anomia67 | ← | 67_alienation | 1.000 | | | | |
| educatio | ← | ses | 1.000 | | | | |
| SEI | ← | ses | 5.331 | 0.430 | 12.403 | ＊＊＊ | par_3 |

表 4-22 是惠顿研究中各方差参数的估计值及显著性检验结果表。估计的参数包括 1 个外源潜变量(ses)的方差、2 个内源潜变量的残差方差和 6 个内源观测变量的误差方差。方差差异显著的原假设为方差等于 0,期望的结果为各方差都应显著不为 0,即应拒绝原假设(|C. R.|$\geqslant$1.96,$p\leqslant$0.05)。表中的 $t$ 检验结果为所有方差的估计值在 0.001 显著性水平上都不为 0。

表 4-22　惠顿研究中的方差估计及显著性检验

|  | Estimate | S. E. | C. R. | p | Label |
| --- | --- | --- | --- | --- | --- |
| ses | 6.656 | 0.64 | 10.398 | *** | par_7 |
| zeta1 | 5.301 | 0.472 | 11.23 | *** | par_8 |
| zeta2 | 3.737 | 0.387 | 9.653 | *** | par_9 |
| eps1 | 4.01 | 0.343 | 11.7 | *** | par_10 |
| eps2 | 3.187 | 0.271 | 11.757 | *** | par_11 |
| eps3 | 3.696 | 0.373 | 9.908 | *** | par_12 |
| eps4 | 3.622 | 0.292 | 12.414 | *** | par_13 |
| delta1 | 2.944 | 0.499 | 5.9 | *** | par_14 |
| delta2 | 260.63 | 18.221 | 14.304 | *** | par_15 |

(2) 信度指标

SEM 中的信度指标主要根据标准化参数的估计值进行计算和分析。表 4-23 为惠顿研究中的标准化参数估计值，其中"Estimate"一栏的数据为 AMOS 提供的结果，$R^2$ 和 $1-R^2$ 两栏是作者为了便于计算和分析而增补的内容。

表 4-23　惠顿研究中的标准化参数估计

|  |  |  | Estimate | $R^2$ | $1-R^2$ |
| --- | --- | --- | --- | --- | --- |
| 67_alienation | ← | ses | −0.57 | 0.32 | 0.68 |
| 71_alienation | ← | 67_alienation | 0.66 | 0.58 | 0.42 |
| 71_alienation | ← | ses | −0.15 | | |
| powles71 | ← | 71_alienation | 0.80 | 0.64 | 0.36 |
| anomia71 | ← | 71_alienation | 0.84 | 0.71 | 0.29 |
| powles67 | ← | 67_alienation | 0.81 | 0.66 | 0.34 |
| anomia67 | ← | 67_alienation | 0.81 | 0.66 | 0.34 |
| educatio | ← | ses | 0.83 | 0.69 | 0.31 |
| SEI | ← | ses | 0.65 | 0.42 | 0.58 |

根据吴明隆(2008)对相关研究的综述，SEM 信度指标及参考标准有：

结构模型中的回归系数：绝对值最好介于 0.50～0.95 之间。根据这一标准，上表中 3 个回归系数中，从"ses"到"71_alienation"这条路径的回归系数(−0.15)未达到要求。

结构模型中的 $R^2$ 和 $1-R^2$：前者应不低于 0.5，表示预测指标至少应解释模型总方差的 50%。后者应小于 0.5，表示残差方差不应超过模型总方差的 50%。上表中，从"ses"到"67_alienation"这条路径的回归系数($-0.57$)未达到要求。

测量模型中的单个项目信度：等于因子负荷的平方($R^2$)，其值应不低于 0.5，因此标准化因子负荷的绝对值不应低于 0.71。根据这一标准，上表中观测变量"SEI"的标准化因子负荷未达到要求。

测量模型中潜变量的组合信度($\rho_c$：不低于 0.6。例如，潜变量"ses"的组合信度为 $\rho_{c\cdot ses} = \dfrac{(0.83+0.65)^2}{(0.83+0.65)^2+(0.31+0.58)} = 0.713$。

测量模型中潜变量的平均方差提取量($\rho_v$)：不低于 0.5。例如，潜变量"ses"平均方差提取量为 $\rho_{v\cdot ses} = \dfrac{0.83^2+0.65^2}{0.83^2+0.65^2+0.31+0.58} = 0.558$。

**效应分析**

效度指一个变量对另一个变量的影响力度。SEM 中根据两个变量之间是否存在中介变量，将效应区分为直接效度和间接效度，将影响一个变量的所有直接效度与间接效应之和称为总效应。直接效度等于回归权重的值，间接效应为所涉及的全部直接效应的乘积。三种效应都分非标准化和标准化估计值分别计算。

以图 4-35(b)所示标准化估计结果中"ses"对"powless71"的影响为例，产生的总效应为两条路径的间接效应之和：一条路径为 ses→67_alienation→71_alienation→powless71，其间接效应为 $-0.57 \times 0.66 \times 0.80 = -0.30$；另一条路径为 ses→71_alienation→powless71，其间接效应为 $-0.15 \times 0.80 = -0.12$。因此，"ses"对"powless71"产生的总效应为 $-0.42$。

**拟合分析**

SEM 中用来反映观测模型与理论模型一致性的拟合指数较多(参见吴明隆 2008)，常用指数及其参考标准可归纳为表 4-24。

表 4-24 常用 SEM 拟合指数及其参考标准

| 类别 | 名称 | 参考标准 | 英文全称 |
| --- | --- | --- | --- |
| 绝对指数 | $\chi^2$(卡方) | 越小越好 | |
| | GFI(拟合优度指数) | >0.9 | Goodness of Fit Index |
| | AGFI(修正拟合优度指数) | >0.9 | Adjusted Goodness of Fit Index |
| | RMR(残差均方根) | <0.05 | Root Mean Square Residual |

续表

| 类别 | 名称 | 参考标准 | 英文全称 |
|---|---|---|---|
| 绝对指数 | RMSEA（近似误差均方根） | ＜0.05 | Root Mean Square Error of Approximation |
|  | CN（临界样本量） | ＞200 | Critical N |
| 相对指数 | NFI（规范拟合指数） | ＞0.9 | Normed Fit Index |
|  | RFI（相对拟合指数） | ＞0.9 | Relative Fit Index |
|  | NNFI（非规范拟合指数） | ＞0.9 | Non-Normed Fit Index |
|  | IFI（增值拟合指数） | ＞0.9 | Incremental Fit Index |
|  | CFI（比较拟合指数） | ＞0.9 | Comparative Fit Index |
| 简约指数 | AIC（Akaike 信息标准） | ＞0.5 | Akaike Information Criterion |
|  | PNFI（简约修正规范拟合指数） | ＞0.5 | Parsimony-adjusted NFI |
|  | PGFI（简约拟合优度指数） | ＞0.5 | Parsimony GFI |

(1) 卡方及其显著性

卡方值的大小反映观测数据跟理论模型偏差的大小，卡方值越小，偏差越小。卡方值为 0 表示观测数据跟理论模型完美适配，模型称为饱和模型。卡方值对样本容量的大小非常敏感，样本越大，卡方值越容易达到显著水平，理论模型遭到拒绝的概率越大。一般而言，卡方检验适用的样本容量以 100～200 为宜，样本容量过大时，往往会导致差异不显著的原假设被拒绝，所以样本量很大时卡方检验的实际意义不大。

表 4-25 为惠顿研究中的卡方检验结果表，其中：NPAR 表示参数个数，CMIN 表示最小适配函数（$F_{min}$）的卡方值，DF 表示自由度，$p$ 表示检验的概率值，CMIN/DF 表示卡方检验统计量的临界比，绝对值大于或等于 1.96 表示在 0.05 显著性水平上差异达到显著程度。表中默认模型（Default model）的检验结果为差异显著（$p=0.000＜0.05$，CMIN/DF＝11.96＞1.96），观测数据不支持假设模型。表中的独立模型（Independence model）指所有变量互不关联（不存在相关或因果关系）的模型，表示与饱和模型完全相反的情况。默认模型的情况介于独立模型和饱和模型之间。

表 4-25 惠顿模型的卡方及其显著性

| 模型 | NPAR | CMIN | DF | $p$ | CMIN/DF |
|---|---|---|---|---|---|
| 默认模型 | 15 | 71.544 | 6 | 0.000 | 11.924 |
| 饱和模型 | 21 | 0 | 0 |  |  |
| 独立模型 | 6 | 2131.790 | 15 | 0.000 | 142.119 |

(2) 残差及拟合优度指数

AMOS 将残差均方根(RMR)和拟合优度指数(GFI)、修正拟合优度指数(AGFI)、简约拟合优度指数(PGFI)3个拟合指数在同一张表中一并报告(参见表4-26)。RMR 为残差协方差矩阵(见表4-20)各数据点平方和的平均值,值越小,说明两个协方差矩阵拟合越好。GFI 的取值范围在0到1之间,需达到0.90才能说明拟合良好。AGFI 指利用自由度和变量个数的比例来调整的GFI,取值范围在0到1之间,也应达到0.90才可接受。PGFI 为独立模型自由度跟默认模型自由度的比率与 GFI 的乘积,是一种简约拟合优度指数(Parsimony GFI)。

表 4-26  惠顿模型的残差及拟合优度指数

| 模型 | RMR | GFI | AGFI | PGFI |
| --- | --- | --- | --- | --- |
| 默认模型 | 0.284 | 0.975 | 0.913 | 0.279 |
| 饱和模型 | 0.000 | 1.000 | | |
| 独立模型 | 12.342 | 0.494 | 0.292 | 0.353 |

(3) 误差及其显著性

AMOS 以近似误差均方根(RMSEA)为误差指标。按照惯例,RMSEA 小于或等于0.05时,说明模型拟合良好,小于0.08时也基本可接受。表4-27中的 RMSEA 为0.108,表明惠顿模型的误差显著大于0.05,拟合不佳。表中 LO 90 和 HI 90 分别表示置信度为90%时 RMSEA 的下限和上限,PCLOSE 为检验原假设"$H_0$:RMSEA≤0.05"的概率值,用来区别原假设"$H_0$:RMSEA=0"的概率 $p$。表中显著性检验结果为惠顿模型的 RMSEA 显著大于0.05。

表 4-27  惠顿模型的误差及其显著性

| 模型 | RMSEA | LO 90 | HI 90 | PCLOSE |
| --- | --- | --- | --- | --- |
| 默认模型 | 0.108 | 0.087 | 0.132 | 0.000 |
| 独立模型 | 0.389 | 0.375 | 0.403 | 0.000 |

(4) 基准比较指数

基准比较指数为一组反映默认模型与独立模型差异的相对拟合优度指数,包括规范拟合指数(NFI)、相对拟合指数(RFI)、增值拟合指数(IFI)、非规范拟合指数(NNFI)——也即 Tucker Lewis Index(TLI)和比较拟合指数(CFI)。如表4-28所示,独立模型的拟合指数通常都非常糟糕,默认模型与之比较后则会显得极佳,所以这些相对拟合指数一般不用于研究目的。按惯例,基准比较指数至少应大于 0.90,越接近 1 越好。

表 4-28　惠顿模型的相对拟合优度指数

| 模型 | NFI Delta1 | RFI rho1 | IFI Delta2 | TLI rho2 | CFI |
| --- | --- | --- | --- | --- | --- |
| 默认模型 | 0.966 | 0.916 | 0.969 | 0.923 | 0.969 |
| 饱和模型 | 1.000 | | 1.000 | | 1.000 |
| 独立模型 | 0.000 | 0.000 | 0.000 | 0.000 | 0.000 |

(5) 简约拟合指数

简约拟合指数为一组用来反映模型精简程度的指标,包括表 4-29 中 4 种基于信息理论的指数、表 4-26 中简约拟合优度指数(PGFI),以及简约修正规范拟合指数(PNFI)。简约拟合数的计算将自由参数的个数或自由度纳入公式作为调剂,以比较具有不同潜变量模型的精简程度。简约拟合指数的值越小越好。表 4-29 中的 4 个指数若用于评判单一模型的拟合优度,默认模型的指标值应小于饱和模型和独立模型的指标值,若在多个拟合良好的模型中进行选择,一般遵循愈简愈优的原则,指标值小者为佳。从表 4-29 来看,惠顿研究中默认模型的各项指标值都大于饱和模型的对应指标值,说明模型应该修正。

表 4-29　惠顿模型的简约拟合优度指数

| 模型 | AIC | BCC | BIC | CAIC |
| --- | --- | --- | --- | --- |
| 默认模型 | 101.544 | 101.771 | 174.104 | 189.104 |
| 饱和模型 | 42.000 | 42.318 | 143.584 | 164.584 |
| 独立模型 | 2143.790 | 2143.881 | 2172.814 | 2178.814 |

(6) 样本量临界值

由于卡方对样本量非常敏感,卡方检验很容易因为样本量过大而导致差异不显著的原假设被拒绝。SEM 研究期望观测数据支持理论模型,也就是样本协方差矩阵(S)跟隐含协方差矩阵($\sum$)的差异不显著,因此样本量不宜过大。Loehlin(1992)建议,用极大似然法估计参数时,样本量以 100~200 为宜,当样本量为 400~500 时,此法会变得过于敏感,模型难以拟合。以自由参数的个数为参照,如果数据服从正态分布、无缺失值和异常值,样本量最小应为估计参数个数的 5 倍、10 倍更合适,否则,样本量应为估计参数的 15 倍(Bentler & Chou 1987)。

AMOS 根据模型结构的复杂程度,估计样本量的临界值。表 4-30 表示,惠顿模型的样本量在 0.05 的显著性水平下为 164,在 0.01 的显著性水平下为 219。该研究的样本量为 932,样本量远远大于临界值,所以模型被拒绝,并且多项指标达不到要求。

表 4-30  惠顿模型的样本量临界值

| 模型 | HOELTER 0.05 | HOELTER 0.01 |
| --- | --- | --- |
| 默认模型 | 164 | 219 |
| 独立模型 | 11 | 14 |

**模型修正**

如果模型拟合不佳,或者,为了精简模型,可以对最初建构的模型进行修正。修正方法主要有三种:修正单箭头表示的因果关系——删除多余或不合理的路径或添加遗漏的路径;修正双箭头表示的协方差关系——建立变量之间的关联或通过将协相关系数改为 0 来取消变量之间的关联;修正残差或误差方差参数——通过增加固定参数或设置同名参数来减少自由参数的个数,或者,通过反向操作来增加自由参数的个数。AMOS 根据模型拟合情况针对上述三个方面分别提出模型修正建议。

表 4-31 为 AMOS 针对惠顿研究的协方差关系提出的修正建议。表中列举新增各项协方差关系会导致卡方值减少的量——称为修正指数值(Modification Index,M.I.)以及模型修正后参数估计值的变化量(Par Change)。例如,表中最后一行表示,如增加"eps1"和"eps3"之间的关联,模型卡方值将会减少 40.911,参数的估计值将增加 1.253(负值表示减少)。模型修正每改动一处就应对所有参数重新估计一次,并且每次都应针对 M.I. 值最大的一项进行修改,重新估计参数之后再检查模型的拟合情况和新的 M.I. 值。修正指数表格一般只会列示 M.I. 值大于 4 的项目,即修正指数的门槛值(Threshhold Value)一般为 4,但即使某类修正指数表格没有一项 M.I. 值大于 4,AMOS 也会提供一个空表头,表示该类参数无须修正。

表 4-31  惠顿模型的修正指数示例(协方差)

| | | | M.I. | Par Change |
| --- | --- | --- | --- | --- |
| eps2 | <--> | delta1 | 5.905 | −0.424 |
| eps2 | <--> | eps4 | 26.545 | 0.825 |

续表

|  |  |  | M. I. | Par Change |
|---|---|---|---|---|
| eps2 | <--> | eps3 | 32.071 | −0.988 |
| eps1 | <--> | delta1 | 4.609 | 0.421 |
| eps1 | <--> | eps4 | 35.367 | −1.069 |
| eps1 | <--> | eps3 | 40.911 | 1.253 |

按表 4-31 的提示，在初始惠顿中增添 eps1 和 eps3 之间的关联之后，修正模型及其非标准化和标准化参数估计结果见图 4-36。修正之后，模型的拟合情况都得到了改善。

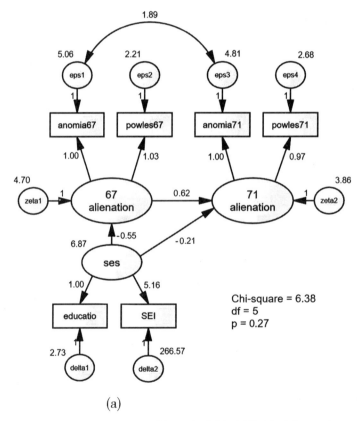

(a)

Example 6: Model B: Most General
Exploratory Analysis
Wheaton (1977)
Unstandardized estimates

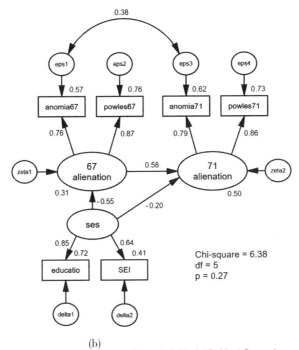

图 4-36 修正后惠顿模型及其非标准化和标准化参数结果

表 4-32 所示卡方检验的结果为差异不显著（$p = 0.271 > 0.05$，$t = 1.277 < 1.96$），说明修正后样本协方差矩阵和隐含协方差矩阵差异不显著，数据支持假设模型。

表 4-32 惠顿修正模型的卡方及其显著性

| Model | NPAR | CMIN | DF | $p$ | CMIN/DF |
|---|---|---|---|---|---|
| 默认模型 | 16 | 6.383 | 5 | 0.271 | 1.277 |

表 4-33 显示，GFI 和 AGFI 两项拟合优度指数也进一步提高，分别从 0.975 提高到 0.998 和从 0.913 提高到 0.990。

表 4-33 惠顿修正模型的残差及拟合优度指数

| 模型 | RMR | GFI | AGFI | PGFI |
|---|---|---|---|---|
| 默认模型 | 0.757 | 0.998 | 0.990 | 0.238 |

表 4-34 显示，近似误差均方根（RMSEA）由 0.108 降至 0.017，显著性检

验概率值 PCLOSE=0.943>0.05,因此不能拒绝 RMSEA 跟 0.05 无显著差异的原假设,误差很小,符合模型拟合要求。

表 4-34 惠顿修正模型的误差及其显著性

| 模型 | RMSEA | LO 90 | HI 90 | PCLOSE |
| --- | --- | --- | --- | --- |
| 默认模型 | 0.017 | 0 | 0.051 | 0.943 |

表 4-35 也显示,默认模型的各项简约拟合优度指数在 3 个模型中最小,符合模型拟合要求。

表 4-35 惠顿修正模型的简约拟合优度指数

| 模型 | AIC | BCC | BIC | CAIC |
| --- | --- | --- | --- | --- |
| 默认模型 | 38.383 | 38.626 | 115.781 | 131.781 |
| 饱和模型 | 42 | 42.318 | 143.584 | 164.584 |
| 独立模型 | 2143.79 | 2143.881 | 2172.814 | 2178.814 |

表 4-36 也表明,研究的样本量(932)在 0.05 和 0.01 显著性水平下均未超出估计的临界值(分别为 1615 和 2201)。

表 4-36 惠顿修正模型的样本量临界值

| 模型 | HOELTER 0.05 | HOELTER 0.01 |
| --- | --- | --- |
| 默认模型 | 1615 | 2201 |
| 独立模型 | 11 | 14 |

#### 4.2.2.5 使用效度

测试使用会产生后果(Consequence)。后果作为使用环节的典型数据,与测试目标构念的直接和间接关联程度即为使用效度(Using Validity)。

如前所述(见 7.1.2 整体效度观),是否将测试使用纳入测试效度的概念范畴和验证过程,这个问题在 20 世纪 90 年代有过较大争议。1999 年,美国《教育与心理测量标准》根据整体效度观进行改版,强调基于分数的解释与使用,使用后果因而成为效度概念和效度验证的重要组成部分(参见 AERA et al. 1999;Bachman & Palmer 2010;Kane 2001;McNamara & Roever 2006;Messick 1989a,1992)。但这种基于分数解释与使用的效度观只能关注到测试构念与测试后果的间接关联,即构念通过分数、再通过决策间接地导致后果,而无法建立构念与后果之间的直接关联。实际上,前述后果仅指决策后果,是测试使用后果的一种或一个方面,为最直接的后果。测试使用除了会产生直接后果以外,还会对未来的测试,甚至教学和学习,产生更长久、更深远的影响,如测试借鉴作用、教学反拨作用等。这种长久而深远的影响不再与当前测试的分数相关,而是直接跟测试的目标构念相连。所以,在图 4-2 语言测试效度辩论框架的测试过程(Procedure)部分,测试目标/后果(Purpose/Consquence)不仅受分数(Score)、使用(Using)的直接影响,也跟其他各测试环节的结果数据一样,与构念(Construct)直接相关。

测试后果有正面(Positive)和负面(Negative)之分,测前的设计、开发、实施和评分要以最大化期望的(Intended)正面后果、最小化不期望的(Unintended)负面后果为目的,测度使用环节则应对实际产生的(Actual)正面和负面后果开展调查,并以调查结果为证据开展使用效度辩论。使用效度辩论的焦点问题及主要证据来源见表 4-37。

表 4-37 使用效度辩论的焦点问题及主要证据来源

| 焦点问题 | 主要证据来源 |
| --- | --- |
| 使用效度验证既要考虑测试使用的直接后果,也不能忽视测试使用的长远影响。前者主要围绕测试的公平性进行分析,后者重点调查测试的反拨作用。<br>1. 公平性<br>　　测试的结果及使用是否对所有考生一视同仁、公正公平?或者相反,对哪些考生有偏见或不公?<br>2. 反拨作用<br>　　测试使用对教与学的态度、行为和结果分别有何正面和负面影响?<br>…… | 使用后果及相关数据主要包括使用决策和实际后果 |

测试的公平性(Test Fairness)在 1999 年版《教育与心理测验标准》(AERA et al. 1999)中既已作为一个单独的部分(第二部分)明确提出,在 2014 年版《教育与心理测验标准》(AERA et al. 2014)中与效度(Validity)和测量的信度/精度和误差(Reliability/Precision and Errors of Measurement)并列,共同构成《教育与心理测验标准》的第一部分——基础(Foundations),由此可见公平性在测试中的重要性。2014 年版《教育与心理测验标准》视公平性为"一个根本性的效度问题,测试开发和使用的各个环节都应关注"(AERA et al. 2014:49)。要确保测试的公平性,首先测试的设计和开发必须紧扣测试的目标构念,并尽可能避免掺杂与构念无关的内容,从科学性方面为公平测试提供保障。施考环节要重点确保所有考生都具有均等的参考机会或可及性(Accessibility),特别是残障考生不应有参加考试的障碍。评

分环节最主要的是客观、公正,不能厚此薄彼,偏袒某些考生而对另一些考生有歧视和偏见,更不得有悖测试的道德伦理(Ethics)。使用环节的公平性主要体现在使用决策上,使用决策同样要求客观、公正、合理、合法。可见,公平性并不是使用环节单个环节的问题,而涉及之前所有的测试环节。但作为测试后果调查的主要内容,公正性问题必须在使用环节得到回答,特别是,如果发现之前环节存在不公平的现象,作出使用决策时应予以充分考虑并采取适当措施。比如,有考试舞弊的,则成绩作废;如果评分环节发现存在评分员或项目功能差异,进行决策之前则应该对成绩进行修正;等等。

反拨作用也称反拨效应(Washback or Backwash),指测试反过来对教和学的影响。相较于决策后果,反拨作用的影响更长远、持久,并且与构念的关联更直接,所以相关研究较多。Hughes(2003)在相关研究的基础上提出一个从参与者(Participants)、过程(Process)和结果(Product)三个方面来调查反拨效应的研究模式,称为 PPP 模式。参与者包括学生、教师、教学管理者以及教材设计者和出版者;过程指参与者采取的有助于学习的任何行动,如教材开发、大纲制订、教学方法的变化、学习与应试策略的采用,等等;结果指所学知识或技能及其质量,如流利程度(Bailey 1996)。根据这种模式,测试将首先影响参与者对教学和学习任务的理解和态度,理解和态度进而影响完成任务的过程,过程最后影响教学和学习的结果。除了教学和学习结果以外,有些过程会产生附带结果,如新教材、新课程、新的研究成果以及教学的改进等。反拨作用研究的内容主要包括反拨效应是否存在、反拨效应是怎样起作用的、影响反拨效应的因素,以及怎样减少负面反拨效应、提高正面反拨效应,等等;研究方法主要为问卷调查、课堂观察和访谈(参见黄大勇、杨炳钧 2002)。研究对象主要是大型国际标准化测试,如 TOEFL、IELTS 等,以及各国国内的大规模高风险测试,如我国的高考、大学英语四六级考试和英语专业四八级考试等(参见 J. Alderson & Hamp-Lyons 1999;A. Green 2007;Hawkey 2006;Wall & Alderson 1993;Wall 2005;Watanabe 2004;金艳 2000;亓鲁霞 2004;徐倩 2014)。

#### 4.2.2.6 参照效度

参照效度(Referencing Validity)类似于传统的效标关联效度(Criterion-related Validity),指当前测试与某一个"独立且相当可靠的学生能力测量工具"(Hughes 2003)——效标测试——之间的关联程度。相同的是,参照效度也可分为同期效度(Concurrent Validity)和预期效度(Predictive Validity)。不同的是,效标关联效度中的同期效度完全取决于两个测试分数的相关性——"相关即为有效"(Guilford 1946:429),但从效度累进的角度来看,单看分数的相关性是不够的,两个测试在各个环节都应具有可比性(Comparability);预期效度也不是简单地看两个测试结果中的排名情况,而是强调两者之间的因果关系,要求从测试构念或知识与能力的不同维度来考查当前测试对效标测试结果的预测性(Predictability)。参照效度检验主要围绕可比性和预测性这两个方面进行辩论,辩论的焦点问题及主要证据来源见表 4-38。

**表 4-38　参照效度辩论的焦点问题及主要证据来源**

| 焦点问题 | 主要证据来源 |
| --- | --- |
| 参照效度检验主要围绕当前测试与效标测试的可比性或对效标测试的预测性进行辩论。<br>1. 可比性<br>　当前测试跟效标测试在各测试阶段是否都可比?或者相反,在哪些方面不具可比性?<br>2. 预测性<br>　当前测试可以从哪些方面预测效标测试的结果?或者相反,在哪些方面预测效果不佳?<br>…… | 外部标准测试及相关文档,如课程标准、考试大纲、教学目标、试卷或问卷、考试成绩或调查结果等。 |

可比性主要指当前测试跟效标测试在各对应环节各方面的相似程度或相关性。相似程度以定性分析为主,主要内容包括目标构念、考试规范、测试任务、实施方案、评分细则等;相关性主要指考试结果的一致性程度,以定量分析为主,主要内容包括难易度、区分度、相关系数等。可比性最强的测试应为平行测试。定性方面,两个测试具有相同的结构,并且每个部分的题型、题量、分值、篇幅等都相同;定量方面,两个测试的难度相等、区分度相当,并且总分的相关性达到显著程度。

预测性指当前测试对未来测试的预测功能。两个测试通常不是平行测试,当前测试一般为水平考试,未来测试一般为专业领域的测试,预测即根据当前水平来推断未来专业领域中的学习潜能。推断可以是基于理论和经验的逻辑推理——即定性分析,也可以是基于统计手段的量化研究——即定量分析,如相关分析、回归分析、结构方程模型等,但最好采取定性分析与定量分析相结合的方法,围绕两个测试目标构念的结构及水平,从多个方面广泛收集证据进行全面、深入的探讨。

# 第5章 语言能力

自构念效度一统所有效度类别发展成为整体效度以来,各种分数都被认为是对目标构念的测量结果(AERA et al. 1999:174)。但是,测试的目标构念既不像物理学中的质量可以用天平来直接测量,也不像化学中的密度可以通过对质量与体积的测量来间接确定,而是"不可直接观察且具有个体差异的心理特征"(AERA et al. 1985:9)。这些特征在概念上不易界定和区分,测量中又容易受各种因素的交互影响,因此,Cronbach & Meehl(1955)在构念效度提出之初,就强调必须先建构测试的目标构念理论,明确测试到底测什么,否则测前难以做到针对什么设计和开发测试,测后也难以解释清楚分数到底意味着什么。

对于语言测试而言,测试的目标构念就是考生的语言能力。本章首先对语言能力研究进行了综述,着重分析当今语言能力观注重语言能力的结构分析而忽视量化研究的不足;然后基于"信息三论"提出话语信息的认知处理系统、认知处理能力和认知量化方式,构建话语信息认知处理能力观;最后,基于话语信息认知处理能力观提出信息最大化命题法,为语言测试命题提供指导。

## 5.1 语言能力研究综述

有关语言能力的理论研究和语言学、心理学理论密切相关,并随语言学和心理测量技术的发展而发展。不同测试的研究,由于研究视角和侧重点不同,语言能力观也不一样。当今影响较大的语言能力理论主要有 Bachman (1990)的交际语言能力观、Weir(2005)和 Khalifa & Weir(2009)的认知处理能力观等。本研究拟从话语信息认知处理的角度探究语言能力的认知量化问题,所以本章也将介绍有关语言信息处理方面的研究。

### 5.1.1 交际语言能力

Bachman(1990)在交际能力及其运用研究的基础上,进一步强调交际能力各构成要素之间的相互关系及能力要素与使用环境之间的关系,提出交际语言能力(Communicative Language Ability，CLA)框架(见图5-1)。该框架由三个要素组成：语言能力(Language Competence)、策略能力(Strategic Competence)和心理生理机制(Psychophysiological Mechanism)。其中，语言能力包括一系列运用语言进行交际时所需要的特殊知识结构；策略能力指的是一种心智能力(Mental Capacity)，主要用于如何实现能力要素在具体语境中的运用，如何将语言能力和语言运用环境以及使用者知识结构进行关联。心理生理机制主要指语言作为物质现象(光、声音)在使用过程中所涉及的神经活动和心理过程(Bachman 1990：84)。

图 5-1 交际语言能力模型

(Bachman 1990：85)

5.1.1.1 语言能力

Bachman(1990)把语言能力进一步划分为两个部分：组织能力(Organizational Competence)和语用能力(Pragmatic Competence)。每种能力又包括几个更小的类别(见图5-2)。

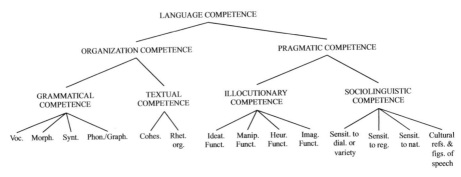

**图 5-2 语言能力的成分**

(Bachman 1990: 87)

(1) 组织能力

组织能力主要指对语言形式结构的控制能力,包括生成或辨别语法形式正确的句子、理解句子的命题内容、排列句子在语篇中的顺序等。组织能力包括两类:语法能力(Grammatical Competence)和语篇能力(Textual Competence)。

• 语法能力

通过借鉴 Widdowson(1978)的观点,Bachman 将语法能力分为词汇(Vocabulary)、词法(Morphology)、句法(Syntax)和语音/文字(Phonology/Graphology)等几种相对独立的能力。这些能力主要涉及遣词造句,包括选择词的特定意义、结构形式、顺序安排以及其语音或文字的物质形式。

• 语篇能力

语篇能力主要指组句成篇的能力,主要包括衔接手段(Cohesion)和修辞结构(Rhetorical Organization)两方面的知识和技能。衔接手段采用 Halliday & Hasan(1976)的分类方法,即利用语义关系的显性标记,如指称(Reference)、替代(Substitution)、省略(Ellipsis)、连接(Conjunction)、词汇衔接(Lexical Cohesion)等,或根据话语中旧信息对新信息的引导规则进行分类。修辞结构主要指篇章的整体概念结构和文本对语言使用者的影响力(the effect of the text on the language user)。Bachman 采用传统分类法将修辞结构分为叙述(Narration)、描写(Description)、比较(Comparison)、分类(Classification)等。同时,Bachman 认为语篇能力同样适用于对话,对话中话轮组织与表达的衔接手段和修辞结构跟文本语篇的基本类似。

(2) 语用能力

Bachman 认为组织能力主要涉及如何使用语言符号来指代人、物、观点、情感等。这方面的能力主要用于处理符号与所指的关系,涉及语言使用的正确性。与之同等重要的是,语言能力还应包括对使用者与语用环境关系的处理能力,即语用能力。这方面的能力主要影响言语使用的得体性(the appropriateness of utterances),属语用学研究范畴。Bachman 将语用能力分为以言行事能力(Illocutionary Competence)和社会语言能力(Sociolinguistic Competence)两个组成部分。

• 以言行事能力

Bachman 的以言行事能力主要基于 Searle(2011)的言语行为观。这种观点把言语行为分为三类:说话行为(Utterance Acts)、命题行为(Propositional acts)和言外行为(Illocutionary Acts)。说话行为指把话说出来这一简单行为;命题行为还进一步涉及指代或者预测等行为;言外行为则指说话所体现的功能(如断言、警告、请求),也就是以言行事。Bachman 仅取以言行事这一个类别,着重强调以言行事的言外之力(Illocutionary Force)。

以言行事能力主要体现在语言功能方面。通过借鉴他人观点,Bachman 将语言功能归为四种:表意功能(Ideational Function)、操控功能(Manipulative Function)、启发功能(Heuristic Function)和联想功能(Imaginative Function)。表意功能是语言最主要的功能,即用语言表达对真实世界的体验,如意见、知识、情感等;操控功能的首要目的是为了对身边的人或事产生影响,其中又包括工具性功能(以语言为工具)、约束性功能(用语言约束他人行为)和交互性功能(用语言处理人际关系)等;启发功能主要用于扩展世界知识,通常出现在教、学、解决问题、有意记忆等行为中;联想功能指的是通过使用语言创造或增强幽默感和美感,这种幽默或美感必须来自语言使用本身,如讲笑话、运用比喻等修辞手法、欣赏电影或戏剧、阅读文学作品等。尽管区分了四种不同的语言功能,Bachman 指出多数情况下多种功能会同时起作用。

• 社会语言能力

社会语言能力指对特定语用环境中语言使用规则的敏感性或控制能力。这种能力取决于语言使用的特定环境并与环境特征相适应,包括对方言或语言变体(Dialect or Variety)差异的敏感性、语域(Register)差异的敏感性、自然地道语言(Naturalness)的敏感性,也包括对特殊文化指引(Cultural References)和修辞格(Figures of Speech)的理解能力。

### 5.1.1.2 策略能力

Bachman 认为策略能力是所有交际语言使用的重要组成部分,而不仅仅是语言能力欠缺时的补救措施,因此将策略能力作为一个重要组成部分纳入交际语言能力框架。语言使用是一个动态过程,既涉及对语境相关信息的评判,也包括语言使用各方的语义磋商。其间,策略能力起着非常重要的作用。在 Færch & Kasper(1983)的策略能力模型的基础上,Bachman 提出了一种交际策略能力模型,其中的策略能力由三个模块组成:评价模块、计划模块和执行模块。

(1) 评价模块

评价模块的功能是:识别在给定语境中实现特定交际目标所需的信息(包括语言变体或方言);决定哪些语言能力(母语的、二语的或外语的)可供支配,以便最有效地将信息用于实现交际目的;确定交际对方(Interlocutor)与自己都共同拥有的能力和知识;尝试交际后随即对交际目的实现程度进行评估。

(2) 计划模块

计划模块用于选择相关能力项(语法、语篇、语用、社会语言能力),针对期望达到的交际目的制订计划。在母语交际环境,相关能力项取自母语($L_1$)能力;在双语、二语或外语使用环境,能力项既可取自母语,也可取自语言使用者的中介语规则系统($L_i$)或者二语或外语($L_2$)。

(3) 执行模块

执行模块启动相应的心理生理机制将计划付诸实施。执行的方式和渠道应与交际目的和使用环境相适应,并受语言能力的约束。策略能力、语言能力和使用环境相互作用、相互影响,三者的关系可通过扩展 Færch & Kasper(1983:25)的策略模型,表示为图 5-3。

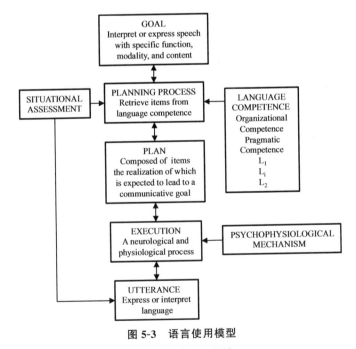

图 5-3　语言使用模型

(Bachman 1990:100)

Bachman认为策略能力对测试行为有很大影响,继而影响测试分数。这就是说,即使语言能力水平相当,由于策略使用情况不同,如策略意识、使用数量和频率等,最后得分也可能会有较大差异。此外,有些测试任务从卷面上即可看出考查的是策略能力。比如,推理题是阅读理解测试的常用题型,回答有些推理题时,考生根据题目即可判断哪些语篇以外的信息与答题有关,并通过从记忆中检索相关篇外信息得出正确答案。另有一些测试任务也很容易受到策略能力的影响,考生感觉语言能力不足的情况下可以运用策略来弥补并成功作答。另外,评分方式也有可能激发策略运用,进而影响测试行为。

Bachman对策略能力的测试也进行了讨论,并提出应该通过假设验证的方式对策略能力进行测试。

5.1.1.3 心理生理机制

心理生理机制指语言使用过程的神经活动和心理过程。Bachman根据Færch & Kasper(1983)的研究,将心理生理机制区分为视觉和听觉两个渠道(Channel)、产出和接受两种模式(Mode),并认为接受模式与视、听两种技能有关,而产出模式则涉及神经肌肉技能(Neuromuscular Skills)的运用。

### 5.1.2 认知活动能力

Khalifa & Weir(2009)从考生特征(Test-taker Characters)、认知效度(Cognitive Validity)和环境效度(Context Validity)三个方面对阅读理解能力测试的目标构念及其影响因素进行了深入研究。阅读测试的认知效度指"阅读测试任务怎样近似地引发了超越测试本身(非测试)语境中的认知过程"(*Khalifa & Weir* 2009:42)。换言之,阅读认知效度指的是测试与非测试阅读语境中认知过程的相似程度。测试阅读任务引发的认知过程与非测试阅读任务涉及的认知过程越相近,认知效度越高。可见,此处的阅读构念是从认知过程的角度来界定的。认知过程是极其复杂的信息处理过程,涉及多种篇内和篇外知识的交互影响、各种语言与非语言能力的共同作用和微观与宏观心理过程的调控。Khalif & Weir在综合相关研究的基础上,提出了一个以认知过程为中心的阅读理解能力认知处理模型(a Cognitive Processing Model for Reading Comprehension)。如图5-4所示,模型分为三个栏目,分别代表阅读方式类型、认知活动结构、基础知识结构,体现元认知活动、认知活动和语篇环境三者的交互作用。

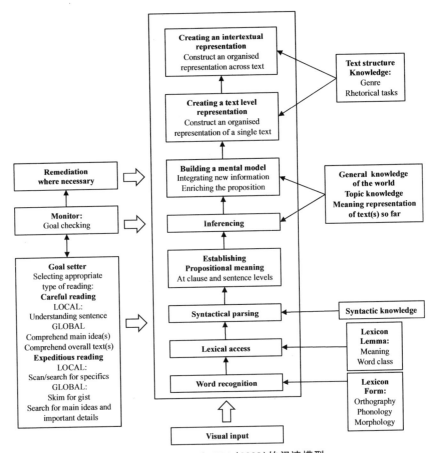

图 5-4　Khalifa & Weir(2009)的阅读模型

#### 5.1.2.1 目标设定

左栏为目标设定栏(Goal Setter),负责目标设定和目标检查等元认知活动。目标设定对于整个阅读过程具有决定性作用,因为不同的阅读方式会侧重于不同的认知活动,所以这个栏目对阅读方式的决策将直接影响中间栏目各种认知活动的相对重要性程度。阅读理解方式按理解范围可分为局部理解(Local)和全局理解(Global),按阅读速度可分为仔细阅读(Careful Reading)和快速阅读(Expeditious Reading)。两种分类方式交叉,则可得到四种不同的阅读方式:局部仔细阅读和局部快速阅读、全局仔细阅读和全局快速阅读。

(1) 局部理解

局部理解指从诸如句子、从句等微观结构理解命题意义。局部理解能力属基础阅读理解能力,跟语言知识密切相关。测试中,通常用显性信息题考查,题目信息和答案信息一般在同一个句子中。

(2) 全局理解

全局理解指对微观结构以外的命题意义如大意等的理解,包括对宏观命题、宏观命题间的关系、宏观命题的阐述方式等的理解。对于语篇宏观结构的理解,重点在于大意之间的逻辑关联或修辞结构。不同大意,作者通常会用不同段落来区分。在进行仔细全局阅读时,读者常通过建立语篇的宏观结构来辨别大意。仔细全局阅读还包括另外一种形式——多语篇阅读,即对具有高层语义关联的多个语篇的宏观组织结构进行进一步处理。这至少在高等教育中已是常规阅读的重要组成部分。

(3) 仔细阅读

以往的阅读模型通常都是建立在仔细阅读的基础之上的,并且关注的焦点主要是具有一定阅读技巧的成年人对阅读教材中不同类型材料的阅读情况。仔细阅读模型的缺点在于难以体现具有熟练阅读技巧的读者的其他阅读方式,如跳读大意等。仔细阅读的目的是为了从所给语篇中提取完整的语言意义。如图 5-4 所示,这种阅读方式既可以出现在局部理解,也可以出现在全局理解;既可以在句内,也可一直往上延伸至全篇乃至多语篇。其特点是慢速、仔细、线性顺序、循序渐进。

(4) 快速阅读

快速阅读强调理解与速度并重,涉及快速地、有选择地、高效地阅读语篇中的目标信息。快速阅读包括跳读(Skimming)、寻读(Searching Reading)、扫读(Scanning)三种形式。跳读一般定义为通过阅读获取主旨要义、总体印象和/或上位大意。寻读指根据预设话题查找信息。扫读指的是在局部范围有选择地查找特定的词,如某个单词或短语、数字或比率、名称、特殊事件的日期或者索引中某个项目等。扫读具有非常具体的阅读目标。寻读与跳读的区别在于寻读对信息的搜索以预设话题为基础,并不需要确立整个语篇的宏观命题结构,所以寻读既可针对全局也可针对局部;寻读与扫读的区别在于寻读侧重语义范畴与目标信息一致,而扫读侧重单词的精确匹配。

5.1.2.2 中央核心过程

(1) 单词辨别

单词辨别指将书面文字中的单词形式与大脑中单词的拼写形式进行匹配,也就是对文本中的字母和单词进行识别的感知过程。单词辨别的难点在于要能判断出眼前所见的视觉形式是所有已知单词中哪些单词的实例形式。对经验尚不丰富的 $L_2$ 阅读者来说,遇到视觉上不太熟的目的语单词,匹配过程会变得更为复杂。初学者对书面单词和心理表征的自动关联不如经验丰富的阅读者,尤其是如果 $L_1$ 和 $L_2$ 拼写方法差别大,匹配过程则会更复杂。

(2) 词汇提取

词汇提取指从心理辞典中提取包含了单词的形式及其意义信息的词条。形式中包含了词汇的拼写形式和语音形式在心理上的表征方式,也有可能还包含了构词法方面的信息。词目(Lexicon lemma)中的信息则包括词类(Word class)、条目适用的句法结构和单词所有可能的义项范围等。

(3) 句法分析

句法分析主要指语法,包括词序、词形(构词法)和结构成分(限定词、介词、助动词等)。句法分析的流畅程度在语言理解中具有重要作用。词汇意义被提取以后,单词必须按顺序组合成短语、从句、句子等更大的语言单位,才能达到语篇理解的目的。

(4) 句子(从句)命题意义建构

句子或从句的命题意义是独立意义单位(a single unit of meaning)的抽象表示——句子核心意义在大脑中的记录。这种意义不包括任何由阅读者掺杂进来的解释或联想,仅指页面上的字面意义。阅读者必须添加必要的外部知识,才能将这种独立意义单位转变成为与语境相关的消息。

(5) 推理

语篇中语意之间的关联通常是隐含的,要理解显性意义之外的意义,推理就很有必要。从这个角度来讲,推理是一个创造过程,推理过程中大脑需要补充完整没有被明显表露出来的信息,以便实现语义关联。一个语篇没有必要将所有信息全部表达出来,许多相关知识通常会被省略,因为作者相信读者应该可以自行添加。当然,如果读者不能添加,推理就会出现问题。

(6) 心理模型建构

一旦处理完输入的句子,包括必要时增添相关信息和推理结论,就需要对新信息进行集成,将到目前为止的语篇信息加工成为心理表征(Mental representation)。在线意义(Online meaning)表示是临时的,可随时修改并需要根据来自语篇的新信息随时更新。同时,选择很有必要,通过选择,只有相关或重要的信息才会保留下来。

(7) 语篇表示

语篇被视为一个命题的等级分类结构;一个命题集合,宏观命题包含微观命题,微观命题又包括下一级微观命题。最重要的命题在顶层,命题的重要性程度逐级递减。在最后处理阶段会形成一个完整语篇的话语结构。

(8) 语篇关联表示

对特定领域中复杂的多语篇的理解,需要处理两个不同层次的宏观结构,才能确保多语篇信息的连贯性,并进行适当压缩。语篇宏观结构的建构过程,如利用删除、概化和集成等信息转换宏观规则来辨别和建立信息单元的层级结构,对单语篇理解很有用,但对于心理表征如何在多个语篇之间进行连贯组合,那也许还不够。也许还需要一些其他宏观结构的组织过程,将多个语篇的表征通过高层语义连接进行关联。

#### 5.1.2.3 监控

监控模式视阅读类型而定。初始目标一旦设定,监控随之激活;如果阅读者因发现误用了阅读类型而做出相应调整,监控模式也会随之改变。自我监控是一个复杂的过程,可以出现在处理过程的不同阶段(词、句、段乃至整个语篇),也会关系到不同层次的分析过程。在解码阶段,监控主要对单词辨别、词汇提取和句法分析等进行检查;在意义建构阶段,监控则对是否成功获取作者意图或者语篇的辩论结构进行判断。阅读技巧相对较弱的阅读者通常不善于对理解过程进行监控,或者监控策略运用得较少;而能力较强的阅读者的特点之一即表现在对语意表征一致性的判断能力上,如果发现不能理解某些语篇内容,阅读能力强的读者往往会采取措施,想办法解决问题。

目标设定和监控均属元认知机制,主要用于对不同的可用技能和知识进行调配。元认知机制可促使阅读者采取不同的策略和技巧来解决不同的阅读问题。根据测试任务的要求,阅读者有可能采取跳读、寻读、扫读或仔细阅读等不同阅读方式;理解活动所需的认知处理层次也跟测试任务的需求紧密相关。

### 5.1.3 信息处理能力

语言是信息。语言的生成与理解能力实际上也可以说是一种信息处理能力。信息处理研究在自然科学领域有三大理论:以 Bertalanffy(1969)为代表的系统论(Systems Theory)、以 Shannon(1948)为代表的信息论(Information Theory)和以 Wiener(1985)为代表的控制论(Cybernetics),统称为信息三论。这三大理论对社会科学领域的研究,包括对语言学研究,具有重大影响。从信息角度对语言进行的研究影响较大的有 Halliday(1985)的信息结构理论(Information Structure Theory)、Lamb(1999)对神经认知语言学的研究等。随着计算机技术的不断发展和计算机性能的不断提高,利用计算机对语言信息进行处理的研究——自然语言处理研究更是取得了长足的进步。这些研究为从信息处理的视角来研究语言测试的目标构念打下了坚实的基础。

#### 5.1.3.1 信息三论

信息三论指系统论、信息论和控制论三大有关信息处理的理论。

(1) 系统论

系统论是一门研究现实系统或可能系统的一般规律和性质的理论,研究目的是为了找到一个能解释所有科学领域的所有系统的一般化系统理论。系统思想源远流长,但作为一门科学的系统论,人们公认系统论是由贝塔朗菲(L. V. Bertalanffy)创立的,而其专著——《一般系统论:基础、发展和应用》也被公认为是确立这门科学学术地位的代表作。系统论的主要目的是为了将所有科学现象纳入一个统一的理论框架,并用"系统"一词来描述所有系统共享的基本原理。系统论不仅是一个科学理论,也是一种世界观和方法论,研究范畴覆盖哲学、自然科学、应用技术等各个方面。尤其是,其有关系统与子系统、结构与功能、系统与环境关系的研究,关于动态系统的自调节、自组织和自学习的研究,关于学习系统与外部世界关系的研究,不但在应用于技术方面取得了卓越成就,而且也被广泛应用于社会系统的研究。

- 系统论的思想观

系统论的基本观点为:第一,世界上任何事物,大至渺茫宇宙小至微观原子,都是系统。系统是普遍存在的,整个世界就是系统的集合。第二,系统由要素构成,要素本身也是系统,形成层级结构。第三,要素既各自独立又相互依存,所有系统都可以看做是一个构成要素间的关系网络。第四,所有系统,无论是电子的、生物的还是社会的,都具有共同的模式、行为和特征。第五,系统的共性有助于对复杂现象进行深入理解,有助于形成统一科学。

系统论的核心思想是系统的整体观念。系统论强调任何系统都是一个有机的整体,并用亚里士多德的"整体大于部分之和"的名言来说明系统的整体性。首先,系统不等于要素的机械组合或简单相加。要素之间相互关联,生成各要素孤立状态下所没有的新质;要素之间相互作用,产生系统的整体功能。其次,每个要素都是系统不可分割的组成部分,在系统中都处于一定的位置,发挥特定的作用。如果将要素从整体中分离,不仅要素将失去其特定的功能,系统的整体功能也不能正常发挥。

- 系统论的方法论

系统论的基本方法,就是把所研究和处理的对象当作一个系统看待,分析其特征、结构和功能,研究系统、要素、环境三者的相互关系和变动的规律性。

所有系统在要素及组织结构、内部与外部关系和运动与变化规律等方面都拥有一些共同的基本特征(参见 Pidwirny 2006)。在要素及组织结构方面:系统是对现实的概括;系统拥有由部分及过程定义的结构;构成系统的各部分具有一定程度的整体性,即能一起工作。在内部与外部关系方面:系的不同部分之间具有功能和结构上的关联;功能关系表现为能量和/或物质的流动和转变;系统通过各种不同的输入和输出过程跟外部环境和其他系统交换能量和/或物质。在运动与变化规律方面:功能关系只有在存在某种驱动力的情况下才会出现;系统通常以同样的方式实现功能。

所有系统都具有要素、特征和关系三种属性。要素指系统的各种构成成分(事或物),可以是原子或分子,也可以是更大的实体,如沙粒、雨滴、植物、动物等。特征指可以观测或计量的事物的特点,如数量、质量、大小、颜色、音量、温度等。关系指要素和属性之间的关联,是所有因果关系的基础。要素、特征和关系决定了系统的状态,给属性赋值即可对系统进行设置,获取属性的值即可得到系统的当前状态。

- 系统论的普遍意义

系统论的思想观和方法论,使人类的思维方式发生了深刻的变化。以往研究问题,一般采用分析法,即先把事物分解成若干部分,再以部分的性质去说明复杂事物。这种方法的着眼点在局部,遵循的是单项因果决定论。虽然这是几百年来人们最为熟悉且在一定范围内行之有效的思维方式,但这种方式不能真实地反映事物的整体性,割断了事物之间的联系,忽视了事物之间的相互作用。因此,这种思维方式只适宜于认识较为简单的事物,而在规模巨大、关系复杂、参数众多的复杂问题面前就显得无能为力了。现代科学日益朝整体化和综合化方向发展,面临着许多规模巨大、关系复杂、参数众多的复杂问题。系统论的出现,连同信息论、控制论等其他横断科学一起,拓展了人类的思维方式,为发现问题、分析问题和解决问题提供了新思路和新方法,对现代科学的发展具有重大意义。

本研究正是基于系统的思想观和方法论,对语言测试的核心问题进行研究。语言测试模型是语言测试总系统,下分构念系统、操作系统和辩论系统三个子系统,分别针对语言测试的目标构念、测试效度的证据采集和测试效度的累进辩论,回答语言测试中"测什么""如何测"和"效度如何"三个核心问题。

(2) 信息论

什么是信息?对于这个问题,迄今为止还没有一个公认的答案。也就是说,信息作为一个概念,并没有一个确切的定义。一般说来,信息可以界定为由信息源(如自然界、人类社会等)发出的、被使用者接受和理解的各种信号。作为一个社会概念,信息可以理解为人类共享的一切知识,或社会发展趋势以及从客观现象中提炼出来的各种消息之和。就本体论意义而言,信息是标志事物存在及其关系的属性。信息并非事物本身,既不是物质,也不是能量,而是表征事物之间联系的消息、情报、数据或信号。在人类社会中,信息往往以文字、图像、图形、语言、声音等形式出现;一切事物,包括自然界和人类社会,无时无刻不在发出和接收信息。

不过,这种描述难以转化为抽象的数学形式,因而无法对信息进行形式化处理和量化计算。为了解决通信技术中的信息量化计算问题,信息理论(Information Theory)的奠基人香农(Shannon)从通信的角度将信息界定为可以消除接收方某种不确定性的消息(Shannon 1948),并提出了信息传递的基本模式(见图5-5)。

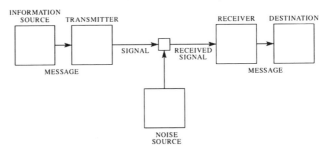

图 5-5　Shannon(1948:380)的一般通信系统

在这个模式中,消息(Message)从信源(Information Source)发出,经发送器(Transmitter)编码(Encoding)转换成信号(Signal);信号经信道(Channel)传送至接收器(Receiver),经解码(Decoding)还原为消息后再传达至信宿(Destination)。信源和信宿可以是人、机器、自然界的物体等;消息可以是文字、图像、语言、电磁波等;信号则是对消息进行编译(编码)后生成的、并可通过反编译(解码)还原为消息。在消息传递的过程中,信号通常会受到噪声(Noise)的干扰,噪声进一步增加不确定性。

消息对于接收方来说应该是未知的新知识、新内容,未知内容成功转换为已知知识即可帮助接收方移除某种不确定性;相反,如果接收到的消息是事先已知或者完全可以预测的内容,那么消息就没有信息价值,本质上就不是信息。例如说,"太阳明天会从东方升起"这一消息本质上就不是信息,因为这个消息并不能移除接收方的任何不确定性。所以说,"消息是否就是信息,主要是看消息有没有起到减少不确定性的作用"(桂诗春 1991:197),这种不确定性的减少或移除(reduction or removal of uncertainty)才是信息的价值所在。

界定了信息的内涵和一般传递模式之后,Shannon 进一步结合热力学中"熵"(Entropy)的概念和概率原理给出了信息量的数学表达式:

$$H = -\sum_{i=1}^{n} p_i \log_2(p_i) \tag{5-1}$$

其中:

$H$ 称为信息熵(Information Entropy)。熵是热力学中表示物质系统无组织状态程度的度量,Shannon 借用这个概念来表示某种不确定性程度,用熵的负值来表示不确定性的移除(所以公式中有负号),故称为信息熵。

$p_i$ 为消息中每个符号(Per Symbol)第 $i$ 种可能值出现的概率,一个符号所有可能值出现的概率之和为 1。

以只有两种可能值的符号(Binary Symbol)——二元事件为例,设第一个值的概率为 $p$,则另一个值的概率 $q=1-p$,故二元事件的信息熵的计算公式为:

$$H = -(p\log_2 p + q\log_2 q) \tag{5-2}$$

图 5-6 为二元事件的信息函数图。

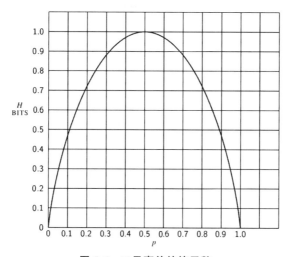

**图 5-6** 二元事件的熵函数

(Shannon 1948:389)

以非对即错的判断题为例:

如果答对($p$)与答错($q$)的概率为占 50%,即 $p=q=0.5$,此时的不确定性程度最大,事件的信息熵也就是信息量最大,为 1 比特——信息量以"比特"(Bits)为单位,即二进制(Binary Unit)单位。

如果题目完全可猜,即肯定对($p=1,q=0$)或者肯定错($p=0,q=1$),无论哪种情况都不存在不确定性,也就不存在不确定性的移除,因此两种情况的信息量都是 0。

如果难度系数为 0.1,即 $p=0.1,q=0.9$,则 $H=-(0.1\times\log_2 0.1+0.9\times$

$\log_2 0.9) = 0.47$。如果难度系数为 0.9，即 $p=0.9, q=0.1$，信息量同样是 0.47 比特。可见，答对概率为 90% 时的不确定性，跟答对概率为 10% 时的不确定性完全相同。

对于语言理解而言，信息量的大小并不是指语篇自身的难度，而是指语篇能在多大程度上移除接收方的不确定性，能为接收方提供多少新内容和新知识。从上述信息量的计算方式可知，中等概率事件具有最大信息量，而大概率事件和小概率事件的信息量都相对较小。就语篇理解而言，高频词、简单语篇一般都是大概率事件，信息量相对较小；低频词和复杂语篇属于小概率事件，信息量同样也较小，因为复杂语篇的理解难度大，能从中获取的新内容和新知识的量也会比较低。也正因为如此，测试中太容易或太难的题目，其信息量都比较小，而中等难度题目的信息量最大。

信息论关注的是通信系统的效率和可靠性，而不是信息内容的质量和重要性程度。事实上，为了实现信息量的精确计算，信息论不得不放弃信息的内容，而把解决问题的焦点放在信息的形式处理即信息编码上。但语言信息的关键在于内容而不是形式，特别是，语言信息的内容具有主观性，因此，语言信息的量化必须另辟蹊径，目前还做不到根据内容来自动计算信息量。

(3) 控制论

自从 1948 年诺伯特·维纳 (Norbert Wiener) 出版了著名的《控制论（或关于在动物和机器中控制和通信的科学）》一书以来，控制论的思想和方法已经渗透到了几乎所有的自然科学和社会科学领域。Wiener(1985) 把控制论看作是一门关于动物和机器中的控制和通信的科学，主要研究动物（包括人类）和机器内部的控制与通信的一般规律，探究动态系统如何在变化的环境中通过调节和控制来保持状态平衡或系统稳定。他特意创造 "Cybernetics" 这个英语新词来命名这门科学。

控制论的研究表明，无论是自动机器，还是神经系统、生命系统，以至于经济系统、社会系统，都是自动控制系统。控制论系统具有以下显著特征：1) 预定的稳定状态或平衡状态；2) 信息传递和信息反馈；3) 行动校正和自动调节。如图 5-7 所示，减法器 (Subtracter) 通过感知外部环境输入 (Input) 的信息和接收内部效应器 (Adaptor) 反馈 (Feedback) 的信息，计算当前状态与目标状态的差距，并将结果信息传送给补偿器 (compensator)；补偿器对信息进行修正，然后将结果补充给效应器；效应器对补给信息进行相应处理，然后将结果信息反馈并输出 (Output)。控制系统通过减法器、补偿器和效应器自动调节当前状态，从而实现维护状态平衡或保持系统稳定的功能。可见，控制过程是对信息流通进行控制的过程，控制是通过信息的传输、变换、加工来实现的。反馈对系统的控制和稳定起着决定性的作用,无论是生物体保持自身的动态平稳(如温度、血压的稳定),还是机器自动保持自身功能的稳定,都是通过反馈机制实现的。

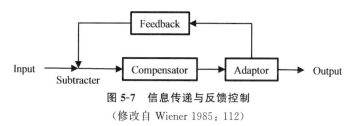

图 5-7　信息传递与反馈控制

(修改自 Wiener 1985:112)

控制论是现代认知科学(Cognitive Theory)的基础,对计算机、人工智能、神经网络、语言学的发展具有深远影响。控制论对语言信息处理研究的启示在于,人作为一个控制系统不仅具有对环境输入信息的感知、注意、记忆、辨别、回想、比较、判断、分析、归纳等认知能力,同时也具有自我规划、自我管理、自我调节、自我评价等元认知能力(O'Malley & Chamot 1990)。在对语言信息的认知处理过程中,人能够根据语言环境的信息输入,结合调控过程中的信息反馈,实时动态地对认知过程进行自我监督、评价、管理和控制,及时采取相应的认知措施和策略手段,不断逼近预定目标,或者修正乃至重新制定目标。

5.1.3.2 语言信息处理

有关语言信息处理的技术和理论比较多,本研究重点介绍自然语言处理技术、语言信息结构理论和语言信息的系统观。

(1) 自然语言处理技术

自然语言处理主要是从技术的角度来研究如何让机器自动生成和理解人类语言,这方面的研究主要有语言信息处理技术、人工智能和计算语言学。机器处理首先必须解决两大问题:语言的可计算性和语言的计算方法。可计算性问题也就是形式化表示问题,要求用高度抽象的数学形式来描述语言,以便机器能够精准地进行计算;计算方法也即算法,要求以通用的过程和机械的方式在有限的步骤内完成对语言意义的生成或理解。

从本质上来说,形式化表示是个对事物本质的认识问题,算法则是程序执行步骤的时序和逻辑问题。当前的自然语言处理研究在这两个方面都存在着很大的局限。在认识上,大多数研究采取的是"把'语言'这个大对象分解成一些相对独立的'部分'或者说是'层面'来'分而治之'"(俞士汶 2003:6)的做法。不可否认,有许多研究都已取得了很大的成就,如词语切分、句子成分和句法结构分析、语义搭配、文字识别、语音识别与合成,以及某些专业领域中的语篇分析等。但是,从系统论的角度来看,语言自身作为一个极其复杂的符号系统,其所体现的是更为复杂的客观物质系统和主观意识系统。系统中各语言符号要素及其所体现的事物之间的关系盘根错节,事物的运动变化更是纷争异呈,蕴含其中的语言意义自然也千变万化。这就是为什么有些在人脑看来非常简单的问题,而具有远非人脑可比的高性能运算能力的计算机处理起来却异常困难,显得"弱智"之至的根本原因。

在算法上,无论是采用基于规则(Rule-based)或基于语料库(Corpus-based)的方法,计算机的底层运行机制都是以串行处理(Serial/Sequential Processing)方式,按时间顺序线性地逐条执行指令。虽然可以通过优化程序的执行步骤和跳转逻辑来提高程序的执行效率,但优化并没有改变其线性运行机制。人脑的处理机制则不同,人脑具有巨大的并行处理能力。在大脑神经网络中,"由于一个神经元可以和上百个其他神经元连通,一个神经元的激活可能导致许多和它连通的神经元的激活"(程琪龙 1999:128)。所以,在处理信息时大脑能快速展开联想,以空间的复杂性来代替时间复杂性,对语言意义进行快速的并行处理(Parallel Processing)。

可见,形式化表示和计算方法是语言信息机器处理的技术"灵魂",但同时也是"瓶颈"之所在。只有当新一代神经网络计算机能模拟人的神经系统功能,具有自我调控和语言学习能力时,技术瓶颈才有希望被真正突破。

(2) 语言信息结构理论

20世纪初,索绪尔(2006)在语言学中首先掀起了一场变革,把语言学从19世纪的历史比较语言学的狭窄范围内解放出来,使语言学的研究重心从历时方面转移到共时方面,开创了一个结构主义的新时期(王钢 1988)。索绪尔的核心语言观是把语言看成一种系统,认为在语言系统内一个词的意义是由这个词同其他词之间的关系决定的,强调语言的整体系统性、静态结构性和动态功能性。

结构主义语言学布拉格学派的奠基人 Mathesius(1939)进一步发扬索绪尔的观点,从信息传递功能的角度提出句法功能观(Functional Sentence Perspective),把句子切分为主位(Theme)和述位(Rheme)两个部分。Mathesius 认为,每个句子都是一个基本单位;主位是位于句首的成分,在交际过程中起着引出话题的作用,表达已知信息;其他成分是述位,是对主位的叙述、描写和说明,表达新信息。当句子单独存在时,主位和述位的结合体现了信息在句中的分布状况和句中各组成部分对全句的意义;而当句子构成语篇时,前后句的主位和述位之间就会发生一定的联系,这种联系会随着语篇的展开而不断向前推进,体现出信息在语篇中的流动和分布状况。推进模式的研究对语言的连贯表达和衔接具有很重要的指导意义,许多语言学家(参见鞠玉梅 2003)都曾致力于发现与描述各种主述位关系的推进模式,并用各种推进模式来指导口语、写作、翻译等教学实践。

Halliday(1985,1994)和 Halliday & Hasan(1976)在继承和发展布拉格学派句法功能观的基础上,提出了信息结构(Information Structure)的概念,并用一个信息单位(Information Unit)来表示句子中新、旧信息之和,后来这一思想被称为信息结构理论(Information Structure Theory)。不过,跟信息论不同,Halliday(1994:296)将语言信息界定为:

> 语言信息是已知或可以预测的内容与新的或无法预测的内容之间的张力。这与数学中的信息概念不一样,数学中的信息是对不可预测性的测量。语言学意义上的信息是通过新内容和非新内容的相互作用而产生的。因此,信息单位是一种结构,由两个部分构成:新信息和已知信息。

信息结构理论是根据语言的形式和功能来界定信息结构的,虽然提出了语言信息的计算单位,但并未涉及任何数量——既没有考虑信息载体形式上的量,如字符、词句、段落、语篇等的数量,也不计算信息内容意义上的量,因此无法提出语言信息的量化方式和计算方法。从信息处理的角度而言,这不能不说是该理论自身无法突破的局限性。

(3) 语言信息的系统观

20 世纪中后期发展起来的认知语言学,特别是神经认知语言学,是到目前为止对语言信息的认知处理最为全面、最为深刻的理论研究。神经认知语言学的创始人兰姆(Lamb)提出"语言是大脑神经网络中的语言信息系统,它必须不悖于大脑事实"(转引自程琪龙 1999:17)的观点,把语言信息系统和大脑神经网络系统结合在一起,为语言信息认知处理奠定了基础。

图 5-8 体现了语言作为信息的主要特征。此过程为语言信息的认知处理过程,遵循认知的操作可行性准则,包括生成、传递和理解三大环节。概念是自然世界的客观物质存在和社会、文化、情感等精神世界的主观意义形态在人脑中的反映,以关系网络系统的形式存在于神经网络系统之中,构成语言生成和理解等思维活动的基础;神经网络具有巨大的并行处理能力,并且能通过神经元的时空加权学习来快速激活神经连通或产生联想,实现概念与语音或文字之间的相互转换,达到语言生成或理解的目的;语音和文字在人的生理心理机制和语言环境的相互作用下产生,分别以声波和光为物质载体进行传递,再经过生理心理机制的感知来激活相应的概念。

图 5-8　语言信息传递

（转引自程琪龙 1999：26）

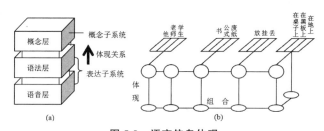

图 5-9　语言信息体现

（转引自程琪龙 1999：104-105）

图 5-9(a)体现了语言作为信息系统的层次性和等级性。语言信息系统分为概念子系统和表达子系统，两个子系统之间表达对概念的体现关系；表达子系统下又有语法子系统和语音子系统。图 5-9(b)则体现了语言信息系统的多维性，图中水平维度表示组合关系，垂直维度表示体现关系，纵深维度表示聚合关系。

神经认知语言学把信息量界定为"输入信息和内部系统所含信息之间的关系"（程琪龙 1999：30）。外部环境输入所含的新信息越多，信息量就越大；反之，信息量就越少。信息量大时，系统自调节的范围和程度越大，信息处理的难度也就越大。信息量太大时，信息处理则会中断。这对语言信息的处理，从量的角度提供了一种解释，但是，这里的信息量其实指的是新信息的量，至于新信息究竟有多少，应该如何计算，仍然不得而知。

## 5.2　话语信息认知处理能力

根据前文综述，当今具有较大影响的语言能力构念观主要有交际语言能力观和认知活动能力观。前者注重语言能力的构成要素、组织结构，以及策略能力和心理生理机制对交际语言使用的影响；后者注重语言表达和理解的认知心理过程，尤其是从局部到全局、从微观到宏观不同层面上的不同心理活动。两方面的研究虽然角度不同，但方法归根到底都是分类法，都是先从不同的角度提出不同的类别，然后设法证明类别的划分是合理的、分类方法是正确的。分类研究有利于从理论和宏观层面上认识语言能力,但不可否认的是,语言表达和理解必然会涉及多种语言能力的综合运用、多种心理过程的交互影响,因此测前很难做到专门针对某些语言能力或心理过程进行测试设计和开发,测后也很难解释到底测试了何种能力或过程。这势必会导致分类的合理性或正确性都难以证明。

其实,人们说话就是为了把事情说清楚,把自己想要表达的或知道的东西说出来或写下来;听别人说话或读别人写下的内容,也就是通过话语了解别人的内心感受或对世界事物的认知。测试环境下,话语通常是考生生成或提供给考生的语篇,所以语篇才是真正度量语言能力的"尺子"、折射语言能力的"镜子";语篇中话语信息的质量和数量,才是评判语言能力的依据。语言能力是通过考生实际听、说、读、写的具体语篇体现出来的,是根据话语信息的质量和数量来衡量的。考生到底说了或写了什么?表达了多少有意义的信息?遣词造句、组句成篇的手法如何?错误多不多、严不严重?这些问题都是评判口语和写作能力的重要指标。对于听力和阅读而言,语篇中有哪些关乎全局的显性和隐性概括要义?有哪些着眼于局部的显性和隐性支撑细节?应该针对哪些内容设计测试任务?又应该设计多少个测试任务?这些都是命题期间必须考虑的关键问题。显然,要解决上述两方面的问题,仅有语言能力或认知过程分类是不够的。相反,如果借鉴系统论、信息论和控制论的理论思想,从系统结构、信息内容和认知过程三方面考查测试构念,则既可从宏观上建立话语信息认知处理框架,又可从语义的微观层面为命题和评卷工作提供具体的、可操作性强的实践指导。

基于上述考虑,本研究提出从话语信息认知处理的角度来界定语言测试的目标构念——语言能力,然后在此基础上进一步讨论基于信息处理的命题方法。研究内容包括话语信息的认知处理系统、认知处理能力、认知量化计算和信息最大化命题方法。

### 5.2.1　话语信息认知处理系统

根据系统论的观点,世界上任何事物都是系统。研究系统,主要是研究系统的一般模式,或者说,同类事物最基本、最普遍、最典型的存在形式,及其组织结构和基本规律。基于系统论思想研究问题,首先关注系统具有哪些必不可少的构成要素,哪些要素决定了系统的类属特征,哪些要素决定系统的个性特点。其次,系统是怎样构成的?要素之间存在何种内在联系?与其他系统有哪些外部关联?再次,系统具有哪些主要功能?各要素在系统整体功能中分别起什么作用?系统的要素、关联和功能是系统论研究的三个基本问题。

#### 5.2.1.1 构成要素

根据语言的生成和理解过程,话语信息认知处理系统可表示为图 5-10。系统具有世界(World)、话语(Discourse)和语言使用者(User)三个子系统或三大构成要素。世界和话语往往构成一个语言交际任务(Task),要求语言使用者将对世界的感知表述为话语(语言表达)或从话语中感悟世界(语言理解);使用者拥有概念(Concept)和语言(Language)两个抽象子系统,使用者需要调用大脑中的概念和语言才能生成或理解话语。

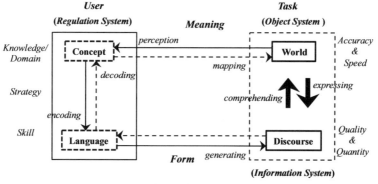

**图 5-10  话语信息的认知处理过程**

世界包括人类的主观心理世界和不以人类意志为转移的客观物质世界。主观和客观世界中的所有事物,包括使用者和话语,都是人们认知的对象,所以,世界是一个对象系统(Object System)。话语指具体语境中使用的、具有语音或文字等物质形式的语言,是一个信息系统(Information System)。语言的物质形式是信息的载体,语境意义则是语言使用者所表达(expressing)或理解(comprehending)的信息内容。语言表达能力主要看使用者生成的口头或笔头语篇的质量(Quality)和数量(Quantity);语言理解能力主要看使用者理解听力或阅读语篇中语义的准确率(Accuracy)和速度(Speed)。

概念是主观和客观世界事物在人脑中的反映,既代表世界事物的语义范畴(Domain),也体现使用者的知识水平(Knowledge)。语言是对所有物质形式语言要素的抽象表示和语言使用规则的系统概括,主要包括音、形、义三位一体的心理词汇和构词法、句法、句子衔接、修辞结构等语言使用规则,同时语言也指使用者的听、说、读、写等基本语言技能(Skill)。话语生成和理解过程涉及复杂的认知心理活动,需要对感知到的信号进行编码(encoding)或者解码(decoding)。根据控制论的观点,所有动物和机器都是自我调控系统(Regulation System),使用者在对信息输入、反馈和输出的控制过程中,为了提高效率或解决困难时,往往会自动采取一些特殊并行之有效的措施,即策略(Strategy),进行弥补或调控。

#### 5.2.1.2 内在关联

系统中存在着两个"具体与抽象"的对应关系和两个"形式对意义"的体现关系。对应关系是双向的(A⇌B),主要包括具体世界事物与抽象概念在意义(Meaning)上和具体话语与抽象语言在形式(Form)上两个方面的对应关系。世界上任何事物,在概念系统中都应该有一个概念与之对应。新生事物出现,新的概念也应随之产生;旧事物消亡,旧概念也会随之淘汰。抽象语言与具体话语的对应主要指心理词汇与物质词汇在语音和文字形式上的对应。物质形式的语音和文字,在大脑中都存在相应的声音记忆和形象记忆。对应关系中,有些为一一对应,但也有一对多、多对一或多对多的情况,这是导致多义和歧义现象的根本原因。

体现关系是单向的(A→B),包括语境中的从具体话语形式到具体世界事物的具体体现和人脑中的从抽象语言形式到抽象概念意义的抽象体现。抽象体现依赖逻辑思维活动,表现为以抽象语言为工具的心理过程。在心理活动过程中,通过运用语言使用规则对心理词汇进行逻辑上的排列组合,形成新的概念或对某个概念进行理解。抽象体现关系并不依赖具体世界事物的介入,大脑内部的任何概念任何时候都有可能激发逻辑思维活动。抽象体现关系也可以不产生具体物质形式的话语,而仅仅是考虑考虑而已。一旦产生话语,抽象体现关系即演变成为具体体现关系。具体体现关系主要指通过语言交际活动,建立具体物质语言形式对具体主客观世界事物的体现关系。建立具体体现关系的目的是为了与他人,或者是在将来时刻跟自己,进行语言形式的交流。具体体现关系最终必须通过抽象体现关系才能实现。

#### 5.2.1.3 系统功能

世界、概念、语言和话语四个子系统,在语言使用过程中通过对应和体现关系,共同促成话语生成和话语理解这两个主要系统功能。生成话语是为了传达信息,发话方将自己或他人对主观内心世界的感受或客观物质世界的认识,以语言的形式传递给受话方。理解话语则可以获取信息,受话方通过语言形式获得发话方的感受和认识,增进对他人主观内心或客观物质世界的了解。

话语生成过程中,使用者首先通过感觉器官对世界事物的各类信号进行感知(perception),然后结合短时记忆(short-term memory)和长时记忆(long-term memory)对感知到的信号进行加工处理并结合逻辑思维提取概念意义,继而激活心理词汇和语言规则对概念意义进行编码(encoding)并生成神经脉冲信号,最后驱动相应的生理机制生成(generating)语音或文字形式的话语,进行语言表达。话语理解过程中,使用者首先通过听觉、视觉或触觉感知声波和光电信号形式的话语信号,然后在记忆中结合心理词汇和语言规则对感知到的信号进行解码(decoding),并通过逻辑思维提取概念意义,最后将概念意义映射(mapping)到世界事件,实现话语理解。

### 5.2.2 话语信息的认知处理能力

从话语信息认知处理的角度,语言测试所要考查的目标构念(Target Construct)也就是话语信息的认知处理能力,简称话语信息能力。话语信息处理过程受多方面因素的交互影响,既受制于语言交际双方的主观因素,同时也会受到具体语言使用环境中各种客观因素的限制。因此,考查话语信息能力不能仅仅着眼于语言使用者单方面因素,而应综合考虑,尽可能全面、真实地反映目标构念。

#### 5.2.2.1 能力构念

根据语言交际的信息过程,可建构如图5-11所示的话语信息能力构念模型。信息能力对于发话方而言为语言表达(Expressing)技能,而对于受话方而言则为语言理解(Comprehending)技能。语言交际的顺利进行,依赖于发话和受话双方共享统一的语言(Language)和共同的知识(Knowledge),并

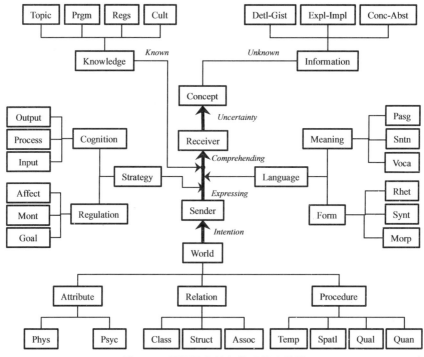

图5-11 话语信息认知处理能力模型

能及时采取适当策略(Strategy)解决实际问题。因此,话语信息能力构念主要包括语言技能、已知知识和策略能力三个核心要素。

语言是语言形式(Form)和语境意义(Meaning)统一体。语音、文字等语言形式按构词法(Morp—Morphology)、句法(Synt—Syntax)和修辞(Rhetoric)等规则进行逻辑组合,体现词汇(Voca—Vocabulary)、句子(Sntn—Sentence)、语篇(Pasg—Passage)等多个层面的语境意义(详见5.2.2.4语义体现)。知识涵盖话题(Topic)、语用(Prgm—Pragmatics)、语域(Regs—Register)、社会(Socl—Society)和文化(Cult—Culture)等多方面的内容。当交际过程受阻时,双方都会采取一些特殊方法,也即策略(Strategy),来解决问题。为了提高表达和理解的效率,发话和受话双方也都会自觉或不自觉地运用策略。策略包括认知(Cognition)与调控(Regulation)策略,前者主要指与信息的输入(Input)、加工(Process)和输出(Output)相关的方法,后者主要指对目标(Goal)、监控(Mont—Monitor)和情感(Affct—Affection)等的自我调节与控制策略(详见5.2.2.5认知处理)。

人们说话往往有一定的意图(Intention),目的是想告诉对方一些自认为对方有可能不知道的事情,也就是有意义的信息。这些信息往往是发话方对主、客观世界(World)事物的认识,主要指对事物属性(Attribute)、关系(Relation)和过程(Procedure)等方面的认知。属性是对事物特征的描述,包括客观物质(Phys—Physical)特征和主观心理(Psyc—Psychological)特征。关系可进一步分为类(Class)与子类的继承关系、内在的结构关系(Strut—Structural)和外在的普遍联系(Assoc—Association)。过程包括时间(Temp—Temporal)与空间(Spatl—Spatial)运动和质量(Qual—Quality)与数量(Quan—Quantity)变化。语言表达,不外乎是对世界事物上述属性、关系和过程的描述。

受话方对发话方传递过来的信息往往会有某种程度的不确定性(Uncertainty),但通过理解对方的话语,能从中感悟所表达的概念(Concept)。这些概念中,有些可能是已经熟知(Known)的内容,即已知知识(Knowledge),而另一些则有可能确实不知(Unknown)。已知知识对信息量具有决定性影响,进而影响到信息处理。话语中,已知越多,则未知越少,信息越小,处理难度越小;反之信息量和处理难度越大(详见5.2.3话语信息的认知量化计算)。未知内容一旦被成功转换为已知,则说明获取了新的知识,即有价值的信息(Information)。不能转为已知的未知,则不具信息价值。信息获取的难度主要取决于认知负荷的大小,而认知负荷又与信息的细节(Detl—Detail)与要义(Gist)程度、显性(Expl—Explicit)与隐性(Impl—

Implicit)程度、具体(Conc—Concrete)与抽象(Abst—Abstract)程度等密切相关。程度越低,负荷越小;反之则越大。

5.2.2.2 认知主体

语境意义无穷无尽,且语言形式与语境意义之间的联系又没有必然规律,所以语义处理对计算机来说异常复杂。所幸人具有主观意识和认知能力,能根据自己对世界事物的已有认识和对具体语言使用环境的动态认知,快速将无限的语义限定在一个相对有限的范畴并确定语境意义,语言交际才能得以顺利进行。

(1) 发话与受话角色

信息传递总是从发话方到受话方的单向过程(图中用单箭头表示)。将语言交际过程抽象为单向信息传递过程,有利于明确考生角色,正确理解信息的含义,也便于计算信息量和统计话轮(turn)。无论是两人对话还是多人讨论,无论是说、听还是读、写,无论是面对面的交际还是跨时空的交流,都可以抽象为发话方对受话方的信息传递,都可以分解为一对一的单向过程。尽管语言形式、交际人数、时空距离等方面的差异,会对语言交际产生一定影响,但话语信息的本质特征相同,涉及的普通认知操作也类似,因此完全可以共享一个统一模型,而不用分别建构大同小异的单人、两人或多人语言交际模型(参见 Bachman & Palmer 2010),或听、说、读、写认知心理模型(参见 Weir 2005)。

语言测试中,考生既可以是发话方,也可以是受话方,但通常只取其中一个角色。例如,口语测试的对话和讨论过程中,话轮经常变换,考生角色也就随之改变。但由于评判依据是考生生成的口头话语,所以通常只考虑考生作为发话方这一角色,而其作为受话方的角色一般不予考虑。这种口语测试中,受话方实为评阅者,因为口语能力的评判取决于考生传递了多少在评阅者看来有意义的信息,或者,评阅者能从中了解到多少有关考生的未知内容。在听写、听写填空、阅读填空过程中,考生在听或读的过程中是受话方,而在写的答题过程中则是发话方。由于评卷的依据是考生所填写的内容,所以仅取考生的发话方角色,信息则是评阅者通过考生答案所了解到的有关考生的新内容。但是,在判断题、选择题、配对题听力和阅读测试中,尽管评判的依据仍然是考生的答案,但通常也只考虑考生在听、读过程中的受话角色,而信息则是指语篇作者和命题人员提供给考生的新知识。

(2) 常识与专业知识

知识既包括日常生活知识,也包括专业领域知识。在日常语言交际中,人们通常使用常识知识;若使用语言在专业领域内进行交流,则需要使用专业知识。语言测试一般应关注考生运用语言完成日常生活、学习和工作中的任务,而非专业学科领域的研究,所以应以常识知识的表达和理解为主。如果听力理解过于强调复杂的算术计算,阅读理解过于强调复杂的逻辑推理,那么语言测试就偏离了语言能力测试的目标。当然,如果是语言专业水平测试,也可以在考查语言交际能力的同时,兼顾一定量的专业知识。如我国的英语专业八级水平测试,就兼顾了人文知识,考查英语专业学生的语言学、文学和英语国家概况等方面的专业知识。

语言知识既属于常识知识,又可以是专业知识。在日常生活中自然习得的语音、语汇、语法等语言方面的知识,可谓常识性语言知识;为了语言学习或研究的需要而从语言现象中提炼出来的语言知识,可谓专业性语言知识。能使用语言的人,并不一定懂得专业语言知识,但必须具有常识性语言知识。语言测试考查的语言知识应为考生的专业语言知识,包括语音、词汇、语法、衔接过渡、修辞结构等关于语言本身和语言使用方面的知识。

(3) 表达与理解技能

根据考生角色,语言技能也可相应地分为两种:语言表达技能和语言理解技能。前者包括发话方的口头和笔头表达,后者包括受话方的听力和阅读理解。听、说、读、写技能还可继续往下划分为更加具体、微观的次能力。日常语言交际过程中,听与说无法截然分离,读与写也无不体现整体语言能力。虽然能听说,不一定能读写,读写能力强。听说并不一定就好,但听与说、读与写总是紧密相关。要能正常交际,表达和理解两种技能缺一不可,至少要么能听说,要么能读写。

语言能力既可以从整体上看,也可以分开来看待,不结合具体研究目的讨论语言能力可分与不可分没有实际意义。系统论的整体观思想,对语言能力可分与不可分的辩论很有启发意义。根据系统论思想,世界上任何事物,既是构成整体的要素,又是由一定要素构成的整体。究竟将其作为整体还是部分看待,完全取决于具体研究的需要。研究问题的目的不同、角度不同、层次不同,整体与部分的观点就会不一样。如果强调从整体上看待问题,则无须对语言能力进行分解;如果需要对语言能力的构成要素进行深入分析,则可从不同维度、不同层面对语言能力进行检验。写作题既可以采取整体评分法,也可以分内容、结构、大小错误等分项评分;口语测试既可以给整体印象分,也可以分语音语调、词汇语法、流利程度等分项给分;听力和阅读理解,则既可考查对大意的抽象、归纳和概括等宏观层面的全局理解能力,也可从词、句等微观层面考查对局部细节的辨别与推理能力。

而设法通过实证研究,来证明语言能力由哪几个子能力构成,甚至于提出一个所谓的几元论,更是没有必要。实证检验结果往往会受到实验数据和分析方法的制约。数据是否典型？是否具有代表性和普遍意义？分析方法本身有哪些局限性？甚至是否使用了正确的、恰当的分析方法？这些问题都会直接影响到实验结果。基于特定的实验数据和分析方法,我们只能说从哪几个方面对语言能力进行了研究,而不能说可证明语言能力就是由哪几项子能力组成。不同的数据、不同的方法,完全有可能得出不同的结论。

### 5.2.2.3 语义范畴

世界包括主观内心世界和客观物质世界,世界中事物的复杂性是导致语义复杂性的主要原因。世界事物无穷无尽,事物关系错综复杂,并且事物及其关系无时无刻不处于运动变化之中,而事物、关系和变化正是语言表达和理解的实际内容,是具体语言使用过程中语境意义之所在,因此,世界事物的复杂性必然会导致语义处理极其复杂。语言生成时,要讲述事物哪方面的内容？通过语言理解,又能获得哪方面的知识？这些内容和知识,关系到世界事物的方方面面,成为语言交际的话题。为了更好地认识和了解世界事物,人们建构不同学科和领域,从不同角度、不同层面分别对世界事物进行系统研究,以揭示事物的共同特征与个性差异、普遍联系与特殊关联、必然规律与偶然巧合。相应地,话题也可以分为不同的类别和层级。

语义的层级分类涉及对世界事物的抽象和概括。计算机虽不能从根本上解决语义问题,但以高度抽象的方式认识世界事物,对语义范畴分析很有借鉴价值。计算机领域的面向对象技术(Object-Oriented Technology)根据系统论的思想提出了世界事物的对象观(参见 Bourbakis 1992 等；刘润东 2003；宛延闿、定海 2001),对世界事物进行对象化表示,将所有事物抽象为属性、关系和过程三个方面的内容。根据对象的类别与个性特征、与其他对象的内在与外在关联及其运动变化过程,描述、辨别、存贮和控制对象。借鉴面向对象理论分析语义范畴,可以更好地认识事物的类别共同属性和个体差异特征、内在结构关系和外在相互关联、时空运动过程和数量与质量的变化规律。这对语言的表达和理解,尤其是对语义的认知量化,具有重要意义。

(1) 属性

根据面向对象理论,所有对象在特定时间点上都是类属(Class)共同特征和对象(Object)区别性特征的静态集合。语言信息处理技术将对象称为复杂特征集(黄昌宁、夏莹 1995)。物质对象具有质量、数量、位置、大小、形状、颜色等客观物质特征；人物对象除了具有客观物质特征以外,还具有姓名、性别、年龄、民族、文化等社会特征和信念、意志、决心、观点、意图、态度、情感等心理特征。属性的值可以是一个简单的文本、数字或逻辑值,也可以是另一个对象,或者对象之间的某种关联,或者一个运动或变化过程。属性的值决定了对象的本质类属和个体差异、内部结构和外部关联、运动过程和变化规律。给属性赋值即可构建具有一定特征、关系和过程的对象;获取属性的值则可了解对象的相应特征、关系和过程。基于这种认识,语言表达即是用语言的形式表示属性的值,达到描述世界事物的目的;而语言理解则是通过获取以语言形式表示的属性值,来认识和了解世界事物。

对象可按属性分类,类(Class)是对所有具有相同或相似特征对象的抽象概括,是同类对象公共属性的集合;对象(Object)是类的具体体现,既拥有相应类别所有公共属性,同时又具有区别于其他同类对象的个性化属性。一个类别上可以有父类,下可以有子类,子类继承所有父类的全部属性,但同时又具有区别于其他同类事物的个性特征,形成层级(hierarchical)类别关系。层次越高,属性数量越少,对象越抽象;层次越低,属性越多,对象越具体。根据不同的属性或属性组合,可以从对象中抽象出各种不同类型和不同级别的类,如考生按年份、区域、性别、年级等,可组合出多种不同的考生类别。类属关系跟事物的特征及数量、具体与抽象程度等信息密切相关,因此类属关系的表达和理解是体现语言能力的重要指标。

(2) 关系

关系包括内在(Internal)结构关系和外在(External)一般联系。内在结构主要指整体与部分、部分与部分在结构上的依存关系。整体由部分相互依赖、相互关联而成,是部分的有机组合而不是简单堆砌。这种有机整体性主要体现在以下几个方面:第一,整体由部分组成,没有部分也就无所谓整体。整体功能的实现依赖于各个部分正常、充分发挥各自的作用;部分功能丧失,整体功能即会受到影响;如果失去关键部分,整体甚至会瘫痪。第二,部分依赖于整体而存在,并且在整体中都处于一定的位置、发挥特定的作用。如果离开整体,部分不仅会失去其应有的功能,同时也将失去其存在的价值和意义。第三,部分之间相互关联、相互依存,形成各自孤立状态下没有的新质,所以说"整体大于部分之和"。第四,部分也可以拥有自己的组成部分,成为整体之中的下一级整体,所以对象在结构上也具有层级性。

整体除了具有内部结构关系以外,与外部其他整体之间还存在着普遍联系。事物联系的普遍性表现为世界上所有事物都是通过某种关系直接或间接地联系在一起的,整个世界就是一个巨大无比的关系网络。相互关联是程度问题,从完全相关到完全不相关体现的是程度差异。不相关也需要证明,即使完全不相关也表示这种不相关关系的客观存在,说明不能错误地把不相关的事物牵连在一起。事物之间总是存在这种或那种关系,只不过有些是直接的、显性的,而另一些却是间接的、隐性的;有些是客观的、不以人们意志为转移的必然因果关系,而另一些表现为主观逻辑上一定程度的关联,甚至还有许多关系是随机的、任意的、无法预测的偶然关系。这也是导致语义复杂性的主要原因之一。

内在结构关系和外在普遍联系也是一种特殊属性——关系类属性。这类属性的值通常为另一个对象,而不是简单的文字、数字或逻辑值。如果缺乏相关知识、不具备相应的认知能力,许多关系不仅难以发觉,也不容易被理解。

(3) 过程

所有事物都是永恒运动和不断变化的,所有特征和关系无时无刻不处于时间和空间运动之中,并经历从量变到质变再到新量变的无限循环。在时间点上,事物是静态特征集合,处于静态关系网络之中;在时间线上,事物又是各个时间点上静态特征集合和关系网络的动态组合。运动和变化既具有必然规律性,很多时候也表现为纯粹的偶然巧合,这又是导致语义复杂的另一大原因。

在面向对象理论中,运动和变化均通过过程(Procedure)进行控制。运动和变化的原因分内因和外因,外因通过内因起作用;过程也有内部操作(Operation)和外部事件(Event)之分,并且外部事件也是通过调用内部操作来完成任务的。运动和变化的结果有些可根据规律预测,为必然结果;但许多情况并没有规律可言,因而不可预测,为偶然结果。计算机完全依据算法对结果进行计算,所以可以通过对同类事物的基本运动规律和一般变化模式进行抽象和概括,设计出相应的算法作为同类对象的公共操作,为所有同类事物共享。但是,偶发事件没有规律性,无法通过算法进行计算,也就不能通过对象的操作进行处理。

对象的运动和变化是通过修改属性和关系的值来体现的。值的修改必须在操作过程中完成,但新值的计算既可在当前操作中进行,也可以调用其他操作甚至其他对象的操作来处理,然后将计算结果返回当前操作,再对属性和关系进行更新。新值的计算是在现有属性、关系或对象的基础上进行的。相关属性、关系或对象通常以参数(Parameter)的形式传入操作。

#### 5.2.2.4 语义体现

具体语言使用环境中,物质语言形式和抽象语境意义之间不存在静态固定的一一对应关系,而是动态变化的层级体现关系,涉及复杂的主观感知和逻辑推理过程。语义的体现没有必然规律,而完全取决于世界事物、语言形式和语言使用者三方面因素的交互影响。

(1) 层级体现

如图 5-12 所示,语篇对象包含两个具有体现(presentation)关系的层级结构:物质语言形式和抽象语境意义,并构成由表层物质到底层意识、由外在形式到内在意义的语义体现关系。

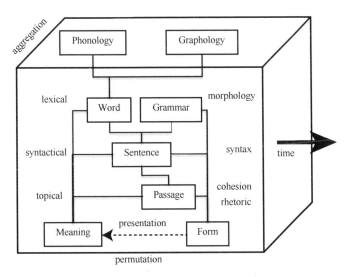

图 5-12　语义体现

表层为语音(Phonology)或文字(Graphology)物质层。语音或文字根据构词法(morphology)组合成单词(Word)后即具有词汇(lexical)意义或词典意义。单词按语法(Grammar)规则组合成句子,产生句子(Syntactical)意义。语境意义以句子为最小单位,因为单词的词汇意义通常不止一个,只有在具体语言使用环境中用于特定的句子以后,词汇意义才能最终确定。句子中通常有一个中心词(keyword),体现句子的中心意义,其他词汇意义都是关于或说明中心词的。句子通过衔接(cohesion)手段和修辞(rhetoric)手法,构成段落、篇章等更大的语言单位——语篇(Passage)。段落中通常有一个主题句(topic sentence),对段落进行归纳、总结和概括,体现段落的全局(global)意义或中心思想(gist);其他句子则为主题句提供具体支撑,表现为中心思想不同侧面的局部(local)意义或支撑细节(detail)。各个段落相互关联,构成更宏观、更抽象的篇章层面的全局意义和中心思想。

(2) 逻辑关系

语义体现关系涉及语言形式在时间(time)线上的聚合(aggregation)与排列(permutation),通过选择→排列→体现过程中一系列的复杂逻辑运算和认知操作,实现语义的生成和理解。

第一,语义的生成和理解具有实时性,是在时间序列上的语义体现操作。自我调控过程中信息反馈,也必须依赖时间的推进。语义具有时间属性,虽然很多时候并不需要关心时间属性的值,但语义的时间属性总是客观存在的。

第二,语义体现涉及多个层面上的逻辑推理过程和逻辑或(or)、逻辑与(and)和逻辑非(not)三种形式的逻辑运算操作。在物质层,虽然语音和文字可以同时展现,但在语言的生成和理解过程中,两者往往只需任择其一,所以语音和文字之间是逻辑或(or)的选择关系。

在体现层,词的选择和排列分别涉及逻辑或和逻辑与两种运算。词的选择表现为句法位上的聚合,也就是说,虽然每个句法位置上的备选词可以无穷多,但一个句法位上一次能且只能使用一个词,并且必须符合语法规则。如在图5-9(b)中,"他""老师""学生"都可以出现在主语位置上,但一个句子中有且只能有一个主语,并且只能是名词、代词等可以充当主语成分的词或短语。词汇排列为逻辑与的运算关系,即词与词必须按线性顺序先后排列,也必须符合语法规则。此外,句子与句子、段落与段落亦是线索排列,也都是逻辑与的运算。

语义层又包括三个层次:词汇意义、句子意义和语篇意义。词汇一旦被切分,词义随即被提取。对于多义词,一般只有一个义项可被接受,否则就会产生歧义,所以,词义项的选择也是逻辑或的运算;词汇按语法规则组合成句子后,即产生句子意义;句子通过衔接和修辞进一步组合,产生语篇意义。句子和语篇意义的体现关系均为逻辑非运算,即句子意义和语篇意义都存在真(true)和假(false)之分,真值是主观认识对客观事物的正确反映,假值为错误反映。语言测试中的客观题,如判断题、多项选择题、配对或排序题等,都要求考生根据语义进行正误判断。

5.2.2.5 认知处理

根据控制论的观点,无论是自动机器,还是生物、经济和社会,都是自我调控系统(Self-regulator),都具有信息处理能力和自我调控能力。信息处理是系统的基本功能,信息能力是系统性能优劣的评判标准,所有系统本质上都是信息系统。自我调控则是指系统能够根据信息反馈,自动平衡当前状态和预期目标的差距,达到维护系统稳定的目的。

信息处理包括信息的输入、加工和输出三个主要环节。输入和输出是系统与外部环境的接口,系统只要具备正常的输入和输出功能,即可与外部环境进行信息交换。为了提高信息处理的准确性、灵活性和速度,系统通常根据一定条件对信息进行筛选,按一定结构形式对信息进行存贮,运用一定查询方法对信息进行检索,并按一定组织形式对信息进行展现。加工即是为了筛选、存贮、检索和展现的需要,而采取特殊措施对输入信息和输出信息进行处理。加工通常在系统内部进行,并且加工原理一般不为外界所知,所以系统的内部加工机制,往往构成系统的内核,并且是决定系统信息处理能力的关键所在。

自我调控主要指对信息处理过程和信息流进行自动调节与控制。系统的自我调控是通过信息反馈实现的,所有自动系统都具有信息反馈机制。空调系统的恒温原理、市场经济的价格规律、社会管理的奖惩制度、自主学习的策略效应、语言测试的反拨作用等,都是基于信息反馈原理。如图 5-7 所示,减法器(Subtracter)根据信息反馈计算已完成任务与目标任务之间的差距,补偿器(Compensator)根据计算结果和补偿原则采取适当措施进一步逼近预期目标,感应器(Adaptor)对补偿后的状态进行更新,并将结果反馈给减法器。减法器再次计算,如果返回的结果仍未达到预期目标,补偿器则继续补偿;如果超过了预期目标,则逆向补偿。如此通过不断反馈,系统即可自动维护状态平衡,保持系统稳定。

(1) 认知操作

当今认知科学发展了控制论思想,将人对世界事物的认识称为认知,将对认知的认识称为元认知。人对信息的处理和对自我的调控都是在认知的基础上进行的,先是"认而知之",再"知而控之"。

人对话语信息的输入、加工和输出处理,涉及复杂的心理和生理活动。输入始于对语音或文字语言信号的感知,经词汇识别、句法分析、语境推导等加工处理,对语境中的世界事物进行了解和认识,实现对话语信息内容的理解;输出始于对语境中世界事物的感知,经词汇提取、句法合成、口头表达或笔头表达等加工处理,将对语境中世界事物的了解和认识转换为语音或文字形式的语言信号,实现话语信息的生成。语音或文字的感知与生成,涉及人体器官直观形象的感知、感觉和简单机械式的生理运动。世界事物和语言形式与心理词汇的认知匹配,涉及记忆、联想、想象、比较、对比等信息存取操作。句法分析与合成和语境推导,涉及复杂的判断、推理、抽象、概括等抽象逻辑思维。

人只要具备基本的话语信息输入和输出能力,只要具有一定的常识性世界知识,即可使用语言进行交际。这说明认知操作具有普遍性,正常人都具有普通的感知、感觉、记忆、联想、想象、比较、对比、判断、推理、概括等认知操作能力,并且只要到达一定年龄阶段就都能熟练使用这些操作。Marzano &

Jesse(1987)和 Marzano & Costa(1988)从相关研究中,辨别出22种普通认知操作(General Cognitive Operations),但在分析 the Stanford Achievement Batteries 和 the California Test of Basic Skills 两种针对基本语言技能测试的4套试卷之后,发现6942个题目仅涉及9个普通认知操作,并且这些操作与题目难度基本无关,回归分析的方差贡献不到4%。这并不是说普通认知操作对语言能力不重要,合理的解释应该是恰恰相反:1)许多普通认知操作是正常语言使用所必不可少的,以至于可以不考查。2)所有考生都能熟练使用所考查的操作,因而无法体现差异。

认知操作的选择取决于信息的形式和内容,认知难度取决于信息量的大小。首先,有什么样的信息,就会激发什么样的操作。语音信息输入始于语音感知,文字信息输入则始于文字感知;显性局部细节和大意,通常只会涉及心理词汇匹配和句子层面的语义判断;隐性细节则需要借助上下文进行逻辑推理;隐性大意则需要进行归纳和总结。客观物质会激发形象思维,而主观意识则会激发抽象思维。其次,话语信息的认知处理不是简单地选择认知操作类别的问题,相关内容的信息量才是决定处理难度的关键因素。信息量越大,处理难度越大。当然,如果信号感知和词汇识别需要占用较多注意和记忆资源,那么必然会影响到对内容的处理。毕竟,普通认知操作是信息处理的基础和前提。

(2) 调控策略

人作为自动调控系统,不仅具有认知能力,通过感觉器官的直观感受和大脑的抽象思维对世界事物进行感性和理性认识,而且还具有自我意识,能根据信息反馈及时对信息处理过程进行自我规划、自我监督、自我评价和自我调节。信息处理受阻时,系统一般都会采取一些特殊方法或措施进行弥补,这些方法和措施也就是信息处理策略。人作为自动调控系统,不仅能在信息处理受阻时及时运用策略解决问题,即使没有受阻也常会主动运用策略来提高信息处理的效率。

人常常会自觉或不自觉地运用策略对自我的行为、情感以及与他人的合作等进行调节和控制。为了解决"自我证明悖论",即认知主体同时又是被自我认知的对象这一矛盾现象,心理学家(Tarski 1956)提出"元"(meta)的概念,将对认知的认知称为元认知,从而将认知者从自我认知的对象中分离出来。学习策略研究(如 Brown 1910;Flavell 1976;O'Malley & Chamot 1990等;周海中、刘绍龙 2001)沿用这一思想,提出认知策略、元认知策略和社会/情感策略的概念,将认知处理的特殊方法称为认知策略,而将自我规划、自我监督、自我评价、自我调节等相关策略称为元认知策略,将对情感和与他人合作的调控策略称为社会/情感策略。

值得注意的是,对元认知策略与认知策略的关系,应有正确理解。作为认知的认知,元认知本质上仍为认知,并且属于认知。从这个角度考虑,元认知策略应该属于认知策略。但是,元认知概念的提出是为了将认知者从自我认知的对象中分离出来,使元认知者可以站在比认知更高的层面上对认知进行认知。从这个角度考虑,元认知策略又高于认知策略。因此说,元认知策略基于认知策略而又高于认知策略。正确理解这一点,对学习策略研究具有重要意义。元认知是以认知为基础的,如果缺乏认知策略能力,元认知策略无法正常发挥作用。试想,如果不懂英语,无论怎么自我规划、自我监督、自我评价、自我调节,无论怎么调控自己的情感,也不可能用英语进行交际。

策略使用跟经验和训练密切相关,经过反复训练,策略使用可达到自动化程度。母语使用者具有正常的语言能力,说明都能熟练使用必要的认识操作和自我调控策略。具有相同或相似年龄层次、文化程度、知识水平的群体,普通认知操作和自我调控策略的能力水平也应基本相同,但在特殊的或专业的操作与调控策略使用方面,由于学习、培训和使用的经验不同,则有可能存在显著差异。比如说,经过速记培训,可以掌握速记策略。经过应试策略培训,有可能提高应试能力。

策略使用效果,取决于策略使用的熟练程度。自动化程度越高,耗费的注意、记忆等认知资源越少,认知负载越小,信息处理越容易。相反,如果使用者能明显感觉到策略的使用,则说明处理过程存在一定障碍,以至于使用者不得不使用策略来弥补。这种应用自身也构成了一定的认知负荷,会占用一定的认知资源,进而影响到对信息的处理。如果已达到自动化程度,则使用者不会明显感觉到自己在使用或使用了策略,这就是为什么策略使用频率会与学习成绩呈负相关关系(孔文 2009)。学习策略研究,关键在于策略训练,应重点研究有哪些常用的有效策略,尤其是成功学习者常用而不成功学习者却很少用的策略。

### 5.2.3 话语信息的认知量化计算

信息论为了实现对信息量的准确估计,不得不放弃信息内容而将解决问题的焦点集中在信息的形式处理即编码上。话语信息的认知处理根据已知和未知内容来估计信息量的大小,这就意味着无法借鉴信息论的方法来计算话语信息量。在日常语言交际过程中,人们常说说话人讲了几个意思,描述了几件事,谈到了事情的几个方面;或者语篇中有几个要点,要点中有几个细节。这实际上就是从内容上考虑话语信息的量。可见,话语信息是可以从内容上进行量化的,关键问题是如何量化。

### 5.2.3.1 信息与信息量

根据信息论的观点,信息是可以消除接收方对事物认识某种不确定性的消息,或者是接收方所不知的新内容和新知识;信息量则是指不确定性的移除程度或相对于接收方而言未知内容的量。相应地,话语信息则是指以语言形式为载体的、可以移除受话方某种不确定性的新内容——未知内容;话语信息量也就是移除受话方的某种不确定性的未知内容的量。

(1) 信息本质

根据上述定义,话语信息至少包括以下三个方面的内容:

第一,信息是相对于受话方而言的。发话方将自己知道的内容通过语言的形式传递给受话方,目的是为了让受话方了解未知内容,以移除其对事物认识的某种不确定性。对于发话方自己而言,则不存在不确定性的移除。

第二,信息仅指受话方的未知内容。已知内容不能移除任何不确定性,所以并不具有信息价值,未知才是信息的价值所在。鉴于这一本质特征,信息也就无所谓新与旧之分。凡是信息,都必须是新的,必须是受话方未知的新内容;旧的已知内容不具有信息价值,因而也就无所谓"旧信息"之说。

第三,只有可成功转换为已知的未知才是信息。不能成功转为已知的未知内容,同样不能移除任何不确定性,因此也不是信息。口试录音中的噪声和口误,考生作文中无法辨认的拼写和拼写错误,或者毫无新意、没有意义的语言表达等,由于不能给评阅者提供新内容,所以不是信息。听力和阅读语篇中的超纲词汇和知识内容,如果由于超出测试范围而不能被考生理解,也不应视为有效信息。

已知不具信息价值并不意味着已知不重要,相反,语言交际如果要能顺利进行,双方必须具有共同的已知基础。已知是必不可少的,是未知存在的前提条件;未知则是对已知的说明或补充,或是关于已知内容的内容。没有已知,不可能实现从未知到已知的转换,信息的价值和意义同样无法体现出来。

话语信息处理的正常进行必须同时满足两个条件:共同的语言形式和一致的知识范畴。语言交际双方的语音、文字、词汇、语法知识必须相同或相似,或者说,尽管个性特征上可以存在一定差异,但本质特征必须一致。语言不同无法交际,方言差别太大也会导致交际困难。不同地理区域和社会群体的语言中,往往还有许多具有特殊文化意义的内容,如人物、典故等。如果语言使用涉及这类文化意义,那么相关知识也必不可少。

已知与未知的关系类似于信息结构理论中的主位(Theme)和述位

(Rheme)关系。述位(未知)必须由主位(已知)引导,没有主位,述位即失去了存在的意义。比如说,如果受话方不认识 John,告之以"John has a beautiful sister"是没有意义的。从话语信息的角度来看,双方都必须具有共同的已知——"John",这是信息——"has a beautiful sister"之所以是信息的前提。并且,发话方应该认为受话方不知道"John has a sister"和"John's sister is beautiful"这两个与共同的已知(John)有关的事实,所以才认为有必要告知;或者,认为受话方也许听说过"John has a sister",但不知道"John's sister is beautiful";或者,明知受话方对两个事实都知道,但仍然希望传递一些对方能够体会的新内容或隐含意义。总之,已知是前提,没有已知的未知同样不能体现信息价值。

(2) 信息量

信息量在信息论中指的是不确定性程度的移除量。不确定性程度越高,待移除的量越多,信息量越大;反之越小。不确定性程度取决于概率,但并不一定等于概率。如 100% 的概率表示事件肯定会发生,0% 的概率表示事件肯定不会发生,两种情况的概率截然相反,但不确定性程度相等,都为 0,表示完全不存在不确定性。此时的不确定性程度最小,信息量也最小,为 0 比特。当完全无法确定事件究竟会发生还是不会发生时,即发生与不发生的概率各有 50%,此时不确定性程度最大,信息量也最大,为 1 比特。一个事件发生的概率越是远离 50%,不确定性程度越低,信息量越小,最小值为 0;概率越接近 50%,不确定性程度越高,信息量越大,最大值为 1。

信息论对信息的计算发生在编码期间,因此需要对接收方的不确定性进行估计。但是,对于接收方而言,收到消息以后仅需要判断其中各有多少已知和未知内容,即可计算出信息量的实际大小,而无须再通过概率来估计。同一消息内容,已知内容越多,未知则越少,信息量就越小;反之,已知内容越少,未知则越多,信息量就越大。可见,尽管信息本质上属于未知内容,但信息量的大小实际上是相对于接收方的已知内容而言的。这一认识对语言理解测试的命题具有重要意义。比如说,同样一篇文章,对于大学生而言信息量可能较小,但对于中学生而言则可能较大。命题期间,应根据考生的群体特征和考试大纲的要求,尽可能准确地估计语篇和题目中的已知和未知内容,把握好语篇的信息量和测试难度。

信息论基于概率计算信息量,因为概率可以根据消息表现形式的基本规律得到较准确的估计。比如说,超短和超长的词,信息量应该都非常小,因为前者使用频率应该非常高,概率非常大;后者频率非常低,概率非常小,两者的不确定性程度都非常低。再如,句子的某一部分如果被漏听或者误听,听者应该具有一定的容错能力,仍然可以抓住句子的大概意思,这对信号传递中的噪声处理具有启发意义。基于概率计算信息量,可以在发送消息之前即可对信息量进行估算,而不用等到消息被接收以后。事实上,信息论考虑信息量是为了在编码期间压缩消息的冗余(redundancy)和估算信道的容量,所以接到消息之后再计算信息量是没有意义的。

概率估计完全基于消息的外在形式,而没有涉及消息内容,既没有考虑语义的数量,也未顾及语义的重要性。例如,"多谢!"和"救命!"两句话,形式上差异不大,但语义的重要性程度却相距甚远。"多谢!"属客套话,发话与受话双方的已知内容为"受话方曾施恩于发话方",受话获得的新内容为"发话方在表达感激之情",信息量为一个语义项——"感激",受话方所注意到的也仅此而已。"救命!"为紧急请求,双方的已知内容为"有生命危险的时候发出此请求",受话方获得的新内容为"有人有生命危险"。这句话的信息量虽然也只有一个语义项——"求救",但受话方所要关注内容却比"多谢!"这句话多得多,如"谁""为什么""在哪儿""能不能施救""如何救助"等等。这些内容虽然并不是"救命!"这句话所带来的直接信息,不能计入这句话的信息量,但能说明其语义的重要性程度远比"多谢!"高。这对语言测试命题具有重要意义,信息点的重要性是信息点加权的首要依据。

### 5.2.3.2 语义的结构和单位

信息论对信息量的计算是不考虑信息的内容或语义的,这就意味着话语信息的量化计算必须另辟蹊径。那么,首先需要考虑语义的结构和单位。人们在理解话语、建构意义时,是以什么为单位处理语义的?语义可抽象为何种结构才可方便计算?计算机虽难以处理语义,但计算机信息处理研究的理论和方法,却可为语义的单位和结构研究提供借鉴。面向对象理论(Object-Oriented Theory)为了让计算机模拟人类思维方式解决问题,将世界事物抽象为对象进行识别、存贮和控制。所有对象都是属性的集合,属性既体现事物的特征,也可描述事物之间的关联。事物的运动和变化则是通过属性值的改变体现出来的。认识了事物的属性,即可辨别事物的特征,了解事物间的关联,掌握事物的变化。因此,可以说语言表达即是通过给属性赋值来描述事物,而语言理解也就是通过认识属性的值来理解事物。属性和属性值是话语生成和理解的关键所在。

属性可描述为"属性名称:属性值"的配对形式,如:

Colour:red;Scores:80;Married:true;…

对象为一个属性集合,具有一系列属性。如对象 Bob 可表示为:

Name:Bob; Sex:Male; Age:30; …

关联是一种特殊属性,或称为关联类属性。当属性值为一个对象时,即表示关联。如当一个对象具有属性 Husband:Bob,即表示当前对象与 Bob 为夫妻关系。

运动和变化过程(Procedure)用函数表示。一个函数通常执行一系列操作,并且既可以在操作结束时返回结果,也可以在执行过程中直接修改属性的值而不返回任何结果。函数可以有 0 至多个参数(Parameter),参数既可以是对象,也可以是属性。因此,运动和变化过程可描述为:

ReturnValue:Value = ProcedureName(Parameter1, Parameter2, …)

如:

Destination:Beijing=Flew (Person:John, Departure:London, Date:June 15, Flight:CA938)。Destination 是运动过程 Flew 的结果,表现为函数返回值。Flew 函数的参数通常包括 Person、Departure、Date、Flight 等。

根据上述分析,可以以属性为单位来表示语义,话语中描述了多少个属性,就有多少个语义项(Semantic Item)。属性的表达方式即为语义的结构,即"属性名称:属性值"的配对形式。属性名称表示类别,是对事物的特征、关联、运动和变化的抽象概括;属性值则是对象类别的具体化,表现为具体的特征、关联、运动和变化。

### 5.2.3.3 语义信息的最大化

对象的特征及其与其他事物的关联无穷无尽,特征和关系的变化永无止境,因此与事物相关的语义项也是无限集合。尤其是,当属性值为另一个对象时,语境意义就可能涉及另一个对象的属性,这种语义隐含在另一个对象之中,通常是隐含意义,并且还存在隐含程度的问题。此外,同一个属性值,在不同的语境中还有可能属于不同的事物类别和不同的类别层级,导致语义具有不确定性程度和抽象程度差异。例如"Beijing"一词,既可以是一个简单文本值,表示城市名称,也可以是一个对象,表示城市、首都、目的地、居民户口所在地等。具体指什么,完全取决于语境。语义的这种隐含性和不确定性,远远超出了当前计算机的计算能力,因此目前无法利用机器进行语义的自动计算。

不过,人总能根据语境,快速确定语义的类别和数量,否则,语言交际无法顺利进行。语言交际过程中,交际双方必须明确讲了什么,讲了几点,所涉及的语义项必须是可知、可数的。当然,由于显性－隐性程度、细节－概括程度、具体－抽象程度不同,同一句话不同的人所能体会到的语义类别和数量很有可能不一样。因此,语义的数量并不是绝对的、确定的,而是相反。从信息处理的角度,由于信息指的是受话方未知但可以通过理解转化为已知的内容,相应地,也可以把一个受话方未知但可以通过理解转化为已知的语义项称为一个信息点。受话方不能理解的未知内容,由于无助于不确定性的移除,因此没有信息价值,不能作为信息点对待。针对具体语篇,尽管其中的信息点数量也许无穷无尽,但在一定时间内,通过不断深入挖掘和全面考虑,应该可以得到一个特定时间内的最大信息点数量。考虑问题的时间越长、越深入、越全面,发现的语义项数量会越多。一个人在一定时间内从给定语篇中,总可以得出一个语义项数量的最大值。不妨将此求最大值的过程称为语义信息量的最大化处理。

例如,对下面这个句子,可以按以下方式通过不断深入分析进行信息量的最大化处理。

John flew to Beijing yesterday and as usual he stays in the 5-star hotel—Hilton Hotel.

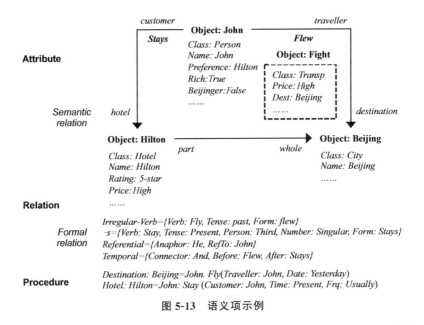

图 5-13 语义项示例

简单地说,这个简单的句子,仅描述了两件跟 John 有关的常识性事件:坐飞机和住宾馆。但进一步分析后,又可以得出四个方面的内容:1)John 昨天已飞抵北京;2)John 现住在 Hilton 酒店;3)John 在北京时常住 Hilton 酒店;4)Hilton 酒店是个五星级酒店。如果从对象的属性(Attribute)、关系(Relation)和过程(Procedure)三个方面进一步进行分析,又会发现每个方面都包括了若干语义项。用图形表示,可描述为图 5-13。其中,关系又分为语言形式的结构关系(Structural relation)和语境意义的关联(Semantic relation)两种情况。

对象包括三个显性对象,即人物对象 John、宾馆对象 Hilton、城市对象 Beijing 和一个隐含对象航班(Flight)。

各对象的属性有:

Object:John=(Class:Person;Name:John;Preference:Hilton;Rich:True;Beijinger:False)

Object:Beijing=(Class:City;Name:Beijing)

Object:Hilton=(Class:Hotel;Name:Hilton;Rating:5-star;Price:High)

Object:Flight=(Class:Transportation;Destination:Beijing;Price:High)

语言形式的结构关系有:

句法:不规则动词 fly 的过去式 flew;一般现在时第三人称单数的-s 结构。

连贯:指代关系,代词 he 回指对象 John;连接词 and 连接两个动作 flew 和 stays,并具有时间上的先后关系。

语境意义的关联有:

Traveler—Destination=(Traveler:John;Destination:Beijing);

Resident—Residence=(Resident:John;Beijinger:False);

Customer—Hotel =(Customer:John;Hotel:Hilton);

Part—Whole=(Part:Hilton;Whole:Beijing)

过程有:

Destination:Beijing=John. Fly(Date:Yesterday)

Hotel:Hilton=John. Stay(Time:Present;Frequency:Usually)

时间允许的情况下,通过不断深入挖掘,还可以发现更多信息点。

### 5.2.4 信息最大化命题方法

信息最大化命题方法,主要包括以下几个步骤:最大化处理、加权抽样、归类整理和编写题目等。这种方法既可用于多项选择题、阅读填空题、完型填空题等命题,也可以用于写作评分,考查考生在一定时间内能理解或表达多少信息点。

#### 5.2.4.1 最大化计算

从理论上讲,一个语篇直接和间接涉及的对象,以及每个对象的属性、关联和过程都是无限的,信息最大化计算也就是尽可能多地找出所有对象、关联和过程所涉及的显性和隐性属性,包括在此基础对已知显性和隐性属性的进一步抽象、归纳和概括。计算时应排除假设受话方已知的内容、受话方有可能不能成功转换为已知的未知内容和已计算过的重复内容。

为此,可作如下假设和定义:

设 $Attr$ 为属性名称,$Val$ 为属性值,$f$ 为一项特征属性,$O$ 为对象,$E$ 为事件,$t$ 为时间。

定义1:一个语义项可用一个"属性名称 = 属性值"的配对形式表示。

$$f: Attr = Val$$

其中,$Val$ 既可以是简单文本、数字、日期时间和逻辑值,也可以是另一个对象。当属性值为对象时,表示两个对象的关联。

定义2:对象是属性的集合。

$$O = \{f_1, f_2, \cdots, f_n\}$$

其中,$n$ 为属性的个数。

定义3:事件是按时序排列的静态对象的集合。

$$E = \{O_1, O_2, \cdots, O_i, \cdots, O_n\} (0 < i \leqslant n)$$

其中,$O_i$ 为一个时间点上的静态对象,$n$ 为对象的数量。

定义4:运动和变化可表示为过程函数,过程的返回值是运动或变化的结果,表示属性值在时间点上的改变。函数也可不返回值而在执行过程直接修改属性的值。

$$O' = P(O, t)$$

其中,$O'$ 为函数返回的新对象或新的属性值,$P$ 为过程名称,参数 $O$ 表示对象(也可用一至多个属性代替),参数 $t$ 表示时间。参数可省略,函数也可不返回新对象。

定义 5：把第一次出现的特征称为新特征，把能理解且未知的新特征称为信息点（记为 $i$），那么，对象中所有非重复信息点的集合 $I$ 为：

$$I = \{I_1', I_2', \cdots, I_k', \cdots, I_n'\} = \{i_1, i_2, \cdots, i_r, \cdots, i_n\}$$

其中，$I_k' = \begin{cases} \bigcup_{i=1}^{k}(O_i' - I_{k-1}'), k > 1 \\ O_1, k = 1 \end{cases}$，$i_r$ 为一个非重复信息点，$m$ 为信息点的数量。

定义 6：最大信息量是各相关对象的非重复信息点的数量和，记为 $T$。

$$T = Count(I) = \sum_{k=1}^{n} Count(I_k')$$

其中，$I_k$ 为一个静态对象的非重复信息点的集合，$n$ 为对象的数量，$Count()$ 为信息点的计数函数。

为便于信息点计算，可将图 5-13 的内容按属性（Attributes）、过程（Procedures）和关系（Relations）进行分类，归纳为表 5-1。

表 5-1  John 的活动及处所

| Attributes | | | Procedures | |
|---|---|---|---|---|
| John | Beijing | Hilton | Flew | Stays |
| Class：Person<br>Name：John<br>Rich：True<br>Preference：Hilton | Class：City<br>Name：Beijing<br>Flight<br>Class：Transp<br>Desit：Beijing<br>Price：High | Class：Hotel<br>Name：Hilton<br>Rating：5-star<br>Price：High | Traveler：John<br>Destination：Beijing<br>Date：Yesterday | Customer：John<br>Hotel：Hilton<br>Time：Present<br>Frequency：Usually |
| Relations | | | | |
| Formal-Relations | | | Semantic Relations | |
| Syntax<br>Irregular—Verb=(Verb：Fly；Tense：Past；Form：Flew)<br>-s =(Verb：Stay；Tense：Present；Person：Third；Number：Singular；Form：Stays)<br>Cohesion<br>Referential=(Anaphor：He；RefTo：John)<br>Temporal =(Connector：and；Before：flew；After：stays) | | | Traveler—Destination<br>=(Traveler：John；Destination：Beijing)<br>Resident—Residence<br>=(Resident：John；Beijinger：False)<br>Hotel—Customer<br>=(Hotel：Hilton；Customer：John)<br>Whole—Part<br>=(Whole：Beijing；Part：Hilton) | | |

人物对象 John 是必不可少的已知内容，否则告知受话方有关 John 的信息是没有意义的，所以，类属（Class：Person）和名称（Name：John）可以不作为信息点处理，故有：

$$I(John) = (Rich:True; Preference:Hilton) = 2$$

这两个信息点都是通过推理得知的隐含细节。但在听力测试中，Class：Person 和 Name：John 都有可能是考生所不知的新内容，常作为人物名称类信息点。

城市对象 Beijing 作为一个常识性城市或地点，应该也不是发话方欲传递给受话方的新内容，所以有：

$$I(Beijing) = ( ) = 0$$

听力测试中也可以是地点名称类信息点。

航班对象 Flight 是过程 Flew 中的隐含对象。作为一种交通（Transportation）方式，航班的类别和价格（Price）属性是常识性的已知内容，可不作为信息点对待。但目的地 Beijing 这一属性，肯定是发话方欲传递给受话方的重要内容，是主要信息点之一。故有：

$$I(Flight) = (Destination:Beijing) = 1$$

听力测试中，Class：Transportation 常作为交通方式类信息点。另外，Price：High 与 John 的 Rich：True 具有一定的因果关系，也可以作为 Rich 的原因信息点之一。

宾馆对象 Hilton 的类属、名称和星级（Rating）都是重要信息点，五星级宾馆价格高可谓常识性已知内容，可不作为信息点处理。故有：

$$I(Hilton) = (Class:Hotel; Name:Hilton; Rating:5\text{-}star) = 3$$

过程 Flew 涉及旅行者（Traveler）和日期（Date），返回值目的地使对象 John 的处所（Whereabouts）发生了变化。但对象 John 和对象 Beijing 为重复内容，可不计入信息点，所以只有日期是重要内容。故有：

$$I(Flew) = (Date:Yesterday) = 1$$

过程 Stays 涉及顾客（Customer）、宾馆（Hotel）、时间（Time）和频率（Frequency），顾客和宾馆为重复信息点，可不再计算。时间表明了 John 的当前处所，为主要信息点之一。频率说明 John 是 Hilton 宾馆的常客，也是发话所要表达的主要内容，并且是决定对象 John 的属性 Rich：True 的主要原因。故有：

I(Stays)＝(Time:Present;Frequency:Usually)＝2

语言形式结构关系(Structural Relations)包括不规则动词 Flew、一般现在时第三人称单数的-s 结构、代词他(He)对 John 的回指(Anaphor)、连接词 And 所连接的两个动作的时间顺序。如果要考查考生的专业语言知识,这些内容都可以作为信息点处理。听力测试中,事件的先后顺序常常也是测试内容。但一般来说,上述内容都是作为已知常识知识对待的,所以有:

I(Irregular-Verb)＝()＝0
I(-s Structure)＝()＝0
I(Referential)＝()＝0
I(Temporal)＝()＝0

语境意义关联(Semantic Relations)包括 John,Beijing 和 Hilton 三个对象之间的相互关联。其中,旅行者 John 与目的地 Beijing 和顾客 John 与酒店 Hilton 为重复信息点,可不予计算。整体 Beijing 与部分 Hilton 和"John 不是 Beijing 居民"为常识性知识,也不属信息点,但在听力测试中可考查考生对简单事实的推理能力。所以有:

I(Traveler-Destination)＝()＝0
I(Resident-Residence)＝(Resident:John;Beijinger:False)＝1
I(Hotel-Customer)＝(Hotel:Hilton;Customer:John)＝1
I(Whole-Part)＝(Whole:Beijing;Part:Hilton)＝1

概括起来看,这个句子是关于 John 的活动和当前处所的信息。因此有:

I(Summary)＝(John's activities; John's characteristics; John's whereabouts)＝3

根据上述分析,到目前为止,例句的最大信息量为:

I(John)＋I(Beijing)＋I(Flight)＋I(Hilton)＋I(Flew)＋I(Stays)＋I(Irregular-Verb)＋I(-'s Structure)＋I(Referential)＋I(Temporal)＋I(Traveller-Destination)＋I(Resident-Residence)＋I(Hotel-Customer)＋I(Whole-Part)＋I(Summary)
＝2+0+1+3+1+2+0+0+0+0+0+1+1+1+3=15(信息点)

话语信息的认知量化具有主观性特点。发话方在进行语言表达时,需要通过主观判断对受话方的已知知识尽可能准确估计,针对听众或读者对象的已知情况传递适量的未知内容,并对受话方有可能难以理解的未知内容进行充分解释,以便受话方能成功将未知转换为已知。受话方在理解语言时,也是通过主观判断来确定哪些属于已知知识,哪些为未知的新内容,哪些未知能通过理解转换为已知。已知越多,未知越少,信息量就越小;反之,信息量越大。所以,对于不同的受话方,同一语篇的信息量是不一样的。命题期间,应该对考生群体的已知知识进行充分估计;阅卷期间,则应对考生表达的新内容进行准确判断。

### 5.2.4.2 加权抽样

测试信息点数量众多,并且重要性程度、对语言能力的要求也不尽相同,因此需要通过抽样来选取用于测试的信息点。为了确保考试内容的典型性和考核目标的充分性,不宜随机抽样而应通过专家评判的方式进行加权抽样。每个语篇都是一个信息点集合,可用于考核一定范畴的语言能力。每个信息点都是语篇信息点集合的组成部分,可用于考核某一种或多种语言能力。但不同的信息点,重要性程度不同,有些为主要的、关键信息,有些则为次要的、补充信息,可用来考核的能力类别和层次也不一样。所抽样出来的测试信息点,应该构成一个所有语篇信息点的典型代表,即具有内容效度。就个体而言,每个测试信息点都应该是关键信息,并明确针对某种类别和某个层次的目标能力。总体而言,测试信息点应全面、均匀覆盖整个语篇,并在数量和比例上充分体现期望考核的目标能力。

信息点的重要性,主要依赖评阅者和命题人员对信息点内容的主观判断。不同的人,对同一信息点的重要性程度也许会有不同的看法,评卷和命题期间应该通过小组讨论达成一致意见。同一信息点,在不同语境或不同测试中,重要性程度也有可能不同。比如说,前面例句经过信息最大化处理以后,信息点有 15 项之多,通常情况下,目的地、日期、交通方式、当前处所应该是重要信息。但特殊情况下,John 的经济状况、消费水平、对宾馆的偏好,甚至 Hilton 酒店与 Beijing 的关系,也许更适合作为测试信息点。再如,例中的两个句法关系最适用于语法测试,两个衔接关系则宜用于开放式完型填空测试。

单个信息点的重要性是确保内容效度的前提条件,但仅确保重要性还不够,还应确保信息点在语篇中的全面、均匀分布。如果出现大段语篇没有测试信息点,或者相反,多个测试信息点集中在某一个地方,测试的表面效度即已受损。且不说公众会认为命题不专业,严重的甚至会影响考生的答题过程和考试心情。

目标能力的充分性,首先取决于对测试构念的定义及分类和分级,其次是各种类别和层次能力的题目数量及比例。这不仅要求设计期间的考试规范应该有明确、具体的规定,开发期间还需要进一步制订详细的双向细目表,具体到每种题型,甚至每道小题。一种题型到底考什么、不考什么?一种能力到底用几道题来考、多大比例合适?这些问题都应该在抽样过程得到明确回答,并通过权重体现出来。

### 5.2.4.3 归类整理

归类整理指对加权抽样出来的测试信息点按共同特征进行分类,或者,以层级列表或表格的方式整理语篇的结构。归类整理是编写多项选择题和基于语篇结构的填空题的重要环节。信息点归类后,共同特征用于编写题干,各相关信息点用于编写选项,因此可以确保每个选项都与语篇相关,同时又拥有共同的焦点。语篇结构整理出来以后,将信息点改为短语形式即可得到以短语为单位的语篇提纲。语篇提纲通常为一个层级列表,也可以是一张表格,在列表或表格上酌情挖空,即可编写基于语篇结构的听力填空或阅读填空题。

例如,本章例句中的信息点可归类整理为表 5-2。可将所有测试信息点分为显性(Explicit)与隐性(Implicit)、细节(Detail)与要义(Gist),同时针对信息点特征提供四种普通认知操作:显性细节的辨别(Identifying)、显性要义的归纳(Summarizing)、隐性细节的推理(Reasoning)和隐性要义的概括(Generalization)。

表 5-2 测试信息点

| | Known: John | |
|---|---|---|
| | Unknown: Information about or related to John | |
| | Detail (Local/ Specific) | Gist (Global/ General) |
| | (Identifying) | (Summarizing) |
| Explicit | (*Flew*)<br>1. Means: By air<br>2. Destination: Beijing<br>3. Date: Yesterday<br>(*Stays*)<br>4. Time: Present<br>5. Class: Hotel<br>6. Name: Hilton<br>7. Star-rating: 5-star | 13. John's activities |

续表

| Known：John | |
|---|---|
| Unknown：Information about or related to John | |

| | (Reasoning) | (Generalizing) |
|---|---|---|
| Implicit | (*Personal information*)<br>8. Rich：True<br>9. Preference：Hilton<br>10. Beijinger：False | 14. John's characteristics |
| | (*Relations*)<br>11. Whole-Part：Beijing-Hilton<br>12. Hotel-Customer：Hilton-John<br>(regular customer) | 15. John's whereabouts |

#### 5.2.4.4 题目编写

经过信息最大化计算、加权抽样和归类整理三个环节以后，题目编写可谓水到渠成。编写多项选择题的过程实际上变成了根据信息点造句的过程，基于语篇结构的填空题则是先将信息点转换为短语形式然后再挖空。完型填空、简答、正误判断、配对等其他题型的编写，相对于前面两种题型而言，方法差不多，但难度要小得多。

一般而言，多项选择题的编写难度最大。首先，命题人员必须具有扎实的语言基本功。语言基本功永远是第一位的，虽说是造句，但造出来的句子不得有任何语言形式和语境意义上的错误，还必须自然、地道、简洁。要做到这一点，绝非易事。其次，命题人员还得有一定的测试理论水平和丰富的命题实践经验，既要懂得命题的原则和要求，还要掌握命题的方法和技巧。每个选项都应该与语篇密切相关，整体上要全面、均匀覆盖全篇，相互之间还应不交叉、不包含、不对立、不暗示。特别是干扰项还要"既不对又相关且不悖常识"，这更是难上加难。

采用信息最大化命题方法，不仅有助于降低命题难度，更有利于提高命题质量。第一，由于充分挖掘了各类信息点，选项设计的选择余地大，可最大限度避免常识性选项的出现。第二，由于每个选项涉及的信息点均源自语篇，所以不会出现与语篇内容不相关的选项。第三，由于题干是对选项共同特征的归纳和概括，不仅可以确保同一题的选项有着共同的焦点，同时可以避免答非所问的情况。第四，由于各题选项所涉及的信息点是通过加权抽样得到的，可以确保选项在整体上构成一个语篇信息点的典型代表，并充分体现目标构念。

信息最大化命题方法的优势,是传统"挖题眼"法所不具备或难以体现的。所谓"挖题眼",就是先找到一个值得考的信息点,即"题眼",并将其加工成正确答案,然后再设法去找类似信息点来编写干扰项。按这种方法命题,会经常出现一个甚至多个干扰项出不来的情况。碰到这种情况,最常用的策略就是,编写与"题眼"貌似相关但却与语篇毫无关联的干扰项来凑数。另一策略就是,使用"Which of the following is NOT true/ is INCORRECT?"之类的题干,或在题干中使用"EXCEPT"一词。两种"策略"都是不得已而为之,都存在明显不足。第一种情况中,无关项属于影响测试效度的无关因素,恰恰是命题应该极力避免的。作为命题原则之一,答案项的"对"必须是读出来或听出来的"对",干扰项的"错"也必须是读出来或听出来的"错"。第二种情况中,题干没有焦点。严格地说,这种题干不称其为题干。如果这种题干可以接受,那么所有多项选择题只需两个题干就够了,要么是"Which of the following is TRUE",要么是"Which of the following is NOT true"。

5.2.4.5 命题示例

如下面小语篇(150 个词),要求命 4 道阅读理解多项选择题,并且题干中不得为出现 "NOT true/mentioned, INCORRECT, EXCEPT"之类具有否定意义的词。由于篇幅小、题量大且内容简单,要编写 4 道多项选择题,命题难度非常大。实际命题中,篇幅会更长,信息点会更多,理解难度也会更大,而题量则不会这么大,因此命题难度相对会更小。

*Ask Laskas*

▶ E-mail is the biggest detriment to communication I've seen in my lifetime. My kids never call. They e-mail jokes and nonsense, but a real conversation is out of the question. I've told them my mobile phone is on 24/7. What can I do to make them understand the pleasure of the spoken word?

*Spammed*

Dear Spammed,

I feel your pain. A few generations ago, people were cursing the telephone for destroying the fine art of letter writing—now we're losing voice contact too. But there's no stopping time of technology. And many people say e-mail helps them keep in touch. If you want to show your kids the pleasures of the spoken word, why don't you call them? Instead of complaining, phone them every few days to share an amusing story, enquire about their lives, hobbies and passions, or simply to say "I love you!"

从形式上看,此语篇结构清晰且很具特色。一问一答,差异明显。在日常阅读中,考生应该具有对类似文体形式的辨别能力,所以如果设1道不涉及内容而仅与文体形式相关的辨别题,仍然与测试构念相关。当然,形式辨别也应该是经过辨别以后,才可以作答。未经辨别,题目应不可猜。

通过信息最大化处理(略)和加权抽样(略)以后,可将测试信息点归类,并整理为如下提纲:

Q:
1. Complaint about e-mail—the biggest detriment
   Kids never call
   E-mail jokes and nonsense
   Real conversation out of the question
2. Preference of phone calls
   24 hours a day, 7 days a week—anytime
   The pleasure of the spoken word

A:
1. Accept technological advances
   The fine art of letter writing (destroyed)
   The pleasure of voice contact (lost)
   No stopping time
   The convenience of e-mail: keep in touch
2. Call/Phone the kids yourself
   Things to share: amusing stories
   Things to enquire: daily lives, hobbies and passions
   Thing(s) to say: love

通过分析语篇,可以发现 Detriment 应该是生词,但可以根据上下文推测出词义,所以可设1道词义理解题。此外,问题和回答可各设1道题。4道参考题中,答题项为 A、B、C、D 的各有1道题,选项从短到长或从长到短排列,力求排版美观,体现一定程度的卷面效度。由于语篇内容简单,拟从认知操作上加大难度,所以,4道题中有3道推理题。4道参考题的具体内容如下:

1. The word "detriment" in line 2 means _____. (C)
   A. shock    B. success    C. damage    D. advantage
2. This text most probably appears in a/an _____. (B)
   A. private letter        B. magazine column

C. newspaper article D. e-mail conversation
3. From the question, we can infer that Spammed _____. (A)
   A. prefers to communicate with the kids by phone
   B. enjoys the jokes from the kid on mobile phone
   C. finds it hard to understand the kids' questions
   D. values the e-mail conversations with the kids
4. It is suggested in Laskas' reply that Spammed should _____. (D)
   A. ask the kids to call back home every few days
   B. use modern technology to communicate with the kids
   C. stop the kids from sending jokes and nonsense by e-mail
   D. show the kids the pleasure of voice contact by calling them

# 第 6 章 测前辩论例析：
# 选项可猜性评判与控制

累进辩论不仅可用于解决仅需进行一次逻辑推理的简单问题，其优势更体现在可用于解决涉及多维度关联和多层嵌套的复杂问题。每个环节的测试效度，往往会涉及多个方面的问题（多维度），一个问题又可能涉及更深层次的问题（多层级），因此需要辩论模型具有循环与递归机制，逐级（递归）逐个（循环）解决所有问题之后，再最终形成综合性评价和总结性结论。本章以多项选择题测试开发环节最容易忽视也不容易控制的问题——选项可猜性问题为例，介绍如何在测前环节开展效度辩论。研究结果已正式发表（邓杰 2012b），本章重点介绍研究方法。

## 6.1 研究背景

多选题（Multiple Choice Question）是一种饱受争议但又使用广泛的题型。猜测概率高是该题型长期以来招致非议的主要原因之一，4 个选项即意味着 25％的随机猜测概率。加之命题难度大，选项的编写尤其是干扰项的设计，对命题人员的语言水平、知识面、实践经验等都有很高要求，如果控制不力，猜测概率甚至会远远超过随机概率。但是，由于多项选择题的评分信度高，且便于机器阅卷，所以在测试中尤其是大规模测试中使用广泛。例如，我国的高考、大学英语四六级考试和英语专业四八级考试都大量使用多项选择题，国外的大规模测试也是如此。

我国高考自 1987 年首先在上海市试点推行自主命题政策以来，越来越多的大学和中学教师参与到此大规模、高风险测试的命题工作中来。分析我国近年来的高考英语试卷，明显可猜的题项（包括题目和选项）并不鲜见，而在中学的各种考试及辅导资料中，可猜题项可谓泛滥。本实例通过对 2008 年我国高考全国卷 I、全国卷 II 和某省卷 3 套试卷的 94 道听力和阅读多项选择题共 339 个选项的可猜性进行研究，举例说明如何应用累进辩论在命题期间对选项的可猜性进行评判和控制，同时兼顾调查我国高考英语命题对选项可猜性的控制情况。

需要明确的是,本研究并不是调查在答题过程中考生的实际猜测情况,而是探讨在命题期间如何避免可猜选项的出现,从源头上控制选项可猜。尽管选项可猜并不意味着考生一定会凭猜测作答,但从命题质量和开发效度的角度考虑,应尽可能排除猜测这一构念无关因素对测试结果的影响。另外,可猜性的评判与控制并不是针对题目,而是针对选项,因为虽然答案项可猜测题目直接可猜,但如果干扰项可猜即可直接排除,从而导致题目间接可猜。因此,命题期间应对每个选项的可猜性逐一检查,力求所有选项都不可猜。

要对选项的可猜性进行控制,先得准确评判出可猜选项;而要能准确评判,先得有可靠的评判量表;而要建构评判量表,先得找出导致选项可猜的因素。猜测因素可通过文献综述和经验总结得出,有了猜测因素就可建构评判量表,有了评判量表就可找出可猜选项进而通过修改使其不可猜。从辩论法研究的角度来看,上述推理过程包括两个不同的阶段:证据产生以前,从期望结果到可能证据(由果及因提出问题)的规划(Planning)阶段;证据产生以后,从所得证据到实际结果(由因及果解决问题)的实施(Excution)阶段。

## 6.2 辩论规划

### 6.2.1 评判量表

选项可猜性评判量表共分为 7 个等级,见表 6-1。

表 6-1 可猜性评判量表

| 选项 | 干扰项 | | | | 答案项 | | |
|---|---|---|---|---|---|---|---|
| 确定性 | 肯定是 | 很可能是 | 有可能是 | 不确定 | 有可能是 | 很可能是 | 肯定是 |
| 评判等级 | -3 | -2 | -1 | 0 | 1 | 2 | 3 |
| 可猜性 | 可猜 | 可猜 | 不可猜 | 不可猜 | 不可猜 | 可猜 | 可猜 |

表中包括选项、确定性、评判等级和可猜性四个方面的内容。选项分为分干扰项和答案项;确定性分为不确定、有可能是、很可能是、肯定是 4 个等级。评判等级根据确定性程度和选项的正误分为 7 个级别:-3 肯定错、-2 很可能错、-1 有可能错、0 不确定、1 有可能对、2 很可能对、3 肯定对。可猜性分可猜和不可猜两种。只有确定性程度为"很可能是"和"肯定是"时,选项才为可猜,"有可能是"和"不确定"都属不可猜。

### 6.2.2 累进框架

根据研究的证据来源,选项可猜性辩论可分为图 6-1 所示四个主要环节,也就是累进辩论的四个层级:选项(Option)的可猜性(Guessability)辩论、评判(Raging)的一致性(Consistency)辩论、量表(Scale)的质量(Quality)辩论和通过文献综述(Review)得出的可猜因素(Factor)辩论。

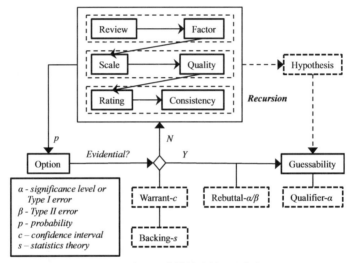

图 6-1 选项可猜性辩论的累进框架

各层级的主要问题有:

层级 I:选项的可猜性如何?需要专家先对选项逐一进行评判。

层级 II:评判的一致性如何?需要先对专家评判的一致性进行分析。

层级 III:评判量表的质量如何?需要先对评判量表信度进行检验。

层级 IV:导致选项可猜的因素有哪些?需要进行文献综述(或经验总结)。

### 6.2.3 具体问题

每个环节必须回答该环节需要解决的所有问题,每回答一个问题需要使用辩论模型进行一次推理,因此,回答同一环节的所有问题会涉及辩论模型的循环使用,而每跨一个层级即涉及一次递归。各环节需要解决的主要问题及统计分析方法见表 6-2。

表 6-2　选项可猜性辩论中的问题及其分析方法

| 层级 | 具体问题 | 分析方法 |
| --- | --- | --- |
| I<br>选项可猜性 | 1. 整体可猜性 | 单样本 $t$ 检验 |
| | 2. 可猜项占比 | 频数统计 |
| | 3. 两组比较 | 独立样本 $t$ 检验 |
| | 4. 多组比较 | 单因素方差分析 |
| II<br>评分一致性 | 1. 两两相关性 | 相关分析 |
| | 2. 总体一致性 | 评判一致性分析 |
| | 3. 误差的主要来源 | 概化分析 |
| III<br>评判量表质量 | 1. 预测性 | 回归分析 |
| | 2. 猜测因素分布 | 频数统计 |
| | 3. 可猜性的计算方法 | 公式设计与推导 |
| | 4. 主实验评分员培训 | 专家评判和讨论 |
| | 5. 先导实验的评判一致性 | 评判一致性分析 |
| | 6. 先导实验的评分员培训 | 专家评判和讨论 |
| IV<br>文献综述 | 1. 命题原则研究(初始指标) | 文献法 |
| | 2. 应试策略研究(初始指标) | 文献法 |

层级 I:选项的整体可猜性如何?

这个问题可以针对一套试卷,也可以针对试卷的某一个部分,还可以是试卷与试卷、部分与部分之间的对比,但前提条件是首先必须得到每个选项的可猜性评判结果,然后将其转换为概率。有了各选项的概率值,才能进行可猜性程度的验证和比较。这是研究实施阶段的最后一个环节,需要回答的问题(可选)及对应的统计分析方法有:

问题 I-1:平均猜测概率是否显著大于随机猜测概率?

问题 I-2:可猜项占所有选项的比例如何?

问题 I-3:两个样本的平均猜测概率是否差异显著?

问题 I-4:多个样本的平均猜测概率是否差异显著?

每个假设检验结果的解释都是一个逻辑推理过程,需要有相应的证据(概率 $p$)、理由(Warrant-$c$)、支撑(Backing-$s$)、反驳(Rebuttal-$\alpha/\beta$)和限定词(Qualifier-$\alpha$)。其中,$c$ 表示置信水平(Confidence level),$s$ 表示统计理论(Statistics),$\alpha/\beta$ 分别表示第 I、II 类错误,同时 $\alpha$ 也是显著性水平。声明中必须明示假设检验的显著性水平,对结果的成立条件加以限定。不过,在结果分析中,并不需要标明证据、理由、支撑、反驳、限定词和声明,但需明确表示限定词和声明,其他项往往是隐含的。

层级 II:专家评判的一致性如何?

专家评判一致性必须达到一定的要求,否则层级 I 的结论不具说服力。评判一致性检验,也是在选项概率的基础上进行的。

问题 II-1:两两之间评判相关程度如何?

问题 II-2:评判结果的整体一致性如何?

问题 II-3:评判误差的主要来源是什么?

层级 III:评判量表的质量如何?

评判结果的准确性依赖于评判量表的质量和专家培训效果,因此,在进行评判以前,必须先对评判量表的质量进行检验,并对评判专家进行培训。

问题 III-1:各评判指标的预测功能如何?

问题 III-2:各评判指标的使用频率各是多少?

问题 III-3:如何将评判等级转换为猜测概率?

问题 III-4:主实验的专家培训效果如何?

问题 III-5:先导实验的结果如何?

问题 III-6:先导实验的专家培训效果如何?

层级 IV:评判量表主要针对哪些导致选项可猜的因素?

与选项可猜性相关的研究主要包括命题原则研究和应试策略研究。应通过文献综述,从相关研究中提取评判量表的初始指标,并进行实验。如果文献综述不涉及统计分析,则可直接通过定性分析作出声明,有时也需要利用图表进行简单的统计分析。

问题 IV-1:可从命题原则研究中提取哪些评判选项可猜性初始指标?

问题 IV-2:可从应试策略研究中提取哪些评判选项可猜性初始指标?

## 6.3 辩论实施

### 6.3.1 层级 I——可猜因素辩论

目前,国内外研究虽然还没有明确提出"选项可猜性(Option Guessability)"这一概念,但与之紧密相关的研究却不在少数,且论著颇丰。概括起来,主要有两个方面:命题原则研究和猜题策略研究。两方面研究为本研究提取选项可猜性预测变量提供了重要参考,同时也为评判指标提供了效度证据。

1. 命题原则研究

综观命题原则研究,无不将猜测控制作为重要内容。Burton et al. (1991)的文章堪称多项选择题的命题手册。该文共提出了18条命题原则,并用"差—好"题对照的方式逐一对每个原则进行分析或验证。其中,第6条原则为"确保选项互不包含"。该原则指出选项交叉有可能导致严重后果,如干扰项明显可猜、导致多个正确答案等;第8条原则为"确保干扰项没有暗示正确答案"。此原则又包括7个子原则,分别是:1)选项与题干应在语法上保持一致;2)各选项应在形式上对等;3)各选项的长度应相当;4)避免一字不变地抄写文本内容编写答案项;5)避免使用 never, always, often 之类的限定词;6)避免在选项中使用题干中的关键词;7)编写表面上均可接受的干扰项。Haladyna et al. (2002)在对此前的命题原则研究进行了全面综述以后,从内容(Content)、格式(Formatting)、方法(Style)、题干(Stem)和选项(Choices)5个方面共归纳出31条原则。这些原则中有多条直接或间接与猜测控制相关,其中第28条——"避免为正确答案提供线索"分6种情况对选项可猜性进行了详细说明。戴曼纯(1996)通过分析我国的 CET 考试,也提出过八大命题原则,并且还进一步针对猜测问题提出了4个干扰项的设计模式。

2. 猜题策略研究

如果说命题原则是从正面通过强调遵守原则来控制猜测因素的话,那么猜题策略则是从反面通过分析项目缺陷来揭示猜测因素的。两者分别针对命题和答题,可谓是"猜题研究"与"反猜题研究"的对立统一。猜题策略研究发现:1)各类考生均具有不同程度的猜题能力(Allan 1992; Scruggs & Mastropieri 1992),而且猜题能力可以通过培训得到显著提高(Houston 2005);2)不同策略的使用频率和运用难度差异很大(Diamond & Evans 1972; Moss 1992);3)猜题能力与语言知识和语言水平有正相关关系,但与智力、年龄、民族、性别等相关不大(Hayati & Ghojogh 2008; Tsuchihira 2008)。

尽管研究发现猜题能力与语言知识和语言水平有正相关关系,但这并不意味着选项可猜性无需控制。首先,从根本上来说猜题能力并非语言测试所要考查的能力,如果考生可以通过猜测答题,测试效度就会受到损害;其次,如果选项可猜性没有得到很好控制,不善猜题的考生相对于善于猜题的考生而言就会在测试中处于不利境地,测试就有失公允。所以猜题策略研究认为猜题能力会导致测试效度受损(Allan 1992; Hayati & Ghojogh 2008)。这就从反面论证了选项可猜性必须在命题期间得到有效控制。

### 6.3.2 层级 II——量表质量辩论

通过文献综述,可以了解到可导致选项可猜的因素主要有哪些,但不同的测试,可猜因素不一定完全相同,因此有必要结合具体测试进行进一步分析,然后再从中提取具有典型意义的可猜因素建构专家评判量表。要建构针对高考命题质量控制的可猜性评判量表,应该先从真实的高考试卷中提取评判量表的指标。为此,本研究进行了两个实验:先导实验和主实验。

1. 先导实验

1) 按语言形式、语境意义、相互关系三大类别,重新组织从命题原则和猜题策略研究中搜集到的导致选项可猜的因素,建构了一套由 28 项指标组成的初始评判指标。

2) 本研究对我国 2008 年的部分高考卷进行试评,剔除从未使用过的指标,并将指标修正为独立题项特征、前后题关联、选项—题干关联、选项相互关系四类共 16 项。

3) 用 Allan(1992:111—119)中的 10 个猜题策略变量、一套由 33 道题组成的猜题策略试卷,对 3 名英语语言文学硕士研究生进行培训。

4) 从往年高考题中挑选有代表性的试题,组织试评专家利用试评量表以集体讨论的形式试评。

5) 评判专家利用试评量表,独立对 2008 年全国卷 II 全部 20 道阅读题共 80 个选项试评。评判结果存入 Excel2003 电子表格,再经合并后导入 SPSS15.0 版进行相关分析和 Kendall W 协同系数检验,最后使用 mGenvo 进行概化分析,考查误差来源。

三种方式的检验结果均表明,专家评判的一致性程度比较低。分析原因,不外乎三个方面。第一,评判量表的问题:未对评判指标明确定义,不易把握;数量多且过于复杂,导致可操作性不强。第二,专家培训的问题:培训时间短,而且仅集体讨论了一次;培训题量少,尤其是只培训了可猜项而未考虑可猜项与不可猜项的混合搭配。第三,专家自身的问题:评判者缺乏测试和命题方面的研究,且从未接受过猜题策略培训,对导致选项可猜的因素不敏感。

不过,尽管评判一致性程度较低,但评判专家都表示猜题意识明显增强,并觉得对明显可猜的选项有较大把握。因此,如果进一步提炼并明确定义量表指标,同时邀请经验丰富的高考命题人员作专家并强化专家培训,则很有可能大大提高评判的一致性。当然,如果仍达不到要求,则必须考虑研究问题是否可行。

2. 主实验

评判专家:共 3 人,均为语言测试方向博士研究生,其中 2 人多次参加高考英语命题,1 人为大学英语四六级考试题库建设的兼职命题人员,并且 3

位专家均为高校英语专业在职教师。从专家资格的角度考虑,3 位专家应该都具有较高的语言测试理论水平、较丰富的大规模高风险测试的命题实践经验和较强的外语教学与研究能力。

研究对象:实验试卷共有 3 套,分别为 2008 年全国卷 I、全国卷 II 和某省高考卷。其中,全国卷 I 和某省卷的全部听力和阅读共 74 道题 259 个选项,均用于主实验,全国卷 II 的 80 个阅读题选项先用于独立试评,然后再集体讨论。培训材料(见附录 C)的使用也以集体讨论的形式进行。讨论时,如有不同意见,则必须达成一致后再继续讨论。培训材料均选自我国全国性大规模、高风险测试的真题,除部分题目是非高考题以外,其他所有项目均为我国 2008 年的高考真题。

研究工具:评判量表在先导实验后进行了修正,分为自身特征和相互关系两大类共 9 项指标(见附录 A),并且每项指标都附有解释,因此,不仅指标便于准确理解和把握,而且量表的可操作性也有了很大提高。现对部分指标举例说明如下:

1) Det－特殊限定词(Specific Determiner):选项中有 only,never,always,all,every,no longer 等具有绝对意义的限定词或其他刻意限定的句子成分(通常比其他选项长)。

  From the writer's experience, we can conclude that _____.
  A. not everyone enjoys jogging (Det,3)
  B. he is the only person who hates jogging (Det,－3)
  C. nothing other than jogging can help people keep fit (Det,－3)
  D. jogging makes people feel greater than any other sport (Det,－3)

由于选项中具有绝对意义的限定词,所以凭常识即可猜出 A 为肯定对,B、C、D 为肯定错。选项后括号内的 Det 表示评判指标的类别为限定词类,数字表示评判方向及确定性程度,其中:－3 肯定错,－2 很可能错,1 有可能错,0 不可猜,1 有可能对,2 很有可能对,3 肯定对。下同。

2) Clu－题间暗示(Item Clue/Giveaway):根据前后题的题干或选项直接透露的信息,或共同构建的语境,确定答案项或排除干扰项。

  6. Why did the woman go to New York?
   A. To spend some time with the baby. (Clu, 2)
   B. To look after her sister. (Elm, －2)
   C. To find a new job. (Elm, －2)
  7. How old was the baby when the woman left for New York?

8. What did the woman like doing most with the baby?

单独看第 6 题(题号为原试卷中的题号),每个选项都不可猜。但第 7、8 题都跟 the baby 有关,因此第 6 题的 A 为"很可能对",而 B 和 C 就"很可能被排除"。

3) 包含关系(Inc):包含项的语义一般比被包含项更完整、更全面,因此通常选择包含项而排除被包含项。

The underlined sentence in Paragraph 4 indicates that any wrong step will possibly _____.

A. decrease the popularity of a celebrity and the sales of his products (Inc,2)

B. damage the image of a celebrity in the eyes of the general public (Elm,−2)

C. cut short the artistic career of a celebrity in show business(Elm,−2)

D. influence the price of a celebrity's products(Elm,−2)

A 包含了两个方面的内容,而其他选项每项仅有一个方面的内容且均被包含在 A 之中。根据此包含关系,再结合常识知识,就可猜出 A 很可能是答案项,并可排除 B、C 和 D。

3. 概率换算

猜测概率:猜测概率指的是专家认为考生在不了解语篇内容且不运用所测技能的情况下,仅凭猜测即可判断出选项正误的可能性。猜测概率反映的是专家对选项可猜性的确定程度,即专家在多大程度上能够确定考生有可能猜出"答案项为对"或"干扰项为错"。确定程度越高,猜测概率越大,反之则越小。为了便于猜测概率计算,特设如下定义:

定义 1:设专家确定性程度为一个等级量表,记为集合 $K$,且:

$$K = \{k \mid k = 0,1,\cdots,n\}(n \geqslant 3) \tag{6-1}$$

其中,$k$ 为确定性程度等级,$k=0$ 表示完全不确定(无法猜),$k=n$ 时表示完全确定(肯定错或肯定对)。例如:0 完全不确定;1 不太确定;2 比较确定;3 完全确定。

定义 2:设评判方向为集合 $R$,$R = \{-1,1\}$ 且 $r \in R$。$r$ 为评判方向,$r=-1$ 表示朝干扰项方向;$r=1$ 表示朝答案项方向。

定义 3:设专家评判等级量表为集合 $J$。根据定义 1 和定义 2,则有:

$$J = \{j \mid j = -k, -k+1, \ldots, -2, -1, 0, 1, 2, \ldots, k-1, k\}(k \text{ 为整数且 } k \geqslant 0) \tag{6-2}$$

其中，$j$ 为评判等级，$j=-k$ 表示选项肯定错，$j=k$ 表示选项肯定对。例如，本研究采用的等级量表为：$-3$—肯定错，$-2$—很可能错，$-1$—有可能错，$0$—无法猜，$1$—有可能对，$2$—很可能对，$3$—肯定对。

定义 4：当一个选项同时有多个评判指标被赋值时，只取其中一个指标的等级作为判决等级，记为 $m$。因为只要选项在一项指标上可猜，无论在其他指标上是否可猜，选项都已经是可猜的了。如果最大值大于 $0$ 则 $m$ 取最大值（说明评判方向 $r=1$），否则取最小值。即：

$$m = \begin{cases} Max(j_1, j_2, \ldots, j_i)(i \geqslant 1 \cap r = 1) \\ Min(j_1, j_2, \ldots, j_i)(i \geqslant 1 \cap r = -1) \end{cases} \tag{6-3}$$

其中，$i$ 为评判指标的总数量，$r$ 为评判方向。

定义 5：设选项的猜测概率为 $p$，那么，$p$ 可利用确定性程度 $k$ 和判决等级 $m$ 按以下公式计算：

$$p = \frac{1}{2} + \frac{|m|}{2k} \quad (k \geqslant 3 \text{ 且 } -k \leqslant m \leqslant k) \tag{6-4}$$

公式的推导过程如下：

因为当确定性程度为 $0$ 时，表示完全无法猜，猜测概率取选项正误判断的随机概率，即 $50\%$ 或 $0.5$；当确定性程度为 $1$ 时，表示完全可猜，猜测概率应为 $100\%$ 或 $1$。

所以从完全无法猜到完全可猜之间的概率区间为 $[0.5, 1]$，概率跨度为 $1-0.5=0.5$。

又因为从完全不确定到完全确定之间有 $0 \sim k$ 共 $k$ 个等级。

所以每个等级的概率跨度为 $0.5 \times \frac{1}{k}$，即 $\frac{1}{2k}$。

故当评判等级 $j=m$ 时，相应的概率 $p$ 应为随机概率与 $|m|$ 个等级的概率跨度之和，即 $p = \frac{1}{2} + \frac{1}{2k}$。

可用函数图表示，如图 6-2 所示。

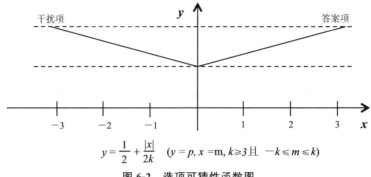

$$y = \frac{1}{2} + \frac{|x|}{2k} \quad (y = p, x = m, k \geq 3 \text{ 且 } -k \leq m \leq k)$$

图 6-2　选项可猜性函数图

可猜与不可猜的界定：根据判决等级将选项分为可猜和不可猜两类，分别用 1 和 0 表示。其中，当判决等级为有可能错、无法猜和有可能对时，选项为不可猜项；当评判等级为肯定错、很可能错、很可能对和肯定对时，选项为可猜项。

定义 6：设选项可猜性为集合 $G$，且 $G = \{0, 1\}$，那么：

$$g = \begin{cases} 0 & (-1 \leq m \leq 1) \\ 1 & (m \leq -2 \text{ 或 } m \geq 2) \end{cases} \tag{6-5}$$

其中，$g$ 为 $G$ 的元素，$m$ 为判决等级。当有多个专家对同一选项进行评判时，猜测概率取专家评判概率的平均值，判决等级则在取均值后再四舍五入求整数。

对评判结果进行分析时，应特别注意：当一个项目中有 2 个绝然对立的选项时，一般来说答案项很可能在 2 个对立项之中，但由于仍无法确定究竟哪一个是答案项，所以尽管其他选项均已被排除，但所剩 2 个对立项也都只能同时判定为有可能对。判决等级都为 1，选项属于不可猜项。可见，这种算法对可猜性的评判还是比较宽松的。

评判准确率：根据判决等级和选项类别（干扰项和答案项）确定专家评判的准确性（评判错误、无法评判和评判正确），再根据评判准确性和选项可猜性计算评判准确率，即正确评判的选项占可猜项的比例。

设评判准确性集合为 $Z$，且 $Z = \{-1, 0, 1\}$；选项类别集合为 $O$，且 $O = \{0, 1\}$。则有：

$$z = \begin{cases} -1 & (o = 0 \text{ 且 } m \geq 2, \text{ 或者 } o = 1 \text{ 且 } m \leq -2) \\ 0 & (-1 \leq m \leq 1) \\ 1 & (o = 0 \text{ 且 } m \leq -2, \text{ 或者 } o = 1 \text{ 且 } m \geq 2) \end{cases} \tag{6-6}$$

其中，$z$ 为 $Z$ 的元素，$o$ 为 $O$ 的元素，$m$ 为判决等级。

此定义表示,当选项类别为干扰项且评判等级大于等于2,或者当选项类别为答案项且评判等级小于等于-2时,评判准确性为评判错误;当评判等级介于-1和1之间时,评判准确性为无法评判;当选项类别为干扰项且评判等级小于等于-2,或者当选项类别为答案项且评判等级大于等于2时,评判准确性为评判正确。

4. 猜测因素

表 6-3 猜测变量的频数

| 因素 | Clu | Cmn | Elm | Smn | Stm | Det | Opp | Frm | Inc | Total |
|---|---|---|---|---|---|---|---|---|---|---|
| 计算 | 144 | 80 | 59 | 22 | 23 | 6 | 5 | 5 | 5 | 349 |
| % | 41.26 | 22.92 | 16.91 | 6.30 | 6.59 | 1.71 | 1.43 | 1.43 | 1.43 | 100 |

指标频率统计:表6-3为正式实验中9项评判指标的使用频率统计结果。不难发现,暗示(Clu)、常识性(Cmn)、排除法(Elm)、语义凸显(Smn)和题干—选项关系(Stm)这5种指标的使用频率都相当高,这些指标也正是后面逐步回归分析中最先被提取的5个预测变量,且使用频率的高低与变量提取的先后顺序几乎完全一致。这说明使用频率高的评判指标,同时也是与猜测概率相关程度高的预测变量,都是导致选项可猜的主要因素。因此,命题时若重点对这些因素进行控制,则选项的整体可猜性就会得到有效控制。此外,表中数据还表明,限定词(Det)、对立关系(Opp)、形式凸显(Frm)和包容/交叉关系(Inc)等指标也时有出现。

指标预测功能分析:表6-4是以猜测概率为因变量、以评判指标为自变量(取绝对值来表示专家评判的确定性程度,如-3为肯定错,取绝对值后与3肯定对一样,都表示完全确定),用SPSS15.0建立的逐步(Stepwise)回归模型的摘要信息。数据表明:1)9个预测变量能建立9个有效的回归模型(方差分析表中每个模型的显著性$p$值都是0,完全拒绝回归系数为0的原假设,限于篇幅略去方差分析表),说明每一项评判指标都可以对猜测概率进行有效预测;2)模型5已能解释总离差平方和的87.6%,且前5个模型的$R$方更改量都在10%以上,说明前5项指标是预测猜测概率的主要因素;3)模型9能够解释总离差平方和的97.3%,说明使用9项指标足以对选项可猜性进行有效评判;4)回归诊断显示(略去残差统计量表)残差均值为0,标准差为0.031,说明预测值与观测值几乎没有差异。上述分析表明,评判指标对猜测概率具有很好的预测功能。

表 6-4 猜测变量的回归模型汇总

| 模型 | $R$ | $R$方 | 修正$R$方 | 估计的标准误 | 统计量变化 | | | | |
|---|---|---|---|---|---|---|---|---|---|
| | | | | | $R$方变化 | F变化 | $df_1$ | $df_2$ | Sig. F变化 |
| 1 | 0.381 | 0.145 | 0.143 | 0.177 | 0.145 | 70.765 | 1 | 418 | 0.000 |
| 2 | 0.555 | 0.308 | 0.305 | 0.159 | 0.164 | 98.610 | 1 | 417 | 0.000 |
| 3 | 0.751 | 0.565 | 0.562 | 0.126 | 0.256 | 245.065 | 1 | 416 | 0.000 |
| 4 | 0.875 | 0.766 | 0.764 | 0.093 | 0.201 | 357.227 | 1 | 415 | 0.000 |
| 5 | 0.937 | 0.877 | 0.876 | 0.067 | 0.111 | 373.671 | 1 | 414 | 0.000 |
| 6 | 0.954 | 0.910 | 0.908 | 0.058 | 0.032 | 148.066 | 1 | 413 | 0.000 |
| 7 | 0.967 | 0.934 | 0.933 | 0.049 | 0.025 | 156.885 | 1 | 412 | 0.000 |
| 8 | 0.977 | 0.955 | 0.954 | 0.041 | 0.020 | 185.118 | 1 | 411 | 0.000 |
| 9 | 0.986 | 0.973 | 0.972 | 0.032 | 0.018 | 271.779 | 1 | 410 | 0.000 |

a 预测变量(常量)，AClu
b 预测变量(常量)，AClu, AElm
c 预测变量(常量)，AClu, AElm, ACmn
d 预测变量(常量)，AClu, AElm, ACmn, ASmn
e 预测变量(常量)，AClu, AElm, ACmn, ASmn, AStm
f 预测变量(常量)，AClu, AElm, ACmn, ASmn, AStm, ADet,
g 预测变量(常量)，AClu, AElm, ACmn, ASmn, AStm, ADet, AOpp,
h 预测变量(常量)，AClu, AElm, ACmn, ASmn, AStm, ADet, AOpp, AFrm
i 预测变量(常量)，AClu, AElm, ACmn, ASmn, AStm, ADet, AOpp, AFrm, AInc
j 因变量 Guessability

### 6.3.3 层级 III——评判一致性辩论

两两相关程度：表 6-5 是用 SPSS15.0 对三位专家的评判进行两两相关分析后得到的数据。虽然 Pearson 相关性的值并不是很高，但两两之间不相关的原假设都被完全拒绝($p = 0.000$)，并且所有三组关系都是在 0.01 显著性水平(双侧)上显著相关，说明专家评判的结果基本上是一致的。不过，一致性程度还有待提高，专家培训还应加强。

表 6-5 评分员之间的一致性

|  |  | Rater1 | Rater2 | Rater3 |
|---|---|---|---|---|
| Rater 1 | 皮尔逊相关 | 1 | 0.310(**) | 0.548(**) |
|  | p(双侧检验) |  | 0.000 | 0.000 |
| Rater 2 | 皮尔逊相关 | 0.310(**) | 1 | 0.487(**) |
|  | p(双侧检验) | 0.000 |  | 0.000 |
| Rater 3 | 皮尔逊相关 | 0.548(**) | 0.487(**) | 1 |
|  | p(双侧检验) | 0.000 | 0.000 |  |

整体相关程度:肯德尔 W(Kendall's W)检验则是从另一个角度——三位专家整体上的评判标准是否一致来进行验证的,其原假设为评判标准不一致。表 6-6 也是 SPSS15.0 的检验结果数据,与相关分析的结果类似,检验完全拒绝了评判标准不一致的原假设($p = 0.000$),但协同系数值 0.606 也不算太高,说明评判结果也属基本一致。

表 6-6 专家评判的 Kendall W 检验

| N | 3 |
|---|---|
| Kendall's W(a) | 0.606 |
| 卡方 | 252.675 |
| 自由度 | 258 |
| p | 0.000 |

误差来源分析:利用概化分析可从误差的角度进一步考查专家评判的一致性。本研究以选项($o$)为测量目标、以评判专家($r$)为测量侧面、以正式实验中的 74 个项目($I$)为实验数据进行概化分析设计。由于选项嵌套于项目后与评判专家交叉,所以测量模式为$(o:i) \times r$;又因为听力和阅读的选项数目不同(分别为 3 个和 4 个选项),所以本研究使用多元概化分析软件 mGenavo 对猜测概率这一单个因变量进行了多元概化分析。分析结果分别见表 6-7、6-8 和图 6-3。

表 6-7 概化分析的方差和协方差成分估计

| 方差 | $i$ | $o:i$ | $r$ | 协方差 | $ir$ | $oi:r$ |
|---|---|---|---|---|---|---|
| 估计量 | 0.01453 | 0.00117 | 0.00480 | 估计量 | 0.01307 | 0.00681 |

从表 6-7 所示各主效应变差分量的估计可以看出,评判专家主效应的变差分量 0.00480 远低于项目主效应的变差分量 0.01453,说明评判结果的总

变差主要是由项目差异造成的,因此有理由相信,专家评判具有较好的一致性。

表6-8 选项评判的概化系数与可靠性指数

| 评分员人数 | 概化系数 | 可靠性指数 |
| --- | --- | --- |
| 2 | 0.64862 | 0.58582 |
| 3 | 0.73047 | 0.67606 |
| 4 | 0.77966 | 0.73247 |
| 5 | 0.81249 | 0.77107 |
| 6 | 0.83596 | 0.79915 |

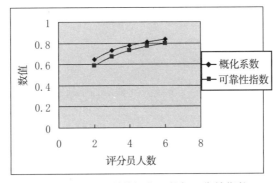

图6-3 选项评判的概化系数与可靠性指数

表6-8和图6-3为决策分析的结果。结果表明3位专家评判时概化系数已超过0.7,而要使概化系数达到0.8,则至少需要5位评判专家。这一结果与前面两种一致性检验的结果大致相同,说明专家评判具有较好的一致性和较高的可信度,可以在此基础上对选项的可猜性进行进一步分析。

### 6.3.4 层级Ⅳ——选项可猜性辩论

将专家评判换算为概率以后,即可进行可猜性检验。本实例先检验两套试卷中的选项是否为随机概率,然后分别就两卷的听力与阅读、答案项与干扰项的可猜性进行对比分析,并统计了专家评判的准确率。

1. 可猜程度

整体可猜性:表6-9为猜测概率均值单样本$t$检验的结果。数据显示:1)两套试卷的双侧检验显著性$p$值都为0,完全拒绝了选项正误判断的平均猜测概率为随机概率的原假设,说明实验卷的平均猜测概率都显著大于随机猜测概率;2)全国卷Ⅰ和某省卷的平均猜测概率分别高出随机猜测概率

30.60%和21.29%,省卷的平均猜测概率略低于全国卷Ⅰ。由此看来,两套试卷整体上的可猜性都比较大,或者说,对选项可猜性的控制情况都不太理想,干扰项的干扰功能和答案项的构念效度不容乐观。

表 6-9 可猜性 $t$ 检验

| 试卷 | 可猜性均值 | 检验值＝0.5 | | | | | |
|---|---|---|---|---|---|---|---|
| | | $t$ | 自由度 | $p$（双侧） | 均值差 | 差分的95%置信区间 | |
| | | | | | | 下限 | 上限 |
| National $p-Ⅰ$ | 0.8060 | 23.880 | 139 | 0.000 | 0.3060 | 0.2806 | 0.3313 |
| Provincial $P$ | 0.7129 | 11.414 | 118 | 0.000 | 0.2129 | 0.1760 | 0.2498 |

部分可猜性:如表 6-10 所示,同卷各部分相比,两卷听力部分的可猜项比例都比阅读部分小,其中全国卷Ⅰ分别为 35.0% 和 51.3%,某省卷分别为 21.5% 和 75.0%,这说明两套试卷听力部分可猜性的控制情况都比阅读部分好。同卷答案项和干扰项相比,两卷各部分干扰项的可猜比例都要大于答案项,干扰项的干扰功能尤其堪忧。两卷相比较,听力部分全国卷Ⅰ的可猜项比某省卷多,但答案项两卷可猜项比例相差不大,分别为 20.0% 和 17.6%;阅读部分全国卷Ⅰ的可猜项比例远远小于某省卷,尤其是在答案项方面,全国卷Ⅰ 20 道题有 6 道可猜,可猜比 30.0%,而某省卷 17 道题有 12 道可猜,可猜比达 70.6%。所以,相比之下全国卷Ⅰ在可猜性控制方面远比某省卷好。

表 6-10 试卷及其各部分的可猜性对比

| 部分 | 选项类型 | 全国卷Ⅰ | | | | | 某省卷 | | | | |
|---|---|---|---|---|---|---|---|---|---|---|---|
| | | 不可猜 | 可猜 | | | 总计 | 不可猜 | 可猜 | | | 总计 |
| | | | 错 | 对 | 准确率 | | | 错 | 对 | 准确率 | |
| 听力 | 干扰项 | 23 | 3 | 14 | 82.4% | 40 | 26 | 1 | 7 | 87.5% | 34 |
| | | 57.50% | 7.50% | 35.00% | | 100% | 76.47% | 2.94% | 20.59% | | 100% |
| | 答案项 | 16 | 0 | 4 | 100% | 20 | 14 | 0 | 3 | 100% | 17 |
| | | 80.00% | 0.00% | 20.00% | | 100% | 82.35% | 0.00% | 17.65% | | 100% |
| | 总计 | 39 | 3 | 18 | 85.7% | 60 | 40 | 1 | 10 | 90.9% | 51 |
| | | 65.00% | 5.00% | 30.00% | | 100% | 78.43% | 1.96% | 19.61% | | 100% |

续表

| 部分 | 选项类型 | 全国卷 I | | | | | 某省卷 | | | | |
|---|---|---|---|---|---|---|---|---|---|---|---|
| | | 不可猜 | 可猜 | | | 总计 | 不可猜 | 可猜 | | | 总计 |
| | | | 错 | 对 | 准确率 | | | 错 | 对 | 准确率 | |
| 阅读 | 干扰项 | 25 41.67% | 2 3.33% | 33 55.0% | 94.3% | 60 100% | 12 23.53% | 1 1.96% | 38 74.50% | 97.51% | 51 100% |
| | 答案项 | 14 70.00% | 0 0.00% | 6 30.00% | 100% | 20 100% | 5 29.41% | 1 5.88% | 11 64.71% | 91.7% | 17 100% |
| | 总计 | 39 48.75% | 2 2.50% | 39 48.75% | 95.10% | 80 100% | 17 25.00% | 2 2.94% | 49 72.01% | 96.1% | 68 100% |

### 2. 控制措施

加强命题培训：导致选项可猜的根源在于命题人员，要么是因为重视不够，命题人员没有将可猜性控制作为命题质量管理的重要内容；要么是由于经验不足，命题人员不知道该从哪些方面来对可猜性进行控制。经验不足可以通过培训来弥补，但如果是重视不够则需首先达成共识。有些命题人员可能会认为，考生不一定懂得如何猜题，也不一定会冒险去猜，所以，只要确保选项没有错误，至于可不可猜或可猜程度如何，可以不做重点考虑。有人甚至还有可能主张故意使用一些明显可猜的选项来降低项目难度。笔者在前文已论述过可猜项的存在会有损测试效度，会使测试有失公允，因此，笔者认为对选项的可猜性不加控制是有背测试原则的，而为了降低难度故意使用明显可猜的选项更是不智之举。因为明显可猜项会使得测试效度在卷面即已受损，并且这种削足适履的做法并不一定能达到降低难度的目的，反而会导致测试不公平，因为这对那些善于猜题的考生来说，猜测将会变得更加轻而易举。

表 6-11 选项的类型与可猜性

| 选项类型 | 辨别 | | | 推理 | | | 概括 | | | 总计 |
|---|---|---|---|---|---|---|---|---|---|---|
| | 是否可猜 | | 小计 | 是否可猜 | | 小计 | 是否可猜 | | 小计 | |
| | 否 | 是 | | 否 | 是 | | 否 | 是 | | |
| 干扰项 | 53 55.21% | 43 44.79% | 96 100% | 26 40.62% | 38 59.38% | 64 100% | 5 20.00% | 20 80.00% | 25 100% | 185 71.4% |
| 答案项 | 28 71.79% | 11 28.21% | 39 100% | 16 61.54% | 10 38.46% | 26 100% | 4 44.44% | 5 55.56% | 9 100% | 74 28.6% |
| 总计 | 81 60.00% | 54 40.00% | 135 100% | 42 46.67% | 48 53.33% | 90 100% | 9 26.47% | 25 73.53% | 34 100% | 259 100% |

小心易猜题型:本研究通过借鉴 Freedle & Kostin(1999)和 Freedle & Kostin(1999)有关显性与隐性、细节与大意的题型分类思想,以语言理解的认知心理过程为分类标准,将听力题和阅读题分为三类,即显性细节辨别题、隐性细节推理题和显性与隐性大意概括题,简称辨别题、推理题和概括题。表 6-11 为三种题型的可猜性情况统计表。表中数据显示,全国卷Ⅰ和某省卷 74 道题的 259 个选项中,有辨别题 39 道,135 个选项;推理题 26 道,90 个选项;概括题 9 道,34 个选项。整体上看,三种题型的猜测概率都比较高,最低可猜项比例已达到 40.0%,而最高比例达到了 73.53%。这说明两套试卷合在一起后,整体猜测概率仍然较高。分开来看,概括题题量最小,但可猜比最大,9 道题有 5 题可猜,项目可猜比例超过了一半(55.56%),而 34 个选项有 25 个可猜,选项可猜比接近 3/4(73.53%);推理题次之,项目可猜比率为 38.46%,选项可猜比也超过了一半,为 53.33%;辨别题的可猜比例最低,项目比为 28.21%,选项比为 40.0%。这种情况的出现也比较合乎常理,大凡要辨别的细节,如果没有其他线索的暗示,仅凭猜测是很难答对的;而涉及推理和概括的内容,往往会比较接近常识,如命题时不谨慎,就很容易编写出凭常识即可猜对的选项。

核查误判选项:对专家误判的选项进行核查也是控制选项可猜性的重要措施。如果存在误判项,一定要深入分析误判的原因。有时误判是因为选项具有较好的迷惑性,但也有可能是选项自身存在问题,尤其是当专家的评判为肯定对或肯定错,而评判结果却为误判时,就更应该对选项进行仔细审查。

请看下面这道高考真题:

  The Help Desk in this library supplies service _____.
  A. only during the daytime
  B. in case of emergency
  C. till the end of the Spring Break
  D. after 22:00 p.m. every day

此题要求考生选择服务台提供服务的正确时间(段)。专家在评判时把 B 和 D 都评判为肯定错,因为根据常识,服务台提供服务的时间不可能会被限定在"紧急情况下"或"每天晚上 10 点以后",而"仅在白天"或由于某种特殊原因而将服务时间仅"延续到春假末"这两种情况倒是都有可能。但此题的正确答案为 B,专家的评判结果为误判。

为什么专家认为明显违背常识的选项却是正确答案? 在审查误判原因时,发现语篇中有这样一句话:In case of emergency, please call the Help Desk at 926-3736, and follow the procedures outlined … 可见命题人员是根据这句话来设题的。分析原文可知,原文的意思为"紧急情况下"服务台可以提供服务,但这并不意味着服务台提供服务的时间为"紧急情况下"。其实,原文中仅隔一句之后就有此句:The Help Desk supplies service to you all the year round! ……可见此题正确答案有待商榷。如果命题和审题期间,对选项的可猜性进行了严格控制,那么这种情况应该是可以避免的。

## 6.4 辩论声明

研究结果表明:实验卷的选项可猜性情况都比较严重。尽管样本量小,研究结果不足以反映全国的整体情况,但足以引起高考命题对可猜性控制的重视。

累进辩论的声明如下:

(1) 文献综述:通过文献综述,可以比较全面地了解导致选项可猜的主要因素,但由于猜测因素众多,有必要根据具体研究的需要,尤其是为了提高评判的准确率和可操作性,对猜测因素进行提炼、归类。本研究通过文献综述,提取了28个因素作为量表的初始评判指标项,后经初步评判后确定为16项,最后用于正式调查的指标为9项。

(2) 评判量表:通过回归分析和频数统计,暗示(Clu)、常识性(Cmn)、排除法(Elm)、语义凸显(Smn)和题干—选项关系(Stm)这5项指标是导致选项可猜的主要因素,限定词(Det)、对立关系(Opp)、形式凸显(Frm)和包容/交叉关系(Inc)也不可忽视。

(3) 评判一致性:两两相关分析(Pearson R)、整体和谐程度检验(Kendall' W)和误差来源分析(G-Study & D-Study)的结果显示,专家评判具有较好一致性;评判准确性统计结果显示,专家评判的准确率非常高。因此,选项可猜性评判的最终结果应该可以接受。

(4) 选项可猜性:两套实验卷的整体可猜性在0.05显著性水平下都显著大于随机猜测概率,说明两卷的命题对选项可猜性控制重视不够;阅读理解比听力理解更可猜,尤其是某省卷,阅读理解题的可猜性令人堪忧;概括题比推理题更可猜,推理题比辨别题更可猜,主要原因是概括题与推理题的内容比较接近常识性知识;干扰项比答案项更可猜,干扰项的干扰功能有待进一步提高。没有正确答案的情况,则完全应该通过命题效度验证得到严格控制。

# 第 7 章 测后辩论例析：
# 考生水平评价及教学建议

本章以 2014 年湖南省高考英语学科考生水平评价及教学建议研究为例，一方面介绍如何在测后环节开展效度辩论，另一方面通过实例简要分析基于测后分数解释与使用的整体效度观的局限性和不足之处。

## 7.1 研究背景

我国高考的自主命题工作自 1987 年开始在部分地区实施，曾一度推广到全国 16 个省、直辖市和自治区（占比接近 60%）。其间，大批高校和中学教师参与了这种大规模、高风险测试的命题工作，但命题质量的控制和相关研究工作却相对滞后。2012—2014 年，湖南省连续 3 年（2015 年开始又重新采用国家卷）在高考结束后马上进行各自主命题学科的考生水平评价及教学建议研究工作，研究成果由教育考试研究院及时向社会发布。英语学科是语、数、外三大主学科之一，研究成果分别见湖南省教育考试院高考评价课题组（2012, 2013, 2015）。

该项工作与评卷工作同步启动，以便研究人员在网上跟踪评卷过程，及时采集主观题的评分证据。按有关要求，研究人员必须都是非命题人员和非评判人员，以免产生 Cronbach、Kane 等人所担心的"证实主义偏差"（Confirmationist/Conformist Bias）——测试人员在对自己开发的测试进行效度验证时只是选择性地证实自己的观点而不会主动考虑反面意见从而夸大测试效度。由于研究人员没有介入测试的设计、开发、实施和评分工作，效度证据只能从测前各环节的结果数据中重新采集，这正是整体效度观的效度验证方法。整体效度观的局限性，尤其是测前证据问题，虽然有利证据可用来证实测试的有效性，但不利证据只能用来证实问题的存在。不过，测后即使发现测前存在问题，但也已于事无补，造成的损失无法挽回，严重的问题甚至还不宜公开讨论。

累进辩论法强调每个测试环节都应该进行效度验证，广泛收集证据进行辩论，发现不利证据还应及时采取措施，尽最大可能避免产生不利影响。当然,对于已经发生的事情,同样也可以累进辩论的方式反过来收集证据,但证据同样也只能用来证明问题的存在,而无法用来避免产生不利影响。比如,本章的考生水平评价研究发现,我国《普通高等学校招生全国统一考试大纲的说明》(教育部考试中心 2012)中的考试内容及要求存在概念界定不清、分类不明的问题,无法确定一道题到底是在用什么知识(考试内容)考查何种能力(考核目标),导致设计效度受损。设计效度问题直接影响测试开发及之后所有测试环节的工作。由于缺乏考试内容和考核目标指标体系,命题时双向细目表中各题的考试内容和考核目标就无法确定,评价时也不知道针对哪些指标进行统计分析,以至于某市的高考考生水平评价中闹出过"完型填空题的考试内容是完型填空、考核目标也是完型填空"的笑话。更重要的是,如果不知道一道题到底该考什么,就谈不上考试内容是否典型、全面和充足,测试的开发效度必然受损,三年的考生水平评价研究都发现存在开发效度问题,尤其是全面性和充足性体现不够,关键指标项缺失和指标项分布比例不恰当的情况严重。可见,仅关注测后分数而不顾测前数据的整体效度观,其整体性并不完整。相反,若基于累进效度的思想,在每个环节都进行效度验证,则不仅可兼顾测前和测后,真正确保测试效度的整体性,更重要的是能及时发现并解决问题,避免产生测后无法弥补的损失。事实也证明,测后发现的项目质量问题,其实是完全可以在测前避免的。

## 7.2 辩论规划

当前研究最后需要回答两个问题:一是从考试的最终成绩来看,考生的水平到底如何?二是从考生的答题情况来看,今后的教学应注意什么?这两个问题又都可以分解为若干小问题,而回答这些小问题又会涉及更深层次的问题,回答所有问题的过程正是层级累进的辩论过程。

### 7.2.1 累进框架

根据研究的证据来源,当前研究可分为如图 7-1 所示四个主要环节,也就是四个累进辩论的层级:使用环节,分析考生的语言水平(Language level)并有针对性地为今后的教学提出建议(Suggestion);评分环节,得到每个考生的分数(Score);开发环节,编写具体的考试任务(Task);设计环节,提供测试开发所依据的考试规范(Specification)。当前研究未考虑测试实施环节,因为考生水平评价未使用任何实施环节的数据。

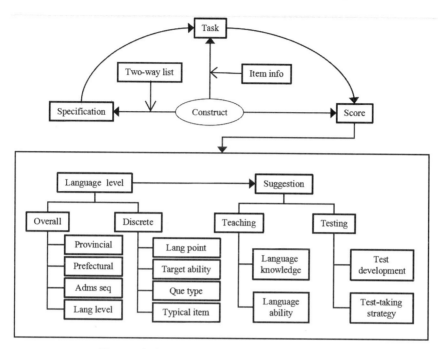

图 7-1 考生语言水平分析及教学建议辩论的累进

在累进辩论中,研究最终需要解决的问题都集中在最后环节,其他环节都为解决最后环节的问题提供服务。当前研究的考生水平问题拟从整体(Overall)和分项(Discrete)两个层次进行分析。其中,整体水平分析包括省级(Provincial)、各地州市(Prefectural)、各录取批次(Adms seq—Admission sequence)和不同语言水平(Lang level—Language level)等分组考生的总体得分情况分析;分项水平分析将从语言知识点(Lang point—Language point)、目标能力项(Target ability)、题目类型(Que type—Question type)和典型试题(Typical item)等几个维度来进行考查。根据考生水平分析,再结合考生的答题情况分析,当前研究将从教学(Teaching)和考试(Testing)两个方面为日常教学提出建议。其中,教学建议包括语言知识(Language knowledge)教学和语言能力(Language ability)培养两个方面的内容;考试建议部分将围绕日常教学中的考试开发(Test development)和答题过程中的应试策略(Test-taking strategy)两个方面提出建议。

### 7.2.2 具体问题

层级 I:对今后的教学有何建议?根据考生水平分析和答题情况,具体回答以下问题:

1）对语言知识教学有哪些建议？
　　2）在语言能力培养方面有哪些建议？
　　3）针对考试开发有哪些建议？
　　4）针对应试策略有哪些建议？
　　层级 II：考生的水平如何？利用分数，从整体和分项两个层面进行考生水平分析，具体回答以下问题：
　　1）全省的整体水平如何？
　　2）各地、州、市的整体水平如何？
　　3）各录取批次的整体水平如何？
　　4）高低分组各组的整体水平如何？
　　5）考试内容各语言知识点的得分情况如何？
　　6）考核目标各语言能力项的得分情况如何？
　　7）各种题型的得分情况如何？
　　8）典型试题的得分情况如何？
　　层级 III：开发效度如何？由于是测后反过来验证开发效度，关注的问题与测前的开发效度辩论有所不同。除了可利用当前环节和设计环节的证据以外，还可结合评分环节的证据进行综合分析。证据主要来自项目信息，用于回答以下问题：
　　1）语言知识题的考试内容、考核目标及其典型代表意义如何？
　　2）语言能力题的考试内容、考核目标及其典型代表意义如何？
　　3）从得分率和区分度的区间分布情况来看，试题质量如何？
　　层级 IV：设计效度如何？由于我国《普通高等学校招生全国统一考试大纲的说明》（教育部考试中心 2012）中没有明确的考试内容及考核目标指标体系，该环节需具体解决以下 2 个问题：
　　1）高考英语湖南卷[①]有哪些考试内容？
　　2）高考英语湖南卷有哪些考核目标？

## 7.3　辩论实施

　　累进辩论的实施（Excution）过程为规划（Planning）过程的逆向操作，因此辩论实施的四个环节分别为：层级 I——设计效度辩论、层级 II——开发效度辩论、层级 III——考生水平评价和层级 IV——日常教学建议。

---

　　① 全称为××××年普通高等学校招生全国统一考试（湖南卷）英语

### 7.3.1 层级 I——设计效度辩论

从高考英语湖南卷的试卷结构(见表 7-1)可知,试题可分为语言知识题(第二部分)和语言能力题(第一、三、四部分)两个大类。两类试题的考试内容和考核目标各有侧重,需分别建构两方面内容的评价指标,即双向评价指标。

表 7-1 高考英语湖南卷的试卷结构

| 部分 | 小节 | 题型 | 题量 | 分值 |
| --- | --- | --- | --- | --- |
| 一、听力理解 | 第一节 | 选择题 | 15 | 22.5 |
|  | 第二节 | 填空题 | 5 | 7.5 |
| 二、语言知识运用 | 第一节 | 选择题 | 15 | 15 |
|  | 第二节 | 完型填空一 | 12 | 18 |
|  | 第三节 | 完型填空二 | 8 | 12 |
| 三、阅读理解 |  | 选择题 | 15 | 30 |
| 四、书面表达 | 第一节 | 短文填空 | 10 | 10 |
|  | 第二节 | 简答题 | 4 | 10 |
|  | 第三节 | 作文题 | 1 | 25 |
| 总计 |  |  | 85 | 150 |

#### 7.3.1.1 语言知识题评价指标

语言知识题包括第二部分的 3 个小节,各小节的考试内容和考核目标见表 7-2。

表 7-2 语言知识题评价指标

| | 语言知识题 | | |
| --- | --- | --- | --- |
| | 语法知识<br>(多项选择) | 词汇知识<br>(完型填空一) | 语篇知识<br>(完型填空二) |
| 考试内容 | ・时态　・主谓一致<br>・被动语态　・虚拟语气　・祈使句<br>・情态动词　・从　句　・倒装句<br>・非谓语动词　・并列句　・强调句 | ・名词<br>・动词　・动词短语<br>・形容词　・其他词类<br>・副词 | ・指代关系<br>・替代关系<br>・连接关系<br>・词汇衔接 |
| 考核目标 | ・语法知识运用能力 | ・词汇知识运用能力 | ・语篇知识运用能力 |

第一节为多项选择题,考试内容主要包括时态、被动语态、情态动词、非谓语动词、主谓一致、虚拟语气、从句、并列句、祈使句、倒装句、强调句等语法知识点,考核目标为语法知识运用能力。

第二节为择答式完型填空题(完型填空一),考试内容主要为名词和动词,也有少数形容词、副词、动词短语和其他词类,考核目标为词汇知识运用能力。由于答案需要根据语篇中的冗余信息进行推理,冗余信息与答案同处的信息层面通常是完型填空题关注的焦点。冗余信息层面通常分为短语层、分句层、句子层、段落层和语篇层,完型填空一的考试内容也可按不同层面的冗余信息分类,考核目标则为相应层面冗余信息的运用能力。

第三节为作答式完型填空(完型填空二),考试内容主要包括指代关系、替代关系、连接关系、词汇衔接等语篇知识,考核目标为相应语篇知识运用能力。指代也称照应,指语篇中一个成分以另一个成分为参照,包括人称、指示、比较等;替代指用一个词,如 one/ones、do/does/did、so 等,取代语篇中的另一个成分;连接指语篇中句与句之间的逻辑关系,分为增补、转折、原因和时间等;词汇衔接指通过词汇间的语义关系来实现的连贯表达,如重复、同义、反义、上下义、互补、同现等。另外,省略以及语篇结构中的顺序、层级、递进、对比等关系也是语篇知识的重要内容,但难以通过完型填空二这种题型进行考查,故不在此详述。

另外,由于完型填空二为主观题,人工评卷时没有分别给出各小题的得分而是计总分,所以无法按评价指标进行分项分析,而只能将考试内容统称为语篇知识,将考核目标统称为语篇知识运用能力。

#### 7.3.1.2 语言能力题评价指标

高考英语湖南卷的语言能力题包括听力选择题、听力填空题、阅读选择题、短文填空题、简答题和作文题等几种题型,其中听力选择题和阅读选择题为语言理解题,其他为语言表达题。语言能力题的评价指标见表 7-3。

表 7-3 语言能力题评价指标

| | 语言能力题 | | | |
|---|---|---|---|---|
| 考试内容 | 显性与隐性 | | 局部与全局 | |
| | ・显性意义 | ・隐性意义 | ・细节意义 | ・主旨要义 |
| 考核目标 | 语言理解能力 | | 语言表达能力 | |
| | ・直接辨别<br>・间接辨别 | ・逻辑推理<br>・归纳概括 | ・直接记录<br>・间接记录 | ・简单转换<br>・复杂转换 | ・概括表达<br>・连贯表达 |

语言能力题的考试内容为具体语篇中的语境意义。语境意义从显性与隐性的角度分为显性意义和隐性意义,从局部与全局的角度分为细节意义和主旨要义。两种试题的考核目标各不相同。语言理解题的考核目标为语言理解能力,分为直接辨别、间接辨别、逻辑推理和归纳概括四种;语言表达题的考核目标为语言表达能力,分为直接记录、间接记录、简单转换、复杂转换、概括表达和连贯表达六种。

语言能力题的考试内容按显性与隐性、局部与全局两个维度两两交叉,可得出四种语境意义:显性细节、隐性细节、显性要义和隐性要义。相应说明见表7-4。

表7-4　语言能力题考试内容评价指标说明

| 类别 | 含义 |
| --- | --- |
| 显性细节 | 听力原文或阅读语篇中明显可辨的局部意义。 |
| 隐性细节 | 听力原文或阅读语篇中没有明说而是从字里行间推断出来的局部意义。 |
| 显性要义 | 听力原文或阅读语篇中明显可辨的主旨要义,通常为语篇或段落主题句的意义。 |
| 隐性要义 | 听力原文或阅读语篇中没有明说而必须通过归纳概括才能得出主旨要义,包括语篇的中心思想和段落大意。 |

语言理解能力的类别及答题过程特征见表7-5。

表7-5　语言理解能力的类别及答题过程特征

| 类别 | 答题过程特征 |
| --- | --- |
| 直接辨别 | 题中的提示信息和题目的答案都为文中原词,并且只需经过简单对比和比较就可根据提示信息得到答案。 |
| 间接辨别 | 答案为文中原词,但无法根据提示信息直接找到。通常需要对题目中的提示信息进行转换,或在文中进行跟踪替换,或排除一定干扰信息之后才能得出答案。 |
| 简单推断 | 文中没有现成的答案,需要根据题目中的提示信息在文中找到与答案有关的内容,并通过简单的推理和判断之后才能得出答案。 |
| 归纳概括 | 答案在原文中不存在,需要对多处提示信息进行直接或间接辨别甚至简单推断,最终还必须通过归纳和概括才能得出答案。 |

语言表达能力的类别及答题过程特征见表7-6。

表 7-6　语言表达能力的类别及答题过程特征

| 类别 | 答题过程特征 |
|---|---|
| 直接记录 | 在听或读的过程中，可直接辨别出题目中的提示信息并得到答案。答案无需转换，可直接记录或摘抄。 |
| 间接记录 | 答案无须转换，但题目中的提示信息在听力语段或阅读语篇中无法直接找到，需要先转换提示信息然后才能找到答案。 |
| 简单转换 | 可根据直接或间接提示信息找到与答案有关的内容，但需要对答案进行简单转换，即仅一处或一种转换（如词性、词形、短语结构的转换或同义替换）。 |
| 复杂转换 | 涉及两处或两种及以上简单转换。 |
| 概括表达 | 需要对多处信息进行归纳和概括（答案可以是文中原词）。 |
| 连贯表达 | 根据图表或文字信息，写出语意连贯且结构完整的短文。 |

由于语言表达能力题也未分小题计分，考生水平分析无法按评价指标分项进行分析，而只能按大题进行统计。各大题的考试内容和考核目标的统称分别为：听力要点和听力要点记录（听力填空题）、短文要点和关键词转换（短文填空题）、短文要点和句子表达（简答题）、作文和短文写作（作文题）。各项指标的分布仍按小题统计。

## 7.3.2　层级 II——开发效度辩论

开发效度取决于考试内容和考核目标各项指标的代表性、全面性和充足性，相关证据主要来自各个试题（各试题的相关信息见附录 D）。如果有关指标的代表性不够、重要指标项有缺失或各项指标的比例不恰当，则说明考试难以全面、真实地反映考生的水平。同时，分布相对集中的指标代表考试的重点和难点，也是教学的重点和难点。

7.3.2.1 语言知识题指标分布

如表 7-7 所示，15 道语法选择题覆盖了表 7-2 列举的 11 项语法知识中的 9 项（未考查被动语态和并列句），考试内容覆盖率为 81.82%。其中，非谓语动词 4 道题，从句 3 道题，时态 2 道题，虚拟语气、情态动词、主谓一致、倒装句、祈使句、强调句各 1 道题。前三项为语法题的主要内容，占 60%。这三项的总体比例与往年基本一致，但分项比例差别较大，时态题减少，非谓语动词题增多。在《课程标准》的语法类中，时态比例最大，共 10 类；从句次之，共 5 类；非谓语动词为 3 类。其余六项均为语法项的重点内容。

表 7-7 2014 年湖南省高考英语语法选择题的考试内容及分布

| | 非谓语动词 | 从句 | 时态 | 虚拟语气 | 情态动词 | 主谓一致 | 倒装句 | 祈使句 | 强调句 | 总计 |
|---|---|---|---|---|---|---|---|---|---|---|
| 题数 | 4 | 3 | 2 | 1 | 1 | 1 | 1 | 1 | 1 | 15 |
| 百分比(%) | 26.67 | 20.00 | 13.33 | 6.67 | 6.67 | 6.67 | 6.67 | 6.67 | 6.67 | 100 |
| 题号 | 21, 23, 27, 35 | 24, 26, 31 | 28, 34 | 22 | 25 | 32 | 29 | 30 | 33 | |

语法选择题的考核目标分别为表 7-2 所列各项语法知识的运用能力。

完型填空一和完型填空二的考试内容见表 7-8。完型填空一的 12 道小题分别考了 4 个名词、4 个动词、3 个形容词和 1 个副词,反映这道题主要考查考生对事物及其行为特征或运动变化的理解。与往年相比,名词和动词的数量相当且占比例最大,共计 66.66%,但形容词增多,副词减少。完型填空二的 8 道题中,代词和连词各 3 个,冠词和介词各 1 个,说明这道题主要考查考生对指代关系和连接关系的理解。与往年相比,各类词的数量和比例基本相当。

表 7-8 2014 年湖南省高考英语完型填空题的考试内容及分布

| | | 名词 | 动词 | 形容词 | 副词 | 代词 | 连词 | 冠词 | 介词 | 总计 |
|---|---|---|---|---|---|---|---|---|---|---|
| 完型一 | 题数 | 4 | 4 | 3 | 1 | | | | | 12 |
| | (%) | (33.33) | (33.33) | (25.00) | (8.33) | | | | | |
| | 题号 | 36, 38, 41, 45 | 42, 43, 44, 47 | 37, 39, 40 | 46 | | | | | |
| 完型二 | 题数 | | | | | 3 | 3 | 1 | 1 | 8 |
| | (%) | | | | | (37.50) | (37.50) | (12.50) | (12.50) | |
| | 题号 | | | | | 48, 49, 50 | 51, 53, 54 | 52 | 55 | |
| 整体情况 | 题数 | 4 | 4 | 3 | 1 | 3 | 3 | 1 | 1 | 20 |
| | (%) | (20.00) | (20.00) | (15.00) | (5.00) | (15.00) | (15.00) | (5.00) | (5.00) | |

表 7-9 为完型填空题的考核目标。完型填空一 12 道题中,考查句子层面冗余信息的运用能力试题有 8 道,占 66.67%;段落层共 3 道题,占 25.00%;语篇层 1 道题,占 8.33%,分句层和短语层未涉及(完型填空二有

1道题涉及短语层,第55题在live和peace之间填in),说明本次考试主要考查句子层面冗余信息的运用能力。完型填空二集中考查了指代关系和连接关系的运用能力,比例分别为62.50%和37.50%,其他关系均未涉及。

表7-9  2014年湖南省高考英语完型填空题的考核目标及分布

| 题型 | | 句子信息运用 | 段落信息运用 | 语篇信息运用 | 指代关系运用 | 连接关系运用 | 总计 |
|---|---|---|---|---|---|---|---|
| 完型一 | 题数 | 8 | 3 | 1 | | | 12 |
| | (%) | (66.67) | (25.00) | (8.33) | | | |
| | 题号 | 其余各题 | 36,39,46 | 37 | | | |
| 完型二 | 题数 | | | | 5 | 3 | 8 |
| | (%) | | | | (62.50) | (37.50) | |
| | 题号 | | | | 48,49,50,52,55 | 51,53,54 | |
| 整体情况 | 题数 | 8 | 3 | 1 | 5 | 3 | 20 |
| | (%) | (40.00) | (15.00) | (5.00) | (25.00) | (15.00) | |

#### 7.3.2.2 语言能力题的指标分布

语言能力题的考试内容及分布情况见表7-10。在49道题(写作未纳入统计)中,显性细节34道题,占近70%;隐性细节9道题,占近20%;显性要义5道题,隐性要义只有1道题,主旨要义题共占12.25%左右。整体而言,局部信息(显性细节和隐性细节)的比例偏大,全局信息(显性要义和隐性要义)的比例偏小。这说明考试能很好地反映考生对局部信息的掌握情况,但难以用来合理评价考生掌握全局信息的情况。试卷各部分考试内容的分布情况与全卷情况基本一致,局部信息占绝大多数,全局信息的比例很小。特别是,听力选择题6个语篇15道题中只有1道主旨要义题,而听力填空题和简答题(共9道题)均未涉及主旨要义。

表7-10  2014年湖南省高考英语语言能力题的考试内容及分布

| 试卷部分 | | 显性细节 | 隐性细节 | 显性要义 | 隐性要义 | 总计 |
|---|---|---|---|---|---|---|
| 听力理解 | 选择 | 10(50.00) | 4(20.00) | | 1(5.00) | 15 |
| | 填空 | 5(25.00) | | | | 5 |
| | 合计 | 15(75.00) | 4(20.00) | | 1(5.00) | 20 |

续表

| 试卷部分 | | 显性细节 | 隐性细节 | 显性要义 | 隐性要义 | 总计 |
|---|---|---|---|---|---|---|
| 阅读理解 | A篇 | 5(33.33) | | | | 5 |
| | B篇 | 1(6.67) | 4(26.67) | | | 5 |
| | C篇 | 3(20.00) | | 2(13.33) | | 5 |
| | 合计 | 9(60.00) | 4(26.67) | 2(13.33) | | 15 |
| 书面表达 | 短文填空 | 7(50.00) | | 3(21.43) | | 10 |
| | 简答 | 3(21.43) | 1(7.14) | | | 4 |
| | 合计 | 10(71.43) | 1(7.14) | 3(21.43) | | 14 |
| 听力理解 | | 15(30.61) | 4(8.16) | | 1(2.04) | 20 |
| 阅读理解 | | 9(18.37) | 4(8.16) | 2(4.08) | | 15 |
| 书面表达 | | 10(20.41) | 1(2.04) | 3(6.12) | | 14 |
| 总计 | | 34(69.39) | 9(18.37) | 5(10.20) | 1(2.04) | 49 |

注：题量后面括号内的数字为各行题量占题总计的合计的百分比，下同。

语言能力题的考核目标及分布情况见表7-11。受考试内容的影响，考核目标主要以细节的辨别、推断、记录和转换为主，较少涉及要义的归纳概括或概括表达。总体而言，低层次能力（直接辨别、直接记录）和高层次能力（复杂转换、归纳概括和概括表达）的比例都很小，分别为12.24%和6.18%，特别是没有概括表达题；中低层次能力（间接辨别、简单推断、简单转换）的比例最大，占81.63%，因此考试最能反映中低水平考生的能力。

表7-11  2014年湖南省高考英语语言能力题的考核目标及分布

| 试卷部分 | | 直接辨别 | 间接辨别 | 简单推断 | 归纳概括 | 直接记录 | 间接记录 | 简单转换 | 复杂转换 | 概括表达 | 总计 |
|---|---|---|---|---|---|---|---|---|---|---|---|
| 听力理解 | 选择 | 1(5.00) | 9(45.00) | 4(20.00) | 1(5.00) | | | | | | 15 |
| | 填空 | | | | | 2(10.00) | 3(15.00) | | | | 5 |
| | 合计 | 1(5.00) | 9(45.00) | 4(20.00) | 1(5.00) | 2(10.00) | 3(15.00) | | | | 20 |

续表

| 试卷部分 | | 直接辨别 | 间接辨别 | 简单推断 | 归纳概括 | 直接记录 | 间接记录 | 简单转换 | 复杂转换 | 概括表达 | 总计 |
|---|---|---|---|---|---|---|---|---|---|---|---|
| 阅读理解 | A篇 | | 5 (33.33) | | | | | | | | 5 |
| | B篇 | | 1 (6.67) | 3 (20.00) | 1 (6.67) | | | | | | 5 |
| | C篇 | 1 (6.67) | 4 (26.67) | | | | | | | | 5 |
| | 合计 | 1 (6.67) | 10 (66.67) | 3 (20.00) | 1 (6.67) | | | | | | 15 |
| 书面表达 | 短文填空 | | | | | 1 (7.14) | 2 (14.28) | 7 (50.00) | | | 10 |
| | 简答 | | | | | | | 2 (14.29) | 2 (14.29) | | 4 |
| | 合计 | | | | | 1 (7.14) | 2 (14.28) | 9 (64.29) | 2 (14.29) | | 14 |
| 听力理解 | | 1 (2.04) | 9 (18.37) | 4 (8.16) | 1 (2.04) | 2 (4.08) | 3 (6.12) | | | | 20 |
| 阅读理解 | | 1 (2.04) | 10 (20.41) | 3 (6.12) | 1 (2.04) | | | | | | 15 |
| 书面表达 | | | | | | 1 (2.04) | 2 (4.08) | 9 (18.37) | 2 (4.08) | | 14 |
| 总计 | | 2 (4.08) | 19 (38.78) | 7 (14.29) | 2 (4.08) | 3 (6.12) | 5 (10.20) | 9 (18.37) | 2 (4.08) | | 49 |

#### 7.3.2.3 试题质量分析

**1. 得分率**

高考英语湖南卷共有 85 道题,其中 57 道客观题按小题单独计分,其余主观题以大题板块计总分。从全省小题单独计分的试题分布看,考生得分率的分布范围极广,介于 38.06%～94.63% 之间(见表 7-12),占 57 个试题的 98%,其中,得分率达到 90% 以上的极易题有 2 个,介于 30%～79% 之间的试题 50 个,占 88%,试题得分率分布较为合理。

从题型上看,听力选择题的得分率最高,15 道题中 14 道题的得分率在 60% 以上,得分率超过 80% 的试题有 6 道,占 10% 以上。其他三种题型的得分率基本分布在 30%～79% 之间,其中语法选择和完型填空一均有 8 道题分布在 60%～69% 之间,占所属类型的 53% 和 67%,得分率分布过于集中。

阅读理解题的得分率主要集中在 40%～59% 之间,15 道题中有 9 道,占 60%。

表 7-12　2014 年湖南省高考英语项目得分率区间的次数分布

| 题型 | 分组 | 30～39 | 40～49 | 50～59 | 60～69 | 70～79 | 80～89 | 90～99 |
|---|---|---|---|---|---|---|---|---|
| 听力选择 | 全省 |  | 1 | 0 | 5 | 3 | 4 | 2 |
| 语法选择 |  | 1 | 2 | 2 | 8 | 2 |  |  |
| 完型填空一 |  |  | 2 | 0 | 8 | 2 |  |  |
| 阅读理解 |  | 1 | 4 | 5 | 3 | 1 | 1 |  |
| 听力选择 | 文科 | 1 | 0 | 2 | 3 | 4 | 3 | 2 |
| 语法选择 |  | 2 | 3 | 3 | 7 |  |  |  |
| 完型填空一 |  | 2 | 0 | 5 | 4 | 1 |  |  |
| 阅读理解 |  | 2 | 6 | 3 | 2 | 1 | 1 |  |
| 听力选择 | 理科 |  | 1 | 0 | 4 | 3 | 5 | 2 |
| 语法选择 |  | 3 | 2 | 3 | 7 |  |  |  |
| 完型填空一 |  | 2 | 0 | 5 | 4 | 1 |  |  |
| 阅读理解 |  | 2 | 6 | 4 | 2 | 1 |  |  |

纵观 2012—2014 年(见表 7-13),考生在听力选择题上的表现优良,且情况稳定,2012—2014 年得分率在 60% 以上的比例分别为 93%、73% 和 93%;完型填空题方面,2014 年和 2013 年得分率超过 60% 的比例均为 83%,2012 年为 58%,考生表现相对稳定,发挥情况良好;阅读理解题的得分率提高,无 30% 以下的试题,30%～39% 也仅 1 题,得分率超过 50% 的比例依次为 33%、60% 和 67%;语法选择题的得分率分布变动不大。

总之,从三年全省的得分率看,分布较为理想的仍是语法选择题,得分率在 30%～70% 之间;阅读理解题得分率的分布逐渐趋于合理。

表 7-13　2012—2014 年湖南省高考英语项目得分率区间的次数分布

| 题型 | 时间 | 20～29 | 30～39 | 40～49 | 50～59 | 60～69 | 70～79 | 80～89 | 90～99 |
|---|---|---|---|---|---|---|---|---|---|
| 听力选择 | 2014 |  |  | 1 | 0 | 5 | 3 | 4 | 2 |
|  | 2013 |  | 2 |  | 2 | 2 | 6 | 3 |  |
|  | 2012 |  |  | 1 |  | 4 | 5 | 4 | 1 |

续表

| 题型 | 时间 | 20~29 | 30~39 | 40~49 | 50~59 | 60~69 | 70~79 | 80~89 | 90~99 |
|---|---|---|---|---|---|---|---|---|---|
| 语法选择 | 2014 | | 1 | 2 | 2 | 8 | 2 | | |
|  | 2013 | | 2 | 3 | 4 | 5 | 1 | | |
|  | 2012 | | 3 | 3 | 1 | 7 | 1 | | |
| 完型填空一 | 2014 | | | 2 | 0 | 8 | 2 | | |
|  | 2013 | | | | 2 | 3 | 5 | 2 | |
|  | 2012 | | | 2 | 3 | 3 | 4 | | |
| 阅读理解 | 2014 | | 1 | 4 | 5 | 3 | 1 | 1 | |
|  | 2013 | 1 | 3 | 2 | 4 | 4 | 1 | | |
|  | 2012 | 3 | 1 | 6 | 3 | 2 | | | |

## 2. 区分度

如表 7-14 所示,全省项目区分度指数分布范围在 0.10~0.79 之间,其中属优良以上($D>0.30$)的项目 52 个,占总项目的 91%(未按小题计分的项目除外,下同);属尚可($0.29>D>0.20$)的项目 3 个,占 5%;属差($D<0.19$)的项目 2 个,占 4%。区分度指标差的均为听力选择题,分别为第 1 题和第 3 题,鉴别指数为 0.16 和 0.15。主要是因为考生群体的得分率很高,分别为 91.93% 和 94.63%,且低分组和高分组的得分率接近。完型填空一和写作题的区分度指数均在 0.40 以上,优秀率为 100%,说明这两种题型对考生的水平能进行较好的鉴别,即水平较高的考生得到高分,水平较低的考生得到低分。阅读理解题和语法选择题均有 1 个较差的题目,分别是阅读理解的第 67 题和语法选择的第 33 题,其区分度指数均为 0.23;阅读理解题和语法选择题优秀率($>0.40$)分别为 87% 和 80%,优良率($>0.30$)均为 93%。

表 7-14  2014 年湖南省高考英语项目区分度指数区间的次数分布

| 题型 | 分组 | 0.10~0.19 | 0.20~0.29 | 0.30~0.39 | 0.40~0.49 | 0.50~0.59 | 0.60~0.69 | 0.70~0.79 |
|---|---|---|---|---|---|---|---|---|
| 听力选择 | 全省 | 2 | 1 | 2 | 7 | 2 | | 1 |
| 语法选择 | | | 1 | 2 | 2 | 8 | 2 | |
| 完型填空一 | | | | | 3 | 3 | 6 | |
| 阅读理解 | | | 1 | 1 | 5 | 4 | 4 | |
| 写作 | | | | | | 1 | | |

续表

| 题型 | 分组 | 0.10~0.19 | 0.20~0.29 | 0.30~0.39 | 0.40~0.49 | 0.50~0.59 | 0.60~0.69 | 0.70~0.79 |
|---|---|---|---|---|---|---|---|---|
| 听力选择 | 文科 |  | 2 |  | 4 | 6 | 2 | 1 |
| 语法选择 |  | 1 |  | 2 | 3 | 6 | 2 | 1 |
| 完型填空一 |  |  |  | 2 |  | 3 | 6 | 1 |
| 阅读理解 |  | 1 |  | 2 | 7 | 4 | 1 |  |
| 写作 |  |  |  |  |  | 1 |  |  |
| 听力选择 | 理科 | 2 | 2 | 2 | 7 | 1 |  | 1 |
| 语法选择 |  |  | 1 | 2 | 3 | 8 | 1 |  |
| 完型填空一 |  |  |  | 3 | 4 | 5 |  |  |
| 阅读理解 |  |  | 2 | 0 | 5 | 4 | 4 |  |
| 写作 |  |  |  | 1 |  |  |  |  |

跟前两年相比,2014年的听力选择题的项目区分度较往年有所下降,但优良率比例相近,2012—2014年的优良率分别为73%、80%和80%;语法选择题的优良率分别为87%、93%和93%,优良率相近;完型填空一的优秀率与2013年持平;阅读理解题的优秀率提高,接近87%,比2012和2013年提高了14个百分点。总体而言,2014年阅读理解、完型填空一和语法选择题的分布较为理想。

表7-15　2012—2014年湖南省高考英语项目区分度指数区间的次数分布

| 题型 | 时间 | 0.10~0.19 | 0.20~0.29 | 0.30~0.39 | 0.40~0.49 | 0.50~0.59 | 0.60~0.69 | 0.70~0.79 | 题数 |
|---|---|---|---|---|---|---|---|---|---|
| 听力选择 | 2014 | 2 | 1 | 2 | 7 | 2 |  | 1 |  |
|  | 2013 |  | 3 | 5 | 4 | 3 |  |  | 15 |
|  | 2012 |  | 4 | 4 | 6 | 1 |  |  |  |
| 语法选择 | 2014 |  | 1 | 2 | 2 | 8 | 2 |  |  |
|  | 2013 | 1 |  | 1 | 4 | 7 | 2 |  | 15 |
|  | 2012 |  | 2 | 4 | 5 | 4 |  |  |  |
| 完型填空一 | 2014 |  |  |  | 3 | 3 | 6 |  |  |
|  | 2013 |  |  |  | 2 | 6 | 3 | 1 | 12 |
|  | 2012 |  |  | 3 | 2 | 3 | 4 |  |  |
| 阅读理解 | 2014 |  | 1 | 1 | 5 | 4 | 4 |  |  |
|  | 2013 | 2 |  | 2 | 4 | 2 | 5 |  | 15 |
|  | 2012 |  | 3 | 1 | 6 | 3 | 2 |  |  |

### 7.3.3 层级 III——考生水平分析

2014年湖南省英语考生共计324331人,其中文科生138107人,理科生186224人;示范校134272人,非示范校187089人。

#### 7.3.3.1 整体考生水平分析

**1. 全省考生水平分析**

如表7-16所示,全省2014年考生平均分为86.42,比2012年和2013年分别提高1.97分和7.28分,但平均提高率为1.15%,表明考生水平发挥稳定;差异系数为0.41,考生成绩的分散程度与2012年和2013年接近。得分率为57.61%,比2013年提高4.85个百分点,其优秀率、良好率、及格率和低分率分别为7.7%、15.25%、26.6%、50.45%,低分率超过50%,优秀率比前两年提高了5个百分点,平均提高率为52.60%,一方面较好地体现了选拔性考试的特色,另一方面也一定程度地反映了优秀考生得到较好的区分。

表7-16 2012—2014年全省整体考生水平比较表

| 年份 | 人数 | 平均分(分) | 标准差 | 差异系数 | 得分率(%) | 鉴别指数 | 区分度 | 优秀率(%) | 良好率(%) | 及格率(%) | 低分率(%) |
|---|---|---|---|---|---|---|---|---|---|---|---|
| 2014 | 324331 | 86.42 | 35.20 | 0.41 | 57.61 | 0.47 | 0.87 | 7.70 | 15.25 | 26.6 | 50.45 |
| 2013 | 327578 | 79.14 | 33.74 | 0.43 | 52.76 | 0.45 | — | 2.02 | 11.87 | 28.97 | 57.14 |
| 2012 | 315857 | 84.46 | 33.46 | 0.40 | 56.31 | — | 0.87 | 2.43 | 14.87 | 32.68 | 50.03 |

2012—2014年全省考生各分数段人数与比例分布如图7-2所示,考生整体水平呈稳定的均匀分布。考生在30分和130分左右的人数形成两个较为平坦的峰值,未形成选拔性考试中较为理想的单调分布。表明考生英语水平处于差和良好的学生人数稍多。由英语整体平均分和得分率可知全省的整体水平在及格水平以下。

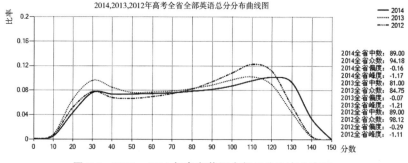

图7-2 2012—2014年高考英语全部总分比率分布图

2. 地州市考生水平分析

如表7-17所示,地州市考生水平的总体趋势与全省考生水平基本一致。从总的情况来看,地州市考生的最高分为148~150,最低分为0,满分率0~0.01。考生的平均分最高为95.69,最低为79.40,相差16.29,平均分比2013年有所提高,分别提高了7.65分和7.66分,但高低分差值与2013年的16.30持平;差异系数为0.36~0.45,得分率在53%~64%,鉴别指数为0.43~0.51;优秀率为4.69%~13.95%,有了较大提高,最低提高了近4个百分点,最高则提高了9个百分点。

表7-17 地州市考生成绩的统计结果

| 地州市 | 人数 | 平均分(分) | 得分率(%) | 最高分(分) | 标准差 | 差异系数 | 鉴别指数 | 区分度 | 优秀率(%) | 良好率(%) | 及格率(%) | 低分率(%) |
|---|---|---|---|---|---|---|---|---|---|---|---|---|
| 长沙市 | 42912 | 95.69 | 63.79 | 150 | 34.31 | 0.36 | 0.46 | 0.89 | 13.95 | 18.03 | 27.57 | 40.44 |
| 常德市 | 29247 | 93.05 | 62.04 | 150 | 33.53 | 0.36 | 0.45 | 0.87 | 9.89 | 18.29 | 28.83 | 42.98 |
| 郴州市 | 16711 | 80.38 | 53.59 | 149 | 35.59 | 0.44 | 0.47 | 0.86 | 6.19 | 12.18 | 23.82 | 57.81 |
| 衡阳市 | 36961 | 84.25 | 56.17 | 149 | 37.70 | 0.45 | 0.51 | 0.87 | 7.56 | 16.45 | 25.33 | 50.65 |
| 怀化市 | 15088 | 80.69 | 53.79 | 149 | 33.79 | 0.42 | 0.45 | 0.87 | 5.09 | 11.63 | 24.41 | 58.87 |
| 娄底市 | 21951 | 85.76 | 57.17 | 149 | 34.59 | 0.40 | 0.47 | 0.87 | 6.47 | 15.05 | 27.36 | 51.11 |
| 邵阳市 | 37747 | 82.80 | 55.20 | 148 | 34.81 | 0.42 | 0.47 | 0.87 | 5.17 | 13.86 | 26.87 | 54.10 |
| 湘潭市 | 16639 | 82.89 | 55.26 | 149 | 36.00 | 0.43 | 0.49 | 0.88 | 6.91 | 13.97 | 24.76 | 54.35 |
| 湘西 | 14662 | 79.40 | 52.93 | 149 | 33.80 | 0.43 | 0.45 | 0.87 | 4.75 | 10.69 | 24.61 | 59.96 |
| 益阳市 | 17965 | 83.86 | 55.90 | 150 | 35.27 | 0.42 | 0.47 | 0.86 | 7.04 | 14.10 | 24.70 | 54.16 |
| 永州市 | 24449 | 79.60 | 53.07 | 149 | 35.31 | 0.44 | 0.47 | 0.87 | 4.69 | 12.58 | 25.11 | 57.62 |
| 岳阳市 | 26508 | 90.69 | 60.46 | 149 | 32.61 | 0.36 | 0.43 | 0.85 | 7.36 | 16.87 | 29.83 | 45.94 |
| 张家界 | 7127 | 83.17 | 55.45 | 148 | 34.10 | 0.41 | 0.46 | 0.87 | 5.84 | 13.06 | 26.14 | 54.96 |
| 株洲市 | 16364 | 93.22 | 62.15 | 148 | 32.91 | 0.35 | 0.44 | 0.88 | 9.09 | 18.75 | 29.08 | 43.08 |

3. 各批次考生水平分析

以2014年湖南高考录取分数线为依据进行批次统计分析见表7-18,结果表明:各批次的最高分文科为141~150,理科为140~150,最低分从13分到84分不等。一批次文理科平均分为134.75和130.51,相差4分左右;二批次文理科平均分分别为120.49和111.12,相差9分左右;三批次(A)文理科平均分分别为107.32和95.47,相差12分左右;三批次(B)文理科平均分分别为98.32和87.42,相差11分左右;较2012年和2013年的平均分有所提高。各批次的平均差异呈增大趋势,相对来说,一批次考生的水平较为整齐,三批次考生的水平相差较大。一批次文理的优秀率为50.00%左右,其平均提高率分别为46.06%和

64.95%。文理科平均分和得分率在批次内的相差较小,在批次间相差较大。

表 7-18  2012—2014 年高考英语湖南卷各批次考生水平统计表

| 分组 | 年份 | 学科 | 人数 | 最高分(分) | 最低分(分) | 平均分(分) | 标准差 | 差异系数 | 得分率(%) | 鉴别指数 | 优秀率(%) | 良好率(%) | 及格率(%) | 低分率(%) |
|---|---|---|---|---|---|---|---|---|---|---|---|---|---|---|
| 一批次 | 2014 | 文科 | 8415 | 150 | 84 | 134.75 | 7.72 | 0.06 | 89.83 | 0.06 | 57.49 | 38.04 | 4.42 | 0.01 |
| | 2013 | | 7349 | 146 | 86 | 128.37 | 8.23 | 0.06 | 85.58 | 0.06 | 24.22 | 62.20 | 13.55 | 0.03 |
| | 2012 | | 6804 | 147 | 90 | 129.62 | 7.34 | 0.06 | 86.41 | 0.50 | 26.95 | 63.73 | 9.32 | 0.00 |
| | 2014 | 理科 | 35267 | 150 | 38 | 130.51 | 11.07 | 0.08 | 87.01 | 0.09 | 42.72 | 42.58 | 14.20 | 0.49 |
| | 2013 | | 31874 | 148 | 33 | 123.33 | 10.98 | 0.09 | 82.22 | 0.08 | 13.68 | 55.38 | 30.08 | 0.86 |
| | 2012 | | 31963 | 150 | 53 | 124.97 | 9.92 | 0.08 | 83.31 | 0.53 | 15.70 | 58.87 | 25.04 | 0.38 |
| 二批次 | 2014 | 文科 | 20497 | 148 | 42 | 120.49 | 12.37 | 0.10 | 80.32 | 0.08 | 10.42 | 48.09 | 39.54 | 1.95 |
| | 2013 | | 19639 | 145 | 46 | 114.13 | 11.62 | 0.10 | 76.09 | 0.07 | 1.33 | 34.09 | 61.32 | 3.26 |
| | 2012 | | 18640 | 143 | 50 | 118.34 | 9.80 | 0.08 | 78.89 | 0.35 | 2.31 | 47.12 | 49.66 | 0.92 |
| | 2014 | 理科 | 47895 | 148 | 13 | 111.12 | 17.99 | 0.16 | 74.08 | 0.10 | 5.40 | 31.55 | 50.96 | 12.08 |
| | 2013 | | 46601 | 141 | 24 | 104.76 | 16.24 | 0.15 | 69.84 | 0.10 | 0.41 | 17.04 | 66.38 | 16.18 |
| | 2012 | | 43731 | 145 | 27 | 108.93 | 14.73 | 0.14 | 72.62 | 0.32 | 0.74 | 24.08 | 65.19 | 10.00 |
| 三批A | 2014 | 文科 | 11047 | 147 | 26 | 107.32 | 14.95 | 0.14 | 71.55 | 0.04 | 1.29 | 19.78 | 67.32 | 11.61 |
| | 2013 | | 16117 | 139 | 28 | 100.03 | 14.88 | 0.15 | 66.69 | 0.06 | 0.09 | 6.72 | 72.18 | 21.02 |
| | 2012 | | 24144 | 141 | 24 | 103.87 | 14.00 | 0.13 | 69.25 | 0.36 | 0.16 | 10.98 | 74.53 | 14.33 |
| | 2014 | 理科 | 20071 | 145 | 21 | 95.47 | 20.75 | 0.22 | 63.65 | 0.04 | 0.60 | 10.33 | 54.29 | 34.79 |
| | 2013 | | 26940 | 139 | 16 | 87.00 | 19.30 | 0.22 | 58.00 | 0.07 | 0.02 | 2.20 | 47.00 | 50.76 |
| | 2012 | | 43794 | 139 | 15 | 88.53 | 19.89 | 0.22 | 59.02 | 0.35 | 0.09 | 3.45 | 50.16 | 46.35 |
| 三批B | 2014 | 文科 | 8190 | 141 | 24 | 98.32 | 16.65 | 0.17 | 65.55 | 0.03 | 0.31 | 8.69 | 63.39 | 27.61 |
| | 2013 | | 11634 | 142 | 21 | 88.13 | 17.34 | 0.20 | 58.76 | 0.05 | 0.02 | 1.56 | 49.21 | 49.22 |
| | 2012 | | 9728 | 136 | 22 | 91.01 | 16.11 | 0.18 | 60.67 | 0.15 | 0.03 | 1.86 | 55.97 | 42.14 |
| | 2014 | 理科 | 9890 | 140 | 18 | 87.42 | 21.40 | 0.25 | 58.28 | 0.02 | 0.15 | 4.30 | 46.06 | 49.49 |
| | 2013 | | 12781 | 138 | 0 | 74.82 | 20.31 | 0.27 | 49.88 | 0.04 | 0.00 | 0.48 | 24.29 | 75.23 |
| | 2012 | | 8550 | 131 | 11 | 72.09 | 20.11 | 0.28 | 48.06 | 0.06 | 0.00 | 0.30 | 20.16 | 79.53 |

**4. 各分组考生水平分析**

按英语总分高低排序后,再根据考生人数平均分为七组,最低组为 G1,最高组为 G7。如表 7-19 所示,无论是全省,还是示范与非示范校,无论是文理科单科,还是文理科综合,平均分和得分率均呈现出组间(由低分组到高分组)逐渐递增的趋势,符合不同考生水平组的一般发展趋势。组间递增趋势非常明显,从各组全省的文理综合分数看,平均分从 G1 组的 31.67 递增到 G7 组的 135.60,平均递增分数约 17 分,平均增长率为 27.23%,与往年持平;得分率为 21.12%~90.40%,以平均 12 个百分点的速度递增;各组示范校的文科和理科,非示范的文科和理科也呈现相同的趋势。但是,组内(同一组内部)的示范与非示范校在文理及综合平均分和得分率则呈现差距较小的趋势。由差异系数可知,高分组的考生水平差距较小,低分组考生水平的差距相对较大。

表 7-19  2014 年全省、示范与非示范校、文理科考生各分组成绩统计表

| 学科 | 分组 | 全省 | | | | 示范 | | | | 非示范 | | | |
|---|---|---|---|---|---|---|---|---|---|---|---|---|---|
| | | 人数 | 平均分(分) | 得分率(%) | 差异系数 | 人数 | 平均分(分) | 得分率(%) | 差异系数 | 人数 | 平均分(分) | 得分率(%) | 差异系数 |
| 综合 | G1 | 46333 | 31.67 | 21.12 | 0.21 | 9471 | 32.34 | 21.56 | 0.20 | 36862 | 31.50 | 21.00 | 0.21 |
| | G2 | 46333 | 51.40 | 34.27 | 0.11 | 12701 | 51.67 | 34.44 | 0.11 | 33632 | 51.30 | 34.20 | 0.11 |
| | G3 | 46333 | 70.48 | 46.98 | 0.08 | 15973 | 70.73 | 47.15 | 0.08 | 30360 | 70.35 | 46.90 | 0.08 |
| | G4 | 46333 | 88.88 | 59.25 | 0.06 | 18943 | 89.07 | 59.38 | 0.06 | 27390 | 88.74 | 59.16 | 0.06 |
| | G5 | 46333 | 105.92 | 70.61 | 0.04 | 21923 | 106.05 | 70.70 | 0.04 | 24410 | 105.81 | 70.54 | 0.04 |
| | G6 | 46333 | 120.99 | 80.66 | 0.03 | 26048 | 121.18 | 80.79 | 0.04 | 20285 | 120.74 | 80.49 | 0.04 |
| | G7 | 46333 | 135.60 | 90.40 | 0.04 | 32183 | 135.93 | 90.62 | 0.04 | 14150 | 134.86 | 89.90 | 0.03 |
| 文科 | G1 | 19729 | 29.11 | 19.40 | 0.20 | 3553 | 29.56 | 19.70 | 0.19 | 16176 | 29.01 | 19.34 | 0.20 |
| | G2 | 19729 | 44.94 | 29.96 | 0.10 | 4764 | 45.22 | 30.14 | 0.10 | 14965 | 44.85 | 29.90 | 0.10 |
| | G3 | 19729 | 61.03 | 40.69 | 0.08 | 5795 | 61.39 | 40.93 | 0.08 | 13934 | 60.88 | 40.59 | 0.08 |
| | G4 | 19730 | 77.95 | 51.97 | 0.06 | 6896 | 78.12 | 52.08 | 0.06 | 12834 | 77.86 | 51.91 | 0.06 |
| | G5 | 19730 | 96.00 | 64.00 | 0.06 | 8094 | 96.13 | 64.09 | 0.06 | 11636 | 95.92 | 63.95 | 0.06 |
| | G6 | 19730 | 114.15 | 76.10 | 0.04 | 9152 | 114.32 | 76.21 | 0.05 | 10578 | 113.99 | 76.00 | 0.04 |
| | G7 | 19730 | 132.48 | 88.32 | 0.05 | 11964 | 133.24 | 88.83 | 0.05 | 7766 | 131.31 | 87.54 | 0.04 |
| 理科 | G1 | 26604 | 34.64 | 23.09 | 0.23 | 6221 | 35.49 | 23.66 | 0.21 | 20383 | 34.38 | 22.92 | 0.23 |
| | G2 | 26604 | 58.11 | 38.74 | 0.11 | 8261 | 58.51 | 39.01 | 0.11 | 18343 | 57.93 | 38.62 | 0.11 |
| | G3 | 26604 | 78.80 | 52.53 | 0.07 | 10389 | 79.00 | 52.67 | 0.07 | 16215 | 78.67 | 52.45 | 0.07 |
| | G4 | 26603 | 96.60 | 64.40 | 0.05 | 12118 | 96.83 | 64.55 | 0.05 | 14485 | 96.42 | 64.28 | 0.05 |
| | G5 | 26603 | 111.67 | 74.45 | 0.04 | 14015 | 111.86 | 74.58 | 0.04 | 12588 | 111.45 | 74.30 | 0.04 |
| | G6 | 26603 | 124.56 | 83.04 | 0.03 | 16643 | 124.71 | 83.14 | 0.03 | 9960 | 124.30 | 82.87 | 0.03 |
| | G7 | 26603 | 137.11 | 91.41 | 0.03 | 19377 | 137.31 | 91.54 | 0.03 | 7226 | 136.57 | 91.05 | 0.03 |

#### 7.3.3.2 分项考生水平分析

**1. 基于考试内容的分析**

本次考试内容包括 20 个知识点。数据表明,全省、示范、非示范校的最高分均为各知识点的满分值,最低分均为 0。如表 7-20 所示,全省得分率最高的知识点为情态动词,为 70.26%,其次是从句、倒装句、显性细节、段内信息、句内信息、篇内信息、时态和主谓一致,得分率在 60%~69% 之间,得分率在 50%~59% 之间的有短文要点、非谓语动词、显性要义、虚拟语气、隐性要义、隐性细节和作文,得分率在 40%~49% 之间的有强调句和语篇知识,得分率在 30%~39% 之间的有祈使句和听写要点。

表 7-20　2014 年全省考生在各知识点的统计量

| 序号 | 考试内容 | 题号 | 满分值 | 平均分（分） | 得分率（%） | 差异系数 | 鉴别指数 |
|---|---|---|---|---|---|---|---|
| 1 | 情态动词 | 25 | 1 | 0.70 | 70.26 | 0.65 | 0.57 |
| 2 | 显性细节 | 1,2,3,6,8,9,11,12,13,14,56,57,58,59,60,64,67,69,70 | 33 | 22.91 | 69.41 | 0.30 | 0.42 |
| 3 | 从句 | 24,26,31 | 3 | 2.07 | 69.05 | 0.49 | 0.55 |
| 4 | 倒装句 | 29 | 1 | 0.68 | 68.09 | 0.68 | 0.58 |
| 5 | 句内信息 | 38,40,41,42,43,44,45,47 | 12 | 7.62 | 63.46 | 0.47 | 0.58 |
| 6 | 篇内信息 | 37 | 1.5 | 0.94 | 62.98 | 0.77 | 0.64 |
| 7 | 段内信息 | 36,39,46 | 4.5 | 2.75 | 61.10 | 0.53 | 0.52 |
| 8 | 时态 | 28,34 | 2 | 1.21 | 60.55 | 0.62 | 0.52 |
| 9 | 主谓一致 | 32 | 1 | 0.61 | 60.52 | 0.81 | 0.53 |
| 10 | 非谓语动词 | 21,23,27,35 | 4 | 2.35 | 58.85 | 0.55 | 0.53 |
| 11 | 隐性要义 | 5,10,65,68 | 7 | 4.11 | 58.78 | 0.54 | 0.55 |
| 12 | 显性要义 | 66 | 2 | 1.12 | 56.16 | 0.88 | 0.45 |
| 13 | 隐性细节 | 4,7,15,61,62,63 | 10.5 | 5.76 | 54.85 | 0.53 | 0.50 |
| 14 | 虚拟语气 | 22 | 1 | 0.53 | 53.00 | 0.94 | 0.32 |
| 15 | 短文要点 | 71,73,75,77,79,72,74,76,78,80,81,82,83,84 | 20 | 10.58 | 52.92 | 0.57 | 0.65 |
| 16 | 作文 | 85 | 25 | 12.74 | 50.98 | 0.54 | 0.52 |
| 17 | 语篇知识 | 48,50,52,54,49,51,53,55 | 12 | 5.82 | 48.46 | 0.67 | 0.68 |
| 18 | 强调语 | 33 | 1 | 0.43 | 43.04 | 1.15 | 0.23 |
| 19 | 祈使句 | 30 | 1 | 0.40 | 39.71 | 1.23 | 0.50 |
| 20 | 听写要点 | 16,17,18,19,20 | 7.5 | 2.92 | 38.97 | 0.90 | 0.71 |

2. 基于考核目标的分析

2014 年高考英语考核目标为 11 个,结果见表 7-21。结果表明,全省考生在考核目标上的鉴别指数均为 0.40 以上,考核目标对考生的鉴别能力优异;得分率介于 39.97%～75.33% 之间,平均得分率为 56.75%,得分率与鉴别力分布理想。考生得分率最高的考核目标是直接辨别,最低的是要点记录。第三是时态运用,得分率为 63.04%。

表 7-21　全省考生在考核目标上的统计量

| 序号 | 考核目标 | 题号 | 满分值 | 平均分(分) | 差异系数 | 得分率(%) | 区分指数 |
|---|---|---|---|---|---|---|---|
| 1 | 直接辨别 | 2 | 1.5 | 1.13 | 0.57 | 75.33 | 0.44 |
| 2 | 间接辨别 | 1,3,6,8,9,11,12,13,14,56,57,58,59,60,64,66,67,69,70 | 33.5 | 22.9 | 0.31 | 68.35 | 0.42 |
| 3 | 词汇知识运用 | 36,37,38,39,40,41,42,43,44,45,46,47 | 18 | 11.31 | 0.45 | 62.83 | 0.57 |
| 4 | 语法知识运用 | 21,22,23,24,25,26,27,28,29,30,31,32,33,34,35 | 15 | 8.98 | 0.42 | 59.88 | 0.50 |
| 5 | 归纳概括 | 5,10,65,68 | 7 | 4.11 | 0.54 | 58.78 | 0.55 |
| 6 | 简单推断 | 4,7,15,61,62,63 | 10.5 | 5.76 | 0.53 | 54.85 | 0.50 |
| 7 | 句子表达 | 81,82,83,84 | 10 | 5.45 | 0.65 | 54.53 | 0.72 |
| 8 | 关键词表达 | 71,73,75,77,79,72,74,76,78,80 | 10 | 5.13 | 0.55 | 51.30 | 0.57 |
| 9 | 短文写作 | 85 | 25 | 12.74 | 0.54 | 50.98 | 0.52 |
| 10 | 语篇知识运用 | 48,50,52,54,49,51,53,55 | 12 | 5.82 | 0.67 | 48.46 | 0.68 |
| 11 | 要点记录 | 16,17,18,19,20 | 7.5 | 2.92 | 0.90 | 38.97 | 0.71 |

3. 基于题型的分析

各题型得分率分布见表 7-22。2014 年高考英语科的题型为九种,题型的鉴别指数均在 0.40 以上,题型鉴别力优异。全省考生题型得分率介于 38.97%～74.53%之间,平均得分率为 55.40%。得分率最高的题型是听力的听对话,得分率为 74.53%;其次是完型填空一,为 62.83%。得分率最低的是听力的填空题,为 38.97%。

表 7-22　2014 年全省高考英语题型得分统计分析表

| 序号 | 题型 | 题号 | 满分值 | 平均分(分) | 得分率(%) | 差异系数 | 鉴别指数 |
|---|---|---|---|---|---|---|---|
| 1 | 听力—听对话 | 1—15 | 22.5 | 16.77 | 74.53 | 0.28 | 0.40 |
| 2 | 英语知识运用—完型填空一 | 36—47 | 18 | 11.31 | 62.83 | 0.45 | 0.57 |
| 3 | 英语知识运用—语法选择 | 21—35 | 15 | 8.98 | 59.88 | 0.42 | 0.50 |
| 4 | 阅读理解 | 56—70 | 30 | 17.13 | 57.11 | 0.44 | 0.49 |

续表

| 序号 | 题型 | 题号 | 满分值 | 平均分（分） | 得分率（%） | 差异系数 | 鉴别指数 |
|---|---|---|---|---|---|---|---|
| 5 | 书面表达－简答题 | 81－84 | 10 | 5.45 | 54.53 | 0.65 | 0.72 |
| 6 | 书面表达－短文填空 | 71－80 | 10 | 5.13 | 51.30 | 0.55 | 0.57 |
| 7 | 书面表达－写作 | 85 | 25 | 12.74 | 50.98 | 0.54 | 0.52 |
| 8 | 英语知识运用－完型填空二 | 48－55 | 12 | 5.82 | 48.46 | 0.67 | 0.68 |
| 9 | 听力－填空 | 16－20 | 7.5 | 2.92 | 38.97 | 0.90 | 0.71 |

## 4. 典型试题分析

[第7题]What did the man do yesterday?

A. He saw a movie.　　B. He watched TV.　　C. He visited some friends.

[考试内容]隐性细节　[考核目标]简单推断　[答案]A
[得分率]43.45%　[鉴别指数]0.70

表 7-23　第 7 题选项被选情况表

| 选项 | 人数 | 比率（%） |
|---|---|---|
| A | 140929 | 43.45 |
| B | 113238 | 34.91 |
| C | 69699 | 21.49 |
| ♯ | 465 | 0.14 |

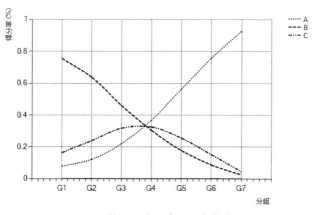

图 7-3　第 7 题分组选项比率曲线图

该题为听力选择题。听力选择题15道题,平均得分率为74.53%,但该题的得分率只有43.45%,难度最大。如表7-23所示,B选项干扰功能最大,选择人数超过总人数的1/3。从图7-3可知,选择答案项A的人数随着考生水平的提高而上升,选项B的选择人数随着考生水平的提升而下降,这正是该题鉴别力强的原因。选项C对中等水平的考生有一定干扰,但对高水平和低水平考生的干扰欠佳。

该题是一道隐性细节的简单推断题。题干问"What did the man do yesterday",根据男声"I went to the cinema with some friends yesterday"可推知答案为"A. He saw a movie"。选项"B. He watched TV"的干扰强,是因为录音中有"I was just watching TV"。选该项的考生很可能是因为粗心没有注意题干中的"yesterday"。不过,严格地说,对话中并没有提到男声在昨天到底看没看电视或是否去过朋友家,也就是说,根据对话提供的信息其实无法断定选项B和C一定不对。平时命题最好避免这种无法证伪的干扰项,以免影响考试的内容效度。

[第19题]Give a list of all the employees to the _____ owner.
[考试内容]显性要义 [考核目标] 简单转换 [答案]gift shop

该题在听力短文中的相关信息为"Please make a list of all the employees and give it to Ms. Baxter, owner of the gift shop",题目要求考生将原文中带有of所有格的名词短语——owner of the gift shop转换为名词修饰名词的短语——the gift shop owner。题目仅要求转换词序,且相关内容为主题句中的显性信息,所以该题为显性要义的简单转换题。

在随机抽取的150份答案中,正确作答的只有13份,比率不到9%。有27人直接填名词"shop",另有27人完全根据发音填写"gate shop, get shop, get shape, get shock"等。54人未作答,其余答案均与考试内容无关。这个小样本虽不足以反映考生答题的整体情况,但仍可在一定程度上说明问题。可以说,仅有少数考生能完全听懂短文的要义并具有较强的词汇运用能力;三分之一的考生能听懂相关信息,但词汇运用能力不强;有超过二分之一的考生听不懂相关信息,听力理解能力较弱。

[第30题]_____ what you're doing today important, because you're trading a day of your life for it.
  A. Make  B. To make  C. Making  D. Made
[考试内容]祈使句 [考核目标]语法知识运用 [答案]A
[得分率]39.71% [鉴别指数]0.50

表 7-24　第 30 题选项被选情况表

| 选项 | 人数 | 比率(%) |
|---|---|---|
| A | 128776 | 39.71 |
| B | 73208 | 22.57 |
| C | 100440 | 30.97 |
| D | 20670 | 6.37 |
| # | 1237 | 0.38 |

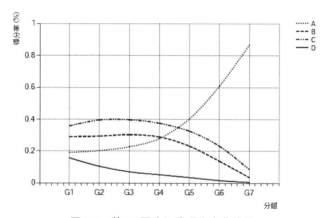

图 7-4　第 30 题分组选项比率曲线图

这道题的典型性在于,该题得分偏低但鉴别力比较理想。表 7-24 显示,选项 D 基本上没有干扰功能,选项 B 和 C 均具有一定干扰。图 7-4 显示,对中等及以下水平考生(G1~G4 组)而言,A、B、C 三个选项的鉴别力都不强,并且答案项 A 的得分率反而低于干扰项 B 和 C;但对中等及以上水平的考生(G4~G7 组)而言,答案项 A 的鉴别力非常理想,干扰项 B 和 C 的干扰功能也趋于正常,这是该题整体鉴别力较为理想的原因。

表 7-24 和图 7-4 同时还显示,考生答错该题的主要原因是没有正确掌握谓语动词和非谓语动词的区别,误以为是考查非谓语动词,所以选择了"Making"或"To make"。根据"because"一词可知,前面部分为主句且没有谓语,应该填入一个谓语动词,构成祈使句。

[第 53 题]Neighbors should do all they can to avoid disturbing other people, 53 there are times when some level of disturbance is unavoidable.

　　[考试内容]连词　　[考核目标]连接关系分析　　[答案]but

此题考查语境意义的衔接关系。由于该题前后都是结构完整的句子且前后两句的意义存在转折关系,所以最佳答案应为表示转折意义的连词 but。

在 150 份抽样卷中,正确填写"but"的考生有 40 人,占 26.66%。另有 9 人填写"though"和"although",说明这些考生没有掌握好这两个表转折意义的连词的用法。错将后句当定语从句而填写"which"的有 20 人;9 人填写"as,because"等表原因的连词;另有考生填写"so,when,what,that,if,while,when,who,for,and"等连词。少数考生填介词,如"at,except,by,in,without"等。这些错误答案说明考生在句子成分分析或句子意义理解上存在较大困难。

[第 65 题]Which of the following can be the best title for the passage?

A. An Unforgettable Teacher　　B. A Future Mathematician
C. An Effective Approach　　　D. A Valuable Lesson

[考试内容]隐性要义　[考核目标]归纳概括　[答案]D
[得分率]53.60%　[鉴别指数]0.63

表 7-25　第 65 题选项被选情况表

| 选项 | 人数 | 比率(%) |
|---|---|---|
| A | 63124 | 19.46 |
| B | 34058 | 10.50 |
| C | 52729 | 16.26 |
| D | 173857 | 53.60 |
| # | 563 | 0.17 |

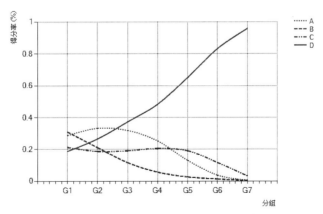

图 7-5　第 65 题分组选项比率曲线图

该题是一道典型的隐性要义归纳概括题。题目的难度适中,鉴别力强。就选项整体被选情况而言(见表7-25),53.60%的考生答对了该题,三个干扰项也具有一定的干扰功能。从分组情况来看(见图7-5),考生在答案项 D 上的得分率随着水平的提高明显上升,这正是该题鉴别力强的原因。干扰项 C 对 G1~G5 组的考生基本上没有鉴别力,对 G5~G7 组考生的干扰趋向正常;干扰项 B 对前四组考生的干扰较好,对 G4~G7 组考生基本上没有干扰;A 项从 G3 组开始干扰趋于正常,对前三组考生的干扰反而呈上升趋势,与正常情况相反。

题目要求考生为语篇选择一个最佳标题。全文围绕"教训"展开,第一段最后一句入题"One day, this approach threw me into embarrassment",最后一段呼应"If I could choose one school day that taught me the most, it would be that one"。这个教训对作者来说是有益的,它至少让作者明白了三个道理(见倒数第二段)。因此,用 A Valuable Lesson 作为标题能很好体现文章的主题思想。不过,选项"A. An Unforgettable Teacher"始终与全文紧密相关。从篇幅而言,关于老师的内容甚至更多,尤其是这位老师极具个性的课堂提问方法确实令人难以忘怀。如果不从文章结构上进行整体把握而只注重篇幅,很容易误选 A。这也许是 G1~G3 组考生在此选项上有反常答题行为的原因。

[第 67 题]The underlined word "which" in Paragraph 2 refers to "____".

A. the ways      B. their homes
C. developments      D. existing efforts

[考试内容]显性细节    [考核目标]间接辨别    [答案]D
[得分率]38.06%    [鉴别指数]0.23

表7-26 第67题选项被选情况表

| 选项 | 人数 | 比率(%) |
| --- | --- | --- |
| A | 134614 | 41.51 |
| B | 33781 | 10.42 |
| C | 32077 | 9.89 |
| D | 123434 | 38.06 |
| ♯ | 425 | 0.13 |

第 7 章　测后辩论例析:考生水平评价及教学建议　303

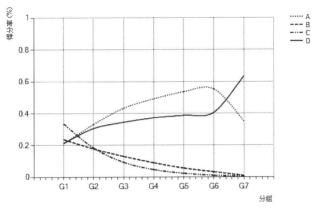

图 7-6　第 67 题分组选项比率曲线图

这道题的得分率全卷最低且鉴别指数也是全卷最低的 4 道题之一。选项被选情况表(见表 7-26)显示,干扰项 A 的选择人数反而超过了答案项 D,选项 B 和 C 的选择人数仅各占 10% 左右。分组选项比率图(见图 7-6)进一步显示,G1～G6 组考生在干扰项 A 上的得分率均高于在答案项 D 上的得分率,只有最高分组 G6～G7 组考生的答题表现趋于正常。这是该题难度大和鉴别力低的根本原因。其他两个干扰项的干扰功能正常,考生的得分率均随着水平的提高而递减。

语篇中与题目相关的内容为第二段。该段只有一个句子,即"The study suggests that the ways that people use and live in their homes have been largely ignored by existing efforts to improve energy efficiency(效率), which instead focus on architectural and technological developments"。该句的句子结构复杂,整体为一个带有宾语从句的复合句。宾语从句中,主语(the ways)带一个定语从句,介宾(by existing efforts)先接不定式"to improve energy efficiency"作定语,后再接一个非限制性定语从句。答题时,考生若能将宾语从句简化为"the ways … have been largely ignored by existing efforts …, which instead focus on … developments",则"which"的所指即一目了然,即"existing efforts"。由于句子结构复杂,加之实现生活中方法(the ways)与发展(developments)密切相关,如果不仔细分析对方法的限定成分,则很容易误选选项 A。

[第 77 题]——　77　 or subtracting destinations

[考试内容]显性细节　[考核目标]简单转换　[答案]adding

该题的考试内容为第二自然段倒数第二句话中的一个细节,即"Another

mistake is that we worry too much about strategic issues … or which destinations to add or subtract from our journey"。考生需能理解"add or subtract"的宾语都是前面的"destinations",再根据题中的提示信息"_____ or subtracting destinations"推出需填补的缺失信息为"adding"。

在随机抽取的 150 份答卷中,正确填写"adding"的有 77 份,得分率为 51.33%,说明中等水平的考生即能正确答出该题。另有 8 人能找到相关信息点,但 4 人直接填写"add",填写"to add"和"added"的各 1 人,2 人填写"adding which destination"。这些考生基本上能理解相关信息,但转换表达的能力较弱。其余 65 份为未作答或填写无关内容的答卷。

[第 81 题]What did the kids like to do at the local ponds in winter? (No more than 6 words)

[考试内容]显性细节　[考核目标]简单转换　[答案]They liked to go skating.

该题要求考生根据题中的提示信息"like to do … in winter",在语篇中找到相关信息"When winter arrived they couldn't wait to go skating",并能理解"couldn't wait to do"的事情即为"liked to do"的事情。该题的考试内容为语篇中的显性细节,对转换表达的要求也不高,只需将题干中的"the kids"转换为"They"即可,但考生的得分率并不高。在 150 份抽样卷中,得满分的只有 40 人,得分率仅为 26.67%。

未得满分答卷的错误大致可分为以下几类:

1) 未按要求转换。例如,"They like wait to go skating"和"They could like to go skating"。

2) 信息点定位错误。例如,没有注意到题干中的"in winter",错误地把答案定位在"In summer"这个句子,回答"They caught frogs and fish";或者把"in winter"和"in summer"两处的信息结合起来,回答"Catching frogs, fish, and going skating";另有考生仅根据"like to do"定位到与"enjoy"相关的信息,回答"They enjoyed themselves in that neighborhood"。

3) 其他表达错误。例如,"Because they couldn't wait to go skating",但此题并非问原因。

### 7.3.4　层级 IV——日常教学建议

2014 年的评价从评价指标的分布、考生总体的得分情况、结构性内容的分项得分和典型试题的答题情况等几个方面,对湖南省高考考生的英语水平进行了定量和定性分析。从分析结果来看,教学仍须加强语言基本功训练,同时注意人文素养以及思辨与创新能力的培养。

#### 7.3.4.1 强化语言基本功

从今年考生的答题情况来看,考生在语音辨别、单词拼写、语法分析和句子及篇章的结构分析等方面都存在一定问题,这意味着语言基本功训练仍将是教学的重点。

1. 重视词汇教学

从抽样卷的情况来看,因辨音不准和拼写错误而丢分的情况并不少见。本年度高考听力填空题的得分率为全卷最低,考生的答题反映出语音和拼写问题都比较突出。例如第 18 题,答案为"light",考生却写成"right, night, late, write, lat"等。第 19 小题答案为"gift shop",但有 18% 的考生根据发音填写"get shape, get shop, gate shop, get shock"。这些词的搭配语意不通,主要反映词汇使用能力弱,但首先还是因为辨音不准。拼写掌握不好的现象也很严重。例如,第 20 题答案中,"package"一词的拼写错误五花八门,如"parikge, packge, packedgre, pacage, pickage, pakage, parkage"等。作文中的拼写错误更是举不胜举。语音和拼写问题在低水平考生中尤为严重,但中、高水平考生这两方面的基本功同样不容忽视。

词汇使用问题也比较突出。完型填空二的得分率在本年度高考中也非常低,仅略高于听力填空。这道题主要考词句的衔接与连贯,考试内容都是很常见的代词、连词、介词和冠词等。这方面的丢分情况如此严重,反映考生在具体语境中灵活运用词汇的能力较弱,而不仅是拼写或词义掌握不牢。阅读填空主要也是考查考生的词汇运用能力,通常要求考生进行简单的词性或词形转换,如第 72 题要求将"perform"转为"performance",第 79 题将"choose"转为"choice",第 77 题将"add"转为"adding"。另有两道题比较特殊,即第 74 题和第 75 题。两题答案的动词和名词形式都相同,分别为"attempt"和"worry"。许多考生没有掌握好这一点,都试图去转换词形,导致丢分。在这两道题的抽样卷中,正确填写"attempt"和"worry"的考生分别只有 8% 和 15%。

2. 注重语法基础

高考英语湖南卷历来注重对语法基础知识的考查,并且强调语法知识在真实语境中的运用。考试内容主要为表 7-1 中的 11 个语法项,重点突出时态、从句和非谓语动词三大语法知识点,同时兼顾主谓一致、虚拟语气、被动语态、情态动词、并列句、祈使句、倒装句、强调句等语法项目。注重语法基础,不考偏题、怪题;注重语言使用的真实性,不编造、虚构语境。日常教学中,没有必要进行"魔鬼式"语法训练,或专门针对单个语法点机械地反复

"刷"语法题,相反,应把语法知识融入语境意义、把语法教学融入语言使用,让学生在使用英语的过程中感悟语境意义,习得语法知识,自然而然地提高语法知识的运用能力。

需要特别指出的是,冠词误用现象在近几年高考中都比较普遍。今年听力填空的第 20 题和完型填空二的第 52 题都涉及冠词的使用。根据这两道题和作文题的抽样调查,冠词是绝大多数考生语法知识的薄弱环节。这主要是因为汉语中没有冠词,学生无法通过类比进行学习和使用。此外,冠词在口语和听力中通常被弱化,这也很容易导致冠词被忽视。另一大原因很可能是冠词在日常教学中没有得到足够的重视。尽管冠词每考必考,但由于分值小又难以掌握,所以不排除冠词在教学中被刻意淡化的可能性。其实,正因为冠词难以掌握又容易被忽视,冠词的使用能力可以说是语法知识乃至英语运用能力的一面"镜子"。因此,日常教学中,冠词不应被忽视,更不该被淡化。

### 3. 关注篇章结构

句子结构的分析能力历来都是高考的重点和难点。解答语法选择题通常离不开句子结构分析。今年第 30 题和第 33 题的得分率低,主要就是因为句子结构复杂。第 30 题中,首先必须能够分析出"because"前面的部分为主句并且缺少谓语,然后才能确定应选择一个动词做谓语构成祈使句(详见典型试题分析)。第 33 题难度大,主要是因为被强调的主语结构复杂,其中包含一个由连词短语"not...but..."连接的动名词短语。如果结构分析不清,就很难判断出该题的考点为强调句。此外,完型填空、阅读理解、短文填空和简答部分的语篇中都会有一定数量结构复杂的句子。考生必须首先厘清句子的结构,然后才能正确理解。例如,今年阅读理解中的第 67 小题,之所以得分率低,主要是因为句子结构复杂。如果弄不清句子的结构,就很难正确辨别"which"所指代的内容(详见典型试题分析)。

语篇结构的分析能力是体现学生语言理解和表达能力的重要指标。完型填空二重点考查句子间的衔接与连贯,这些都是语篇结构分析的重要内容。阅读理解、短文填空和简答中的归纳概括题往往针对语篇结构,着重考查考生对语篇整体结构的理解能力。例如,今年阅读理解的第 65 题,要求考生根据语篇内容的首尾呼应归纳出全文的主旨要义并拟定标题。短文填空的第 71 题则要求考生根据语篇结构确定中心词的位置,再辨别出"Happy Vacations"即为语篇的标题。日常教学中,应加强主旨要义归纳概括题的训练,提高学生的语篇结构分析能力。

#### 7.3.4.2 加强人文素质教育

湖南省高考英语考试关注语言的人文性,注重选取具有人文特色和思想教育意义的语言材料,一方面强调"寓教于考",另一方面引导日常教学加强人文素质教育。

1. 凸显人文特色

语言材料的人文特色历来都是高考英语湖南卷的"亮点"。听力语料关乎日常生活,话题丰富多彩,透过衣、食、住、行的点点滴滴,折射英语国家的社会与文化。阅读理解、短文填空和简答题的语篇关注人生历程和社会进步,话题以人物故事、环境保护、科技发展为主,突出人与人和人与自然的关系。例如,今年阅读理解的三个语篇分别关注青少年的成长、人生教训和住房节能,阅读填空题的语篇介绍怎样才能快乐度假,简答题语篇通过"小孩与池塘"的故事展示民意和法律在环境保护中的决定性作用。日常教学中,可以借鉴这种选材思路广开"材"源,不断从国内外英语报刊、英语学习网站等不同渠道广泛搜集类似素材,帮助学生了解英语国家的社会文化,同时为平时考试累积原创素材。

2. 融合思想教育

高考英语湖南卷的另一大"亮点"就是语言材料的思想教育意义。这一特点在完型填空题的两个语篇中表现最为明显。历年完型填空题的语篇基本上都是蕴含人生哲理、催人积极上进的题材,今年也不例外。今年的完型填空一讲述母亲在作者离家上大学前教作者烫熨衬衣的故事。"学会了烫衬衣,什么事都可以'烫'平",一句话道出了母亲临行授艺的良苦用心和儿行千里母担忧的慈母柔情。"烫衣如闹市驱车,需十步一停""领如脸,尤为先""一烫去一褶,万皱瞬时休",则又无不闪耀着人生的哲理。完型填空二用朴实的语言、简单的示例,讲授建立和睦友善邻里关系的秘诀:"不扰邻""多包容"。讲的不是大道理,但却小中见大。前者反映个人修为的崇高境界,后者则体现社会公民的良好素养。

#### 7.3.4.3 培养思辨与创新能力

中学阶段是思辨能力和创新思维发展的黄金时期。中学教育应不失时机,注意激发学生的思辨意识,着力培养学生的创新能力,切实提高年青一代国民的素质,为实现民族复兴大业奠定基础。

1. 激发思辨意识

学生的思辨意识离不开教师的引导,更取决于教师对待"异议"的态度和处理"异议"的方式。首先,教师应注意把握时机,积极引导学生进行思辨。例如,阅读理解教学中,教师可通过设问层层善诱,引导学生仔细观察、积极思考,鼓励学生发表不同意见、开展理性辩论。其次,教师应尊重学生的"异议",尤其是,应允许学生对所谓的"权威"有不同的看法。只要学生言之有理,就应该予以肯定和鼓励,并应站在平等的立场、实事求是地与学生进行讨论。例如,如果"最佳答案"确实可争可辩,教师不应为了维护所谓的"权威"去辩解,更不应强迫学生去接受,相反,应引导学生去发现问题、分析问题。只有这样,才能真正做到激发思辨意识,培养批判精神。

2. 培养创新能力

创新并不一定意味着科学发明,新的观点、新的表达同样是创新。今年的作文题就是一个引导考生进行创新思维的典范。该题要求考生以"My Magic _____"为题写一篇短文。考生的答案中,写牙刷、水壶、鞋子、眼镜、衣帽等生活用品的有之,写书包、文具等学习用品的有之,写电脑、手机、电视等电子产品的有之,甚至还有考生想到了"神奇的钓鱼竿""神奇的抹布"。题目中一个小小的空白,引发出来的想象力却不可估量。此外,考生的答题情况还反映出,作文的选题要贴近学生的生活、关注热点话题,这样学生才会有话可说、有话想说。

总之,从今年考生的答题情况看来,语言基本功仍需大力加强,人文素质教育和思辨与创新能力的培养则是湖南省高考的一贯导向。日常教学中,教师应正确把握高考的命题思路,积极发挥高考的导向作用,立足教书育人,帮助学生以不变应万变,坦然面对高考。

## 7.4 辩论声明

本次评价首先建构了英语考生水平评价指标体系,然后基于此体系采集试题信息和答题情况进行统计分析并做出相应评价。

(1)试题信息分析表明,考试内容和考核目标的整体分布比较合理,但也存在分布比例欠佳甚至指标缺失的情况。

(2)总体水平分析表明,全省考生的总体水平较好地体现了选拔性考试的特点。

(3)分项水平分析表明,听力主观题(填空题)的得分率全卷最低,但客观题(选择题)的得分率全卷最高,完型填空部分主观题和客观题的得分率也分别处于全卷的两端。

(4)典型试题分析表明,考生表现反映教学和命题既较好地突出了基础知识和基本技能,也兼顾了重点和难点。

# 第 8 章 结语

本研究概括起来就是两个字：一个是"破"，一个是"立"。"破"是打破旧的、不合理的理论或方法，避免后人再受误导；"立"是提供新的解决方案，为走出误区之后指明新的方向。"破"和"立"一一对应，针对同一理论或方法，以指出问题为"破"，为解决问题而"立"。当然，"破"与"立"是对前人研究成果的批判性继承，而非全盘否定，研究成果离不开前人研究的功劳，创新之处也是在前人研究指引下的创新。再者，辩证地来看，任何研究都有其所长和不足，当前研究克服了有关的不足，但自身也有待在实践中进一步丰富和完善。

## 8.1 本研究的"破"与"立"

本研究因测试效度验证辩论法（argument-based approaches to test validation）研究中的逻辑谬论而起，"破"的是自相矛盾、是非不分的三大测试辩论模型——AUA、ECD 和 IA，"立"的是融统计分析和理性辩论于一体、适用于科学研究和日常辩论的一般辩论方法——累进辩论法。应用累进辩论法解决语言测试问题，又进一步发现测试效度理论和语言能力理论研究都存在局限性。测试效度理论研究"破"的是只顾测后分数的解释与使用而不顾测前环节基础作用的效度观——整体效度观（a unitary view of validity），"立"的是以测试构念为中心、以环节效度为基础的层级累进的全局效度观——累进效度。语言能力理论研究"破"的是理论上堪称雅致但实践中聊胜于无的语言能力观——交际语言能力（communicative language abilities）和认知过程模型（cognitive processing models），"立"的是立足话语信息中的语境意义、能为测前命题和测后评价提供具体指导的语言能力观——话语信息认知处理能力。

为了揭示三个测试辩论结构中的逻辑错误及其产生根源，更重要的是，为了探求科学研究与理性辩论相结合的辩论方法，本研究第 2 章在继第 1 章结论之后专门针对辩论逻辑进行了深入探讨。由于 AUA、ECD 和 IA 三个效度辩论法研究都声称其辩论逻辑为图尔明理性逻辑但又都逻辑不通，而图尔明理性逻辑又是在批判三段论形式逻辑的基础上发展而来的，所以第2章首先讨论了三段论形式逻辑和图尔明理性逻辑并分析了两种逻辑的不足之处，然后通过对比分析深入讨论了三个测试辩论结构中的逻辑错误及其产生的根源，但同时也充分肯定了三个研究在系统化测试辩论的焦点问题方面所做出的贡献。第3章是本研究最为核心的部分——累进辩论法研究。本章针对理性逻辑无法处理复杂数据的不足，提出一个将统计分析手段融入逻辑推理过程之中的辩论结构——累进辩论，实现科学研究与理性辩论的有机结合。鉴于测试辩论法研究中，辩论结构构成要素的概念混乱且名不副实，本章首先澄清了声明与假设、反声明与反面解释、证据数据与反面证据、证实与证伪等几组概念，然后对累进辩论的逻辑结构、累进机制进行了介绍。开展累进辩论，关键在于统计分析，需要深入理解统计分析的原理并正确掌握统计分析方法的使用，因此本章分两个小节——统计基础和假设检验，对统计分析进行详细介绍。统计基础部分主要介绍计量尺度、频数分布、数据的分布特点、正态分布的概率原理和标准化、标准分及其转换等内容。假设检验是重点，也是难点。这部分详细分析了假设检验的小概率原理、显著性水平、两类错误和检验步骤，重点介绍了$t$统计量、$F$统计量、卡方统计量、二项式分析统计量等几种常用统计量的含义、计算方法和用途，并对$t$检验、$F$检验、卡方检验、符号检验、秩和检验等进行了示例分析。

开展测试效度辩论，首先需要明确什么是测试效度，弄清楚应该针对哪些问题进行辩论。为此，本研究在第4章分效度概念的演变和累进效度两个小节对测试效度进行了专题讨论。效度概念的演变分为效度分类说和整体效度观两个阶段进行综述。效度分类说阶段的讨论主要介绍效度概念从效标关联效度到内容效度再到构念效度的变化及其原因，同时简要介绍了表面效度的概念。整体效度观是当今测试领域的主流效度观，本研究首先讨论了整体观的定义与内涵、整体多维性和分数解释论以及数据体现观，然后着重分析这种只顾测后分数的解释与使用而无法顾及测前环节基础作用的效度观的局限性和危害性。为了克服整体效度观的不足，本研究基于累进辩论的思想提出累进效度观。累进效度观强调测试环节的不可逆性，提出应对每个测试环节数据（而不仅是测后的分数）的解释与使用进行辩论，因此每个测试环节都具有效度，而总体效度是环节效度层级累进的结果，并且最大不大于最薄弱环节的效度，是为累进效度。累进效度观将测试过程分解为设计、开发、施考、评分、使用和参照等几个环节，并借鉴前人的相关研究成果列举了各个环节效度辩论的焦点问题及主要证据来源。特别是，由于针对成绩分析的理论与方法研究成果丰硕，本研究在评分效度辩论环节比较全面、深入地介绍了经典测验理论、概化理论、项目反应理论、结构分析方法(主要指因子分析和结构方程模型)。这既充分体现了累进辩论对前人研究成果的继承，也为累进辩论奠定了深厚的理论基础。

每个测试环节的效度辩论都应紧扣数据在多大程度上有利于体现(测前)或体现(测后)测试的目标构念这一核心问题，语言测试的目标构念为语言能力，因此本研究接下来在第 5 章对语言能力的相关研究进行了综述，继而提出话语信息认知处理能力观。语言能力研究综述主要介绍 Bachman(1996)和 Bachman & Palmer(2010)提出的交际语言能力观、Weir(2005)和 Khalifa & Weir(2009)提出的认知活动能力观，同时结合"信息三论"、信息结构理论、语言信息系统、自然语言处理等理论对语言信息处理相关研究进行了综述。综合分析发现，当今语言能力理论研究普遍关注语言能力的框架建构，而忽视具体语篇中语境意义的表达与理解。宏观框架虽能为测试实践提供方向性理论指导，但在具体操作层面往往聊胜于无。为了克服语言能力理论研究的不足，本研究以语言测试的命题实践为出发点，围绕考什么和如何命题两个实际问题，提出从考生处理具体语篇中话语信息的"质"和"量"的角度来考查语言能力，并借鉴"信息三论"的主要观点和计算机领域面向对象技术提出话语信息认知处理能力观。首先，本研究借鉴系统论的思想建构了话语信息认知处理系统，并借鉴计算机认识世界事件的方式界定了语义的范畴、结构和单位，为话语信息的认知量化奠定基础；然后，根据信息论的观点明确只有未知内容才是真正的信息而已知内容并不具信息价值，从而确定了信息量的计算范围；最后，基于控制论的观点提出语言处理的认知与调控策略体系，同时批判所谓的"元认知"实为逻辑悖论并指出"元认知策略"实为控制论所指的调控策略。此外，本研究在信息量化研究的基础上提出信息最大化命题法，强调通过信息最大化、加权抽样、试题编写、质量分析等几个环节的累进辩论来确保考试内容的相关性、典型性和全面性。

## 8.2 创新之处及研究价值

如前所述，本研究起源于高考自主命题的质量控制研究，具体因测试辩论法研究中的逻辑谬误而起，后逐步深入到理性辩论方法、测试效度概念和语言能力构念等方面的理论与实践研究。研究以应用为出发点、以服务于应用为目的，研究意义不仅在于理论创新，更在于实践指导意义。具体而言，本研究的创新之处和研究价值主要体现在以下几个方面：

第一，通过深入探讨理性辩论的逻辑机制和辩论思想，揭示了测试效度辩论法研究中的逻辑错误及其产生的根源。AUA、ECD和IA这三大测试辩论法研究都声称其辩论结构为图尔明理性辩论模型,但又都对图尔明模型的基本结构做了修改,导致模型构成要素的概念名不副实、推理过程则是一个永无止境且自相矛盾的"死循环"。对比分析进一步发现,三个研究逻辑错误的根源一脉相承,都是为了强调论证反面解释而误解和误用了图尔明"反驳"、同时又将声明者证实声明的逻辑推理过程修改为辩论双方的争辩过程所造成的。

第二,提出科学研究与理性辩论有机结合的辩论模型——累进辩论。该模型是通过在图尔明模型中纳入统计分析方法而形成的,强调在数据不足证时利用统计手段来促成理性逻辑推理,其中的推理过程为一个以层级累进的方式逐一解决所有前提条件问题的循环与递归过程,因此模型称为累进辩论。累进辩论不仅修正了测试效度辩论法研究中的逻辑错误,同时还克服了理性逻辑无法应对复杂数据的不足,此外,还进一步揭开了科学研究与理性辩论两相对立的假象,澄清了科学研究服务于理性辩论且归根到底属于理性辩论的客观事实。

第三,提出以目标构念为中心、以环节效度为基础的效度观——累进效度。累进效度是在批判继承效度整体观的基础上发展而来的,批判其只顾测后的分数解释与使用而不顾测前环节基础作用的观点是一种狭隘而危险的效度观,主张用"数据的解释与使用"取代"分数的解释与使用",从而将所有测试环节都纳入测试效度的概念范畴和验证过程。累进效度观视测试效度为各个环节效度层级累进的结果,强调每个环节都具有效度、都应该进行效度验证。累进以前任环节为基础,并对所有后续环节产生影响,一个环节出现效度问题,后续环节只能受其影响而无法反过来弥补,因此累进效度最大不大于最薄弱环节的效度。强调效度的累进,既为了倡导测前采取现实主义和伪证主义态度排除质疑、控制风险,同时也助于防止测后采取机会主义和证实主义态度回避问题甚至掩盖问题。

第四,提出从话语信息认知处理的角度来界定语言能力的观点——话语信息认知处理能力。当今语言能力理论研究普遍关注语言能力的框架建构,而忽视具体语篇中语境意义的表达与理解。能力框架虽可在宏观层面为测试实践提供方向性指导,但对命题、评分、测试评价等具体测试工作而言,仅有宏观层面的方向指导是远远不够的,更需要从微观语义的角度对考生处理测试语篇中话语信息的"质"与"量"进行分析。考生生成话语的质量和数量、理解话语的准确性和速度才是折射语言能力的"镜子",语言能力实际上是考生生成与理解话语信息的能力。为了深入探讨话语信息的认知处理能力,本研究以"信息三论"为主要理论基础,同时结合面向对象技术中计算机认识世界事物的方式,建构了话语信息认知处理的系统框架和能力结构,并提出了话语信息的认知量化方式和信息最大化命题方法,强调通过最大化计算、抽样加权、归类整理、题目编写等命题环节的实施与监控来提高语言测试的命题质量和开发效度。

第五,通过一个命题示例和两个研究实例,介绍信息最大化命题方法和累进辩论在测试实践中的应用。命题示例旨在说明如何利用信息最大化命题方法来提高命题的质量和效率,确保语言测试的开发效度。第一个实例研究主要针对如何使用累进辩论来对反面解释进行论证,这正是当前测试辩论法研究最为关注却又未能解决的问题,同时这个研究也特意为如何在测前环节进行效度辩论提供参考和借鉴。第二个实例研究主要针对测后环节的分数解释和使用,相当于当前整体观效度验证。由于测前和测后环节分离,无法真正实现整个测试过程的层级累进,因此这个研究也可反映出效度整体观的局限和不足。

## 8.3 不足及未来研究方向

累进辩论法是一个既适用于日常辩论,也适用于科学研究的一般辩论方法,其统计分析部分涉及深奥的统计原理和复杂的统计方法,本研究无法全面、系统地讨论,也不可能深入探究,而只能在基础知识层面并以示例的方式进行简要介绍。

累进辩论法在语言测试研究中的应用也是以示例的方式进行介绍,并且重在介绍使用方法。虽然两个实例研究都兼顾调查了真实测试的实际问题,但本研究未能完整地对某个测试或某个测试环节的效度进行累进辩论。后续研究可对某个测试进行全程跟踪,全面、深入地开展累进效度辩论。

语言能力研究建构了语言生成与理解的对象系统模型和话语信息认知处理的能力结构。两个方面的相关基础理论研究还有待进一步加强,模型构成要素对语言能力的影响也有待在测试实践中进一步验证。信息最大化命题方法也需要在命题实践中进一步检验和推广。

选项可猜性实例研究的目的主要是为了探究如何在命题期间通过控制选项的可猜性来提高命题质量,下一步可对命题期间的可猜性和答题过程中的实际猜测情况进行对比分析。另外,不同的测试中导致选项可猜的因素及其对测试效度的影响也可能会有较大差异,这也值得在未来的研究中进一步探讨。

# 参考文献

AERA, APA, & NCME. *Standards for Educational and Psychological Testing*. Washington, DC: American Educational Research Association, 1954.

AERA, APA, & NCME. *Standards for Educational and Psychological Testing*. Washington, DC: American Educational Research Association, 1974.

AERA, APA, & NCME. *Standards for Educational and Psychological Testing*. Washington, DC: American Educational Research Association, 1985.

AERA, APA, & NCME. *Standards for Educational and Psychological Testing*. Washington, DC: American Educational Research Association, 1999.

AERA, APA, & NCME. *Standards for Educational and Psychological Testing*. Washington, DC: American Educational Research Association, 2014.

Alderson, C. J. Dis-Sporting Life. Response to Alistair Pollit's Paper. In C. Alderson & B. North (Eds.), *Language Testing in the 1990s: The Communicative Legacy*. London: Macmillan Publishers Ltd., 1991:60—67.

Alderson, C. J. & Hamp-Lyons, L. "TOEFL Preparation Courses: A Study of Washback." *Language Testing*, 13(3) (1996):280—297.

Allan, A. "Development and Validation of a Scale to Measure Test-Wiseness in Efl/Esl Reading Test Takers." *Language Testing* 9(2) (1992):101—119.

Allen, M. J. & Yen, W. M. *Introduction to Measurement Theory*. Long Grove, IL: Waveland Press, Inc., 2002.

Anastasi, A. *Psychological Testing*. New York: Macmillan, 1954.

Anastasi, A. *Psychological Testing* (6th ed.). New York: Macmillan, 1988.

Angoff, W. H. Validity: An Evolving Concept. In H. Wainer & H. Braun (Eds.), *Test Validity*. Hillsdale, NJ, England: Lawrence Erlbaum Associates, Inc., 1988: 19—32.

Bachman, L. F. *Fundamental Considerations in Language Testing*. Oxford: Oxford University Press, 1990.

Bachman, L. F. & Palmer, A. S. *Language Testing in Practice : Designing and Developing Useful Language Tests*. Oxford; New York: Oxford University Press, 1996.

Bachman, L. F. "Building and Supporting a Case for Test Use." *Language Assessment Quarterly*, 2(1) (2005):1—34.

Bachman, L. F. & Palmer, A. S. *Language Assessment in Practice*: *Developing Language Assessments and Justifying Their Use in the Real World*. Oxford: Oxford University Press, 2010.

Bailey, K. M. "Working for Washback: A Review of the Washback Concept in Language Testing." *Language Testing*, 13(3)(1996):257—279.

Baker, F. B. *The Basics of Item Response Theory* (2nd ed.). University of Maryland, College Park, MD.: ERIC Clearinghouse on Assessment and Evaluation, 2001.

Bench-Capon, T. J. M., Lowes, D. & McEnery, A. M. "Using Toulmin's Argument Schema to Explain Logic Programs." *Knowledge Based Systems*, 4(3)(1991): 177—183.

Bench-Capon, T. J. M. "Specification and Implementation of Toulmin Dialogue Game." *Legal Knowledge Based Systems*(1)(1998):5—19.

Bench-Capon, T. J. M. "Persuasion in Practical Argument Using Value Based Argumentation Frameworks." *Journal of Logic and Computation*, 13(3)(2003):429—448.

Bentler, P. M. & Chou, C. P. "Practical Issues in Structural Modeling." *Sociological Methods and Reserach* 16(1)(1987):78—117.

Bertalanffy, L. V. *General System Theory*: *Foundations, Development, Applications*. New York: George Braziller, 1969.

Bex, F., Prakken, H., Reed, C. & Walton, D. "Towards a Formal Account of Reasoning About Evidence: Argument Schemes and Generalisations." *Artificial Intelligence and Law*, 11(2)(2003):125—165.

Bobzien, S. Chrysippus' Modal Logic and Its Relation to Philo and Diodorus. In K. Doering & T. Ebert (Eds.), *Dialektiker Und Stoiker*. Oxford: Franz Steine, 1993:63—84.

Bond, T. G. & Fox, C. M. *Applying the Rasch Model*: *Fundamental Measurement in the Human Sciences* (2nd ed.). Mahwah, New Jersey: Lawrence Earlbaum Associates. Inc. Publishers, 2007.

Bourbakis, N. G. *Artificial Intelligence*: *Methods and Applications*. New York, NJ: World Scientific Publishing Co. Ltd., 1992.

Brennan, R. L. *Manual for Mgenova* (Version 2.1). Iowa Testing Programs Occasional Paper No. 50, 2001a.

Brennan, R. L. *Generalizability Theory*. New York: Springer Science & Business Media, 2001b.

Brown, W. "Some Experimental Results in the Correlation of Mental Abilities." *British Journal of Psychology* 3(3)(1910):296—322.

Burton, S. J., Sudweeks, R. R., Merrill, P. F. & Wood, B. *How to Prepare Better Multiple-Choice Test Items*: *Guidelines for University Faculty*. Provo, UT: Brigham Young University Testing Services and the Department of Instructional Science, 1991.

Campbell, D. T. & Fiske, D. W. "Convergent and Discriminant Validation by the Multitrait-Multimethod Matrix." *Psychological Bulletin* 56(2) (1959):81—105.

Chapelle, C. A., Enright, M. K. & Jamieson, J. M. *Building a Validity Argument for the Test of English as a Foreign Language.* New York: Routledge, 2008.

Chapelle, C. A., Enright, M. K. & Jamieson, J. "Does an Argument-Based Approach to Validity Make a Difference?" *Educational Measurements: Issues and Practice*, 29(1) (2010b):3—13.

Cheng, L. Washback, Impact and Consequences. In E. Shohamy & H. Hornberger (Eds.), *Encyclopedia of Language and Education* (2nd ed., Vol. 7: Language Testing and Assessment). New York: Springer Science and Business Media LLC, 2008: 349—364.

Copleston, F. C. *A History of Philosophy* (Vol. I). Westminster, Md: Newman Bookshop, 1974.

Cortina, J. M. "What Is Coefficient Alpha? An Examination of Theory and Applications." *Journal of Applied Psychology*, 78(1)(1993):98—104.

Crick, J. E. & Brennan, R. L. Manual for GENOVA: GENOVA Generalized Analysis of Variance System (Research and Development Division, ACT Technical Bulletin, Number 43), 1983.

Cronbach, L. J. *Essentials of Psychological Testing*. New York: Harper, 1949.

Cronbach, L. J. "Coefficient Alpha and the Internal Structure of Tests." *Psychometrika*, 16 (3)(1951):297—334.

Cronbach, L. J. & Meehl, P. E. "Construct Validity in Psychological Tests." *Psychological Bulletin*, 52(4)(1955):281—302.

Cronbach, L. J., Nageswari, R. & Gleser, G. C. "Theory of Generalizability: A Liberation of Reliability Theory." *The British Journal of Statistical Psychology*, (16)(1963): 137—163.

Cronbach, L. J. Test Validation. In R. Thorndike (Ed.), *Educational Measurement* (2nd ed.). Washington, DC: American Council on Education, 1971:443—507.

Cronbach, L. J., Gleser, G. C., Nanda, H. & Rajaratnam, N. *The Dependability of Behavioral Measurements: Theory of Generalizability for Scores and Profiles.* New York: John Wiley, 1972.

Cronbach, L. J. Validity on Parole: How Can We Go Straight? In A. Summers (Ed.), *New Directions for Testing and Measurement* (Vol. 5). San Francisco: Jossey-Bass, 1980:99—108.

Cronbach, L. J. Five Perspectives on Validity Argument. In H. Wainer & H. Braun (Eds.), *Test Validity*. Hillsdale, NJ: Lawrence Erlbaum Associates, Inc., 1988:3—17.

Cronbach, L. J. Construct Validation after Thirty Years. In R. Linn (Ed.), *Intelligence:*

*Measurement Theory and Public Policy*. Urbana: University of Illinois Press, 1989.

Cureton, E. E. Validity. In E. Lindquist (Ed.), *Educational Measurement*. Washington, DC.: American Council on Education, 1951:621—694.

Damer, T. E. "Attacking Faulty Reasoning." *Wadsworth Publishing*, 1980.

Davies, A. "Test Fairness: A Response." *Language Testing*, 27(2) (2010):171—176.

Diamond, J. J. & Evans, W. J. "An Investigation of the Cognitive Correlates of Test-Wiseness. Journal of Educational Measurement." 9(2)(1972):145—150.

Dwyer, C. A. "Excerpt from Validity: Theory into Practice." *The Score*, 22(4) (2000):6—7.

Ebel, R. L. "Must All Tests Be Valid?" *American Psychologist*, 16(10)(1961):640—647.

Ebel, R. L. & Frisbie, D. A. *Essentials of Educational Measurement* (5th ed.). Englewood Cliffs, New Jersey: Prentice-Hall, 1991.

Færch, C. & Kasper, G. *Strategies in Interlanguage Communication*. London: Longman, 1983.

Flavell, J. H. Metacognitive Aspects of Problem Solving. In L. B. Resnick (Ed.), *The Nature of Intelligence*. Hillsdale, NJ: Erlbaum, 1976:231—235.

Fox, J. & Das, S. *A Unified Framework for Hypothetical and Practical Reasoning*. Paper Presented at the 1st International Conference on Formal and Applied Practical Reasoning (FAPR'96), Berlin, Heidelberg, 1996.

Freedle, R. & Kostin, I. "Does the Text Matter in a Multiple-Choice Test of Comprehension? The Case for the Construct Validity of TOEFL Minitalks." *Language Testing*, 16(1)(1999):2—32.

Garrett, H. E. *Statistics in Psychology and Education* (3rd ed.). Oxford, England: Longmans, Green, 1953.

Goodwin, L. D. & Leech, N. L. "The Meaning of Validity in the New Standards for Educational and Psychological Testing: Implications for Measurement Courses." *Measurement and Evaluation in Counseling and Development*, 36(3)(2003): 181—191.

Green, A. *Test Impact and English for Academic Purposes: A Comparative Study in Backwash Between IELTS Preparation and University Processional Courses*. Unpublished PhD thesis. University of Surrey, Roehampton, 2003.

Green, A. *IELTS Washback in Context*. Cambridge: Cambridge University Press, 2007.

Green, S. B., Lissitz, R. W., & Mulaik, S. A. "Limitations of Coefficient Alpha as an Index of Test Unidimensionality." *Educational and Psychological Measurement*(37) (1977):827—838.

Guilford, J. P. "New Standards for Test Evaluation." *Educational & Psychological Measurement* 6(4)(1946):427—438.

Gulliksen, H. *Theory of Mental Tests*. New York: Wiley, 1950.

Guttman, L. "A Basis for Analyzing Test-Retest Reliability." *Psychomerika*, 10(4)(1945):255—282.

Haladyna, T. M., Downing, S. M. & Rodriguez, M. C. "A Review of Multiple-Choice Item-Writing Guidelines for Classroom Assessment." *Applied Measurement in Education*, 15(3)(2002):309—333.

Haladyna, T. M. *Developing and Validating Multiple-Choice Test Items* (3rd ed.). Mahwah, NJ: : Lawrence Erlbaum Associates, Inc., 2004.

Halliday, M. A. K. & Hasan, R. *Cohesion in English*. London: Longman, 1976.

Halliday, M. A. K. *An Introduction to Functional Grammar*. London: Edward Arnold, 1985.

Halliday, M. A. K. *An Introduction to Functional Grammar* (2nd ed.). London: Edward Arnold, 1994.

Hambleton, R. K., Swaminathan, H. & Rogers, H. J. *Fundamentals of Item Response Theory*. Newbury Park, CA: Sage Press, 1991.

Hamp-Lyons, L. "Washback, Impact and Validity: Ethical Concerns." *Language Testing*, 14(3)(1997):295—303.

Hawkey, R. *Impact Theory and Practice: Studies of the IELTS Test and Progetto Lingue 2000*. Cambridge: Cambridge University Press, 2006.

Hayati, M. A. & Ghojogh, N. A. "Investigating the Influence of Proficiency and Gender on the Use of Selected Test-Wiseness Strategies in Higher Education." *English Language Teaching*, 1(2)(2008):169—181.

Hempel, C. G. *Aspects of Scientific Explanation and Other Essays in the Philosophy of Science*. Glencoe, IL: The Free Press, 1965.

Hinntikka, J. *Knowledge and Belief*. Ithaca, N. Y.: Cornell Univ. Press, 1962.

Hitchcock, D. *Toulmin's Warrants*. Paper Presented at the 5th International Conference of Argumentation, Sic Sat, Amsterdam, 2003.

Homburg, C. "Cross-Validation and Information Criteria in Causal Modeling." *Journal of Marketing Research*, (28)(1991):137—144.

Houston, S. E. *Test-Wiseness Training: An Investigation of the Impact of Test-Wiseness in an Employment Setting*. The Graduate Faculty of the University of Akron, 2005.

Hughes, A. *Testing for Language Teachers* (2nd ed.). Cambridge: Cambridge University Press, 2003.

Hughes, G. E. & Cresswell, M. J. *A New Introduction to Modal Logic*. London and New York: Routledge, 1996.

Johnson, M. *Art of Non-Conversation: A Reexamination of the Validity of the Oral Proficiency Interview*. New Haven, CT.: Yale University Press, 2001.

Kane, M. *An Argument-Based Approach to Validation*. Iowa City, Iowa: American

College Testing Program, 1990:9—13.

Kane, M. "An Argument-Based Approach to Validity." *Psychological Bulletin*, 112(3) (1992):527—535.

Kane, M., Crooks, T. & Cohen, A. "Validating Measures of Performance." *Educational Measurement: Issues and Practice*, 18(2)(1999):5—17.

Kane, M. "Current Concerns in Validity Theory." *Journal of Educational Measurement*, 38(4)(2001):319—342.

Kane, M. "Certification Testing as an Illustration of Argument-Based Validation." *Measurement: Interdisciplinary Research and Perspectives*, 2(3)(2004):135—170.

Kane, M. Validation. In R. Brennan (Ed.), *Educational Measurement* (4th ed.). Westport, CT.: American Council on Education and Praeger, 2006:17—64.

Kane, M. "Validity and Fairness." *Language Testing*, 27(2)(2010):177—182.

Kane, M. "Validating Score Interpretations and Uses: Messick Lecture, Language Testing Research Colloquium, Cambridge, April 2010." *Language Testing*, 29(1) (2012):3—17.

Khalifa, H. & Weir, C. J. *Examining Reading: Research and Practice in Assessing Second Language Reading*. Cambridge: Cambridge University Press, 2009.

Kuder, G. F. & Richardson, M. W. "The Theory of the Estimation of Test Reliability." *Psychometrika*, 2(3)(1937):151—160.

Kunnan, A. J. Fairness and Justice for All. In A. J. Kunnan (Ed.), *Fairness and Validation in Language Assessment* Cambridge, UK: Cambridge University Press, 2000:1—10.

Kunnan, A. J. Test Fairness. In M. Milanovic & C. Weir (Eds.), *European Language Testing in a Global Context: Proceedings of the Alte Barcelona Conference*. Cambridge, UK: Cambridge University Press, 2001:27—48.

Kunnan, A. J. Language Assessment from a Wider Context. In E. Hinkel (Ed.), *Handbook of Research in Second Language Learning*. Mahwah, NJ: Lawrence Erlbaum, 2005:779—794.

Kunnan, A. J. Towards a Model of Test Evaluation: Using the Test Fairness and Wider Context Frameworks. In L. Taylor & C. Weir (Eds.), *Multilingualism and Assessment: Achieving Transparency, Assuring Quality, Sustaining Diversity*. Cambridge, UK: Cambridge University Press, 2008:229—251.

Kunnan, A. J. "Test Fairness and Toulmin's Argument Structure." *Language Testing*, 27(2)(2010):183—189.

Lamb, S. M. *Pathways of the Brain: The Neuro-Cognitive Basis of Language*. Amsterdam: John Benjamins Publishing Co., 1999.

Langenfeld, T. E. & Crocker, L. M. "The Evolution of Validity Theory: Public School Testing, the Courts, and Incompatible Interpretations." *Educational Assessment*, 2(2)

(1994):149—165.

Linacre, J. M. *A User's Guide to Winsteps-Ministep: Rasch-Model Computer Programs Program Manual*. Chicago, IL: Winsteps.com., 2006.

Linn, R. L. "Evaluating the Validity of Assessments: The Consequences of Use." *Educational Measurement: Issues and Practice*, 16(2)(1997):14—16.

Loehlin, J. C. *Latent Variable Model: An Introduction to Factor, Path, and Structural Analysis* (2nd ed.). Hillsdale, NJ: Lawrence Erlbaum, 1992.

Loevinger, J. "Objective Tests as Instruments of Psychological Theory." *Psychological Reports*(3)(1957):635—694.

Lord, F. M. *Applications of Item Response Theory to Practical Testing Problems*. Mahwah, NJ: Erlbaum,1980.

Marzano, R. J. & Jesse, D. M. *A Study of General Cognitive Operations in Two Achievement Test Batteries and Their Relationship to Item Difficulty*. Unpublished paper. Mid-Continent Regional Educational Lab., Aurora, CO. 1987.

Marzano, R. J. & Costa, A. L. "Question: Do Standardized Tests Measure General Cognitive Skills? Answer: No." *Educational Leadership*, 45(8)(1988):66—71.

Mathesius, V. *Functional Sentence Perspective*. Prague: Academia, 1939.

McNamara, T. F. "'Interaction' in Second Language Performance Assessment: Whose Performance?" *Applied Linguistics*, 18(4)(1997):446—466.

McNamara, T. F. & Roever, C. *Language Testing: The Social Dimension*. Malden, Mass.: Blackwell Pub.,2006.

Mehrens, W. A. "The Consequences of Consequential Validity." *Educational Measurement Issues and Practice*, 16(2)(1997):16—18.

Messick, S. "The Standard Problem: Meaning and Values in Measurement and Evaluation." *American Psychologist*, 30(10)(1975):955—966.

Messick, S. "Test Validity and the Ethics of Assessment." *American Psychologist*, 35(11)(1980):1012—1027.

Messick, S. The Once and Future Issues of Validity: Assessing the Meaning and Consequences of Measurement. In H. Wainer & H. I. Braun (Eds.), *Test Validity*. Hillsdale, NJ: Lawrence Erlbaum Associates, Inc.,1988:33—48.

Messick, S. Validity. In R. Linn (Ed.), *Educational Measurement*. New York: American Council on Education/Macmillan, 1989a:13—103.

Messick, S. "Meaning and Value in Test Validation: The Science and Ethics of Assessment." *Educational Researcher*, 18(2)(1989b):5—11.

Messick, S. Validity of Test Interpretation and Use. In M. C. Alkin (Ed.), *Encyclopedia of Educational Research* (16th ed.). New York: Macmillan, 1992.

Messick, S. "The Interplay of Evidence and Consequences in the Validation of Performance Assessments." *Educational Researcher*, 23(2)(1994):13—23.

Messick, S. "Validity of Psychological Assessment: Validation of Inferences from Persons' Responses and Performances as Scientific Inquiry into Score Meaning." *American Psychologist*, 50(9)(1995):741—749.

Messick, S. "Validity and Washback in Language Testing." *Language Testing*, 13(3)(1996):241—256.

Mislevy, R. J. Probability-Based Inference in Cognitive Diagnosis. In P. D. Nichols, S. F. Chipman & R. L. Brennan (Eds.), *Cognitively Diagnostic Assessment*. Hillsdale, NJ: Erlbaum, 1995:43—71.

Mislevy, R. J., Steinberg, L. S & Almond, R. G. "Design and Analysis in Task-Based Language Assessment." *Language Testing*, 19(4)(2002):477—496.

Mislevy, R. J. "Argument Substance and Argument Structure in Educational Assessment." *Law, Probability and Risk*, 2(4)(2003):237—258.

Mislevy, R. J., Steinberg, L. S., & Almond, R. G. "On the Structure of Educational Assessments." *Measurement: Interdisciplinary Research and Perspectives*, 1(1)(2003):3—62.

Mosier, C. I. "A Critical Examination of the Concepts of Face Validity." *Educational and Psyhcological Measurement*, 7(2)(1947):191—205.

Moss, P. "Shifting Conceptions of Validity in Educational Measurement: Implications for Performance Assessment." *Review of Educational Research*, 62(3)(1992):229—258.

Nevo, B. "Face Validity Revisited." *Journal of Educational Measurement*, 22(4)(1985):287—293.

Novick, M. R. "The Axioms and Principal Results of Classical Test Theory." *Journal of Mathematical Psychology*, 3(1)(1966):1—18.

O'Malley, M. J. & Chamot, A. U. *Learning Strategies in Second Language Acquisition*. Cambridge: Cambridge University Press, 1990.

Perelman, C. & Olbrechts-Tyteca, L. "The New Rhetoric." Synthese Library, 41(1)(1969):145—149.

Pidwirny, M. Fundamentals of Physical Geography [EB/OL]. 2nd. http://www.physicalgeography.net/fundamentals/10aa.html, 2006.

Popham, W. J. "Consequential Validity: Right Concern—Wrong Concept." *Educational Measurement: Issues and Practice*, 16(2)(1997):9—13.

Prior, A. N. *Formal Logic*. London: Oxford at the Clarendon Press, 1962.

Prior, A. N. *Past, Present and Future*. Oxford: Oxford University Press, 1967.

Reed, C. & Rowe, G. "Translating Toulmin Diagrams: Theory Neutrality in Argument Representation." *Argumentation*, 19(3)(2005):267—286.

Rescher, N. *Topics in Philosophical Logic*. Netherlands: Springer, 1968.

Rescher, N. & Urquhart, A. J. *Temporal Logic*. New York: Springe-Verlag, 1971.

Restall G. *Logic: An Introduction* (2nd ed.). New York: Routledge, 2006.

Russell, B. *A History of Western Philosophy* (30th ed.). London: Routledge, 2008.

Saussure, F. d. *Writings in General Linguistics* (*English Translation*). Oxford: Oxford University Press, 2006.

Schmitt, N. "Uses and Abuses of Coefficient Alpha." *Psychological Assessment*, 8(3)(1996):350—353.

Scruggs, T. E. & Mastropieri, M. A. *Assessing Test-Taking Skills*. Cambridge: Brookline Books, 1992.

Searle, J. R. *Speech Acts: An Essay in the Philosophy of Language* (8th ed.). Cambridge: Cambridge University Press, 2011.

Shannon, C. E. "A Mathematical Theory of Communication." *The Bell System Technical Journal*, 27(3)(1948):379—423.

Shepard, L. A. Evaluating Test Validity. In Darling-Hammond (Ed.), *Review of Research in Education* (Vol. 19). Washington, DC.: American Educational Research Association, 1993:405—450.

Shepard, L. A. "The Centrality of Test Use and Consequences for Test Validity." *Educational Measurement: Issues and Practice*, 16(2)(1997):5—8, 13, 24.

Shohamy, E. *The Power of Tests: A Critical Perspective on the Uses of Language Tests* (Vol. Person Education): Harlow, 2001.

Smith, R. *Aristotle's Prior Analytics*. Indianapolis: Hackett, 1989.

Spearman, C. "Correlation Calculated from Faulty Data." *British Journal of Psychology* (3)(1910):271—295.

Stevens, S. S. "On the Theory of Scales of Measurement." *Science*, 103(2684)(1946):677—680.

Suppe, F. *The Structure of Scientific Theories*. Urbana, IL: University of Illinois Press, 1977.

Tabachnick, B. G., Fidell, L. S. & Ullman, J. B. Tabachnick, B. G., Fidell, L. S. & Ullman, J. B. *Using Multivariate Statistics* (5th ed.). Needham Heights, MA: Allyn and Bacon, Boston, MA: Pearson. 2007.

Tarski, A. *Logic, Semantics, Metamathematics: Papers from* 1923 *to* 1938. Oxford: Oxford University Press, 1956.

Thorndike, R. M. *Measurement and Evaluation in Psychology and Education* (6th ed.). NJ: Merrill: Upper Saddle River, 1997.

Toulmin, S. *The Uses of Argument* (Updated ed.). Cambridge, England: Cambridge University Press, 1958.

Toulmin, S., Rieke, R. & Janik, A. *An Introduction to Reasoning*. New York: Macmillan, 1979.

Toulmin, S. *The Uses of Argument* (Updated ed.). Cambridge, England: Cambridge University Press, 2003.

Tsuchihira, T. The Relationships Between Test-Wiseness and the English Listening Test Scores [EB/OL]. http://www.u-bunkyo.ac.jp/center/library/image/fsell2008_013_030.pdf, 2008.

Vogelberg, K. "Quantitative and Qualitative Methods of Construct Validation in Language Assessment: Conflict or Synergy?" *Journal of Quantitative Linguistics*, 5(1-2) (1998): 105-114.

Wainer, H. & Braun, H. I. *Test Validity*. Hillsdale, NJ: Lawrence Erlbaum Associates, Inc., 1988.

Wall, D. & Alderson, J. "Examining Washback: The Sri Lankan Impact Study." *Language Testing*, 10(1)(1993): 41-69.

Wall, D. *The Impact of High-Stakes Examinations on Classroom Teaching: A Case Study Using Insights from Testing and Innovation Theory*. Cambridge: Cambridge University Press, 2005.

Watanabe, Y. Methodology in Washback Studies. In L. Cheng, Y. Watanabe & A. Curtis (Eds.), *Washback in Language Testing: Research Context and Methods*. Mahwah, New Jersey: Lawrence Erlbaum Associates, Inc., 2004: 19-36.

Weir, C. J. *Language Testing and Validation: An Evidence-Based Approach*. Basingstoke: Palgrave Macmillan, 2005.

Wheaton, B., Muthén, B., Alwin, D. F. & Summers, G. F. Assessing Reliability and Stability in Panel Models. In David R. Heise et al. (Eds.), *Sociological Methodology*. San Francisco: Jossey-Bass, 1977: 84-136.

Widdowson, H. G. *Teaching Language as Communication*. Oxford: Oxford University Press, 1978.

Wiener, N. *Cybernetics: Or Control and Communication in the Animal and the Machine* (2nd ed.). Camdrigde, Massachusetts: MIT Press, 1985.

Xi, X. "How Do We Go About Investigating Test Fairness?" *Language Testing*, 27(2) (2010): 147-170.

程琪龙. 2001. 认知语言学概论——语言的神经认知基础. 北京: 外语教学与研究出版社.

戴曼纯. 1996. 多项选择题的设计原则与干扰模式. 外语界(2): 48-52.

邓杰. 2012a. 选项可猜性评判与命题质量控制. 外语电化教学(1): 28-36.

邓杰. 2012b. 论测试辩论的理性逻辑与累进方法. 外国语(4): 70-79.

高校英语专业八级考试大纲修订小组. 2004. 高校英语专业八级考试大纲(2004年新版). 上海: 上海外语教育出版社.

顾明远. 1999. 教育大辞典(简编本). 上海: 上海教育出版社.

桂诗春. 1991. 实验心理语言学纲要——语言的感知、理解与产生. 长沙: 湖南教育出版社.

胡隆. 2005. 教育技术研究方法导论. 上海: 上海外语教育出版社.

湖南省教育考试院高考评价课题组. 2012. 2012年湖南省高考英语学科考生水平评价

及教学建议. 教育测量与评价(理论版)(12) 4－30.

湖南省教育考试院高考评价课题组. 2013. 2013 年湖南省高考英语学科考生水平评价及教学建议. 教育测量与评价(理论版)(12) 4－25.

湖南省教育考试院高考评价课题组. 2015. 2014 年湖南省高考英语学科考生水平评价及教学建议. 长沙：湖南教育出版社. 75－105.

黄昌宁，夏莹. 1996. 语言信息处理专论. 北京：清华大学出版社；南宁：广西科学技术出版社.

黄大勇，杨炳钧. 2002. 语言测试反拨效应研究概述. 外语教学与研究(4)：288－293.

黄良文. 2000. 统计学原理. 北京：中国统计出版社.

教育部考试中心. 2012. 2012 年普通高等学校招生全国统一考试大纲的说明(文科). 北京：高等教育出版社.

金艳. 2000. 大学英语四、六级考试口语考试对教学的反拨作用. 外语界(4)：56－61.

鞠玉梅. 2003. 信息结构研究的功能语言学视角. 外语与外语教学(4)：5－9.

孔文. 2009. 英语专业四级考试阅读任务效度研究. 北京：中国社会科学出版社.

李筱菊. 1997. 语言测试科学与艺术. 长沙：湖南教育出版社.

刘建明. 1993. 宣传舆论学大辞典. 北京：经济日报出版社.

刘润东. 2003. UML 对象设计与编程. 北京：北京希望电子出版社.

亓鲁霞. 2004. NMET 的反拨作用. 外语教学与研究(5)：357－363.

全国统计专业技术资格考试用书编写委员会. 2013. 统计业务知识(第三版). 北京：中国统计出版社.

孙大强，郑日昌. 2012. 心理测量理论. 北京：开明出版社.

宛延闿，定海. 2001. 面向对象分析和设计. 北京：清华大学出版社.

汪顺玉，刘世英. 2007. 英语专业八级考试人文知识部分测验效度分析. 外语教学，28(5)：35－39.

王钢. 1988. 普通语言学基础. 长沙：湖南教育出版社.

吴明隆. 2010. 结构方程模型——AMOS 的操作与应用(第 2 版). 重庆：重庆大学出版社.

徐倩. 2014. 英语专业四、八级考试反拨效应研究. (Ph D)，上海外国语大学.

杨惠中，C. Weir. 1998. 大学英语四、六级考试效度研究. 上海：上海外语教育出版社.

杨志明，张雷. 2003. 测评的概化理论及其应用. 北京：教育科学出版社.

俞士汶. 2003. 计算语言学概论. 北京：商务印书馆.

周海中，刘绍龙. 2001. 元认知与二语习得. 中国语言学研究与应用. 上海：上海外语教育出版社.

邹申. 1998. 英语语言测试——理论与操作. 上海：上海外语教育出版社.

邹申. 2007. 初探 TEM8 考试人文知识项目的标准参照属性. 外语界(6)：86－94.

# 附录 A

**I. 自身特征变量**

1. Cmn－常识/已知知识(Common/Prior Knowledge)：可根据常识、以往经验或已知知识确定答案项或排除干扰项。

2. Det－限定信息(Specific Determiner)：选项中有 only,never,always,all,every,no longer 等具有绝对意义的限定词或其他刻意限定的句子成分（通常比其他选项长）。

＊若具有绝对意义限定词的选项同时又属常识性选项,则归类为 Det。

**II. 相互关系变量**

与前后题

3. Clu－题间暗示(Item Clue/Giveaway)：根据前后题的题干或选项直接透露的信息,或共同构建的语境,确定答案项或排除干扰项。

与题干

4. Stm－题干信息(Stem-Option Relationship)：根据题干的词汇特征或语境意义,选择与题干特征相似、语义近似或紧密关联的选项,排除不符题意或答非所问的选项。

＊若因题干中的限定词而使得选项具有常识性,则归类为 Stm(见例 6、8、13)。

与其他选项

5. Inc－包含关系(Inclusion)：包含项的语义一般比被包含项更完整、更全面,因此通常选择包含项而排除被包含项。

6. Opp－对立关系(Opposition)：选择对立项之一或两项都排除。

7. Smn－意义凸显(Meaning)：排除语境意义相近似的选项,选择凸显项,其中包括：

Scp－意义或范畴(Scope)：多个同义/类一个不同(如多个消极负面一个积极正面)。

Dtl/Gst－细节与概括(Detail or Gist)：多个细节一个要义,或相反。

Cnc/Abs－具体与抽象(Concrete-Abstract)：多个具体一个抽象,或

相反。

Pgm—语用范畴(Pragmatics):得体性(直接与委婉、正式与非正式、隐私与非隐私等)。

8. Frm—形式凸显(Form):排除语言形式相近似的选项,选择凸显项,其中包括:

Lng—选项长短(Length):多个长一个短,或相反。

Voc—词汇难度(Vocabulary):多个易一个难,或相反。

Neg—否定形式(Negation):多个肯定一个否定,或相反。

Grm—语法形式(Grammar):在搭配、单复数、时态、语态、句式等方面有多个相似项。

9. Elm—排除法(Elimination):确定答案项后再排除干扰项,或排除干扰项后再确定答案项。

# 附录 B

## 选项可猜测性检查表

评判者：_____　　评判日期：_____

（题目类别：1 辨别题；2 推理题；3 概括题）

（评判等级：-3 肯定错；-2 很可能错；-1 似乎错；

0 无法猜；1 似乎对；2 很可能对；3 肯定对）

| 试卷 | 题号 | 类别 | 选项 | Cmn | Det | Clu | Stm | Inc | Opp | Smn | Frm | Elm |
|---|---|---|---|---|---|---|---|---|---|---|---|---|
| | | | A | | | | | | | | | |
| | | | B | | | | | | | | | |
| | | | C | | | | | | | | | |
| | | | D | | | | | | | | | |
| | | | A | | | | | | | | | |
| | | | B | | | | | | | | | |
| | | | C | | | | | | | | | |
| | | | D | | | | | | | | | |

# 附录 C

## 选项可猜测性评判专家培训材料

**此题为单独项目**

1. From the writer's experience, we can conclude that _____.
   A. not everyone enjoys jogging (Cmn, Det, 3)
   B. he is the only person who hates jogging (Cmn, Det, −3)
   C. nothing other than jogging can help people keep fit (Cmn, Det, −3)
   D. jogging makes people feel greater than any other sport (Cmn, Det, −3)

**此题为单独项目**

2. Where will the speakers meet?
   A. In Room 340. (Frm, 1)
   B. In Room 314. (Frm, 1)
   C. In Room 223. (Frm, −3)

**3—6题基于同一语篇**

3. The underlined word "They" in the first paragraph refers to _____.
   A. beauties (Elm, −2)    B. photos (Clu, 2)（根据下面几题）
   C. goods (elm, −2)    D. events (elm, −2)

4. The photos of the small children by Hine show us that photos _____.
   A. are also works of art (Clu, −1)（根据第5题,文章应该跟新闻而非艺术有关）
   B. are popular ways of reporting news (Clu, 1)（只能是有可能对,因为完全无法排除 D）
   C. often shock the public (Det, −3)
   D. can serve as a force for social change (Clu, 1)（同 B）

5. What can we learn from the passage?

   A. News with pictures is encouraging.（Cmn，－2）（encouraging 语义不明确）

   B. Photos help people improve their life.（Clu，－2）（根据前后选项，应该事关新闻而非生活）

   C. News photos mean history in a sense.（Det，2）（刻意限定后就很可能对了）

   D. People prefer reading news with pictures.（Cmn，－2）

6. The text is mainly about _____.

   A. telling the story through pictures（Clu，2）（根据第 5 题）

   B. decorating the walls of homes（Elm，－2）

   C. publishing historical papers（Elm，－2）

   D. expressing feeling through pictures（Elm，－2）

**此题为单独项目**

7. A proper way to release a fish is to _____.

   A. move it in water till it can swim（Stm，Cmn，3）

   B. take the hook out of its stomach（Stm，Cmn，－3）（不符题意，并非放生的方法。下同）

   C. keep it in a bucket for some time（Stm，Cmn，－3）

   D. let it struggle a little in your hand（Stm，Cmn，－3）

**8－11 基于同一语篇**

8. What is the main purpose of the research?

   A. To make preparations for a new publication.（Elm，2）

   B. To learn how couples spend their weekends.（Smn，－3）（与 D 语义相同）

   C. To know how housework is shared.（Clu，－2）（根据第 8、9 题，文章应与家务无关）

   D. To investigate what people do at the weekend.（Smn，－3）（与 B 语义相同）

9. What does the man do on Fridays?

   A. He goes to exercise classes.（Stm，Smn，－2）（周五的活动，A、B、C 均为可能的周末活动。下同）

B. He goes sailing.（Stm，Smn，－2）

C. He goes to the cinema.（Stm，Smn，－2）

D. He stays at home.（Stm，Smn，2）（凸显项－语义范畴）

10. On which day does the couple always go out?

　　A. Friday.（Clu，－3）（根据前后3题,语篇可能为周末活动采访调查）

　　B. Saturday.（Clu，1）（B、C均有可能,基本不可猜）

　　C. Sunday.（Clu，1）

　　D. Any weekday.（Clu，－3）（同 A）

11. Which personal detail does the man give?

　　A. Surname.（Smn，2）（凸显项－语用范畴,适于陌生人之间的交谈）

　　B. First name.（Smn，－2）（B、C、D均不适于陌生人之间的交谈）

　　C. Address.（Smn，－2）

　　D. Age.（Smn，－2）

### 12－14 基于同一语篇

12. Parcel Express needs the following details about the sender EXCEPT ＿＿＿＿＿＿.

　　A. name.（Smn，－3）（见 C）

　　B. address.（Smn，－3）

　　C. receipt.（Smn，Frm，3）（凸显项,与 A、B、D 不同类）

　　D. phone number.（Smn，－3）

13. Parcels must be left open mainly for ＿＿＿＿＿＿.

　　A. customs' check.（Stm，1）（A、B均有可能,基本不可猜）

　　B. security check.（Stm，1）

　　C. convenience's sake.（Stm，Cmn，－3）

　　D. the company's sake.（Stm，Cmn，－2）

14. The woman's last inquiry is mainly concerned with ＿＿＿＿＿＿.

　　A. the time needed for sending the parcel.（Stm，Cmn，3）（通常最先或最后问时间）

　　B. the flight time to New York.（Stm，Cmn，－3）

　　C. the parcel destination.（Stm，Cmn，－3）

　　D. parcel collection.（Stm，Cmn，－3）

**15-17 基于同一语篇**

15. The museum was built in memory of those _____.

   A. who died in wars. (Smn, －3)

   B. who worked to help victims. (Smn, 3)（凸显项,与 A、C、D 明显不同）

   C. who lost their families in disasters. (Cmn, Smn, －3)

   D. who fought in wars. (Smn, －3)

16. Henry Durant put forward the idea because he _____.

   A. had once fought in a war in Italy. (Inc. －3)

   B. had been wounded in a war. (Inc. －3)

   C. had assisted in treating the wounded. (Inc. －3)

   D. had seen the casualties and cruelties of war. (Inc, 3)（包含 A、B、C）

17. Which of the following statements about the symbols is INCORRECT?

   A. Both are used as the organization's official symbols. (0 无法猜)

   B. Both are used regardless of religious significance. (0 无法猜)

   C. The red cross was the organization's original symbol. (0 无法猜)

   D. The red crescent was later adopted for use in certain regions. (0 无法猜)

   （有关 the red cross,为 14B 提供线索）

**18-21 基于同一语篇**

18. How should cheerleading be viewed according to the passage?

   A. It is just a lot of cheering. (Smn, －3)

   B. It mainly involves yelling. (Smn, －3)

   C. It mainly involves dancing. (Smn, －3)

   D. It is competitive in nature. (Smn, 3)（凸显项－概括意义,A、B、C 均为细节）

19. How do the cheerleaders perform their jobs?

   A. They set fireworks for their team. (Cmn, －3)

   B. They put on athletic shows. (Cmn, 3)（凸显项－语义范畴,A、C、D 均为琐碎细节）

   C. They run around the spectators. (Cmn, －3)

   D. They yell for people to buy drinks. (Cmn, －3)

20. Why do the cheerleaders sometimes suffer physical injuries?

   A. Because they try dangerous acts to catch people's attention. (Elm, 3)

B. Because they shout and yell so their voice becomes hoarse. (Cmn，－3)

C. Because they go to the pyramid and the hills to perform. (Cmn，－3)

D. Because they dance too much every day for practice. (Cmn, Det，－3)

21. Which of the following statements is NOT true?

    A. The first cheerleader was a man named John Campbell. (Elm，－3)

    B. Cheerleaders' contests are only held at the state level. (Det, 3)

    C. Before 1930 there were no women cheerleaders. (Elm，－3)

    D. The first cheerleading occurred in 1898. (Elm，－3)

## 22－26 基于同一语篇

22. We can learn from the beginning of the passage that _____.

    A. the author and his brother had done poorly in school. (Clu, 1)（A 或 C 无法确定）

    B. the author had been very concerned about his school work. (Smn，－3)（B,D 为近义）

    C. the author had spent much time watching TV after school. (Clu, 1)

    D. the author had realized how important schooling was. (Smn，－3)

23. Which of the following is NOT true about the author's family?

    A. He came from a middle-class family. (Smn, 3)（凸显项－语义范畴）

    B. He came from a single-parent family. (Smn，－3)（负面意义，下同）

    C. His mother worked as a cleaner. (Smn，－3)

    D. His mother had received little education. (Smn，－3)

24. The mother was _____ to make her two sons switch to reading books.

    A. hesitant (Smn，－3)

    B. unprepared (Smn，－3)

    C. reluctant (Smn，－3)

    D. determined (Smn, 3)（凸显项－语义范畴）

25. How did the two boys feel about going to the library at first?

    A. They were afraid. (Smn，－3)

    B. They were reluctant. (Smn，－3)

    C. They were indifferent. (Smn，－3)

    D. They were eager to go. (Smn, 3)（凸显项－语义范畴,积极正面）

26. The author began to love books for the following reasons EXCEPT that _____.

   A. he began to see something in his mind (Stm, Smn, －2)（AB 为同义项）

   B. he could visualize what he read in his mind (Stm, Smn, －2)＊（词汇凸显）

   C. he could go back to read the books again (Stm, Clu, 2)

   D. he realized that books offered him new experience (Stm, Clu, －2)

**27－32 基于同一语篇**

27. What are gut feelings?

   A. They are feelings one is born with. (Elm, －2)

   B. They are feelings one may be unaware of. (Clu, 2)（根据第 32 题）

   C. They are feelings of fear and anxiety. (Elm, －2)

   D. They are feelings felt by sensible people. (Elm, －2)

28. According to the author, the importance of knowing one's gut feelings is that _____.

   A. one can develop them (Elm, －2)

   B. one can call others' attention to them (Elm, －2)

   C. one may get rid of them (Cmn, －2)

   D. one may control them (Clu, 2)（根据第 34 题）

29. The word "spice" in paragraph Six is closest in meaning to _____.

   A. add interest to (0, 无法猜)    B. lengthen (0, 无法猜)

   C. make dull (0, 无法猜)    D. bring into existence (0, 无法猜)

30. On mood control, the author seems to suggest that we _____.

   A. can control the occurrence of mood (Cmn, －1)

   B. are often unaware of what mood we are in (Cmn, －3)

   C. can determine the duration of mood (Elm, 2)

   D. lack strategies for controlling moods (Clu, －2)（后题 B）

31. The essence of "reframing" is _____.

   A. to forget the unpleasant situation (Elm, －2)

   B. to adopt a positive attitude (Clu, 2)（根据前后题语境,主题应为情绪控制,此项最相关）

   C. to protect oneself properly (Clu, －2)（与情绪控制无关）

D. to avoid road accidents (Cmn，−3)
32. What is the best title for the passage?
   A. What is emotional intelligence (Elm，−2)
   B. How to develop emotional intelligence (Elm，−2) *
   C. Strategies for getting rid of foul moods (Elm，−2)
   D. How to control one's gut feelings (Clu，2)

# 附录 D

## 湖南省 2014 年高考英语科试题信息采集表

| 部分 | 语料 | 题号 | 考核内容<br>（知识点） | 考核目标<br>（能力属别） | 题型 | 分值 |
|---|---|---|---|---|---|---|
| 听力 | 对话 1 | 1 | 显性细节 | 间接辨别 | 选择 | 1.5 |
| | | 2 | 显性细节 | 直接辨别 | | |
| | 对话 2 | 3 | 显性细节 | 间接辨别 | | |
| | 对话 3 | 4 | 隐性细节 | 简单推断 | | |
| | 对话 4 | 5 | 隐性要义 | 归纳概括 | | |
| | 对话 5 | 6 | 显性细节 | 间接辨别 | | |
| | 对话 6 | 7 | 隐性细节 | 简单推断 | | |
| | 独白 | 8 | 显性细节 | 间接辨别 | | |
| | | 9 | 显性细节 | 间接辨别 | | |
| | | 10 | 隐性要义 | 归纳概括 | | |
| | | 11 | 显性细节 | 间接辨别 | | |
| | | 12 | 显性细节 | 间接辨别 | | |
| | | 13 | 显性细节 | 间接辨别 | | |
| | | 14 | 显性细节 | 间接辨别 | | |
| | | 15 | 隐性细节 | 简单推断 | | |
| | | 16 | 听写要点 | 要点记录 | 填空 | 1.5 |
| | | 17 | 听写要点 | 要点记录 | | |
| | | 18 | 听写要点 | 要点记录 | | |
| | | 19 | 听写要点 | 要点记录 | | |
| | | 20 | 听写要点 | 要点记录 | | |
| 语言知识分析 | 单句 | 21 | 非谓语动词 | 语法知识运用 | 选择 | 1 |
| | | 22 | 虚拟语气 | 语法知识运用 | | |
| | | 23 | 非谓语动词 | 语法知识运用 | | |
| | | 24 | 从句 | 语法知识运用 | | |
| | | 25 | 情态动词 | 语法知识运用 | | |

续表

| 部分 | 语料 | 题号 | 考核内容（知识点） | 考核目标（能力属别） | 题型 | 分值 |
|---|---|---|---|---|---|---|
| 语言知识分析 | 单句 | 26 | 从句 | 语法知识运用 | 选择 | 1 |
| | | 27 | 非谓语动词 | 语法知识运用 | | |
| | | 28 | 时态 | 语法知识运用 | | |
| | | 29 | 倒装句 | 语法知识运用 | | |
| | | 30 | 祈使句 | 语法知识运用 | | |
| | | 31 | 从句 | 语法知识运用 | | |
| | | 32 | 主谓一致 | 语法知识运用 | | |
| | | 33 | 强调语 | 语法知识运用 | | |
| | | 34 | 时态 | 语法知识运用 | | |
| | | 35 | 非谓语动词 | 语法知识运用 | | |
| | 短文 | 36 | 段内信息 | 词汇知识运用 | 作答完型 | 1.5 |
| | | 37 | 篇内信息 | 词汇知识运用 | | |
| | | 38 | 句内信息 | 词汇知识运用 | | |
| | | 39 | 段内信息 | 词汇知识运用 | | |
| | | 40 | 句内信息 | 词汇知识运用 | | |
| | | 41 | 句内信息 | 词汇知识运用 | | |
| | | 42 | 句内信息 | 词汇知识运用 | | |
| | | 43 | 句内信息 | 词汇知识运用 | | |
| | | 44 | 句内信息 | 词汇知识运用 | | |
| | | 45 | 句内信息 | 词汇知识运用 | | |
| | | 46 | 段内信息 | 词汇知识运用 | | |
| | | 47 | 句内信息 | 词汇知识运用 | | |
| | 短文 | 48 | 语篇知识 | 语篇知识运用 | 作答完型 | 1.5 |
| | | 49 | 语篇知识 | 语篇知识运用 | | |
| | | 50 | 语篇知识 | 语篇知识运用 | | |
| | | 51 | 语篇知识 | 语篇知识运用 | | |
| | | 52 | 语篇知识 | 语篇知识运用 | | |
| | | 53 | 语篇知识 | 语篇知识运用 | | |
| | | 54 | 语篇知识 | 语篇知识运用 | | |
| | | 55 | 语篇知识 | 语篇知识运用 | | |

续表

| 部分 | 语料 | 题号 | 考核内容（知识点） | 考核目标（能力属别） | 题型 | 分值 |
|---|---|---|---|---|---|---|
| 阅读理解 | 语篇1 | 56 | 显性细节 | 间接辨别 | 选择 | 2 |
| | | 57 | 显性细节 | 间接辨别 | | |
| | | 58 | 显性细节 | 间接辨别 | | |
| | | 59 | 显性细节 | 间接辨别 | | |
| | | 60 | 显性细节 | 间接辨别 | | |
| | 语篇2 | 61 | 隐性细节 | 简单推断 | | |
| | | 62 | 隐性细节 | 简单推断 | | |
| | | 63 | 隐性细节 | 简单推断 | | |
| | | 64 | 显性细节 | 间接辨别 | | |
| | | 65 | 隐性要义 | 归纳概括 | | |
| | 语篇3 | 66 | 显性要义 | 间接辨别 | | |
| | | 67 | 显性细节 | 间接辨别 | | |
| | | 68 | 隐性要义 | 归纳概括 | | |
| | | 69 | 显性细节 | 间接辨别 | | |
| | | 70 | 显性细节 | 间接辨别 | | |
| 书面表达 | 短文填空 | 71 | 短文要点 | 关键词表达 | 填空 | 1 |
| | | 72 | 短文要点 | 关键词表达 | | |
| | | 73 | 短文要点 | 关键词表达 | | |
| | | 74 | 短文要点 | 关键词表达 | | |
| | | 75 | 短文要点 | 关键词表达 | | |
| | | 76 | 短文要点 | 关键词表达 | | |
| | | 77 | 短文要点 | 关键词表达 | | |
| | | 78 | 短文要点 | 关键词表达 | | |
| | | 79 | 短文要点 | 关键词表达 | | |
| | | 80 | 短文要点 | 关键词表达 | | |
| | 简答 | 81 | 短文要点 | 句子表达 | 简答 | 2 |
| | | 82 | 短文要点 | 句子表达 | | 2 |
| | | 83 | 短文要点 | 句子表达 | | 3 |
| | | 84 | 短文要点 | 句子表达 | | 3 |
| | 写作 | 85 | 作文 | 短文写作 | | 25 |